『요한복음 새롭게 보기』를 읽는 것은 대단히 즐거운 일이었다. 나는 내가 저술한 요한 복음 주석서를 곁에 두고 참조하면서 이 책을 읽었는데, 대부분의 경우에 저자의 주장에 동의하였지만 간혹 의견이 다른 부분도 있었다. 하지만 어떤 경우에도 그의 책은 요한복음에 대한 나의 이해를 더 풍성하게 해주었다. 제1장(요한복음의 "개인주의")을 읽는 것만으로도 책을 구입한 대가는 충분히 얻을 수 있으며, 요한복음의 첫째 주간을 다룬 부분도 곧이어 출간될 요한복음에 대한 그의 주석이 어떤 모습일지를 미리 보여주는 매혹적인 장이다. 그렇다고 해서 『요한복음 새롭게 보기』가 맛보기에 불과한 것은 아니며 그 자체로 하나의 뛰어난 연구서다.

J. 램지 마이클스 J. Ramsey Michaels | 미주리 주립대학교

개인과 공동체, 영광과 십자가, "성례전들"과 "이원론들", 제자로의 부르심과 증인으로의 삶. 『요한복음 새롭게 보기』는 이 모든 주제에 대해 새로운 토대를 제시하는 책이다. 이 책은 공관복음서와 나란히 요한의 내러티브를 읽음으로써 역사의 예수를 분별하는 데 어떤 유익을 얻을 수 있는지 보여줄 뿐 아니라, 공관복음서를 상호 참조하여 읽음으로써 신앙의 그리스도를 풍성하게 발견하도록 도와준다. 요한복음과 다른 복음서를 이해하고자 하는 독자들에게 꼭 필요한 책이다.

폴 N. 앤더슨 Paul N. Anderson | 조지폭스 대학교

요한의 복음서 및 그의 신학에 관한 일련의 주도면밀한 논문을 담은 책이다. 여기 실린 논문들은 보컴의 학문적 역량과 수준을 잘 보여주고 있다. 해석학적 세부사항들, 신학적 사변, 그리고 다양한 배경을 가진 요한 신학자들과의 생산적인 대화를 통해 도출된 저자의 독자적인 판단이 잘 어우러진 이 분야의 걸작이라 할 수 있다. "손에 잡히지 않으면서도 묘한 매력을 가진" 요한복음에 관한 대화에 고무적인 방식으로 공헌하는 이 책은 아주 평이한 문체로 쓰였으며, 그런 면에서 저자를 잘 알지 못하는 일반 독자들이 저자의 학문 세계에 입문하기에 적절한 책이라 할 수 있다.

해럴드 W. 애트리지 Harold W. Attridge | 예일 대학교 신학부

이 연구서는 요한복음 텍스트의 세부사항을 주의 깊게 살피는 동시에 이 복음서의 주제와 강조점에 대해서도 열린 공감을 보여주고 있다. 신학적 주해의 모범이라 할 만하다.

래리 W. 허타도Larry W. Hurtado | 에딘버러 대학교, 뉴칼리지

우리는 보컴이 자신의 재능을 요한 신학의 선별된 주제들을 탐구하는 데 사용하기로 결심한 사실에 감사해야 할 것이다. 본서는 요한 신학을 포괄적으로 다루는 것을 목표로 삼지는 않았지만, 요한복음의 신학적 사상을 연구하는 데 상당한 기여를 하고 있다. 요한 신학에 관심을 가진 독자라면 결코 이 중요한 논문집을 간과할 수 없을 것이다.

안드레아스 J. 쾨스텐버거Andreas J. Köstenberger | 사우스이스턴 침례신학교

보컴은 우리가 습관적으로 무심하게 지나쳐버렸던 요한의 용어와 개념들이 가진 미묘한 의미를 우리에게 일깨워줌으로써 요한의 내러티브 기법에 가려져 있던 예언서 텍스트에 대한 암시를 발견하게 해준다. 그는 개인주의와 성례전적 언어에 관한 구원론적 담론에 활기를 더해주었으며, 요한복음의 예수와 공관복음의 예수 간의 관계에 대한 논의를 재개했다. 보컴은 이전 세대 학계의 논의를 요약해주는 동시에 새로운 통찰력을 제시함으로써 신학생들과 학자들 모두에게 신선한 즐거움과 도전을 주고 있다.

조-앤 A. 브랜트Jo-Ann A. Brant | 고센 대학

영국의 노장 신학자인 리처드 보컴이 요한복음 연구에서 가장 난해한 주제들을 다룬 여덟 편의 논문을 한 권의 책으로 묶어 냈다. 저자의 의도는 요한복음의 역사를 해체하는 것이 아니라 요한복음 본문이 가지고 있는 보다 미묘한 의미를 밝히는 것이다. 앞으로 요한복음이나 공관복음 또는 요한의 성례론을 온전히 다루기 위해서는 이 철저하고 비평적인 연구서를 반드시 언급해야만 할 것이다.

개리 M. 버지Gary M. Burge | 휘튼 대학

Gospel of Glory
Major Themes in Johannine Theology

Richard Bauckham

요한복음 새롭게 보기

요한복음의 주요 주제들에 대한 심층 분석

리처드 보컴 지음 | 문우일 옮김

∞

영국의 위대한
요한(신학) 학자들을 기리며

웨스트코트
Brooke Foss Westcott

호스킨스
Edwyn Clement Hoskyns

도드
Charles Harold Dodd

로빈슨
John Arthur Thomas Robinson

린다스
Barnabas Lindars

바레트
Charles Kingsley Barrett

차례

한국어판 서문

한국 독자들이 저의 책을 자국어로 읽을 수 있게 되었다니 몹시 기쁩니다. 번역하느라 애써주신 문우일 교수님께 깊이 감사드립니다.

다른 연구서들에서 저는 요한복음에 관한 역사적 쟁점들을 주로 다루었으나, 이 책에서는 요한복음의 신학에 초점을 맞추었습니다. 요한복음 신학 전체를 조목조목 모두 다루지는 않았고, 몇 가지 주제를 선별하여 다루었습니다. 그 주제들 가운데는 학계에서 너무 소홀히 다룬 것들도 있으나 여러 차례 논의한 것들도 있습니다. 이 책은 여러 곳에서 발표했던 서로 다른 강연들과 논문들을 모은 것이기 때문에 각 장들 간에는 필연적인 연속성이 없습니다. 그러므로 독자들은 이 책을 처음부터 끝까지 순서대로 읽지 않고, 관심 있는 주제에 관한 장만을 골라서 읽어도 그 자체로 이해하는 데 큰 어려움이 없을 것입니다.

성경은 어린아이가 첨벙거리고 코끼리가 헤엄칠 수 있는 바다와 같다고들 합니다. 성경의 모든 부분들이 그렇다고 할 수는 없겠으나, 요한복음에 대하여는 참으로 그러합니다. 어떤 면에서 요한복음은 무척 쉽습니다. 빵, 물, 빛과 어두움, 목자와 양, 포도와 포도주 같은 요한복음의 주요 상징들은 누구나 알아들을 수 있는 것들입니다. 어떤 배경을 가진 독자라도 그 상징들을 어느 정도는 이해합니다. 요한의 이야기들은 스토리텔링의 걸작들로서 독자들을 이야기 속으로 끌어들여 등장인물들과 하나가 되게 합니다. 요한복음은 기억하기 좋고 간결한 말씀들로 가득한데, 각 말씀 속에는 메시지가 캡슐처럼 저장되어 있습니다("나는 부활이요 생명이다", "내가 너희를 사랑한 것 같이 서로 사랑하라"). 이런 특성들 때문에 그리스도교 신앙에 대해 제대로 알지 못하는 독자라도 요한복음을 읽기만 하면 유익을 얻게 됩니다. 그래서 요한복음을 읽고 신앙을 갖게 되는 이들이 많은 것입니다. 요한복음은 독자가 예수를 실제로 만나는 것처럼 예수를 묘사함으로써 예수가 제안하는 삶을 맛보게 합니다.

그런가 하면 요한복음은 평생토록 연구해도 새롭게 얻을 것이 있는 책입니다. 예컨대 예수와 구원에 관한 요한복음의 위대한 상징들은 각각의 배경이 되는 구약성경을 이해해야 그 의미가 더욱 풍부해집니다. 또한 서로 복잡하게 얽혀 있는 부분들은 요한복음에 익숙한 사람들만 이해할 수 있습니다. 물론 모든 독자가 이해하기 어려워하는 부분들도 있습니다. 처음 읽을 때는 그런 부분들을 건너뛰어야 다른 부분들을 이해하는 데 방해가 되지 않을 것입니다. 그러나 읽으면 읽을수록 어려운 부분들도 해독하고 싶은 도전을 받게 됩니다. 사실 요한복음은 골똘히 생각하고 고민하게 만듭니다. 요한복음은 독자들에게 수수께끼를 내고 풀어보라면서 독자들의 마음을 자극합니다. 본문의 표면 아래를 탐사하도록 초대하는 것입니다. 요한복음의 이야기들은 우리의 상상력을 자극하고, 우리가 그 이야기 속에 들어가 더욱 심오한 것들을 경험하도록 합니다. 이러저러한 이유들로 요한복음을 자꾸자꾸 들여다보게 하지만, 그 의미는 고갈되지 않습니다.

이 책은 요한복음을 처음 읽는 사람들을 위한 것이 아닙니다. 이 책은 요한복음에 익숙하지만 더 파고들기를 원하는 사람들을 위한 것

입니다. 모쪼록 이 책이 갈급한 사람들에게 요한복음이 주는 영적 풍
성함을 선보이는 계기가 되기를 기대합니다.

리처드 보컴

머리말

나는 이 책에서 요한복음 신학을 종합적으로 다루지는 않았고, 지난 세기 동안 신약학계에서 격렬한 쟁점이 되었거나 너무 소홀하게 다룬 몇 가지 주요 주제들에만 집중하였다. 내가 씨름한 주제 가운데 선행 연구가 가장 적게 이루어진 주제는 내가 1장에서 요한복음의 "개인주의"(individualism)라고 명명한 것이다. (따옴표를 붙여 강조한 까닭은 그것이 근대 이후 서구의 개인주의와 같은 의미는 아니기 때문이다.) 개인주의가 요한복음에 나타나리라고 거의 기대하지 않은 탓인지 최근 학자들은 이 중요한 주제를 너무 소홀히 다루었다. 이 주제를 연구하면서 내가 깨달은 사실은, 요한복음을 정당하게 다루려면 이 복음서가 신자들의 공동체뿐 아니라 신자 개개인도 겨냥하고 있음을 인정해야 한다는 것이다. 둘 중 하나라도 무시해서는 안 된다. 더불어 공동체란 주제는 요한복음의 하나님에 대한 이해와 신자들에 대한 이해에 도움을 주는 면이 있기 때문에 2장에서는 하나님과 인간 공동체의 관계를 다루었다.

대다수 요한복음 학자들은 "영광"이 요한복음의 핵심어임을 인정하지만 그것을 자세히 다루지 않는 편이다. 그러므로 3장에서는 영광이란 주제를 분석적으로 개관하였다. 영광이라는 주제와는 달리 그리스도의 십자가는 부활 및 승귀와 더불어 많은 주목을 받았고, 그에 관한 주석들도 많이 나왔다. 그럼에도 나는 4장에서 예수의 십자가와 부활/승귀라는 주제를 사랑, 생명, 영광, 진리 등 네 개의 주요한 요한복음의 주제들과 연결하여 봄으로써 참신한 접근을 시도하였다. 이런 접근은 요한의 기독론 이야기의 주요 사건들을 이해하는 데 신선한 빛을 던져주리라 기대한다. 5장("성례전들?")과 6장("이원론들")에서는 요한 학계에서 크게 부각되어 논의되었던 요한 신학의 측면들을 다루었다. 요한의 성례전에 관하여는 학자들 사이에 합의가 이루어지지 않았으며, 과연 요한복음에 성례전적 요소가 있는가에 관해서도 의견이 엇갈린다. 이 주제를 명료하게 다루려면 엄밀한 방법론을 도입할 필요가 있다. 나는 6장에 "이원론들"이라고 복수형 제목을 붙였는데, 이는 요한의 이원론을 다루는 일반적 방식과는 사뭇 대조적인 것이다. 지금까지는 이원론을 너무 단순하게 취급한 경향이 있었다. 나는 요한복음의 다양한 이원성들을 구분해 보임으로써 그것들이 요한 신학에서 얼마나 다양한 역할을 수행하는가를 규명하고자 했다.

7장에서는 다른 장들과 상당히 다른 접근을 시도해보았다. 어떤 특정한 주제에 집중하지 않은 채 요한복음 이야기(narrative)의 주요 부분(1:19-2:11)에만 집중한 것이다. 그 이유는 요한복음이 이야기를 통해 신학적 의미를 전달하는 방식을 밝히기 위함이다. 이야기가 문자적 차원을 넘어 광범위한 의미를 살려내도록 짜였다는 것은 요한복음의 매우 두드러진 특징이다. 끝으로 8장에서는 요한복음의 예수와 공관복음의 예수 혹은 예수상들이 어떻게 다른가를 논하였다. 역사적 예수 문제를 다룬 것은 아니고, 그리스도인 독자들이 네 편의 서로 다른 복음서에서 궁극적으로 하나뿐인 그리스도라는 신앙의 대상에 관하여 어떤 상호보완적 측면들을 읽어낼 수 있는가를 논하였다. 복음서 학계가 교회와 그리스도 신앙을 섬김에 있어서 결정적으로 실패한 부분은 학자들이 공히 각 복음서의 독특한 예수상을 강조하는 것에 만족한 나머지, 그리스도교 신자들이 그 다양성과 어떤 관련을 갖는가 하는 문제를 도외시했다는 점이다. 8장은 어제나 오늘이나 영원토록 한결같으신 한 분 예수 그리스도께 다가가는 주요 수단으로서 네 권의 정경 복음서가 있는데, 그것들이 다양하게 그려내는 신학과 그리스도 신앙이 사중 정경 안에서 어떤 역할을 수행하는지를 고찰한 최초의 시도라 할 수 있다.

이 책의 각 장은 독립된 논문으로서, 각 장들을 순서대로 읽을 필요는 없다. 요한복음의 역사적 기원들과 맥락 등에 대한 내 입장이 궁금한 독자는 내 이전 논문집을 참조하되, 특히 서론 부분을 권한다.[1] 그런 문제들을 여기서 다루지는 않았고, 이 책은 오로지 요한복음의 신학에만 집중했다.

이 책의 대부분의 장들은 여기 수록되기 이전에 이미 여러 형태로 발표된 것들이다. 1장의 유래는 2010년 6월에 케임브리지의 리들리홀(Ridley Hall)에서 열렸던 제3회 모울 기념 강좌(C. F. D. Moule Memorial Lecture)에서 유래했으며 강좌의 주제는 다음과 같았다. "요한복음: 개인주의자들을 위한 복음인가?"(그것은 중요함에도 불구하고 주목받지 못한 모울의 한 논문에서 영감을 받은 것이었다.) 그 후 유사한 강의를 그레이엄 스탠튼 기념 강좌(Graham Stanton Memorial Lecutre)에서 했는데, 그것은 2010년 9월에 웨일즈의 뱅고어에서 있었던 영국신약학회(British New Testament Conference)에서 열렸고, 그 강좌는 모울 기념 강좌의 생도(pupil) 격이다. 2장은 1장과 한 쌍으로 기획

---

1) *The Testimony of the Beloved Disciple: Narrative, History, and Theology in the Gospel of John* (Grand Rapids: Baker Academic, 2007).

되었다. 2012년 1월에 미시간주 홀랜드 소재 웨스턴 신학교(Western Theological Seminary)에서 나는 두 강좌를 진행했고, 같은 시기에 인디애나주 사우스벤드에 있는 노트르담 대학교(The University of Notre Dame)에서 2장의 모체가 되는 강좌를 진행했다. 같은 강좌를 2012년 2월에 더럼 대학교(The University of Durham)의 신약학 세미나에서도 했다. 나는 2013년에 싱가포르의 트리니티 대학(Trinity College)에서 트리니티 강좌를 진행했는데, 당시 주제는 "요한복음의 신학적 측면들"이었다. 이상 네 편의 강좌들을 바탕으로 이 책의 1장과 2장, 3장, 그리고 8장을 쓴 것이다. 8장의 내용은 2014년에 옥스퍼드의 리젠트파크 칼리지(Regent's Park College)에서 진행한 헨튼 데이비스 강좌(Henton Davies Lecture)에서도 강의하였다. 이상과 같은 여러 강좌들에 나를 초청하여 즐거운 일거리를 만들고 고무적인 논평들과 질문들을 받게 해주신 분들과 또한 그 강좌에 참석해주신 분들께 깊이 감사드린다. 마지막으로, 4장은 2014년 1월에 케임브리지 매딩리홀(Madingley Hall)에서 열렸던 요한복음에 관한 작은 심포지엄을 위해 마련한 논문에서 기원한 것이다. 그 심포지엄을 위해 포드(David Ford)가 선별하여 모이게 한 사람들은 비록 소수였지만 진지한 다학제간 토론을 가능케 했고, 신약학자들끼리만 하는 일반 토론의 범위를 뛰어넘는 매우 보람된 것이었다.

이 책의 두 장은 다른 곳에서 이미 출판한 것들이다. 5장은 『성례전 신학을 위한 옥스퍼드 핸드북』(*The Oxford handbook of Sacramental Theology*)에 포함된 "성례전들과 요한복음"(Sacraments and the Gospel of John)이란 제목의 글을 좀 더 확장한 것이다. 그 핸드북은 보어스마(Hans Boersma)와 레버링(Matthew Levering)이 편집한 것이며(Oxford: Oxford University Press, 2015), 옥스퍼드 대학교 출판부의 허가를 받아

내 글을 5장에 포함시켰다. 6장은『불트만을 넘어: 신약신학을 생각하며』(*Beyond Bultmann: Reckoning a New Testament Theology*)라는 책의 일부로서 "요한 신학의 이원론과 구원론"(Dualism and Soteriology in Johannine Theology)이라는 제목의 논문인데, 이 책은 롱네커(Bruce W. Longenecker)와 파슨스(Mikeal C. Parsons)가 편집하였고(Waco: Baylor University Press, 2014, 133-53), 베일러 대학교 출판부의 허가를 받아 6장에 포함시켰다.

일반문헌

AB	Anchor Bible
ABD	*Anchor Bible Dictionary.* Edited by D. N. Freedman. 6 vols. New York: Doubleday, 1992.
ACCS	Ancient Christian Commentary on Scripture
ACW	Ancient Christian Writers
AnBib	Analecta biblica
ANTC	Abingdon New Testament Commentaries
ASBF	Analecta Studium Biblicum Franciscanum
BECNT	Baker Exegetical Commentary on the New Testament
Bib	*Biblica*
BibInt	*Biblical Interpretation*
BIS	Biblical Interpretation Series
BNTC	Black's New Testament Commentaries
BRBS	BRBS Brill's Readers in Biblical Studies
BTB	*Biblical Theology Bulletin*
CBQ	*Catholic Biblical Quarterly*
ConBNT	Coniectanea biblica: New Testament Series
ConC	Concordia Commentary
DCH	*Dictionary of Classical Hebrew.* Edited by David J. A. Clines. 8 vols. Sheffield: Sheffield Phoenix Press, 1993-2011.
DRev	*Downside Review*
DSD	*Dead Sea Discoveries*
ECC	ECC Eerdmans Critical Commentary
ExpTim	*Expository Times*
FCB	Feminist Companion to the Bible
ICC	International Critical Commentary
JAJS	Journal of Ancient Judaism Supplements

JBL	*Journal of Biblical Literature*
JSNT	*Journal for the Study of the New Testament*
JSNTSup	Journal for the Study of the New Testament: Supplement Series
JSPSup	Journal for the Study of the Pseudepigrapha: Supplement Series
LD	Lectio divina
LNTS	Library of New Testament Studies
LQ	*Lutheran Quarterly*
LSTS	Library of Second Temple Studies
LTP	*Laval théologique et philosophique*
LTPM	Louvain Theological and Pastoral Monographs
LXX	Septuagint, Greek Old Testament
NBf	*New Blackfriars*
NCB	New Century Bible
Neot	*Neotestamentica*
NETS	*A New English Translation of the Septuagint.* Edited by Albert Pietersma and Benjamin G. Wright. New York: Oxford University Press, 2007.
NICNT	New International Commentary on the New Testament
NIGTC	New International Greek Testament Commentary
NovT	*Novum Testamentum*
NovTSup	Supplements to Novum Testamentum
NSBT	New Studies in Biblical Theology
NTL	New Testament Library
NTS	New Testament Studies
NTT	New Testament Theology
OPT	*Old Testament Pseudepigrapha.* Edited by J. H. Charlesworth. 2 vols. New York: Doubleday, 1983-85.
RB	*Revue biblique*
RevScRel	*Revue de sciences religieuses*
RSR	*Recherches de science religieuse*
SBAZ	Studien zur biblischen Archaologie und Zeitgeschichte
SBLAB	Society of Biblical Literature Academia Biblica
SBLECL	Society of Biblical Literature Early Christianity and Its Literature
SBLEJL	Society of Biblical Literature Early Judaism and Its Literature
SBLLMS	Society of Biblical Literature Monograph Series

SBLSymS	Society of Biblical Literature Symposium Series
SBT	Studies in Biblical Theology
SC	Sources chretiennes
SHS	Scripture and Hermeneutics Series
SJLA	Studies in Judaism in Late Antiquity
SNTA	Studiorum Novi Testamenti auxilia
SNTSMS	Society for New Testament Studies Monograph Series
SP	Sacra Pagina
STDJ	Studies on the Texts of the Desert of Judah
SVTQ	*St. Vladimir's Theological Quarterly*
TDOT	*Theological Dictionary of the Old Testament.* Edited by G. J. Botterweck and H. Ringgren. Translated by J. T. Willis, G. W. Bromiley, and D. E. Green. Grand Rapids: Eerdmans, 1974-.
ThTo	*Theology Today*
TJ	*Theological Journal*
TNTC	Tyndale New Testament Commentaries
TS	*Theological Studies*
TynBul	*Tyndale Bulletin*
WBC	Word Biblical Commentary
WUNT	Wissenschaftliche Untersuchungen zum Neuen Testament

기타 유대 및 그리스도교 문헌

Ag. Ap.	Josephus, *Against Apion*
Ant.	Josephus, *Jewish Antiquities*
1 Apol.	Justin, *Apologia I (First Apology)*
2 Bar.	*2 Baruch (Syriac Apocalypse)*
Barn.	*Barnabas*
b. Yebam.	Babylonian Talmud, *Yebamot*
CD	Cairo Genizah copy of the *Damascus Document*
Conf.	Philo, *On the Confusion of Tongues*
1 En.	*1 Enoch (Ethiopic Apocalypse)*
Jub.	*Jubilees*
J.W.	Josephus, *Jewish War*
Let Aris.	*Letter of Aristeas*

Life	Josephus, *The Life*
m. 'Abot	Mishnah, *'Abot*
1-4 Macc.	1-4 Maccabees
m. Ketub.	Mishnah, *Ketubbot*
MT	Masoretic Text
Phld.	Ignatius, *To the Philadelphians*
1QH	*Thanksgiving Hymns*
1QM	*War Scroll*
1QpMic	*Pesher to Micah*
1QS	*Community Rule*
4Q177	*4QCatena A*
11QT	*Temple Scroll*
Rom.	Ignatius, *To the Romans*
Sir.	Sirach
Smyrn.	Ignatius, *To the Smyrnaeans*
Spec.	Philo, *On the Special Laws*
Strom.	Clement of Alexandria, *Stromata* (*Miscellanies*)
T. Jos.	*Testament of Joseph*
Tob.	Tobit
Trall.	Ignatius, *To the Trallians*
Virt.	Philo, *On the Virtues*
Wis.	Wisdom of Solomon

1장

"개인주의"

GOSPEL OF GLORY

1장의 제목은 1962년에 모울(F. D. Moule)이 출판한 다음과 같은 논문 제목을 연상시킨다: "요한복음의 개인주의."[1] 그러나 모울과 달리 나는 "개인주의"라는 말에 따옴표를 붙였다. 이 표현은 손에 잘 잡히지 않는 의미를 담고 있기 때문에 오늘날 신약학자들이 그 단어를 보고 연상하는 문제들은 모울이 생각했던 것들과 일치하지 않을 수도 있다. 모울은 오늘날 우리가 겪는 개인주의자와 집단주의자 문화 사이의 현격한 차이를 고려하지 않았다. 우리는 근대 이후의 서구의 극단적인 개인주의 문화가 얼마나 과도한가를 목도했으며, 근대 이후의 서구식 개인주의를 시대착오적으로나 민족중심적으로 신약성경 해석에 개입시켜서는 안 된다고 경고 받아왔던 것이다. 모울이 말하는 요한복음의 개인주의는 요한복음이 신자 개인과 예수 그리스도의 관계를 상당히 강조한다는 뜻이고,[2] 그리스도 공동체를 보다 집합적으로

---

1) Charles F. D. Moule, "The Individualism of the Fourth Gospel," *NovT* 5 (1962): 171-90; 재인쇄 Charles F. D. Moule, *Essays in New Testament Interpretation* (Cambridge: Cambridge University Press, 1982), 91-109; and in *The Composition of John's Gospel: Selected Studies from Novum Testamentum*, ed. David E. Orton, BRBS 2 (Leiden: Brill, 1999), 21-40. 다음도 보라: Charles F. D. Moule, "A Neglected Factor in the Interpretation of Johannine Eschatology," in *Studies in John: Presented to Professor Dr. J. N. Sevenster on the Occasion of His Seventieth Birthday*, ed. M. C. Rientsma, NovTSup 24 (Leiden: Brill, 1970), 155-60. 여기서 모울은 자신의 주장을 요한1서에까지 확장시킨다.
2) 오그래디가 의미하는 개인주의 개념도 모울의 개념과 유사하다: F. O'Grady, "Individualism and the Johannine Ecclesiology," *BTB* 5 (1975): 235-45.

이해하는 바울 문헌과 대조적이라는 뜻이다.[3] 비록 모울이 많은 증거를 제시하지는 않았지만 그 주장은 상당히 옳은 것이다. 이어지는 논의를 통해 우리는 그 점을 확인할 수 있을 것이다. 모울이 요한복음에서 개인주의를 발견한 이래 그것에 대해 쓴 학자가 거의 없다시피 하다는 사실은 놀라울 정도인데,[4] 이는 아마도 가상의 요한 공동체가 요한 학계에 주문을 걸어두었기 때문일 것이다.[5]

---

3) Moule, "Individualism," 104.

4) 이 문제를 언급한 학자들은 다음과 같다: O'Grady, "Individualism"; James D. G. Dunn, *Jesus and the Spirit: A Study of the Religious and Charismatic Experience of the First Christians as Reflected in the New Testament* (London: SCM, 1975), 354-55; Raymond E. Brown, *The Churches the Apostles Left Behind* (London: Chapman, 1984), 84-101; Jerome H. Neyreg, *An Ideology of Revolt: John's Christology in Social-Science Perspective* (Philadelphia: Fortress, 1988), 145; Thomas L. Brodie, *The Gospel according to John: A Literary and Theological Commentary* (New York: Oxford University Press, 1993), 31-39; George B. Caird, *New Testament Theology*, ed. L. D. Hurst (Oxford: Clarendon, 1994), 221; D. Moody Smith, *The Theology of the Gospel of John*, NTT (Cambridge: Cambridge University Press, 1995), 145; Ruth Edwards, *Discovering John* (London: SPCK, 1993), 140-41; Raymond E. Brown, *An Introduction to the Gospel of John*, ed. Francis J. Moloney (New York: Doubleday, 2003), 226-27.

5) 나는 요한복음이 특정 그리스도인 공동체를 위하여 쓴 것이라고 생각하지 않으며, "요한 공동체" 논쟁은 성과 없는 것이었다고 본다. Richard Bauckham, "For Whom Were Gospels Written?," in *The Gospels for All Christians: Rethinking the Gospel Audiences*, ed. Richard Bauckham (Grand Rapids: Eerdmans/ Edinburgh: T&T Clark, 1997), 9-48; Bauckham, *The Testimony of the Beloved Disciple: Narrative, History, and Theology in the Gospel of John* (Grand Rapids: Baker Academic, 2007), 21-22, 113-23.

설명과 정의

샤나한(Daniel Shanahan)은 "'개인주의'라는 표현의 의미를 밝히려는 것은 복잡한 미로를 여는 것과 같다"라고 했다.[6] 개인주의에 관해서는 인류학, 고전학, 중세 및 근대 역사학, 정치철학, 탈근대철학, 사회심리학 등 여러 분야에 걸쳐 방대한 연구 문헌이 있다. 근대 이후 서구의 개인주의를 긍정적으로 평가해야 하는지 혹은 부정적으로 평가해야 하는지에 관해서도 격렬한 논쟁이 있었다. 개인주의라는 말의 의미가 한 가지가 아니라는 사실은 놀라운 일이 아니므로, 여기서 나는 그 말뜻을 풀이하고 정의하기를 시작하려 한다.

먼저 개인주의(individualism)와 개체성(individuation) 또는 개별성(individuality)의 차이를 구분해보겠다.[7] 개인주의는 문화적 변수(variable)이지만, 개별성은 모든 인간이 갖는 각자의 특성이다. 적어도 인간이 역사를 기록한 이래 개체성이 없었던 시대는 없었던 것 같다. 개별성이란 개체 식별성으로서, 신체적으로나 주체적으로 개개인을 식별할 수 있게 하는 속성이다. 인간은 동서고금을 막론하고 모든 문화권에서 자신의 느낌, 생각, 결정, 행동 등을 스스로 식별할 수 있었다. 인간 이외에 영장류도 거울에서 자기 자신을 알아보는 능력을 보임으로써 어느 정도는 스스로를 식별할 수 있다는 사실이 입증된

---

6) Daniel Shanahan, *Toward a Genealogy of Individualism* (Amherst: University of Massachusetts Press, 1992), 13.

7) 그 차이에 관하여는 다음을 참조하라: Nigel Rapport, *Transcendent Individual: Towards a Literary and Liberal Anthropology* (London: Rougledge, 1997), 6; Anthony P. Cohen, *Self Consciousness: An Alternative Anthropology of Identity* (London: Routledge, 1994), 168-69; Gary W. Burnett, *Paul and the Salvation of the Individual*, BIS 57 (Leiden: Brill, 2001), 46.

바 있다. 1세기의 인간들도 거울을 보고 자신을 알아볼 수 있었으리라는 것은 의심할 여지가 없다. 이보다는 논란의 여지가 있겠으나, 인간의 범우주적 특성인 자기인식(self-awareness) 때문에 인간은 스스로를 성찰할 수 있고 내적 대화가 가능한 것 같다.[8]

이러한 범우주적 자기인식은 근대 이후 개인주의가 수반하는 자신만의 강한 개성을 요구하지도 않으며, "나는 내 식대로 한다" 하면서 스스로 자기 운명의 주체적 결정권자가 되는 근대 이후의 개인상을 요구하지도 않는다. 의심할 여지없이 많은 고대인들에게 자기 개인의 이야기는 자신들에게 무슨 일이 일어났으며 하나님 또는 신들이 자신에게 그리고 자신을 위해 무엇을 했는가에 관한 것일 뿐, 개인이 무엇을 성취했는가에 관한 것은 아니었다. 개인의 이야기는 자신이 속한 집단의 이야기와 깊이 맞물려 있었고, 개개인은 다양한 개성에 따라 구별되기보다는 역할, 양상, 관계 등으로 구별되기 마련이었다.[9]

고대 지중해 주변의 사회들에 나타난 개인주의에 대한 논쟁들이 모호해지는 이유는, 내가 여기서 개체성이나 개별성이라고 명명한 것들이 있을 수도 있고 없을 수도 있다는 잘못된 인식 때문이다. 개별성은 있을 수도 있고 없을 수도 있는 것이 아니라, 반드시 전제되는 것이다. 말리나(Bruce Malina)의 지중해 인류학이 드러낸 "양면적 인격"(dyadic personality)의 속성은 이 경우에 잘 들어맞는다.[10] 한 개인

---

8) 그리스-로마 세계와의 관련성을 위하여는 다음을 보라: F. Gerald Downing, "Persons in Relation," in *Making Sense in (and of) the First Christian Century*, JSNTSup 197 (Sheffield Academic Press, 2000), 43-61, 57-60.

9) 예컨대 팔미라(Palmyra)와 로마시대의 이집트(Roman Egypt)가 낳은 초상화를 연구해보면 당시에도 개별성을 분명하게 인식했음을 알 수 있다.

10) Bruce J. Malina, *The New Testament World: Insights from Cultural Anthropology*, 2nd ed. (Louisville: Westminster John Knox, 1993), 67. 근대 이

의 자기식별성이 그 개인에 대한 타인들의 식별성에 의존할 뿐 아니라 심지어 그에 따라 결정된다고 말할 수 있으려면, 그 개인의 자기식별성이 전제되어야 한다. 유사하고도 중요하게, 고대인들이 타인들이나 자기가 속한 집단과 본질적으로 연관되어 있는 상태에서 상관적의미로 자아를 식별할 수 있다고 말할 때, 그것은 자아들이 서로 구분될 수 있을 뿐 아니라 서로 깊이 의존하고 있음을 전제하는 바, 이는 근대 이후 개인주의 시대에 등장한 자율적이고 원자화된 개인들의 경우와는 다른 것이다. 개체성이 없다는 것은 상관성이 있다는 뜻이 아니라, 아예 나뉘지 않은 순수한 덩어리라는 뜻이다.

개인주의는 그 반대 개념과 비교하면 쉽게 이해되는데, 개인주의의 반대는 집단주의(collectivism)다. 최소한으로 정의하자면, 개인주의사회에서 개인의 목표는 집단의 목표에 우선하는 반면에, 집단주의 사회에서 사회의 목표는 개인의 목표에 우선한다.[11] 그러나 순수하게 개인주의적이거나 순수하게 집단주의적인 사회란 없으며, 대체로 개인주의적이거나 대체로 집단주의적이기 마련임을 유념해야 한다. 그뿐아니라, 한 사회 안에서도 어떤 사람들은 더 개인주의적이고 어떤 사람들은 더 집단주의적이다. 이런 변수들은 역사적으로 존재했던 어느사회에서 개인주의와 집단주의가 어떤 혼합 양상을 띠었는가를 결정해야 할 경우에는 특정 표본을 들이대며 독단적으로 결정할 것이 아니라 역사적 증거 자료를 면밀하게 검토한 다음에 결정해야 함을 시

후 서양인들이 자신들의 개인주의자 이데올로기가 허용하는 것보다 더 "양면적"이라는 주장에 대하여는 다음을 보라: Downing, "Persons in Relation," 45-46.

11) Bruce J. Malina, *The Social World of Jesus and the Gospels* (London: Routledge, 1996), 74; Burnett, *Paul*, 46-50. 이 두 저자는 모두 비교문화 심리학자 트리안디스(Harry C. Triandis)를 따른다.

사한다.

유대 팔레스타인을 포함한 1세기 그리스-로마 사회를 다룰 때(다루는 사회를 좀 더 엄밀하게 특정하고 싶을 수도 있겠으나), 나는 다음과 같이 매우 일반적인 가설을 도입한다. 대체로 그 사회는 상대적으로 집단주의적이었고, 오늘날 우리 사회보다는 훨씬 더 그러했을 것이지만, 사회적 목표들과 규범들이 강력했던 반면에 개인이 저항할 수 없는 정도까지는 아니었을 것이다. 개인은 특별히 두 가지 방식으로 그것들에 저항할 수 있었다. 첫째, 개인이 이기적이어서 자기 이익을 추구하느라 집단의 관습들과 기대들을 저버리는 경우다.[12] 그런 사람은 몹시 비난받았을지언정 존재했을 것이 분명한데, 탕자 비유가 예시하는 바와 같다. 둘째, 종교적 또는 철학적 확신 때문에 집단의 규범들과 책임들을 저버리는 개인들이 있었을 것이다. 예컨대 견유학파나 사막 교부 같은 이들인데, 이를 제대로 다루기에는 말리나의 모델은 충분히 유연하지가 않다.

요한복음의 증거

개인과 예수의 관계에 관한 경구적 말씀들

내가 보기에 요한복음에는 개인과 예수의 관계를 상당히 강조하는 단서들이 있는데, 그것을 제대로 규합하거나 분석한 선행 연구는 없다. 나는 그 단서의 유형들이 두 종류라고 제안한다. 첫째 유형은 개인과 예수의 관계에 관한 경구적 말씀들(aphoristic sayings)이다. 표 1.1은

---

12) 다음을 보라: Burnett, *Paul*, 33.

내가 분석한 자료들로서 67개의 말씀 목록으로 구성되었고, 문법 형태별로는 다섯 가지다. 이를 경구적 말씀들이라고 부르는 까닭은, 그 말씀들이 이 문학 양식에 적합할 뿐 아니라, 그 말씀들 대부분이 현재의 맥락과 잘 어울리긴 하지만 그 맥락에서 떼어내더라도 단독으로 경구적 역할을 수행할 수 있기 때문이다. 표 1.1의 첫 번째 말씀("아들을 믿는 자에게는 영생이 있고 아들에게 순종하지 아니하는 자는 영생을 보지 못하고")과 같이 말씀이 중첩되는 경우에는, 두 편의 말씀으로 계산했다. 중첩 말씀들을 한 편으로 계산하면 경구들의 전체 편수가 좀 줄어드는데, 그런 경우에도 50편 이상이나 된다. 또한 요한 서신서들에도 경구들이 많으므로 비교해 볼 수 있도록 목록에 포함시켰다.

이 말씀들 대부분은 개인과 예수의 관계를 선명하게 드러내지만, 몇 가지 경우에는 그다지 선명하지 않다. 그렇더라도 특히 예수와 개인의 관계를 나타내는 기능을 수행하는 경구 유형들이 요한복음에 많다는 사실은 분명하다. (유감스럽게도 NRSV 같은 최근의 영역 성경들이 경구들을 복수 형태로 변질시키고 있다. 복수로 바꾼 까닭은, 그리스어가 성[gender]을 나타내는 언어이기 때문에 성차별을 초래할 수 있는 번역을 피하기 위해서이므로 그 의도는 칭찬할 만하나, 그로 말미암아 요한복음의 두드러진 특성이 모호해진 것은 사실이다.)

경구 말씀들이 얼마나 중요한지 알아보기 위하여, 정당하게 유명한 3:16을 살펴보자(정당하게 유명하다고 한 까닭은 이 말씀이 요한복음의 구원이야기를 놀랍게 잘 요약하고 있기 때문이다). "하나님이 세상을 이처럼 사랑하사 독생자를 주셨으니 이는 저를 믿는 자마다(단수―역자 주) 멸망하지 않고 영생을 얻게 하려 하심이라." 요한은 "이는 저를 믿는 사람들(복수―역자 주) 모두가 멸망하지 않고…"라고 쓸 수도 있었으나 그렇게 하지 않았다. 세상에 관하여 말할 때도("하나님이 세상을 이처럼 사랑하사"), 그리고 이어지는 세상에 관한 언급에도(하나님께서 아들을 보낸 까닭은 "그로 말미암아 세상이 구원받게 하려 함이라"), 단수 형태가 아니라 복수 형태를 기대할 만한 부분들이 있다. 그러나 요한은 그렇게 하지 않고 우주적 차원을 언급하는 이런 부분에서조차 단수를 취함으로써 예수를 믿는다는 것이 각 개인의 결단임을 강조하고 있다. 각 개인은 단독자로서 예수 앞에 서고, 각자의 믿음을 혼자서 결단해야 하며, 마찬가지로 믿지 않는 경우에도 혼자 결단해야 한다.

유사하게 예수를 "믿는 자(단수)"라든지 그에 상응하는 인격을 표현할 때도 단수를 많이 사용하는데, 몇 가지 예를 들면 다음과 같다. 그 (예수)에게 "오는", 예수가 주는 "물에서 물을 마시는", 예수라는 생명의 떡 또는 살을 "먹는", 예수를 "보는", 예수의 증거를 "받는", 예수라는 문을 "통하여 그 양 무리에 들어가는" 등과 같은 표현들이다. 이런 말씀들 중 대부분은 예수를 믿은 결과로서 영생을 언급한다. 이 말씀들의 기능은 믿지 않는 사람들을 예수 신앙으로 초대하기 위한 것이기 때문에 다음과 같은 말씀들이 믿지 않는 사람들을 집중적으로 다루는 것은 놀라운 일이 아니다: 3장에서 니고데모와 예수의 대화; 6장에서 생명의 떡에 관한 말씀; 12장 끝부분에서 예수가 전한 말씀의 요약. 이와 달리 예수께서 제자들에게 말씀하시는 14-15장에서 경구적 말씀들은 예수를 사랑하고 그의 계명을 지키는 것을 더욱 강조한다.

물론 사람들과 예수의 관계에 관한 요한복음의 말씀들이 모두 경구적 말씀들인 것은 아니다. 예컨대 예수는 무리들이나 유대 권력가들이나 제자들에게 2인칭 복수를 사용하며, 특히 13-16장에서 그러하다. 또한 예수는 제자들과 미래의 신자들에게는 3인칭 복수를 사용하며, 특히 아버지께 기도하는 17장에서 그러하다. 예수께서는 아직 볼 수 없어서 믿지 못하는 사람들에게 복을 선포하는데(20:29), 이 자

표 1.1 개인과 예수의 관계에 관한 67편의 경구적 말씀들

형태 1. "~하는 자는…"(*ho* + 분사) (37편의 말씀들)

예) 아들을 믿는 자에게는 영생이 있고 아들에게 순종하지 아니하는 자는 영생을 보지 못하고 도리어 하나님의 진노가 그 위에 머물러 있느니라(요 3:36).

나를 사랑하는 자는 내 아버지께 사랑을 받을 것이요, 나도 그를 사랑하여 그에게 나를 나타내리라(요 14:21b).

요한복음 3:18a; 3:18b; 3:21; 3:33; 3:36a; 3:36b; 5:23b; 5:24; 6:35a; 6:35b; 6:37b; 6:45; 6:47; 6:54; 6:56; 6:57; 6:58; 7:37-38; 8:12; 8:47; 11:25; 12:25a; 12:25b; 12:35; 12:44; 12:45; 12:48; 13:10; 13:20a; 13:20b; 14:9; 14:12; 14:21a; 14:21b; 14:24; 15:5; 15:23

(요한1서 2:4; 2:6; 2:9; 2:10; 2:11; 3:7; 3:10c; 3:14b; 3:24; 4:6a; 4:8; 4:16c; 4:18b; 4:21b; 5:10a; 5:10b; 5:12a; 5:12b; 요한2서 9b; 요한3서 11a; 11b)

형태 2. "만일 누가 ~하면"(*ean tis…*) (14편의 말씀들)

예) 진실로 진실로 너희에게 이르노니 사람이 내 말을 지키면 영원히 죽음을 보지 아니하리라(요 8:51).

사람이 내 말을 듣고 지키지 아니할지라도 내가 그를 심판하지 아니하노라. 내가 온 것은 세상을 심판하려 함이 아니요, 세상을 구원하려 함이로라(요 12:47).

요한복음 3:3; 3:5; 6:51; 7:17; 7:37; 8:51-52; 10:9; 11:9; 11:10; 12:26a; 12:26b; 12:47; 14:23; 15:6

(요한1서 2:11)

형태 3. "~하는 자마다" (*pas ho*+ 분사) (12편의 말씀들)

예) 내 아버지의 뜻은 아들을 보고 믿는 자마다 영생을 얻는 이것이니 마지막 날에 내가 이를 다시 살리리라 하시니라(요 6:40).

진리에 속한 자는 내 음성을 듣느니라(요 18:37).

요한복음 3:15; 3:16; 3:20; 4:13; 6:37a; 6:40; 8:34; 11:26; 12:46; 15:2a; 15:2b; 18:37

(요한1서 3:4; 3:6a; 3:6b; 3:8; 3:9; 3:10b; 3:15; 4:7; 5:1a; 5:1b; 5:4; 요한2서 9a)

형태 4. "~하는 자는" (*hos an...*) (1편의 말씀)

요한복음 4:14

(요한1서 3:17; 4:15; 참조, 요한1서 4:6의 *hos*)

형태 5. "누구도 ~하지 않다" (*oudeis...*) (3편의 말씀들)

요한복음 6:44; 6:65; 14:6

료가 중요하지 않은 것은 아니지만, 형태상으로는 매우 다양한 모습을 취한다. 이는 표준적인 경구문 형식 같은 것이 존재하지 않는다는 뜻이다. 2인칭 복수와 3인칭 복수로 된 다양한 문장들 외에도 3인칭 단수로 된 경구적 말씀들이 주류를 이룬다. 독자들이나 청중들은 예수에 대한 반응이 실질적이기 위하여 개인적일 필요가 있음을 잊어서는 안 된다.

요한은 유사한 경구적 말씀들을 다음과 같이 3인칭 복수 형태로

쓸 수도 있었다: "나를 믿는 자들은…", "내 말들을 지키는 모든 자들은…." 그러나 요한은 오로지 한 번만 그렇게 했을 뿐이다. 그 한 번의 예외적 사용은 요한복음 서문에 등장하기 때문에 눈에 잘 띄면서도 독특한 것이다. "영접하는 자들이라면 누구들에게나(bosoi) 하나님의 자녀가 되는 권세를 주셨으니, 그의 이름을 믿는 사람들에게니라"(요 1:12: 사역). 이 예외적 사용은 요한복음의 다른 부분에서 경구적 말씀들이 권면하는(paraenetic) 기능을 수행할 가능성이 매우 높음을 시사한다. 그 말씀들은 신앙, 사랑, 또는 순종으로 초청한다. 이와 달리 서문은 초청이 아니라 서사적 기능을 수행한다. 서문은 "그 말씀"이 구원을 조달한 내용을 이야기하고, 예수를 믿은 사람들의 믿음을 현재 또는 장차 될 가능성이 아니라 이미 있었던 역사적 사실로 보여준다.

공관복음에도 예수와 개인의 관계를 나타내는 몇 가지 경구적 말씀들이 있다. 마가복음에서 세 편만 예를 들어보면 다음과 같다: "누구든지 하나님의 뜻대로 하는 자는 내 형제요 자매요 모친이니라"(막 3:35); "누구든지 나를 따라오려거든 자기를 부인하고 자기 십자가를 지고 나를 따를 것이니라"(막 8:34); "누구든지…나와 내 말을 부끄러워하면 인자도 아버지의 영광으로 거룩한 천사들과 함께 올 때에 그 사람을 부끄러워하리라"(막 8:38). 그러나 공관복음은 경구적 말씀들을 많이 포함하지 않으며, 예수를 믿고 예수를 사랑하고 영생을 갖는다는 등의 요한복음 특유의 언어적 특징을 나타내지도 않는다. 다만 공관복음의 경구적 말씀들은, 다른 경우에도 그렇듯이, 요한복음의 예수 어록들에 나타나는 어떤 특징들이 예수 특유의 말씀들에서 유래했을 가능성을 시사한다.

이제 우리는 경구적 말씀들이 상대적으로 집단주의에 가까운 사회에서 얼마나 중요한지 짚어볼 차례다. 물론 경구적 말씀들이 예수를 믿는 사람들의 집단들과 전혀 무관하다는 뜻은 아니다. 예컨대 나사로와 마르다와 마리아 남매 집단에게도 경구적 말씀들은 중요하다. 그러나 요한복음의 경구적 말씀들은 예수에 대한 신앙이 각기 개인적으로 반응할 문제라고 주장하는 듯하며, 개인이 혼자서 신앙적 결단을 할 가능성을 허용한다(예컨대 9장에서 소경으로 태어난 사람이 그랬던 것처럼).

말리나(Bruce Malina)는 공관복음에서 사람들이 예수의 제자들로 회심하는 과정을 논한다. 공관복음은 대가족 내집단(extended family in-group)과 완전히 결별하는 회심을 상당히 강조하는 편인데, 집단에 철저히 의존하는 자의식을 가진 사람들이 어떻게 집단과 완전히 결별할 수 있었는지를 말리나는 설명해야 했다. 그는 두 가지를 지적한다. 첫째, 회심이란 하나의 내집단에서 다른 내집단으로 이동하는 것을 뜻하는데, 예수의 제자들은 자기들이 속한 집단에서 예수와 그의 다른 제자들이 속한 가상 친족 집단으로 이동한 경우라고 할 수 있다고 한다.[13] 이것은 공관복음의 맥락에 잘 들어맞는다. 둘째, 회심하는 사람이 속한 집단에서 적어도 한 사람은 지지해주어야 회심할 수 있다는 것이다. 말리나는 베드로와 안드레, 야고보와 요한 등 형제들이 한 쌍을 이루어 회심한 것을 언급하고, 제자들이 모두 가버나움 사람들로서 같은 지역 출신이라는 점을 지적한다.[14] 그러나 바디매오와 삭개오의 경우처럼 그 원칙에 맞지 않는 사례들도 쉽게 발견되며, 누가복음 9:57-62에서 제자가 되려다 만 세 사람의 경우는 예수가 개개인에게 개별적으로 자신의 제자가 되라고 초청한 전형적인 사례들이다.

요한복음에는 개별적으로 예수를 믿고 회심한 사례들이 있는데,

---

13) Malina, *Social World*, 86-87.
14) Malina, *Social World*, 90.

주목할 점은 그 회심한 개인이 예수의 제자 공동체라는 새로운 내집단에 가입한 흔적이 없다는 사실이다. 물론 요한복음에 집단이 등장하기는 하지만, 예수 신앙이 예수와 신자 개인의 문제로서 제3자가 개입할 여지가 없다는 내용의 말씀들은 집단과 무관하다. 소경이었다가 예수에게 치유 받은 사람은 예수에 대한 신앙을 고집스럽게 유지한 결과 자신의 부모에게조차 버림을 받는데(요 9:1-31), 그 경구 말씀에 등장하는 사람은 자신이 예수께 속하게 되었다는 사실만으로도 만족스러워 한다. 물론 이 사람은 다른 이들에 대한 모든 책무에서 벗어나 독자적으로 자신의 길을 선택할 수 있는 근대적 개인주의자와는 거리가 있다. 누가복음의 비유에 등장하는 탕자가 근대적 개인주의자에 가깝다면, 요한복음에서 예수에게 온 그 사람은 평생 집중해도 좋을 새로운 관계 중심을 발견한 사람이다. 그 사람이 필요로 하는 완전한 내집단은 바로 예수 자신이다. 그들의 정체성과 자의식은 이제 전적으로 예수께 의존한다.[15]

요한복음에서는 오로지 두 개의 단락에서만 경구적 말씀들이 그리스도교 공동체와 연관되어 나타나며, 이 단락들조차도 개인과 예수의 관계를 강조한다는 사실에 주목해야 한다. 첫째, 선한 목자 사화(Discourse)에서 양은 분명히 양떼에 속해 있지만, 이 사화의 두드러진 특징은 목자가 양의 이름을 하나하나 부른다는 것이다(10:3).[16] 두 번째 단락은 포도나무 비유인데, 이 사화에서 각 가지가 포도나무에 붙어 있을지 제거될지를 결정하는 것은 바로 각 가지와 예수와의 관계다(15:1-6). 여기서 개인에 대한 강조는 그 공동체를 접지하는 역할

---

15) 예수께 아낌없이 기름을 쏟아 붓는 마리아의 행동을 보도하는 요 12:1-18의 말씀에도 주목하라.

16) 이런 비유의 특징은 요 20:16; 21:15에서도 분명하게 반영된다.

을 하는데, 개인이 예수와의 관계에 머물려면 예수의 계명들을 지키기만 하면 된다(15:10). 요한복음이 전개됨에 따라 예수의 계명들은 제자들이 서로 사랑해야 한다는 새 계명 하나로 수렴된다(15:12). 즉 제자들끼리 서로 사랑하는 것은 공동체의 생명이며, 이 생명은 각 개인과 예수 사이의 개별적 관계에 토대를 두고 있는 것이다. 후자로 인해 전자가 가능하며, 여기서 우선권은 예수와의 개별적 관계라는 후자에 있다.[17] 요한 공동체는 예수와의 개별적 관계로 형성되고 예수와의 개별적 관계를 통해서만 연명하는 것이다.

"하나 안에 또 하나"(In-One-Anotherness: 사사로운 상호내재, Personal Coinherence)

예수와의 개별적 관계에 관한 경구적 말씀들은 개인이 예수 신앙에 처음 입문하는 것뿐 아니라, 개인과 예수 사이의 친밀한 내주 관계를 통하여 그리스도인의 생명을 지속하는 것도 포함한다. 이 관계의 속성을 더 알아보기 위하여 나는 생명의 빵에 관한 6장의 경구적 말씀들 중 하나에 주목하고자 한다. 그 말씀은 다음과 같다. "내 살을 먹고 내 피를 마시는 자는 내 안에 거하고 나도 그의 안에 거하나니"(6:56). 이것은 "하나 안에 또 하나" 내지는 "사사로운 상호내재"라고 내가 명명한 주제를 드러내는 최초의 요한복음 본문이다(참조. 표 1.2).[18]

우리는 무엇보다 성찬식 언어가 개인화되어 사용되고 있는 점에

---

17) 분명히 이 부분은 말리나가 공동 집필한 다음 내용과 상응한다: "Mediterranean anthropology," Bruce J. Malina and Richard L. Rohrbaugh, *Social-Science Commentary on the Gospel of John* (Minneapolis: Fortress, 1998), 234.

18) 요한복음에서 "내주"(abiding)와 밀접한 이미지에 관하여는 다음을 보라: Dorothy A. Lee, *Flesh and Glory: Symbol, Gender, and Theology in the Gospel of John* (New York: Crossroad, 2002), 88-89.

표 1.2 "하나 안에 또 하나" (사사로운 천성공유, Personal Coinherence)

내 살을 먹고 내 피를 마시는 자는 내 안에 거하고 나도 그의 안에 거하나니 (6:56)

나는 선한 목자라. 내가 내 양을 알고 양도 나를 아는 것이 아버지께서 나를 아시고 내가 아버지를 아는 것 같으니, 나는 양을 위하여 목숨을 버리노라 (10:14-15).

내가 행하거든 나를 믿지 아니할지라도 그 일은 믿으라. 그러면 너희가 아버지께서 내 안에 계시고 내가 아버지 안에 있음을 깨달아 알리라 하시니(10:38)

나는 아버지 안에 거하고 아버지는 내 안에 계신 것을 네가 믿지 아니하느냐? 내가 너희에게 이르는 말은 스스로 하는 것이 아니라 아버지께서 내 안에 계셔서 그의 일을 하시는 것이라(14:10).

그는 진리의 영이라. 세상은 능히 그를 받지 못하나니 이는 그를 보지도 못하고 알지도 못함이라. 그러나 너희는 그를 아나니 그는 너희와 함께 거하심이요 또 너희 속에 계시겠음이라(14:17).

그날에는 내가 아버지 안에, 너희가 내 안에, 내가 너희 안에 있는 것을 너희가 알리라(14:20).

예수께서 대답하여 이르시되 "사람이 나를 사랑하면 내 말을 지키리니 내 아버지께서 그를 사랑하실 것이요, 우리가 그에게 가서 거처를 그와 함께 하리라"(14:23).

포도나무 비유

나는 참포도나무요 내 아버지는 농부라. 무릇 내게 붙어 있어 열매를 맺지 아니하는 가지는 아버지께서 그것을 제거해 버리시고 무릇 열매를 맺는 가지는 더 열매를 맺게 하려 하여 그것을 깨끗하게 하시느니라. 너희는 내가 일러준 말로 이미 깨끗하여졌으니 **내 안에 거하라. 나도 너희 안에 거하리라.** 가지가 포도나무에 붙어 있지 아니하면 스스로 열매를 맺을 수 없음 같이 너희도 내 안에 있지 아니하면 그러하리라. 나는 포도나무요 너희는 가지라. **그가 내 안에, 내가 그 안에 거하면** 사람이 열매를 많이 맺나니 나를 떠나서는 너희가 아무 것도 할 수 없음이라. 사람이 **내 안에 거하지 아니하면** 가지처럼 밖에 버려져 마르나니 사람들이 그것을 모아다가 불에 던져 사르느니라. **너희가 내 안에 거하고 내 말이 너희 안에 거하면** 무엇이든지 원하는 대로 구하라, 그리하면 이루리라. 너희가 열매를 많이 맺으면 내 아버지께서 영광을 받으실 것이요 너희는 내 제자가 되리라. 아버지께서 나를 사랑하신 것 같이 나도 너희를 사랑하였으니 나의 사랑 안에 거하라. 내가 아버지의 계명을 지켜 그의 사랑 안에 거하는 것 같이 너희도 내 계명을 지키면 내 사랑 안에 거하리라(15:1-10).

예수의 아버지를 향한 기도

아버지여! **아버지께서 내 안에, 내가 아버지 안에** 있는 것 같이 그들도 다 하나가 되어 우리 안에 있게 하사 세상으로 아버지께서 나를 보내신 것을 믿게 하옵소서. 내게 주신 영광을 내가 그들에게 주었사오니 이는 우리가 하나가 된 것 같이 그들도 하나가 되게 하려 함이니이다. 곧 **내가 그들 안에 있고 아버지께서 내 안에 계시어** 그들로 온전함을 이루어 하나가 되게 하려 함은 아버지께서 나를 보내신 것과 또 나를 사랑하심 같이 그들도 사랑하신 것을 세상으로 알게 하려 함이로소이다. 아버지여! 내게 주신 자도 나 있는 곳에 나와 함께 있어 아버지께서 창세 전부터 나를 사랑하시므로 내게 주신 나의 영광을 그들로 보게 하시기를 원하옵나이다. 의로우신 아버지여! 세상이 아버지를 알지 못하여도 나는 아버지를 알았사옵고 그들도 아버지께서 나를 보내신 줄 알았사옵나이다. 내가 아버지의 이름을 그들에게 알게 하였고 또 알게 하리니, 이는 **나를 사랑하신 사랑이 그들 안에 있고 나도 그들 안에 있게** 하려 함이니이다(17:21-26).

주목해야 한다(6:54에서도 그러하다). 이 말씀이 실제로 성찬식과 연관이 있는지 여부와 무관하게(의견이 분분하다), 이 언어 자체는 본래 성찬식에서 유래한 것이다.[19] 피를 마시고 살을 먹는 다소 충격적인 이

---

19) 이 주제는 5장 "성례전?"에서 자세히 다룬다.

미지는 개인이 예수의 생명에 참예함으로써 예수가 아버지와 공유하는 하나님의 생명에 참예하게 됨을 가리킨다. 바울은 성찬식 언어를 사용할 때 그리스도의 가시적 몸을 상상하였으니, 그것은 우리가 함께 나누는 하나의 빵 덩어리와 우리가 함께 마시는 하나의 컵에 의해 하나로 연합한 몸이다(고전 10:16-17). 동일한 성찬식 언어를 요한복음은 오로지 여기서만 사용하는데, 여기서는 신자 개인만이 돋보인다.

"그가 내 안에, 내가 그 안에"라는 표현에 대해 린다스(Barnabas Lindars)는 통찰력 있는 말을 남겼다.

> 여기가 이 사화의 정점이다. 모든 은유들은 제거되고 전체가 사사로운 관계로 귀결된다.…요한의 사상은 존재론적 내지는 반(牛)마술적 영역들 안에 결코 빠지지 않는다. 예수를 영접한다는 것은 그에게 "오고" 그를 "믿는" 것이므로, 결과적으로 사사롭고도 윤리적인 관계로 진입하는 것이다. 이 관계는 현세를 넘어 모두가 부활하는 때까지 지속되는 관계다.[20]

다시 말해 영생을 얻고 영원히 산다는 것이 여기서는 예수와의 친밀한 관계로 묘사되어 있으며, 예수의 생명은 곧 하나님의 생명이다. 린다스의 언급에도 불구하고 "하나 안에 또 하나"라는 언어는 여전히 은유적이다. 그것은 가장 친밀한 사사로운 관계의 형태를 표현하기 위하여 (하나 "안에" 또 하나라는) 공간적 이미지를 사용한다.[21] 여기서

---

20) Barnabas Lindars, *The Gospel of John*, NCB (London: Marshall, Morgan & Scott, 1972), 269.

21) 이것을 지적한 이는 톨버트다: Charles H. Talbert, *Reading John: A Literary and Theological Commentary on the Fourth Gospel and the Johannine Epistles* (London: SPCK, 1992), 139.

사용된 언어는 14-17장에서 더 자주 등장한다.

요한이 사용하는 관계 이미지를 바울이 쓴 "그리스도 안에"라는 표현과 동일시해서는 안 된다. 비록 바울이 그 표현을 개별적으로 사용하고(참조. 고후 5:17), 바울 역시 그리스도가 그리스도인들 "안에" 거한다거나(롬 8:10) 심지어 신자 개개인 안에 거한다고 말할지라도(갈 2:20), 바울은 그런 표현들을 "그리스도가 내 안에, 내가 그리스도 안에"라는 말 속에 통합시키지 않기 때문이다. 바울과 달리 요한은 그 말을 상호적으로 사용하며, 대개 "A가 B 안에 그리고 B가 A 안에"라고 표현하거나 그와 유사한 형태로 표현한다. 더불어 요한은 동일한 공식을 예수와 아버지 사이의 관계에 적용하는데, 그에 상응하는 본문이 바울 서신에는 나타나지 않는다. 이처럼 요한과 바울의 용법은 서로 다르기 때문에 여기서 굳이 바울의 용례를 논할 필요는 없을 것이다.

바울 언어의 영향 때문인지 요한복음 주석가들은 요한이 상상한 관계가 대칭적이지 않다고 지적하기를 꺼려하는 경향이 있다.[22] 신자가 예수와 관계 맺는 방법이, 예수가 신자와 관계 맺는 방법과 동일한 것만은 아니다. 이는 요한복음 맥락에서 쉽게 드러난다. 신자는 예수로부터 영생을 받지만 예수에게 영생을 주지는 않는다. 그러나 이것만 강조하면, "하나 안에 또 하나"라는 언어 자체가 표현하는 것이 바로 상호관계라는 사실을 간과하게 된다.

요한복음의 언어에 상응하는 전거나 평행 본문을 필론(Philo of Alexandria), 헤르메스 문헌, 또는 이그나티우스[23] 등에서 찾으려고 하

---

22) 예컨대 Donald A. Carson, *The Gospel according to John* (Leicester: Inter-Varsity; Grand Rapids: Eerdmans, 1991), 298.

23) Carles H. Dodd, *The Interpretation of the Fourth Gospel* (Cambridge:

면 실패하게 된다. 그런 문헌들은 바울 서신처럼 요한복음의 명확하고도 단순한 상호 의존적 공식을 나타내지 않기 때문이다. 단언컨대, 구약성경에 등장하는 상호관계는 비대칭 공식들로서 요한복음의 단순한 상호의존적 공식과는 구별된다. "나는 네 하나님이 되고 너는 내 백성이 되리라"(레 26:12). "나는 그의 아버지가 되고 그는 내 아들이 되리라"(삼하 7:14).[24] 인간과 하나님 사이의 관계에 관한 요한 언어의 전거를 구약성경이나 그리스어 문헌에서 찾으려 할 것이 아니라, 상호의존성에 관한 요한의 공식이 서로 사랑에 관한 사사로운 상호 내재성을 표현하기 위한 요한 자신의 창안이며 주조물임을 인정해야 한다고 나는 생각한다. 이 방법만이 비대칭적이지 않은 단순한 상호의존성을 설명할 수 있으리라.[25]

"하나 안에 또 하나"라는 심상은 요한복음이 개인과 예수의 사사로운 관계를 강조한다는 점을 이해하는 데 상당히 중요한 역할을 한다. 근현대 서구의 개인주의를 구성하는 요소들 가운데 하나는 자아를 독립적이면서도 경계가 확실한 단위로 이해하는 것이며,[26] 다른 사람들과의 관계에 얽매여 자신의 독자성을 타협하기를 꺼려하는 것이다. 이것은 아마도 인격체를 에워싸고 그것을 독립적 단위로 구분

Cambridge University Press, 1953), 187-92; David L. Mealand, "The Language of Mystical Union in the Johannine Writings," *DRev* 95 (1977): 19-34.

24) 다음에서 재인용했다: Mealand, "Language," 28-29.

25) 다음과 비교하라: "나는 나의 사랑하는 자에게 속하였고 나의 사랑하는 자는 내게 속하였다"(아 6:3). 이 아가서 본문은 요한복음과 달리 "안에"(in)라는 공간적 은유를 사용하지 않기 때문에 그 본문이 요한복음 언어에 직접 영향을 끼쳤다고 보기는 어려우나, 사랑의 관계는 단순한 상호의존성으로 표현하는 것이 자연스럽다는 것을 이 본문은 단적으로 보여준다.

26) 결속된 자아에 관하여는 다음을 보라: Kenneth J. Gergen, *Relational Being: Beyond Self and Community* (Oxford: Oxford University Press, 2009), 3-28.

하여 육체적 경계로 삼는 몸이라는 공간적 심상과 어느 정도 연관이 있을 것이다. 누구나 개인적 공간 개념을 가지고 있다. 개개인은 사적인 공간이 필요하기 때문에, 두 개인이 포개지거나 겹쳐지는 방식으로 같은 공간을 차지한다는 요한복음의 공간 심상은 쉽게 이해되지 않는다. 그러나 현대 서구의 개인주의자들조차 친밀한 관계 속에서는 사적 공간이 어느 정도 와해되는 경험을 한다. 자아는 다른 실체와의 관계 속에서 경계를 갖게 되는데, 그 경계를 초월하는 매개체가 바로 몸이라고 생각하면(껴안을 때처럼) 요한복음의 공간 개념이 좀 더 친숙하게 다가올 것이다. 몸들은 우리를 서로 떨어뜨리는 것이 아니라, 타인들끼리 서로 소통하게 하는 것이다. 요한복음의 심상은 자아를 중심에 두고 그 경계들을 열린 상태로 상정함으로써 자신의 자아 정체성을 잃지 않으면서도 서로의 부분이 될 수 있는 인격체들을 상정한다. 그것은 경계를 긋고 있는 자아의 독립성을 무너뜨려 열고 들어가는 심상이다.

"하나 안에 또 하나"라는 요한복음 언어는 개인과 예수의 관계, 제자들과 예수의 관계, 그리고 예수와 아버지의 관계 등에 사용된다. 요한복음 전체의 구원 사화는 마지막 관계(예수와 아버지의 관계)에서 도출된다. 그 관계야말로 예수가 세상에 가져오는 영생의 근원이요, 영생의 내적 속성인 사랑하는 관계를 살려내는 생명의 근원이다. 아버지와 아들 사이의 사랑이 세상을 향해 흘러넘칠 때, 아버지와 아들 사이의 "하나 안에 또 하나"가 예수와 신자 사이의 "하나 안에 또 하나"를 탄생시키는 것이다.[27] 그러므로 요한복음이 신의 생명 자체를 아버지와 아들이라는 두 인격체 사이에 상정할 수 있는 가장 친밀한 관

---

27) 이에 관하여는 2장 "하나님과 인간의 공동체"에서 상세하게 다룬다.

계로 묘사한다는 사실은 요한복음이 신자와 예수 사이의 일대일 관계를 강조하는 이유를 어느 정도 설명해주리라고 기대하게 한다.

요한복음의 등장인물들과 대화할 때 드러나는 예수

요한복음 사화들의 두드러진 특징은 예수가 등장인물들과 개별적으로 길게 대화한다는 것이다. 다음 일곱 편이 가장 긴 대화들이다.

나다나엘과의 대화(1:47-51)

니고데모와의 대화(3:1-21)

사마리아 여인과의 대화(4:7-26)

마르다와의 대화(11:20-27)

빌라도와의 대화(18:33-19:12)

막달라 마리아와의 대화(20:14-17)

베드로와의 대화(21:15-22)

이보다 짧은 대화들은 왕의 신하와의 대화, 소경으로 태어난 사람과의 대화, 만찬 때 베드로와의 대화, 부활 직후 도마와의 대화 등이다. 앞서 열거한 일곱 편의 사화들은 그 길이가 길 뿐만 아니라 나다나엘과의 대화를 제외하고 모두 사적인 장소에서 발생했다는 점이 중요하다. 대부분의 사화들은 대화 당사자 외에는 다른 사람이 없음을 분명히 밝히고 있다. 물론 공관복음에도 예수와 개개인이 만나는 장면이 많지만, 공관복음의 대화들은 대체로 짧으며, 사적인 경우가 거의 없다(아마도 유일한 예는 마 16:22-23에서 베드로가 예수께 꾸지람 받는 장면일 것이다. 막 8:32-33에서는 다른 제자들이 가청 거리에 있었던 것이 분명하지만, 마태복음에서는 그렇지 않다.) 긴 사적 대화들은 공관복음과 구별되는 요한복음만의 여러 두드러진 특징들 중 하나다.

게다가 요한은 긴 대화 장면을 활용하여 이야기꾼 기질을 한껏 발휘한다. 대화들은 기억할 만한 장면들로 가득하다. 예수가 남편에 대해 언급하자 얼버무리는 듯 답하는 사마리아 여인(4:17), "진리가 무엇이냐?"라고 묻는 빌라도의 냉소적 질문(18:38), 예수가 이름을 불러줄 때에야 비로소 예수임을 알아차리는 막달라 마리아(20:14-16), "나를 사랑하느냐?"라고 예수께 세 번이나 질문을 받은 베드로의 난감함(21:17) 등이 그 예다. 또한 예수는 가장 중요한 신학적 주장들을 대화 형태로 표현한다. 예컨대 예수는 대화중에 "너는 위로부터 나야 한다"(3:7), "나는 부활이요 생명이다"(11:25), "내 나라는 이 세상에 속한 것이 아니다"(18:36)라고 주장한다. 유대 지도자들과 논쟁할 때와 달리, 예수는 사적인 대화중에 결코 같은 내용을 반복하지 않는다. 각 대화는 고유한 주제를 담고 있는 것이다. 대부분의 대화는 예수의 대화 상대자에게 일종의 여행 과정이다. 예수와 대화하는 사람들은 시작할 때와 다른 지점에서 대화를 마친다. 그들의 삶은 완전히 달라진다.

사사로운 개인 이야기는 개별화되지 않은 집단 이야기보다 독자의 시선을 더욱 끌기 마련이다. 예수의 무덤에 여러 여인들이 등장하는 공관복음 이야기보다 막달라 마리아 홀로 등장하는 요한복음 이야기가 독자의 시선을 더 끄는 것이다. 개인은 집단보다 감정이입과 공감을 더 강하게 불러일으키기 때문이다. 현대의 개인주의자들인 우리에게만 그러할까, 아니면 요한복음의 초기 청자들과 독자들에게도 그러했을까? 그들도 그러했음을 요한복음 이야기들이 대변하고 있으며, 이를 입증할 만한 유사 고대 문헌은 충분히 많다. 물론 요한복음의 개개 등장인물들도 집단에 속해 있다. 사마리아 여인은 그녀의 마을에, 마르다는 그녀의 가족에, 막달라 마리아는 제자들 군에 속해 있는 것이다. 그러나 그들은 자신이 속한 집단을 대표하기만 하는 사람들은 아니다.

요한복음의 등장인물에 관한 기존의 평가는 입체적이지 않고 평면적이며, 다양한 경험을 하면서 발전하기보다 단일한 특성만을 정적으로 표출하며, 성격을 가진 인물들이 아니라 각기 단일 특성을 표출하는 유형들에 불과하다는 것이 지배적이었다. 그러나 최근 베네마 (Cornelis Bennema)의 작품은 그런 평가를 재고하게 한다.[28] 베네마는 고대 문헌이 흔히 상상하는 것보다 더 복잡하고 미묘한 방식으로 인물을 설정하고, 단순한 일차원이 아닌 입체적 유형으로 등장인물들을 묘사한다는 사실을 보여주는 연구들을 바르게 인용한다.[29] (그리스 비극들에 대하여는 이미 최선의 연구가 수행되었으나, 다른 작품들은 더 연구해야 한다. 예컨대 그리스 소설, 그리스-로마 전기문, 요세푸스와 위경 문헌에 등장하는 성경 인물들에 대한 묘사들에 대해 더 연구할 필요가 있다.) 베네마는 등장인물 설정 이론을 도입하고서 요한복음에 등장하는 인물들에 대한 묘사를 분석하여 복잡성, 발전성, 내적 삶에의 침투성 등을 기준으로 평가했으며, 등장인물들의 중요도를 연속성에 근거하여 도표화했다. 연속성은 단순한 단역(agent)인지, 상투적이거나 평면적 인물(type)인지, 어느 정도의 복잡성과 발전성을 보여주는 성격인물 (personality)인지에 따라 나누었다. (베네마가 "개인"[individual] 또는 "인격"[person]이라는 용어를 내가 전 장에서 사용한 용례와 매우 다르게 사용하

---

28) Cornelis Bennema, "A Theory of Character in the Fourth Gospel with Reference to Ancient and Modern Literature," *BibInt* 17 (2009): 375-421; Bennema, *Encountering Jesus: Character Studie in the Gospel of John* (Milton Keynes: Paternoster, 2009).

29) Bennema, "Theory," 379-89.

는 점은 유감스럽다.)

예수와의 긴 일대일 대화 일곱 편에 나타난 일곱 인물에 대한 분석 결과는 흥미롭다.[30] 베네마는 오로지 한 사람(나다나엘)만을 유형(type)으로 분류했고, 한 사람(마르다)은 유형과 성격인물(personality)의 경계선에 놓았으며, 세 사람(막달라 마리아, 니고데모, 사마리아 여인)은 확실한 성격인물로 분류했고, 한 사람(본디오 빌라도)은 성격인물과 개인(individual) 사이의 경계선에 놓았으며, 베드로는 완전한 개인으로 상정했다(예수와의 사적 대화에서뿐만 아니라 연속되는 사화들을 통해서 모두). 그러므로 예수와의 긴 사적 대화들에 등장하는 인물들은 요한복음에서 가장 발전적으로 변화하는 인물들이라 할 수 있다.

그러나 등장인물 설정 분석은 이 대화들의 여러 기능 중 일부를 드러낼 뿐이다. 이 분석에 따르면 각 등장인물은 각기 고유한 이야기를 한다. 등장인물들이 예수를 만나는 상황은 서로 다르고 독특하다. 등장인물들이 예수를 서로 다르게 대한다는 것은 잘 알려져 있으나, 예수 역시 서로 다른 상황에 처한 인물들을 각각 다르게 대한다는 것은 이 분석을 통하여 드러난다.[31]

예수가 먼저 대화를 시도하기도 하는데, 사마리아 여인에게는 관례를 깨는 방식으로, 막달라 마리아에게는 다정한 친구처럼 말을 건

---

30) Cornelis Bennema, "A Tehory of Character in the Fourth Gospel with Reference to Ancient and Modern Literature," *BibInt* 17 (2009): 375-421; Bennema, *Encountering Jesus: Character Studies in the Gospel of John* (Milton Keynes: Paternoster, 2009).

31) 이에 대하여는 다음을 참조하라: Jason Sturdevant, "The Pedagogy of the Logos: Adaptability and the Joahannine Jesus" (PhD diss., Princeton Theological Seminary, 2013). 이 논문의 저자가 나에게 이 논문이 곧 출판될 것이라고 말하긴 했으나, 나는 이 논문을 아직 읽지 못했다.

넨다. 니고데모나 빌라도처럼 먼저 다가와 말을 건네는 사람에게 예수가 대응하기도 한다. 예수는 표준 공식에 따라 사람들을 대하지 않고, 만나는 사람들의 상황에 따라 그들의 삶의 특정한 지점에 개입한다. 나사로 때문에 울고 있는 마르다를 만나는가 하면, 자신의 실패를 알아차린 베드로를 만나기도 한다. 니고데모와는 다짜고짜 본론에 들어가는데, 그 종교지도자는 예수의 말뜻을 이해하지 못하여 어리둥절해 하면서도 그 의미를 알고 싶어 한다. 만나는 사람들이 처한 특수한 상황에 따라 요한복음의 예수는 대화 주제를 달리하는 것이다.

예수를 대하는 태도를 기준으로 요한복음의 등장인물들을 유형화할 수 있다는 견해는(베네마도 이런 견해를 지지함) 각 등장인물의 독특한 이야기와 특수 상황을 무시하는 것이다. 등장인물들이 예수에게 서로 다른 반응을 보이면, 서술자가 청자나 독자로 하여금 그것을 인정하거나 인정하지 않도록 유도하는 경우도 있으나, 삶의 독특한 순간과 특수한 상황에 처한 다양한 등장인물들에게 예수가 다양한 방식으로 다가가기도 한다. 베네마처럼 예수에 대한 반응에 따라서만 등장인물의 유형을 결정하면, 서로 다른 이야기들의 특수성들을 놓치게 된다. 이야기의 기능은 청자나 독자가 서로 다른 등장인물들과 마음속에서 하나가 되어 각자 처한 다양한 상황에서 예수를 만나도록 하는 것이다. 요한복음의 이야기들이 청자나 독자를 예수와 만나는 현장으로 유도하여 등장인물들을 하나씩 보여주며 자신과 맞는 인물을 찾아내어 반응하게 한다는 견해는 너무 도식적이고 인위적이다. 등장인물들은 각기 다른 신앙 유형을 나타내기보다는, 다양한 사람들이 다양한 상황 속에서 예수를 만나는 다양한 방식들을 그려내고 있는 것이다.

마지막으로, 우리는 이 다양한 개인들의 이야기들을 예수와의 일대일 대화별로 나누어서, 개인과 예수의 관계를 나타내는 첫 번째 증거 영역인 경구적 말씀들과 연관 지어 살펴볼 필요가 있다. 등장인물들은 경구적 말씀들의 내용을 구체화한다. 그들은 예수에 대한 신앙을 갖거나, 예수의 죽음 때문에 잠깐 머뭇거렸던 신앙을 그 죽음 이후에 다시 되찾거나 심화시킨다. 빌라도는 예수가 전한 소식과 전도를 거부한 사람에 대한 부정적 말씀들을 구체화한다. 베드로는 예수에 대한 신자의 사랑과 순종을 구체화한다. 각 개인의 말을 이야기 속에서 거듭 강조하면서 각 등장인물들과 예수의 관계를 구체화하는 것이다. 이야기들은 또한 말씀들이 하지 못하는 기능도 수행한다. 이야기들은 예수를 다양한 상황에 처하도록 하여 그가 온갖 처지에 있는 사람들을 신앙이나 제자도로 초대할 수 있도록 여건을 마련해준다. 이야기들은 청자들이나 독자들이 다양하게 반응할 여지를 조성하고(말씀들도 그런 기능을 한다), 청자들이나 독자들로 하여금 예수가 자신들의 특수한 삶과 처지 속으로 찾아와 독특한 방식으로 자신들을 인도해줄 것을 기대하게 한다.

결론

다음 장에서는 요한 신학의 중심이 공동체에 있음을 살펴볼 텐데, 중요한 것은 공동체적 요소가 "개인주의"를 제거하거나 희석시키지 않는다는 사실이다. 개인의 신앙과 제자도에 대한 강조는 요한복음의 두드러진 특징인데도 아직 그 중요성을 제대로 인정받지 못하고 있다. 요한복음 학자들은 몹시 개인주의적인 문화 속에서 작업하고 또 그들 중 일부는 상당히 개인주의적인 신앙을 가지고 있지만, 20세기 후반 신학과 양식비평에 기초한 근현대 복음서 연구 결과들과 최근

수십 년 동안 신약성서 학자들에게 영향을 끼친 사회과학 사상들은
요한 학계의 동향을 공동체를 강조하는 방향으로 이끌어갔다.[32]

그렇다면 이 연구가 이례적으로 요한복음의 개인을 강조하게 된
근거는 무엇인가? 이는 쉽게 답할 수 있는 문제가 아니다. 하나 이상
의 근거가 있다. 상대적으로 집단이 강조되는 사회에서 개인이 사회
규범과 집단의 기대에서 벗어나려면 강한 용기가 필요하다는 사실을
요한도 잘 알고 있었을 것이다. 6장을 보면, 이미 언급했듯이 극히 개
인주의적인 성찬식 언어가 사용되고 있는 한편, "사람들"과 "유대인
들"은 한목소리로 집단의 의견을 대변하고 있다. 예수가 주는 떡을 먹
는 일은 자신이 속한 집단의 관습과 생활권을 떠나야 하는 일이다. 경
구적 말씀들은 정점으로 갈수록 점차 충격적이고 역겨워지는데, 한
개인이 영생을 얻으려면 예수의 살을 먹고 그 피를 마시는 방법밖에
없다는 것이다(6:55-57). 예수의 제자들 중에도 그 주장을 도저히 받
아들일 수가 없어서 그를 떠난 이들이 많았다(6:60-61, 66). 그 사회의
보편적 규범과 예수의 요구가 과격하게 충돌하고 격화되면서 예수를
지지하는 사람은 사회의 보편적 기대들과 결별할 수밖에 없는 현실
이 점차 분명해진다. 이는 아버지께서 이끌지 않으면 아무도 예수에
게 올 수 없다라고 예수가 반복해서 말한 결과이기도 하다(6:44, 65).
사회적 연대는 너무나 강력한 것이어서 어떤 개인도 그 추진력을 깨
뜨릴 수 없는 것이다.

이는 한 개인이 기존에 속했던 내집단을 버리고 다른 내집단에
들어가기가 극히 어렵다는 관점에서 바라본 것인데, 요한복음에서

---

32) David Rensberger, *Overcoming the World: Politics and Community in the
Gospel of John* (London: SPCK, 1989). 이 책은 단순히 요한복음 등장인물의 역
할에 기초하여 공동체에 대한 관심을 표함.

"요한 공동체"를 읽어낼 때 이런 관점을 적용하곤 한다. 그러나 요한복음의 경구들은 공동체가 아니라 오로지 예수에게 초점을 맞추고 있다. 개인은 새로운 공동체가 아니라 예수에게 입문하는 것이다. 그의 살을 먹고 그의 피를 마시는 일은 공동체의 성찬에 참여하는 일이 아니라, 예수를 먹음으로써(6:57) 개인이 예수 안에 거하고 예수가 그 개인 안에 거하게 되는 것이다(6:56). 이 본문들은 성찬식을 생각할 겨를이 없게 한다. 오로지 예수라는 인격에만 집중하고 있기 때문이다. 사적인 대화들로 구성된 이야기들이 예수에게 초점을 맞추고 있듯이, 신자나 제자에 관한 경구적 말씀들도 예수에게만 초점을 맞추고 있다. 결론적으로, 앞서 살펴보았듯이, 개인이 공동체로 이동하는 일은 개인이 예수에게로 이동하는 일이고, 그 결과 예수를 믿고 사랑하는 사람들로 구성된 공동체로 이동하는 일이다. 포도나무 비유(15:1-11)는 히브리어 성경에서 하나님의 백성을 상징하는 포도나무를 가져다가(시 80:8-16), 예수가 그 포도나무요 제자들은 그의 가지들이라고 재해석한다. 이런 표현은 바울 서신의 "그리스도 안에"라는 표현과 매우 밀접해 보이지만, 요한은 다양한 지체들이 서로 상호작용하며 형성하는 그리스도의 몸이라는 바울의 개념을 도무지 사용하지 않는다.

요한복음은 개인과 예수에게 초점을 맞추어 전혀 다른 차원의 "개인주의"를 선보인다. 신자 개인과 예수 사이의 사사롭고 친밀한 관계에 가치를 두는 것이다. 이를 단적으로 보여주는 예가 바로 예수의 사랑받는 제자와 예수 사이의 독특한 친밀감인데(13:23; 21:20), 어쩌면 이 친밀감은 예수가 지상에 있을 때 실제로 그 제자와 맺은 우정을 반영하고 있을지 모르며, 그 우정이 요한복음 영성의 토대가 되었을지도 모른다. 이와 유사한 친밀감은 예수와 막달라 마리아의 감동적인

해후 장면에서도 드러나는데, 거기서 예수는 평소처럼 다정하게 그녀를 불러서 그녀가 자신을 알아보도록 하고(20:16), 이제 둘 사이의 친밀함은 다른 양상으로만 지속될 수 있음을 일깨운다(20:17).[33] 또한 요한복음은 예수와 제자들 그리고 예수와 아버지 사이의 특별한 친밀감을 "하나 안에 또 하나"라는 언어로 표현한다. 이에 관하여는 다음 장에서 살펴보겠다. 이 언어가 제자들끼리의 관계를 나타내거나, 부활하여 영화롭게 된 예수와 개인 사이의 관계를 나타낼 때 사용된다는 것은 이미 언급한 바 있다. 이 언어는 지상의 예수와 어떤 사람의 관계를 나타낼 때도 사용되지만, 제자들 사이의 관계를 나타낼 때도 사용된다. 후자는 인간이 세상에서 일반적으로 체험할 수 있는 정도를 넘어서는 특별한 친밀감을 나타낸다. 이런 관계를 "신비주의"라는 말로 조심스럽게 표현할 수도 있을 것이다.[34] 개인이 살아 계신 예수와 친밀함을 누릴 수 있다는 개념은 그리스도교 역사에서 전혀 이상한 것이 아니다. 만일 개인주의가 공동체의 예배나 단체 생활의 중요한 역할을 회피하는 일이라면, 개인적 친밀감이 반드시 "개인주의적"일 필요는 없겠지만, 여기서 말하는 개인주의는 단체적인 것이라고 할 수 없는 사적인 경험을 겨냥한 뜻이다. 신약성경 중에서 요한복음은 예수와의 관계라는 사적인 경험을 가장 분명하고도 빈번하게 환

---

33) Sjef van Tilborg, *Imaginative Love in John*, BIS 2 (Leiden: Brill, 1993), 200-206 참조.

34) "네 번째 복음서로 대표되는 형태의 종교가 '신비주의'라는 말로 적절하게 표현될 수 있는가 없는가"라는 주제에 대하여 논의가 있었는데(Dodd, *Interpretation*, 197), 그것은 요한복음과 소위 그리스적 신비주의 사이의 관계에 관한 것이었다. 다음도 참조하라: André Feuillet, *Johannine Studies*, trans. Thomas E. Crane (Staten Island, NY: Aléba House, 1964), 169-80. 그리스적 배경에서 요한복음으로 넘어가는 경향은 최근 요한학계에서 드물게 제기되는 주제다.

기시키므로, 우리는 신학적 이유에서든 사회학적 이유에서든 성경이 분명하게 표현하는 등고선을 굳이 평평하게 만들어 요한복음의 특별한 강조점을 손상시키려는 유혹에 빠져서는 안 되겠다.

자주 주목받아 온 바와 같이, 사랑받는 제자와 예수 사이의 친밀성(요 13:23에서 그 제자는 예수의 "가슴에"[en tō kolpō] 기대어 있었다)은 아들과 아버지 사이의 친밀성(요 1:18에서 아들은 아버지의 "품속에"[eis ton kolpon] 있다)과 유사성이 있다.[35] 그 유사성은 "하나 안에 또 하나" 언어를 양쪽 모두가 사용한다는 점에서도 확인된다. 예수는 신자 안에, 신자는 예수 안에 있으며(6:56; 15:5), 예수는 아버지 안에, 아버지는 예수 안에 있다(10:38; 14:10; 17:21). 이것은 내가 이미 제안한 바와 같이 요한복음의 "개인주의"와 연관이 있는 것 같다. 아버지와 아들 사이의 사랑은 타의 추종을 불허하는 친밀한 관계인데, 이것은 하나님과 인간 사이의 관계가 기원하는 원천이기도 하다. 신적 생명으로 맺어지는 일대일 관계가 특별히 드러나는 곳은 사랑받는 제자와 예수 사이의 친밀한 관계 및 모든 신자와 예수 사이의 "사적인 상호내재" 관계에서다. 어떠한 경우에도 일대일 관계는 다른 관계를 배제하지 않는다. 요한복음이 묘사하는 종류의 사랑은 한 가지 관계로 제한할 수 있는 것이 아니라 언제나 넘쳐흐르는 것이다. 두 경우에서 모두 일대일 관계는 대체불가능하고 특별하다.

---

35) 예컨대 다음을 참조하라: Van Tilborg, *Imaginative Love*, 89.

2장

하나님과 인간의 공동체

GOSPEL OF GLORY

"하나"라는 말

앞장에서 나는 요한복음이 빈번하게 사용하는 특정 어법의 중요성을 논하였다. 이 장에서 나는 제한된 수의 본문들에 등장하는 특정 단어의 중요성에 집중하고자 한다. 그 단어는 "하나"(그리스어로는 *heis*, *mia*, *hen*)인데, 하나라는 단어는 요한복음뿐 아니라 다른 신약성경과 그리스 문헌에도 자주 나온다. 그러나 일부 요한복음 본문들에서(8개 본문에 12차례 등장, 참조. 표 2.1) "하나"라는 작은 단어는 신학적으로 매우 유력한 역할을 한다.

먼저 "하나"라는 말뜻을 몇 가지 살펴보겠는데, 하나는 히브리어로는 *'eḥād*, 그리스어로는 *heis*, 영어로는 one이다. 물론 "하나"는 기수들(1, 2, 3, 4 등) 가운데 첫 번째 숫자이나, 기수들 중 하나에 불과한 수는 결코 아니다. 하나는 보다 광범위하게 온갖 방식으로 사용되며, "둘"이나 "셋" 또는 다른 어떤 숫자보다 포괄적인 뜻을 담고 있다. "하나"는 한 숫자 이상의 어떤 것이다.

이 단원의 목적을 달성하기 위하여, "하나"라는 말이 히브리어와 그리스어 또는 영어에서 얼마나 복잡하게 사용되는지에 관해서는 자세하게 논하지 않고, 다만 위 세 가지 언어체계 모두에서 사람이나 사물이 "하나"라는 말에는 두 가지 뜻이 담겨 있다는 사실에만 집중하고자 한다. 첫째, "하나"라는 말은 독특성(uniqueness)이나 단일성(singularity)을 나타내며, 문제의 사람이나 사물이 하나뿐임을 뜻한다. 이런 경우에 영어에서는 대개 "only one"이라고 표현하는데, 언제나

표 2.1 "하나"의 중요한 용례들

8개의 열쇠 본문들

아버지는 한 분뿐이시니 곧 하나님이시로다(8:41b).

[그러므로] 한 무리가 되어 한 목자에게 있으리라(10:16b).

아버지와 나는 하나이니라(10:30).

한 사람이 백성을 위하여 죽어서(11:50=18:14)

흩어진 하나님의 자녀를 모아 하나가 되게[eis hen](11:52b)

우리와 같이 그들도 하나가 되게 하옵소서(17:11).

그들도 다 하나가 되어 (17:21a)

이는 우리가 하나가 된 것 같이 그들도 하나가 되게 하려 함이니이다. 곧 내가 그들 안에 있고, 아버지께서 내 안에 계시어 그들로 온전함을 이루어 하나가 되게(teteleiōmenoi eis hen) 하려 함은…(17:22b-23b)

"하나" + "하나 안에 또 하나"

나와 아버지는 하나이니라 하신대(10:30) [아래와 평행]

아버지께서 내 안에 계시고 내가 아버지 안에(10:38)

내가 비옵는 것은 이 사람들만 위함이 아니요 또 그들의 말로 말미암아 나를 믿는 사람들도 위함이니, 아버지여! 아버지께서 내 안에, 내가 아버지 안에 있는 것 같이 그들도 다 하나가 되어 우리 안에 있게 하사 세상으로 아버지께서 나를 보내신 것을 믿게 하옵소서. 내게 주신 영광을 내가 그들에게 주었사오니 이는 우리가 하나가된 것 같이 그들도 하나가 되게 하려 함이니이다. 곧 내가 그들 안에 있고 아버지께서 내 안에 계시어 그들로 온전함을 이루어 하나가 되게 하려 함은 아버지께서 나를 보내신 것과 또 나를 사랑하심 같이 그들도 사랑하신 것을 세상으로 알게 하려 함이로소이다.…내가 아버지의 이름을 그들에게 알게 하였고 또 알게 하리니 이는 나를 사랑하신 사랑이 그들 안에 있고 나도 그들 안에 있게 하려 함이니이다(17:20-23, 26).

그런 것은 아니다. "내가 말을 건네고 싶은 사람은 한 사람이다"(there is one person I wish to speak to)라는 문장에서처럼 "only one" 대신에 그냥 "one"을 쓰는 경우도 있다. 둘째, "하나"라는 말은 "통일성"(unity)을 뜻하기도 하는데, 통합하거나 연합한 상태라는 뜻이다. 하나가 독특성을 뜻하는 첫 번째 의미로 사용될 때는 "다수"(many)와 반대가 되고, 통일성을 나타내는 둘째 의미로 사용될 때는 "분열"(division)과 반대가 된다. 사람들의 집단은 합쳐질 수도 있는데, 그런 경우에 영어로 "통합되었다"(united)고 표현하는 경우가 많지만, 그들이 "하나"(one)가 되었다거나 "하나처럼"(as one) 되었다고 표현하기도 한다. "통합되었다"는 뜻으로 "하나"라는 말을 쓰는 모범적인 예는 미합중국의 충성 맹세에 포함된 "하나님 아래 한 민족"(one nation under God)이라는 어구다. 이 말은 진짜 하나의 민족이라는 뜻이 아니라 하나의 민족처럼 통합되었다는 뜻이다.

그러므로 "하나"라는 말이 신학적으로 어떤 중요한 의미를 담고 있는지 그 용례들을 살펴보려면, 앞서 언급한 두 가지 서로 다른 차원의 의미를 염두에 둘 필요가 있다. 하나라는 말로 한 사람이나 한 사물의 독특성을 표현할 때는 여럿 중에서 단지 하나라는 뜻이다. 또한 하나라는 말로 사람들이나 사물들의 집합이 통합되었음을 나타낼 때는 그 집합체가 분열되어 있지 않고 통합되어 있다는 뜻이다.

초기 유대교 배경

"하나"라는 매우 평범하고도 작은 말은 제2성전기 유대인들에게 신학적으로 매우 유력한 단어였는데, 그것이 쉐마에 등장하기 때문이다.[1) 쉐마는 유대인들의 신조 같은 것으로서 독실한 유대인들은 매일 아침과 저녁에 그것을 암송했으므로[2) 다른 어떤 성경 본문보다 친숙했을 것이다. 쉐마는 다음과 같이 시작하는 신명기 구절이다.

> 이스라엘아, 들으라! 우리 하나님 여호와는 오직 유일한[하나인; 개역한글] 여호와이시니 너는 마음을 다하고 뜻을 다하고 힘을 다하여 네 하나님 여호와를 사랑하라(신 6:4-5).[3)

첫 문장의 문법을 여러 가지로 생각할 수 있겠으나(예컨대 어떤 근대 번역본들은 "주 우리 하나님은 한 주님이시니"라고 번역한다), 제2성전기의 유대인들이 암송하던 방식은, "주 우리 하나님, 주는 한 분이시니"였다는 상당한 증거가 있다. 유대 문헌에서 "하나님은 한 분이시다" 또는 "한 분 하나님"("유일하신 하나님"이라는 뜻)이라는 표현이 나오면 그것은 틀림없이 쉐마에서 유래한 메아리라고 간주할 수 있다. 유사한 메아리들이 제2성전기 문헌에 자주 나타나는 이유는 종교 다원주의가 만연했던 당시

---

1) 다음을 참조하라: Erik Waaler, *The Shema and The First Commandment in First Corinthians: An Intertextual Approach to Paul's Re-reading of Deuteronomy*, WUNT 2/253 (Tübingen: Mohr Siebeck, 2008), chap. 4.
2) 이것은 신 6:7b에 대한 문자적 순종이었다. 다음을 참조하라: Josephus, *Ant.* 4.212; *Let. Aris.* 160; 1QS 10.10.
3) 실제로 암송한 신명기 구절의 범위는 다양했겠으나, 적어도 6:4-9과 11:13-21은 포함했을 것이다.

에 유일하신 하나님에 대한 신앙이야말로 유대 신앙의 가장 두드러진 특징이었기 때문이다. 유대인들이 그처럼 특이하게 널리 알려진 까닭은 그들이 유일하신 하나님만을 인정하고 예배했기 때문이다. 더구나 한 분 하나님이라는 말은 단순히 신조에 불과한 표현이 아니었다. 쉐마에 따르면, 하나님의 백성은 전인격적으로 하나님을 사랑해야 했으며, 한 분 하나님을 예배하는 것은 물론이고, 하나님이 주신 율법인 토라에 순종함으로써 전적으로 하나님께 헌신하는 삶을 살아야 했던 것이다.

이런 용례는 "하나"가 가지는 두 가지 의미 가운데 통일성에 해당하는 것이 분명하며, 하나님은 여럿이 아니라 한 분뿐이라는 뜻이다. 당시 유대 문헌 가운데 "하나"를 다른 의미로 쓴 경우는 없으며, 하나님은 통합되고 나뉘지 않는다고 표현한 문헌은 없다. 유대 작가들은 이 문제를 전혀 생각하지 않았다. 유한한 피조물들과 대조적인 신의 속성이라는 사상은 그리스 철학 전통에 자리 잡고 있는 불가분의 또는 불가합성의 사상으로서 초기 교회 교부들에게 비로소 문제가 되었을 뿐 그 이전의 유대 문헌에는 나타나지 않았으며, 그리스 철학 사상들을 다양한 분야에 적용시킨 유대 사상가 필론(Philo of Alexandria)의 작품에도 나타나지 않는다.

그러므로 제2성전기 유대교에서 "하나님은 한 분이시다"라는 말은 하나님이 유일하시다는 뜻이다. 여기서 우리는 유대 문헌에서 "하나"라는 말이 하나님의 백성에 관하여 사용될 때의 용법도 살펴볼 필요가 있다. 요한복음이 사용하는 "하나"의 뜻을 풀어줄 열쇠 본문들은 다음의 예언서 구절들이다. 에스겔 34:23, 37:15-24, 미가 2:12, 호세아 1:11a(2:2a MT), 이사야 45:20a(참조. 표 2.2).[4] 이 본문들은 영화로운

---

4) 여기서 언급한 대부분의 70인역 구절들은 히브리어 본문들과 매우 다르며, "하나"

표 2.2 "하나"에 대한 성경 본문들과 유대 문헌 병행구들

히브리어 성경

우리 하나님 여호와는 오직 유일한[하나인; 개역한글] 여호와시니(신 6:4)

내가 한 목자를 그들 위에 세워 먹이게 하리니 그는 내 종 다윗이라. 그가 그들을 먹이고 그들의 목자가 될지라(겔 34:23).

여호와의 말씀이 또 내게 임하여 이르시되 "인자야! 너는 막대기 하나를 가져다가 그 위에 유다와 그 짝 이스라엘 자손이라 쓰고 또 다른 막대기 하나를 가지고 그 위에 에브라임의 막대기 곧 요셉과 그 짝 이스라엘 온 족속이라 쓰고 그 막대기들을 서로 합하여 하나가('el-'ehad) 되게 하라. 네 손에서 둘이 하나가(la'ăhādîm) 되리라. 네 민족이 네게 말하여 이르기를 이것이 무슨 뜻인지 우리에게 말하지 아니하겠느냐 하거든 너는 곧 이르기를 '주 여호와께서 이같이 말씀하시기를 내가 에브라임의 손에 있는 바 요셉과 그 짝 이스라엘 지파들의 막대기를 가져다가 유다의 막대기에 붙여서 한 막대기가 되게 한즉 내 손에서 하나가 되리라 하셨다' 하고 너는 그 글 쓴 막대기들을 무리의 눈 앞에서 손에 잡고 그들에게 이르기를 '주 여호와께서 이같이 말씀하시기를 내가 이스라엘 자손을 잡혀 간 여러 나라에서 인도하며 그 사방에서 모아서 그 고국 땅으로 돌아가게 하고 그 땅 이스라엘 모든 산에서 그들이 한 나라를 이루어서 한 임금이 모두 다스리게 하리니 그들이 다시는 두 민족이 되지 아니하며 두 나라로 나누이지 아니할지라.…내 종 다윗이 그들의 왕이 되리니 그들 모두에게 한 목자가 있을 것이라"(겔 37:15-22, 24a)

야곱아! 내가 반드시 너희 무리를 다 모으며
내가 반드시 이스라엘의 남은 자를 [함께(yahad) (또는 한 공동체로서?)]
모으고 그들을 한 처소에 두기를 보스라의 양 떼 같이 하며 초장의 양 떼 같이 하리니 사람들이 크게 떠들 것이며(미 2:12)

또는 "함께"라는 말을 언제나 고스란히 재생하지는 않는다. 그러나 내 생각에 요한은 성경을 주로 히브리어로 연구했고 필요할 때만 70인역을 인용하는 것 같다.

이에 유다 자손과 이스라엘 자손이 함께(*yaḥdāw*) 모여 한 우두머리를 세우고(호 1:11a; 2:2a MT)

> 열방 중에서 피난한 자들아
> 너희는 모여 오라 함께(*yaḥdāw*) 가까이 나아오라(사 45:20a).

아미다: 축복문 10 (추방당한 사람들의 모임)

> 우리의 자유를 위하여 큰 나팔을 올리소서!
> 우리 추방당한 사람들을 모으기 위해 깃발을 올리소서!
> 당신은 찬양받으소서! 버림받은 그의 백성 이스라엘을 모으시는 주님.
>
> (게니자 팔레스타인본)[a]
>
> 우리의 자유를 위해 큰 나팔을 올리소서!
> 우리 추방당한 사람들을 모으기 위해 깃발을 올리소서!
> 그리고 지구의 네 모퉁이로부터 우리를 함께(*yaḥad*) 모으소서!
> 당신은 찬양받으소서! 버림받은 그의 백성 이스라엘을 모으시는 주님.
>
> (현재의 아슈케나지본, 바빌로니아 기원)[b]

1세기 문헌에 등장하는 "한 하나님, 한 백성"

[모세가 명했다:] 가나안 땅 그 장소에 하나의 거룩한 도성이 있게 하라. 그 탁월함으로 가장 유명하고 가장 아름다운 도성, 하나님께서 예언과 계시로 자신을 위하여 선택한 도성이여! 그리고 그 도성 안에 하나의 성전이, 그리고 하나의 돌 제단이 있고…다른 도성에는 제단이나 성전이 없어야 하리니, 하나님은 한 분이시고 히브리 민족도 하나이기 때문이라(Josephus, *Ant.* 4.200-201).

a. Jakob J. Petuchowski 옮김, The *Lord's Prayer and Jewish Liturgy*, ed. Jakob J. Petuchowski and Michael Brocke (London: Burns & Oates, 1978), 29.
b. Petuchowski 옮김, *Lord's Prayer*, 32.

솔로몬의 통일왕국 시대 이후에 이스라엘이 얼마나 비극적으로 이스라엘과 유다로, 북왕국과 남왕국으로 나뉘었는지에 관한 이야기를 담

> 우리 모두는 그 이름의 백성이니, 우리는 하나님께 받은 하나의 율법을 가졌도다 (*2 Bar*. 48.23-24)
>
> …가장 고상한 동족의식, 하나의 시민권과 한결같은 율법과 한 하나님을 소유하는 동족의식, 하나님께서 그 민족 모든 구성원을 당신의 분깃으로 삼으시네 (Philo, *Spec*. 4.159).
>
> 우리를 하나 되게 하는 선한 뜻(*euonias henōtikēs*)을 풀리지 않게 꽁꽁 묶어두는 사슬은 바로 한 분 하나님을 영예롭게 하는 것이며, 이것이야말로 가장 효과적인 구애(love-charm)다 (Philo, *Spec*. 1.52).
>
> …(히브리인들의) 만장일치를 가능하게 하는 가장 고상하고 가장 강력한 원인/근원은 한 분 하나님(*tou henos theou*)에 대한 사상(*doxa*)이며, 그것은 마치 샘과 같아서 그로부터 서로를 하나가 되게 하고 풀리지 않게 묶는(*henō-tikē kai adialytō*) 사랑(*philia*)이 솟아난다 (Philo, *Virt*. 35).
>
> 몸이 하나요 성령이 한 분이시니 이와 같이 너희가 부르심의 한 소망 안에서 부르심을 받았느니라. 주도 한 분이시요 믿음도 하나요 세례도 하나요 하나님도 한 분이시니 곧 만유의 아버지시라. 만유 위에 계시고 만유를 통일하시고 만유 가운데 계시도다 (엡 4:4-6).

고 있다. 두 왕국의 백성들은 모두 추방되었다. 먼저 북왕국 이스라엘이 아시리아인들에 의해 추방되었고, 이어서 남왕국 유다 백성이 바빌로니아인들에 의해 추방되었다. 그 결과 예언서들은 하나님 백성의 미래의 소망을 담아, 하나님께서 그의 백성을 민족들 가운데로 흩으셨으나 다시 이스라엘 땅으로 돌아오게 하고 그 백성을 다시 모으실 것이라고 노래했다. 하나님의 백성이 재통합된다는 말은 일반적으로 온 세상에 흩어진 이스라엘인들이 거룩한 땅에 다시 모인다는 뜻이지만, 보다 엄밀하게는 새로운 다윗 메시아의 통치 아래 북왕국과 남왕국이 하나로 통일되고, 그 메시아가 한 분 하나님을 위하여 하나 된 하나님의 백성을 통치할 것이라는 뜻이다.

이 본문들은 평범하게 "하나"를 뜻하는 *'eḥād* 또는 "함께"나 "모두 와서 하나가 됨"을 뜻하는 *yaḥad* 및 그 관련용어들과 더불어 등장하기도 한다. 하나를 뜻하는 *'eḥād*가 *yaḥad*와 어원학적으로 연관이 있는지에 관하여 논쟁이 있었으며(*TDOT* 6:41-42), 고대 유대인 독자는 두 말을 밀접하게 이해했을 것이 틀림없다. 특히 *yaḥad*가 흥미로운데, 쿰란 공동체 구성원들은 그 단어를 자신들의 공동체를 지칭하는 전문 용어로 사용하였다. 쿰란 구성원들은 그 단어를 "공동-통합"(comm-unity)이라는 뜻을 가진 명사로 사용함으로써 통합된 하나의 집단임을 나타낸다.[5] 이들 외에는 아무도 *yaḥad*를 그런 식으로 사용하지 않은 듯하다. 쿰란공동체는 동시대인들과 교감하며 성경 예언서를 독특하게 해석하는 경향이 있었기 때문에, 그런 *yaḥad*의 용법을 미가 2:12에서 차용했을 가능성이 있는데, 그 미가서 본문에서 하나님은 추방당한 이스라엘인들을 "함께"(*yaḥad*) 모은다고 약속하신다.[6] 근현대 번역본들은 *yaḥad*를 "함께"라는 뜻을 가진 부사로 번역하지만, 쿰란 공동체는 그것을 명사로 읽어내는 데 어려움이 없었으며, 하나님께서 추방당한 사람들을 "하나의 공동체로" 모으신다고 해석한다. 쿰란 공동체는 자신들이 이스라엘의 종말적 재통합을 위한

---

5) 그러나 그 말을 11QT 57.13에 기초하여 함께 앉은 사람들이라고 해석한 경우도 있다: Arie van der Kooij, "The *Yaḥad* What's in a Name?," *DSD* 18 [2011]: 109-28.

6) 엘리엇(Mark Adam Elliott)은 가능성은 있으나 자료들 같지는 않은 다음 구절들도 언급한다: 시 133:1; 호 1:11; 스 4:3. *The Survivors of Israel: A Reconsideration of the Theology of Pre-Christian Judaism* (Grand Rapids: Eerdmans, 200), 347n112. 미가서를 자기들 시대에 성취된 예언이라는 쿰란 공동체의 해석을 보려면 다음을 참조하라: 1QpMic; CD-A 4.20-21.

시발점이라고 생각했다.

쿰란 공동체의 사상들이 요한복음의 배경 어딘가에 자리한다고 주장하는 학자들도 있는데, 정말 그렇다면 쿰란의 *yaḥad* 용법이 요한복음 이해에 유용할 것이다.[7] 그러나 나는 쿰란과 요한복음 사이에 특별한 연관이 없다고 생각한다.[8] 그래서 나는 그 쿰란의 용례를 당시 유대인들이 그 백성의 재통합에 관한 약속을 상기하여 표현한 것에 불과하다고 생각한다.

다시금 "하나"라는 말이 뜻하는 두 가지 의미를 염두에 두고서 예언서 본문들을 살펴보면, 만일 그 본문들이 장차 하나가 될 이스라엘을 뜻한다면, 그 의미는 분열과 분리를 극복하고 모든 이스라엘 백성이 하나의 통일된 백성으로 재결합한다는 통합의 의미로 해석할 수 있을 것이다. 이스라엘이 하나님의 독보적인 백성(하나님의 하나뿐인 특별한 백성)일지라도, 그 본문들은 이스라엘의 독보성보다는 이스라엘의 통합에 집중한다. 그런데 그 예언서들이 장차 다윗과 솔로몬 왕조를 부활시켜 하나의 왕을 갖고 백성을 통합하는 것을 의미한다면 흥미로운 생각의 전환이 일어나게 된다. 에스겔은 그들이 하나의 왕 내

---

7) 브라운(Raymond E. Brown)은 다음과 같이 주장하는 데까지 멀리간다: "요한복음의 헨(*hen*), '하나'가 (1QS의) *yaḥad* 개념을 문자적으로 번역한 것일 가능성을 배제할 수 없다." *The Gospel according to John [XIII-XXI]: Introduction, Translation, and Notes*, AB 29A [New York: Doubleday, 1966], 777. 그러나 아폴드(Mark L. Appold)는 그 쿰란의 용어와 요한복음의 "하나" 개념 사이의 밀접한 연관성 문제는 "그 개연성을 상실했다"고 생각한다. *The Oneness Motif in the Fourth Gospel: Motif Analysis and Exegetical Probe into the Theology of John*, WUNT 2/1 (Tübingen: Mohr Siebeck, 1976), 191.

8) Richard Bauckham, *The Testimony of the Beloved Disciple: Narrative, History, and Theology in the Gospel of John* (Grand Rapids: Baker Academic, 2007), chap. 6.

지는 하나의 목자(왕을 상징)를 가지리라 예언하고, 호세아는 하나의 머리를 가지리라 예언한다. 즉 다수가 아닌 하나의 왕이라는 독보성 개념이 나타나는 것이다. 통합된 백성 개념이 그들의 유일한 통치자 개념과 더불어 나타나는 경우를 우리는 쉽게 발견할 수 있다. 그런 경우에는 "하나"에 대한 두 가지 의미가 동시에 등장하여, 한 의미로는 백성을 정의하고 다른 의미로는 통치자를 정의한다. (단일한 어떤 것이 사람들의 집합체와 더불어 나타나는 사례는 어렵지 않게 찾을 수 있다. 예컨대 가수 엘튼 존의 팬들은 그 한 사람에게 열광함으로써 하나가 된다. 그들은 하나로 통합된 집단이고 그 가수는 독보적인 개인인 것이다.)

히브리어 성경 본문들에 기초한 기도문들 중 하나인 아미다 (Amidah) 또는 "18 축복문"은 유대인들의 예전 기도문으로서 어떤 형태로든 그 기원이 1세기까지 거슬러 올라가는데,[9] 당시에 그 축복문들은 한 가지 형태로 고정되어 있지 않았던 것 같다. 그러므로 우리는 1세기에 사용된 아미다 기도문이 보다 늦은 시기들에 사용된 아미다 기도문들처럼(참조. 표 2.2) 추방당한 이스라엘인들의 재결합을 기원하는 내용을 포함하고 있었으리라고 짐작할 수 있겠으나, 실제로 그 기도문의 정확한 내용이 무엇이었는지는 알 수 없다. 표 2.2에서 축복문의 두 본문을 비교하면, "지구의 네 모퉁이로부터 우리를 함께 모으소서"라는 말이 팔레스타인본에는 없고 바빌로니아본에 있다는 점을 제외하면 두 본문이 완전하게 일치하는 것을 알 수 있다. 그 특별한 말은 yaḥad("함께" 또는 "하나로")를 포함하는 미가 2:12과 공명한다. 추방당한 사람들의 통합을 기원하는 특정 기도문이 있었건 없었건 간에, 1세

---

9) David Instone-Brewer, *Prayer and Agriculture*, vol. 1 of *Traditions of the Rabbis from the Era of the New Testament* (Grand Rapids: Eerdmans, 2004), 107-8.

기 유대인들은 "흩어진 그의 백성 이스라엘을 모으시는 한 분"(사 56:8 에서 따온 구절) 하나님을 송축하는 예전을 일상적으로 반복했을 것이고,[10] 그들에게는 되풀이되는 예전에서 메아리치는 예언서 문장들이 예언서 자체의 문장들보다 더 친근했을 것이다.

이 글의 목적에 더 부합하고 흥미로운 문장들은 1세기 유대 문헌 가운데 "한 분 하나님"과 "하나 된 백성"의 상관관계를 다루는 것들이다. 그 전형적인 예를 표 2.2에 실었다.[11]

그 본문들은 유일하신 하나님에 대한 유대교 신앙을 하나뿐인 그 백성, 그 성전, 그 율법의 독보성과 연관시킨다. 이방인은 왜 유대인들이 많은 성전을 갖지 않았는지 물을 것이다. 이에 대하여 요세푸스는 한 분 하나님이 한 성전에서 예배되어야 하며, 그 성전은 그의 하나뿐인 백성이 그를 예배하는 곳이라고 답했다. 이 답은 논리적으로 쉽게 이해할 수 있는 것이 아니다. 도대체 왜 한 분 하나님을 많은 성전들에서 예배하지 말아야 하는가? 한 분 하나님, 한 성전, 한 율법, 한 백성 사이의 상관관계를 제대로 이해하려면, 그 본문들의 골자가 하나님의 백성은 한 분 하나님께 순종함으로써 하나가 된다는 것임을 알아차려야 한다(엘튼 존의 팬들과 유사하다). 하나님의 백성은 한 백

---

10) 히브리어본 집회서 (B 사본) 51:12와 51:13 사이에 등장하는 찬양시는 "흩어진 이스라엘을 모으시는 분에게 감사하라"는 내용을 포함한다.

11) 유사한 다른 예들은 다음과 같다: *2 Bar.* 78.4; 85.14; Josephus, *Ant.* 5.112; *Ag. Ap.* 2.193; Philo, *Spec.* 1.67; *Conf.* 170. 유일하신 하나님과 그의 유일한 백성에 관한 평행구가 히브리어 성경에 나온다: 삼하 7:22-23 + 대상 17:20-21. 유사한 내용이 필론과 요세푸스에서도 발견되는데, 이에 관하여는 다음을 보라: Waaler, *Shema*, 172-78. 필론은 "하나의 인간성"과 "하나의 세계"를 언급하는데, 이는 로마세계에 있었던 인류 통합 개념을 반영한다. 내게는 동일한 주제가 요한복음에서도 보이지만, 요한복음은 "모든 백성"과 "세상"을 더 자주 언급하는 편이다. 인간성에 관하여 요한복음은 "하나됨"보다는 전인격성이나 포괄성을 강조하는 것 같다.

성으로 구성되고, 그 백성은 한 분 하나님께 헌신함으로써 하나가 되어 하나님의 한 율법을 지키고, 하나님의 한 성전에 모여 하나님을 예배한다.

이런 사상을 명확하게 하기 위하여 필론(Philo of Alexandria)은 그 사상에 매우 흥미로운 변화를 주는데, 그것이 특이하게도 요한복음과 연관이 있다. 한 분 하나님에 대한 헌신은 서로에 대한 사랑의 끈으로 하나님의 한 백성을 한데 묶는다는 것이다. 하나님의 율법이 그들 모두에게 서로 사랑하라고 명령할 뿐만 아니라, 한 분 하나님에 대한 그들의 신앙이 그들 가운데서 사랑을 일깨워 서로 연합하게 한다고 필론은 주장하는 것 같다.

(엡 4:4-6은 하나님의 유일성을 하나님의 한 백성 및 그 백성이 공동으로 소유하여 그들을 한데 묶는 다양한 "유일한 것들"과 연관시키는 유대교 전통을 기독교화한 것으로 보인다.)[12]

하나님 백성의 재결합

앞의 내용을 바탕으로 요한복음이 하나님의 백성은 하나라고 언급한 본문들을 살펴보자. 요한은 하나님의 백성이 "하나"라는 말을 6회 사용한다(10:16과 11:52에서 각각 1회, 17장 예수의 기도에서 4회). 이런 본문들은 전술한 예언서 본문들을 또렷하게 상기시키는 메아리를 포함한다. 예언서들처럼 요한복음도 하나님 백성의 독보성/유일성이 아니라 통일성을 다룬다. 온통 하나 되는 것만을 다루는 것이다. 하나님의 백

---

12) 이 절에 대한 논의는 다음을 보라: Waaler, *Shema*, 251-55.

성은 한데 모여야 하고, 예수는 그들이 하나가 되어 마침내 완전하게 하나가 되어야 한다고 기도하는데(17:23), 그것은 17장에서 가장 두드러지는 주제다.

요한복음 10장은 목자와 양떼에 관한 예수의 위대한 비유 담론으로서 앞서 살펴본 바와 같이 예언자들의 소망과 연관이 있다. 의심할 여지없이 이 담론의 전체 배경은 에스겔서다. 담론의 정점에서 예수는 자신이 양들을 위해 자기 목숨을 내려놓는 선한 목자라고 선언한다. 그런 다음에 예수는 다음과 같이 선언한다. "이 우리에 들지 아니한 다른 양들이 내게 있어 내가 인도하여야 할 터이니 그들도 내 음성을 듣고 한 무리가 되어 한 목자에게 있으리라"(10:16). 에스겔서처럼 이 요한복음 본문에도 둘이 등장하는데 그 둘은 하나님의 나뉜 백성으로서, 그들은 장차 자신들의 목자 메시아에 의해 하나로 통합되어 단일 백성[하나의 무리]이 될 것이다. 백성의 통합은 그 지도자의 유일성/독보성과 연관이 있다. 요한복음에서는 이런 일반적인 내용을 파악하는 것이 "이 무리"와 "다른 무리"가 정확히 누구인가에 관한 보다 복잡한 문제에 천착하기보다 글의 목적을 이해하는 데 더 유익할 것이다. 에스겔은 이스라엘이 남왕조와 북왕조, 에브라임과 유다라는 두 개의 왕조로 분열된 것을 문제 삼는다. 이것을 조금 바꾸어서 요한은 예수를 믿는 유대인 신자들을 "이 무리"라 하고, 이방인 신자들을 "다른 양들"이라고 한 것 같다.[13] 이렇게 바꾸기 위하여 요한은 흩

---

13) 이런 견해가 주석가들의 다수설일 것이다. 이와 달리 "이 무리"는 이스라엘 땅의 유대인 신자들을 뜻하고, "다른 양들"은 이스라엘 밖의 유대인과 이방인 신자들을 뜻한다는 견해도 있다. 데니스(John A. Dennis)는 "다른 양들"이 디아스포라 이스라엘인이라고 생각한다. *Jesus' Death and the Gathering of True Israel: The Johannine Appropriation of Restoration Theology in the Light of John 11.47-52*, WUNT 2/217 (Tübingen: Mohr Siebeck, 2006), 300-301.

어진 이들의 재통합에 관한 다른 예언서를 참조했으니, 바로 이사야 56:8이다. "내가 이미 모은 본 백성 외에 또 모아 그에게 속하게 하리라." 만약에 "다른 양들"이 이방인이라면, 요한은 이스라엘 12지파 전체가 다시 모이리라는 에스겔의 소망을 저버리지 않은 셈이고, 그것을 이방인까지 포함하는 소망으로 확장시킨 셈이다. 예언서들 가운데 이방인들이 돌이켜 한 분 하나님을 예배하리라 기대한 본문들을 요한은 "하나의 무리와 하나의 목자가 있으리라"고 재해석함으로써 유대인들과 이방인들이 하나님의 한 백성으로 통합된다고 주장하는 것이다. 요한의 주장은 바울의 의견과도 상응한다. 바울은 유대인과 이방인 신자들이 서로 다른 두 공동체를 이룬다고 하지 않고, 각각 유대인 됨과 이방인 됨을 유지한 채 하나님의 한 백성으로 통합되리라 기대했다.

요한복음 10장의 맥락에서 하나님의 백성이 하나가 되어야 할 이유는 단지 한 목자에 대한 충성 때문만이 아니라(양이 목자의 음성을 알아듣고 목자를 따라야 함을 강조하기는 하지만), 목자가 양떼를 위하여 자기 목숨을 내려놓기 때문이기도 하다. 이런 사상은 요한복음 본문에서 울리는 예언서의 주요 메아리와 연관이 있는데, 그것은 요한복음 11:52에서 발견된다. 여기서 유대 지도자들은 한데 모여 예수로 인하여 발생한 위협을 어떻게 처리할지를 의논한다. 대제사장 가야바는 예수가 죽어야 한다고 설득하면서 다음과 같이 주장한다. "한 사람이 백성을 위하여 죽어서 온 민족이 망하지 않게 되는 것이 너희에게 유익하다"(11:50). 가야바는 정치적 계산에 따라 말했으나, 이는 요한복음의 역설을 극명하게 드러내는 대표적인 장면으로서 등장인물들은 자신들이 말했다고 생각한 것 이상의 다른 뜻이 담긴 말을 하고 있다. 요한은 가야바가 다음과 같이 말한 셈이라고 부연설명한다. "이 말은 스스로 함이 아니요, 그 해의 대제사장이므로 예수께서 그 민족을 위하시고 또 그 민족만 위할 뿐 아니라 흩어진 하나님의 자녀를 모아 하나가 되게 하기 위하여 죽으실 것을 미리 말함이러라"(11:51-52). 여기서 성경적 배경은 분명하지만,[14] 보다 강한 메아리는 아미다 기도문의 열 번째 축복문에서 온 것 같다.[15] 주목할 것은, 요한이 "함께 (*syn*) 모으다"는 뜻을 가진 동사 *synagein*을 사용하여 단순하게 "흩어진 하나님의 자녀를 모으기 위하여"라고 말할 수도 있었다는 것이다. 실제로 70인역은 요한이 참고한 예언서 본문을 그리스어로 해석할 때 *synagein*을 사용한다. 그러나 요한은 불필요한 반복처럼 보이는 방식을 택하여 "하나로(*eis hen*) 모으다"라고 쓰는데, 그렇게 함으로써 예언서의 히브리어본에 문자적으로 더 가깝게 써서 "하나"라는 단어를 강조하고, 이를 다시 하나님 백성의 통합 주제를 다루는 다른 요한 본문들과 일치시키고자 했던 것 같다.

요한복음 11:52의 언어는 곧바로 예언서 본문들을 떠오르게 하며, 10:16의 경우도 그러하다. 요한은 하나님의 백성이 가질 수 있는 두 가지 정체성 가운데 독자들이 어떤 정체성을 갖기 원했을까? 우리는 그 땅에 있는 이스라엘("그 민족")일까, 아니면 망명 중에 있는 이스라엘("하나님의 흩어진 자녀들")일까? 이처럼 분명할 수 있는 의미에 요한

---

14) *Diaskorpizō*("흩어지게 하다, 흩뿌리다")는 70인역에서 열방들 가운데 이스라엘이 흩어진 것을 뜻하고 종종 재결합과 연관되기도 한다(신 30:1, 3; 느 1:8-9; 토비트 13:5 [S본]; 렘 23:1-2; 겔 20:34, 41; 28:25). 흩어진 사람들을 모은다는 주제는 요 10장의 목자 주제와도 연관이 있다(슥 11:16; 13:7). 모은다는 주제와 연관하여 "하나님의 자녀"에 대하여는 다음을 보라: Dennis, *Jesus' Death*, 281-84.

15) Walter Grundmann, "The Decision of the Supreme Court to Put Jesus to Death (John 11:47-57) in Its Context: Tradition and Redaction in the Gospel of John," in *Jesus and the Politics of His Day*, ed. Ernst Bammel and Charles F. D. Moule (Cambridge: Cambridge University Press, 1984), 295-318, 308-10.

은 한 번 더 변화를 가하여 단지 아브라함으로부터 내려오는 유대 민족에 속한다고 해서 하나님의 자녀가 되는 것이 아니라 위로부터 영적으로 거듭나야 한다고 주장한다(1:12; 3:3-7; 8:37-47). 그러므로 이스라엘 백성뿐 아니라 이방인들도 하나님의 자녀가 될 수 있다는 의미일 것이다. 그렇다면 이것은 그다음 장에서 예수가 말한 내용과도 공명한다. "내가 땅에서 들리면 모든 사람을 내게로 이끌겠노라"(12:32). 예수의 죽음은 종말에 하나님께서 그의 백성이 되라고 부르시는 유대인들과 이방인들 모두를 함께 모으기 위한 방편인 것이다.[16]

요컨대 이 본문들은 예수의 독보성, 한 목자, 백성을 위해 죽는 한 사람 등의 단일성을 하나님의 백성이라는 통일성과 연결시킨다. 17장을 읽다 보면 더 놀라운 사상을 접하게 된다. 예수는 "우리(예수와 아버지)가 하나인 것처럼" 그의 제자들도 하나가 되기를 기도한다(17:11, 22). 이것을 이해하려면 하나님의 백성의 통일성에서 하나님의 통일성으로 이동해야 한다(그런 다음에는 하나님의 백성으로 되돌아가게 될 것이다).

---

16) 바튼(Stephen C. Barton)의 통찰력 넘치는 설명을 참조하라: "[요 10:16; 11:52]는 예수의 희생을 통해 하나님의 백성이라는 경계를 이동시키는 포괄적 연대를 암시한다. 그러나 경계는 이동될지언정 없어진 것은 아니다. 경계를 다른 방식으로 설정하기 위하여, 선한 목자의 죽음이라는 관점에서 중심을 이동시켰으므로 그 주변 경계선도 달라졌는데(무너진 것이 아님), 그로 인하여 전에는 배제되었던 것들이 들어오고 갈라졌던 것들이 합해진다." "The Unity of Humankind as a Theme in Biblical Theology," in *Out of Egypt: Biblical Theology and Biblical Interpretation*, ed. Craig Bartholomew et al., SHS 5 (Milton Keynes: Paternoster; Grand Rapids: Zondervan, 2004), 233-58, 252.

하나님의 통일성

1세기 유대교 맥락에서(이것이 아마도 요한복음의 주요 맥락일 텐데) "하나"라는 말을 하나님과 연관하여 사용하면 쉐마를 떠올릴 수밖에 없었으리라고 추측하는 데서부터 논의를 시작하자. 가장 적합한 예는 요한복음 8:41일 텐데, 여기서 유대 지도자들은 예수와 언쟁하면서 자기들이 하나님의 자녀라고 주장한다. "아버지는 한 분뿐이시니 곧 하나님이시로다."[17] 여기서 "하나"라는 말은 하나님에게 적용할 때 일반적으로 그러하듯이 독보성/유일성을 뜻한다. 즉 자신들이야말로 유일하신 한 분 하나님 아버지의 자녀라면서, 예수가 하나님 아버지의 아들이라고 주장한 것에 반박하는 것이다.

그런데 "하나"를 하나님과 연관짓는 다른 본문들을 살펴보면, 유대 전통에서 그 유래를 찾아볼 수 없는 놀라운 내용을 발견하게 된다. 요한복음 10:30에서 예수는 "나와 아버지는 하나(*hen*)"라고 주장하고 있는 것이다. 주석가들은 여기서 쉐마에 대한 인유(allusion)를 발견하지 못하는 경향이 있으나, 유대인 청자나 독자라면 누구나 "하나"라는 말에서(비록 여기서 "하나"는 중성일 수밖에 없다 할지라도) 쉐마를 떠올리지 않을 수 없을 것이다. 그 말은 쉐마처럼 한 분 하나님의 독보성/유일성을 상기시키는 것이다.[18] 동시에 다른 차원의 하나 됨, 즉 서로서로 하나가 된다는 통합적 의미의 하나 됨의 언어가 여기서도 의도적으로

---

17) 실제로 이 말은 말 2:10을 인용한 것이고, 말라기 본문 자체가 쉐마의 메아리일 가능성이 있다. Waaler, *Shema*, 110-14를 참조하라.

18) 확신이 들지는 않으나, "하나"라는 말이 나오지 않는 요 20:28조차 쉐마의 메아리라는 다음 주장을 참조하라: Andreas J. Köstenberger and Scott Swain, *Father, Son, and Spirit: The Trinity and John's Gospel*, NSBT 24 (Nottingham: Apollos; Downers Grove, IL: InterVarsity, 2008), 174.

사용된 것이 틀림없다. 아버지와 아들은 서로 내주하면서 하나가 된다. 예수는 이스라엘의 하나님의 유일하신 신성이 아버지와 아들 사이의 내적 공유 상태로 이루어진다고 주장하고 있는 것이다.[19) 이처럼 두 인격이 하나로 통합된 상태를 하나님이라고 주장하는 일은 초기 유대교에서 유래가 없는 것이다. 이는 초기 유대교 저자들이 그런 개념을 배제해야 한다고 주장했다는 뜻이 아니라, 다만 그들은 유일하신 하나님이라는 개념 외에 하나님이 하나 되는 다른 방식을 생각해본 적이 없다는 뜻이다.

이처럼 특이하게 쉐마를 변형시킨 사례가 다른 신약성경 본문에 전혀 없는 것은 아니며, 완전히 똑같지는 않으나 바울도 고린도전서 8:6에서 유사한 사례를 보여준다. 그 서신에서 바울은 쉐마의 말들을 가져다가 그것을 하나님 아버지와 주 예수 그리스도라는 두 인격으로 나눈다. "그러나 우리에게는 한 하나님 곧 아버지가 계시니 만물이 그에게서 났고 우리도 그를 위하여 있고 또한 한 주 예수 그리스도께서 계시니 만물이 그로 말미암고 우리도 그로 말미암아 있느니라." 이 본문은 유대교의 유일신론을 과격하게 부인하거나 쉐마를 거부하는 것이 아니라 쉐마를 재해석한 것으로서, 한 분 하나님과 한 분 주님, 즉 아버지와 예수 그리스도가 함께 쉐마의 한 분 하나님을 구성한다고 이해해야 한다는 뜻이다.[20) 그러나 이 공식과 요한복음 10:30의 차이점은, 바울은 예수를 "그 아들"이라고 명시하지 않음으로써 하나님의 하나 됨을 아버지와 아들의 공동체로 설명하지 않는다는 점에 있다.

---

19) Bauckham, *Testimony*, 250-51 참조.
20) Richard Bauckham, *Jesus and the God of Israel: God Crucified and Other Studies on the New Testament's Christology of Divine Identity* (Grand Rapids: Eerdmans, 2008), 210-18; Waaler, *Shema*, passim.

쉐마에 대한 바울의 재구성은 외향적이어서 한 분 하나님과 그의 피조물 내지 그의 백성과의 관계로 향하는 반면에, 요한복음 10:30에서 요한의 재구성은 인격들의 공동체 안에서 신적 활동의 외적 통일성을 하나님으로 내면화한다.

요한복음에서 예수가 자신과 하나님이 하나라고 주장하자, 유대 지도자들은 돌들을 집어서 그에게 던지려고 한다. 그들 스스로 설명하는 바와 같이 그들은 예수가 불경하다고 여기기 때문이다. "네가 사람이 되어 자칭 하나님이라 함이로라"(10:33). 이어지는 예수의 자기 방어는 또 다른 주장에서 절정에 달하는데, 그것 역시 대담한 주장이다. 예수는 말했다. "아버지께서 내 안에 계시고 내가 아버지 안에 있다"(10:38). 이 두 번째 주장은 첫 번째 주장과 결과적으로 동일하거나 첫 번째 주장을 부연 설명한 것이다. "하나 안에 또 하나" 언어는 아버지와 아들을 하나로 통칭하며 독보적으로 친근한 내적 공유관계를 나타낸다. 그 언어는 아버지와 아들 사이의 통일성이 하나님께 받은 예수의 사명에 관한 의지의 통일뿐 아니라, 예수가 아버지께 들은 것을 전달하고 아버지의 일을 하도록 하는 말과 행동의 통일이기도 함을 강하게 시사한다.[21] 10:30의 쉐마에 대한 환기(allusion)와 더불어 10:33의 "하나 안에 또 하나" 언어는 한 분 하나님의 정체성 안에서 예수와 아버지가 관계적으로 친밀함을 나타낸다. 이런 사상은 요한복음 서론 끝부분에도 나타난다(1:18). 이 친밀성은 아버지가 아들을 세상

---

21) Contra Johan Ferreira, *Johannine Ecclesiology*, JSNTSup 160 (Sheffield: Sheffield Academic Press, 1998), 128, 134. 그는 행동의 단위로서 아버지와 아들이 하나 된다는 것에 대한 자신의 이해를 대체할 유일한 것은 "본질의 통일"이라고 생각하는 것 같다. 그는 사랑 안에서 인격적으로 천성을 내적으로 공유한다는 개념을 놓치고 있다.

에 보내는 행동의 통일성에 그 기반과 원천을 두고 있을지라도 그런 통일성과 완전히 똑같지는 않다.

이런 생각이 서론 자체 내에서 매우 중요하게 발전하면서 전개된다. 서론은 하나님이 세상과 스스로를 구분하는 것에서 시작한다. "말씀이 하나님과 함께 계셨으니 이 말씀은 하나님이시니라."(1:1). 이것은 하나님 안에서의 구분이며 하나님이 말씀으로 세상을 창조함으로써 분명해진 것이다(1:3). 이 구분은 암암리에 화자로서의 하나님과 발설된 말씀으로서의 하나님 사이의 구분이다. 그런데 말씀이 마침내 복음서에 등장하는 순간은 서문에서 "말씀이 육신이 되었다"(1:14)고 선포하는 때다. 육화됨과 동시에 말씀은 아들로 현현한다(1:14). 그렇게 서문은 보다 심오한 신의 자기구분 형태로 끝을 맺는 바, 하나님의 내적 관계를 뜻하는 아버지와 아들 사이의 친밀성(1:18)이 그것이다. 서문의 끝부분에서 선포된 하나님 안에서의 사사로운 천성의 내적 공유관계는 복음서가 전개됨에 따라 점차 부연 설명되고 예수가 아버지께 기도하는 17장에서 마침내 정점에 이른다.

예수와 그 아버지의 통일성에 관한 이해를 바탕으로 우리는 17장을 읽을 수 있는데, 17장은 예수와 아버지께서 하나인 것처럼 신자들도 하나가 되게 해달라는 예수의 탄원기도다. 중요한 탄원은 네 번 이루어지는데, 첫째는 예수의 제자들을 위하여(17:11), 둘째는 그 제자들의 증언을 통해 예수를 믿으러 오는 사람들을 위하여 이루어진다(17:21, 22, 23). 그러다가 마침내 "저희로 온전함을 이루어 하나가 되게" 해달라는 기도에서 탄원은 정점에 이른다(17:23). 보다 문자적인 번역은 "저희가 하나로 완성되기를"(*teteleiōmenoi eis ben*)인데, 이것은 "모아 하나가 되게"(11:52)를 연상시킨다. 신자들의 하나 됨은 정적인 것이 아니라 하나가 되는 역동적인 과정으로서 종말에 가서야 완성되는 것이다. 이 부분은 예수가 아버지께 올린 기도의 마지막에 위치하며, 요한복음 서사 구조에서 중요한 변곡점을 형성한다. 이런 배치는 예수와 아버지가 하나인 것처럼 신자들도 하나가 되어야 한다는 생각이 요한복음 신학에서 얼마나 중요한가를 시사한다. 앞서 여러 차례 등장했던 하나 됨이라는 주제 본문들이 이 본문으로 통합되면서 확장되고 완성되는 것이다.

그렇다면 예수와 아버지의 하나 됨과 신자들의 하나 됨은 정확히 어떻게 연결되는가? 신자들은 예수와 아버지가 하나인 것"처럼"(*kathōs*) 하나가 되어야 한다. 요한은 *kathōs*라는 말을 좋아하지만 언제나 똑같은 뜻으로 사용하지는 않는다. 그 단어는 요한이 구약성경을 인용할 때 사용하는 "기록된 바와 같이"(*kathōs estin gegrammenon*)라는 상용구에도 등장하지만, 이런 용례는 우리가 논하는 문제를 해결하는 데 도움을 주지 못한다. 우리 문제와 상관 있는 본문들은 신자들에 대한 것이 *kathōs*라는 단어로 예수 혹은 아버지에 대한 것과 연결되어 전자가 후자를 바탕으로 이해되는 방식으로 나타나는데, 이런 본문은 상당히 많다. 예를 들면 다음과 같다.

내가 너희를 사랑한 것 같이(*kathōs*) 너희도 서로 사랑하라(13:34).

살아 계신 아버지께서 나를 보내시매(*kathōs*) 내가 아버지로 말미암아(*dia*) 사는 것 같이 나를 먹는 그 사람도 나로 말미암아(*dia*) 살리라 (6:57).

아버지께서 나를 보내신 것 같이 나도 너희를 보내노라(20:21).

나는 선한 목자라. 나는 내 양을 알고 양도 나를 아는 것이 아버지께서 나를 아시고 내가 아버지를 아는 것 같으니(*kathōs*) 나는 양을 위하여 목숨을 버리노라(10:14-15).

이런 용례는 특히 17장에서 5회나 반복되고(17:14, 16, 18, 21b, 23), 신자들의 하나 됨도 3회 반복된다(17:11, 21, 22). 이는 17:11, 21, 22에서 *kathōs*가 비교하는 기능을 할 뿐, 어떤 이들의 주장처럼 인과적 의미(우리가 하나이기 때문에 그들도 하나일 것이다)가 있는 것은 아님을 보여준다.[22] 과연 *kathōs*가 인과적 의미로도 쓰이는지조차 불분명한데, 요한은 인과를 나타낼 때 다른 방법을 쓴다(참조. 17:9, 19, 24, 26). 이 말은 신자들의 하나 됨이 어떤 식으로든 예수와 아버지의 하나 됨에 의존하지 않는다는 뜻이 아니라, 다만 *kathōs*가 들어간 말들 자체가 인과적으로 쓰이지 않는다는 뜻이다. 그 말들은 아버지와 아들의 하나 됨이 그리스도 공동체의 하나 됨과 유사함(analogy)을 나타낸다. 그 유사성은 신자들의 하나 됨이 예수와 아버지의 하나 됨과 완전히 똑같다는 것을 의미하지는 않는다. 아버지와 아들의 하나 됨이 인간들 사이의 통일성보다 언제나 더하다는 뜻도 아니며, 다만 그 둘이 유사하다는 것이다.[23]

신자들의 하나 됨이 어떻게 아버지와 아들의 하나 됨과 유사한지 알아보려면, 우리는 다시 "하나 안에 또 하나" 언어로 되돌아가야 한다. 그 언어는 하나 됨을 위한 기도와 밀접한 연관이 있고, 신과 인간의 공동체가 서로 닮았다는 것 이상을 말해준다. 사실 예수는 자신이

---

22) Ferreira, *Johannine Ecclesiology*, 118-19.

23) Miroslav Volf, *After Our Likeness: The Church as the Image of the Trinity* (Grand Rapids: Eerdmans, 1998), 211 참조.

아버지 안에 거하고 아버지가 자신 안에 거하시는 것 같이 신자들도 서로서로 안에 거하리라고 말하지 않았다. 예수는 아버지가 자신 안에 거하시고 자신이 아버지 안에 거하는 것 같이 그들도 "우리 안에" 거하도록 해달라고 기도했을 뿐이다(17:21). 예수는 또 기도했다. "이는 우리가 하나가 된 것 같이 그들도 하나가 되게 하려 함이니이다. 곧 내가 그들 안에 있고 아버지께서 내 안에 계시어…"(17:22-23). 이런 생각은 예수의 다음 기도에서 부연 설명된다. "이는 나를 사랑하신 사랑이 그들 안에 있고 나도 그들 안에 있게 하려 함이니이다"(17:26). 이 말뜻이 무엇인지 요한복음은 언제나처럼 자세히 설명하지 않으나, 그것은 아마도 아버지와 아들 사이의 사랑하는 내적 공유관계에서 사랑이 흘러넘쳤고, 그 결과 예수도 그 제자들을 사랑했으며, 그 사랑 때문에 제자들도 예수 및 그 아버지와 "하나 안에 또 하나"라는 친밀한 관계를 공유하게 되었고, 세상으로 흘러넘치는 신의 사랑 때문에 신자들이 서로 하나가 될 수 있다는 뜻이리라.

사회적 삼위일체

요한복음은 기록된 이후 수 세기 동안 삼위일체 신학을 형성하는 데 강력하고도 적절한 영향을 끼쳤는데,[24] 특히 앞서 논한 본문들이 그

---

24) 교부들에 대하여는 다음을 보라: T. E. Pollard, *Johannine Christology and the Early Church*, SNTSMS 13 (Cambridge: Cambridge University Prss, 1970); Maurice Wiles, *The Spiritual Gospel: The Interpretation of the Fourth Gospel in the Early Church* (Cambridge: Cambridge University Press, 1960). 종교개혁자들 이후에 관하여는 다음을 보라: Tord Larsson, *God in the Fourth Gospel: A Hermeneutical Study of the History of Interpretations*, ConBNT 35

러했다. 적어도 한 가지 면에서 그 신학 전통은 요한복음 자체의 경계선을 넘었다. 비록 요한복음이 성령이나 보혜사를 충분히 언급하고, 성령이 그 고유한 방식에 따라 한 분 하나님의 정체성을 구성한다는 점을 분명히 하고 있으나, 앞서 살펴본 바와 같이 요한복음에서 "하나됨"과 "하나 안에 또 하나"의 언어는 삼위일체적이기보다 이위일체적 (binitarian)인 본문들에 등장한다. 요한복음은 성령과 아버지 및 아들과의 관계를 직접 정의하지 않으며, 다만 아버지와 아들의 관계를 정의할 뿐이다. 성령이 17장에 무명으로 등장한다고 제안한 학자도 있으나,[25] 엄밀히 말하여 17장은 성령을 직접 언급하지 않는다. 나는 요한복음이 하나님을 삼위일체로 이해한다고 생각하지 않으며, "하나됨"과 "하나 안에 또 하나"라는 언어를 오로지 이위일체적으로 사용하여 아버지와 아들의 관계를 나타낸다고 생각한다. (과연 요한복음이 성령과 아버지 및 아들 사이의 관계를 정의하는가에 관한 후속 연구가 있어야 할 것이다.) 다만 성서학이 아니라 신학 전통에서는 하나 됨과 하나 안에 또 하나라는 요한의 언어를 삼위일체를 구성하는 세 위격 사이의 관계에 확대 적용하는 일이 적절하고도 적합하다는 것은 의심할 여지가 없다.

삼위일체 신학은 20세기 후반에 일련의 신학자들의 연구 업적을 통해 주목할 만한 르네상스를 맞이했으니, 예컨대 판넨베르크 (Wolfhart Pannenberg), 몰트만(Jürgen Moltmann), 볼프(Miroslav Volf), 지지울라스(John Zizioulas), 라쿠냐(Catherine LaCugna) 등을 통해서였다.[26] 이 신학자들은 서로 강조점과 어감에 차이가 있을지언정 일

(Stockholm: Almqvist & Wiksell, 2001).

25) Köstenberger and Swain, *Father*, 176-78.

26) 그렌츠는 볼프를 제외한 이 신학자들의 삼위일체 개념을 유용하고 간결하게 요약

반적으로 사회적 삼위일체 교리라고 부르는 것을 공유한다.[27] 그것은 적어도 다음 네 가지 공통 요소를 갖고 있다.

1. 기존의 삼위일체 전통과 매우 다르게, 이 신학자들은 하나님 안에 있는 세 위격들 모두에 집중할 뿐, 한 신적 주체에 우선권을 주지 않는다. 세 위격은 그 어느 것도 생략/축소될 수 없는 것이다.[28]

2. 그들은 세 위격을 활동하고 관계 맺는 주체들로 보며, 단일한 하나의 인격체가 세 가지 다른 모습들로 나타난 것이라고 생각하지 않는다. 그렌츠(Stanley Grenz)가 말한 바와 같이, 현대 삼위일체 신학에서 "[삼위일체의] 심리적 모형(psychological model)은 신의 사회성(divine sociality)이라는 주제에 관한 여러 변주 형태들에 대부분의 자리를 내어주고 있다."[29]

해 준다. Stanley J. Grenz, *The Social God and the Relational Self: A Trinitarian Theology of the Imago Dei* (Louisville: Westminster John Knox, 2001), 41-57.

27) 이 전개에 대한 비평을 위해서는 다음을 보라: Karen Kilby, "Perichoresis and Projection: Problems with Social Doctrines of the Trinity," *NBf* 81 (2000): 432-45: Stephen R. Holmes, *The Quest for the Trinity: The Doctrine of God in Scripture, History, and Modernity* (Downers Grove, IL: IVP Academic, 2012).

28) 3세기에 "양태론"(modalism) 논란이 있었는데, 그 가운데 하나는 양태론자들의 주장처럼 요 10:30과 같은 본문들이 아버지와 아들의 "이중성"(duality)을 "하나 됨"(oneness)으로 축소할 수 있음을 뜻하는지 아닌지에 관한 것이었다. 양태론자들은 하나님이 세상에 계시되면서 하나씩 하나씩 채택하신 여러 형태들이 있었는데, "아버지"와 "아들" (그리고 "성령")은 그처럼 잠깐씩 거쳐 간 형태들 중 두 가지였다고 생각했다. 이런 견해가 요한복음에서 나왔다고 볼 수는 없을 것 같고, 요 10:30("나와 아버지는 하나")은 쉐마를 환기시키고 있으며, 10:39("아버지께서 내 안에 계시고 내가 아버지 안에 있다")에서 부연 설명한다고 이해할 수 있다.

29) Grenz, *Social God*, 57.

3. 그들은 "천성공유"(coinherence, 천부적으로 타고난 것을 공유하기—역자 주) 또는 "상호 내주"(mutual indwelling)라고 정의할 수 있는 "공동-천성"(*perichoresis*)이라는 개념을 사용할 때, 세 위격들 사이의 상호 관계가 실제로 그들을 하나 되게 한다고 주장한다. (이런 견해는 근현대 서구의 자율적 인간 자아라는 개념에서 파생한 사상들에 대항하여 사회적 삼위일체 개념을 방어하는 데 매우 유용하다.)

4. 그들은 삼위일체 안의 관계들이 교회 사회나 정치 사회 내의 인간관계들에 상응한다고 보며, 그런 관계들은 모두 하나님의 삼위일체적 사회성을 반영한다고 본다.

거시적으로 볼 때 이런 삼위일체 개념들은 요한복음의 이위일체 사상을 잘 반영하는 것 같다. 전술한 신학자들도 인지하는 바와 같이, 공동-천성 또는 천성공유라는 개념은 요한복음의 "하나 안에 또 하나" 개념과 잘 맞는다. 이런 개념을 몰트만은 "이 특별한 비혼합적이고 비분리적인 하나와 다른 것의 공동체"라고 정의하는데, 여기서 "비혼합적이고 비분리적"이라는 말은 그리스도 안에 공존하는 인간성과 신성 사이의 관계를 나타내는 칼케돈 공의회의 언명에서 유래한 것이다. 이것은 다시 "획일화된 형태가 아닌 공동체"와 "개인주의가 아닌 인격성"을 수반한다.[30] 또한 몰트만은 공간적 심상을 활용하여 설명하기를, 요한복음의 "하나 안에 또 하나" 언어는 인격들이 상호 내

---

30) Jürgen Moltmann, "God in the World—the World in God: Perichoresis in Trinity and Eschatology," in *The Gospel of John and Christian Theology*, ed. Richard Bauckam and Carl Mosser (Grand Rapids: Eerdmans, 2008), 369-81, 372. 몰트만의 삼위일체 신학을 자세히 보려면, 다음을 보라: Jürgen Moltmann, *The Trinity and the Kingdom of God: The Doctrine of God*, trans. Margaret Kohl (London: SCM, 1981).

주한다고 말할 여지를 제공하고, 하나님과 세상과의 관계 개념을 확장하여 "어딘가에 내주하고 거하실 수 있는 하나님" 개념을 이야기할 여지를 제공한다고 설명한다.[31] 볼프 역시 공간적 심상을 고수하여,[32] 세 위격들이 "상호 내주한다"면서 그들 "상호간 내부 관계"(reciprocal interiority)를 언급한다.[33]

이런 신학자들은 신의 유일성(하나 됨)이 삼위일체 위격들 사이의 관계보다 우선하거나 그 관계에 덧붙여진 어떤 것이 아니라, 실제로 그런 관계들이 바로 유일성이라고 봄으로써 서방 신학 전통을 눈에 띄게 격파하고 있다.[34] 그런 관계들은 그들을 구별시키기도 하고 연합시키기도 한다. 이들은 삼위이체론(三位異體論, tritheism)을 주장하는 것도 아니고, 순수한 의지의 "도덕적" 연합을 주장하는 것도 아니다. 왜냐하면 세 인격들은 그들 사이의 관계가 형성되기 이전에 존재한 것이 아니라, 그런 관계들이 그 인격들을 구성하기 때문이다.[35] 점차로 요한복음의 "하나" 개념은 이런 방향으로 가고 있다. 아버지와 아들의 하나 됨은 그들 사이의 "하나 안에 또 하나" 관계에서 형성되고 이루어진다.

---

31) Moltmann, "God," 369. 그는 자신의 신학이 "종말론에서 생태학으로…인간 역사 과정에 관한 시간 개념에서 생명을 주는 지구 유기체에 대한 공간 개념으로" 이동해 왔다고 계몽적으로 설명한다. 예수를 하나님이 거하시는 새로운 성전이나 장소라고 묘사하는 일과 올라가고 내려오는 등의 위-아래에 관한 언어를 요한복음 신학의 공간성과 더불어 생각하는 일도 계몽적일 것이다.

32) Volf, *After Our Likeness*, 208.

33) Volf, *After Our Likeness*, 209.

34) 전술한 신학자들은 그리스 교부들과 동방 신학의 하나님 아버지의 "군주제"(monarchy)에 관한 신학 개념에 대하여는 입장을 달리한다.

35) 볼프는 *After Our Likeness*, 210n88에서 이 문제에 관한 비평에 관하여 몰트만을 지지한다.

하나님의 공동체와 인간의 공동체가 상응하는 문제에 관하여, 인간 공동체가 따라야 할 모형이 삼위일체라고 단순하게 생각하면 잘못 이해하는 것일 수 있다. 요한복음이 전하는 예수의 기도("우리가 하나인 것처럼 그들도 하나가 되게 하시옵고")를 피상적으로 읽으면 그렇게 오해할 수 있고, 삼위일체와 인간 공동체의 관계를 순수하게 외적인 것으로 생각하면 완전히 빗나가게 된다. 전술한 신학자들은 하나님의 공동체에 참여함으로써 형성되는 인간 공동체를 생각한다. 특히 몰트만은 요한복음 17:21을 자세히 주해하면서, 신의 유일성(하나 됨)이란 "닫힌" 유일성이 아니라 "넓게 열어 초대하고 통합하는 유일성"이라고 주장하는데, 이는 주목할 만하다.[36] 하나님의 위격들 사이의 서로 사랑은 넘쳐흘러서 그 안에 피조물들을 담을 수 있을 정도가 되는데,[37] 하나님의 아들(the Son of God)이 인간으로 나타나 "자신의 하나님이자 아버지이신 분과 자신이 맺는 친밀한 관계"를 형성하는 방식도 그와 유사할 것이라고 본다.[38] 동시에 몰트만은 삼위일체적 위격들, 즉 같은 속성을 갖는 위격들 사이의 공동-천성적 유일성을 신의 위격과 인간의 인격이 형성하는 공동-천성적 공동체와 구분하는 일에도 유념한다.[39]

마지막으로, 하나님의 공동체와 인간의 공동체가 상응한다는 의견에 관하여 볼프는 그 유사성에는 한계가 있다고 조심스럽게 지적하면서, "다른 위격들에 내주하는 일은 하나님의 배타적 특권"이라고 주장

---

36) Moltmann, "God," 375.
37) 몰트만은 종말에 창조세계가 피조물들과 하나님이 함께 형성하는 공동체에 모두 포함될 것이라고 본다.
38) Moltmann, "God," 376.
39) Moltmann, "God," 376.

한다.[40] 어떤 인간도 타인의 자아 속에 흘러들어가 행동의 주체가 될 수 없으며, 서로 사랑하는 관계라 할지라도 그런 일은 불가능하다는 것이다. "인간들은 오로지 주체들로서 서로 외적으로만 관여할 수 있다."[41] 볼프의 주장은, 성령 하나님은 인간들 속에 들어가실 수 있으나, 인간들은 성령의 인격 속에 들어갈 수 없기 때문에 성령 하나님이 인간들 안에 내주하시는 일은 엄밀하게 말하여 상호적이라고 할 수 없다는 뜻이다. 볼프에 따르면, 인간들은 다만 "생명을 주는 성령 주변에 거할 수 있을 뿐, 성령의 인격 자체에 거할 수는 없다."[42] 인간들의 관계에 대하여 볼프는 주장하기를, 인간들은 인격들로서 상대 안에 들어갈 수 없으며, "다만 인격적 특성들의 내면성(the interiority of personal characteristics)만이 신의 위격들의 내면성에 [인간 차원에서] 상응할 수 있을 뿐"이라고 한다.[43]

이런 구분들은 왜 요한복음이 "하나 안에 또 하나" 언어를 인간 관계에 적용하지 않고, 아버지와 아들의 관계 및 그분들의 인간과의 관계를 표현하는 데에만 사용하는지를 알게 한다. 그러나 나는 볼프가 "하나 안에 또 하나"를 유추할 수 없이 엄밀하여서 도무지 이해할 수 없는 어떤 것으로 바꾸어 놓은 것은 아닌지 염려한다. 나는 사람들이 어느 정도는 서로의 내면에 들어갈 수 있다고 생각하며, 특별히 친밀한 사랑의 관계에서는 사람들끼리도 어느 정도 가능하다고 생각한다. 물론 하나님의 공동체는 사람들끼리 가능한 정도를 훨씬 능가하는 것이리라.

---

40) Volf, *After Our Likeness*, 211.

41) Volf, *After Our Likeness*, 211.

42) Volf, *After Our Likeness*, 211.

43) Volf, *After Our Likeness*, 211.

하나님의 공동체에서 세상으로

우리는 아직 "하나" 개념의 함의들을 완전하게 탐구하지 않았으므로, 요한복음 17장을 더 살펴볼 필요가 있다. 아폴드(Mark Appold)는 요한복음의 "하나" 개념을 분석한 자신의 유일한 단행본에서, 요한복음 전체 신학이 아버지와 아들 사이의 유일성(하나 됨)에서 기인한 것처럼 보일 수 있다고 지적한다.[44] 이러한 신학적 또는 기독론적 실제로부터 요한복음의 구원론이 기인하고, 거기서부터 요한복음의 교회론이, 그리고 마지막으로 세상을 향한 교회의 선교가 기인한다. 여기서는 이러한 각 단계가 17장의 예수의 기도에 어떻게 나타나고 있는지 살펴볼 것이다.

아버지와 아들 사이의 사랑은 세상을 향한 아들의 선교의 원천인데, 그 목표는 그 기도의 마지막에 잘 드러난다. "[당신(아버지)께서] 나를 사랑하신 사랑이 그들 안에 있고 나도 그들 안에 있게 하려 함이니이다"(17:26). 아버지와 아들의 사랑 안에 신자들을 포함시키는 일은 하나님과 신자들이 "하나 안에 또 하나"의 관계에 들어가는 일로서, 이것이 바로 요한복음 구원론의 핵심이다. 결과적으로 신자들의 하나 됨은 예수와 아버지의 하나 됨을 반영하고, 요한복음 교회론을 여는 열쇠라고 할 수 있다. 그런데 아버지와 아들의 사랑이 세상에 영향을 끼치는 과정에는 전혀 다른 차원이 있다. 예수는 신자들이 하나가 되어 "세상이 믿게/알게 해 주소서"라고 두 번이나 기도했던 것이다 (17:21, 23). 여기서 "하나" 언어는 정점에 이른다.

---

44) Appold, *Oneness Motif,* 285-88.

이는 우리가 하나가 된 것 같이 저희도 하나가 되게 하려 함이니이다. 곧 내가 그들 안에 있고 아버지께서 내 안에 계시어 그들로 온전함을 이루어 하나가 되게 하려 함은 아버지께서 나를 보내신 것과 또 나를 사랑하심 같이 그들도 사랑하신 것을 세상으로 알게 하려 함이로소이다(요 17:22-23).

사랑하는 신자들의 공동체는 그리스도 안에 있는 하나님의 사랑을 장차 올 모든 세상에 증거한다.

이 마지막 사상은 예수가 그의 새 계명을 소개하는 13:34-35의 배아 속에서 이미 발생하였다.

새 계명을 너희에게 주노니 서로 사랑하라. 내가 너희를 사랑한 것 같이 너희도 서로 사랑하라. 너희가 서로 사랑하면 이로써 모든 사람이 너희가 내 제자인줄 알리라.

계명의 새로운 점은 서로 사랑하라는 명령이 아니라, 예수가 제자들을 사랑한 것 같이 제자들도 사랑해야 한다는 것이다. 서로 사랑은 그리스어로 *agapēn en allēlois*이고, 이를 직역하면 "서로 사랑하기"로서, 요한복음의 용법을 빌자면 사람들이 서로 "안에" 거하게 되는 것이다. 이것이 하나님의 공동체에 상응하는 인간의 공동체. 이것의 선교적 측면은 사람들이 예수의 명령에 순종함으로써 예수의 제자임을 알리는 수준에 머무는 것이 아니라 그 이상의 심오한 차원이 있다. 17장에서 보다 분명해지는 그 심오한 차원은 하나님의 사랑이 그리스도의 공동체 안에 반영되어 그분이 일하고 계심을 세상이 알아차리게 하는 것이다.

요한복음을 좋지 않게 보는 이들은 요한복음이 다른 사람들은 제외하고 제자들끼리만 서로 사랑하도록 명령한다고 비난하는데, 이런 비난은 요한복음 배후에 있다고 주장되곤 하는 공동체가 세상을 적대시하고 외면한 종파(sectarian group)였다는 주장과 종종 연관이 있다. 그러나 요한복음이 일관되게 주장하는 바는 하나님께서 세상을 사랑하신다는 것이다. 저 유명한 3:16은 "하나님이 세상을 이처럼 사랑하사 독생자를 주셨으니"라고 분명히 말한다. 17장 끝까지 읽으면 알게 되는 것이 있는데, 그것은 세상을 향한 하나님의 사랑 때문에 하나님의 사랑이 비로소 온전하게 움직이며, 그것 때문에 아버지와 아들이 상호 내주하여 사랑을 시작하고, 그 신령한 사랑 안으로 사람들을 초대하는 아들의 선교가 가능해졌으며, 예수의 제자들이 모인 사랑하는 공동체가 창조되어 세상으로 확장된다는 것이다.[45] 제자들은 세상을 사랑하라고 직접 명령받지는 않았으나, 하나님의 사랑의 움직임(movement)을 따라 함께 움직이게 되며, 그 움직임의 궁극적 목표는 오로지 세상인 것이다.

---

45) 그런 경우에 예수는 어찌하여 세상을 위해서가 아니라 아버지께서 당신에게 주신 사람들, 즉 자신의 제자들만을 위하여 기도한다고 하는가(17:9)에 대해 의문이 들 수 있다. 이는 요한복음이 "세상"(kosmos)이라는 용어를 다가치적으로 사용하는 것과 연관이 있을 수 있다. 어떤 때는 세상이 하나님과 반대가 되고 진리를 부정한다고 말함으로써 매우 부정적으로 사용하기도 한다. 이런 부정적 의미의 세상은 예수와 그의 제자들을 미워하는데, 그들이 세상에 속하지 않기 때문이다(17:14-16). 이것은 하나님을 대적하는 세상**으로서의** 세상이며 예수가 기도하지 않은 것이다. 그러나 이어서 예수는 "세상으로 하여금 당신께서 나를 보내신 것을 믿게 하소서"(참조. 17:21; 23절)라고 기도하는데, 여기서 예수는 하나님의 피조물이자 예수를 믿음으로 말미암아 구원받을 수 있는 세상을 말하는 것이다(참조. 3:17). 세상에 대한 제자들의 증거는 적대감도 신앙심도 불러일으킬 수 있으니, 세상은 세상에 대한 하나님의 사랑을 받아들일 수도 있고(3:16), 거부한 채 단호히 어둠에 머물러 있을 수도 있다(3:19-21). 다음을 참조하라: Barton, "Unity," 252-54.

3장

영광

GOSPEL OF GLORY

대부분의 독자들과 주석가들이 인정하는 바와 같이 영광은 요한복음의 열쇠가 되는 주제임에도 제대로 설명된 적이 거의 없다. 그러므로 이 장은 영광이라는 주제를 분석적으로 개관하기를 시도한다. 곧 살펴보겠지만, 영광의 여러 기능 가운데 하나는 그것이 한편으로는 시내 산 언약을, 다른 한편으로는 예수의 성육신과 십자가를 서로 연결시켜 설명한다는 것이다. "영광"은 요한이 예수의 사역과 기적들의 의미를 간파하는 데 사용한 단어이기도 하다. 무엇보다 영광은 신약성경의 어떤 저자보다 요한이 강조하는 용어로서 세상을 향한 하나님의 사랑의 기이한 속성을 드러내는데, 그 사랑은 역설적이게도 예수가 고통스럽고 치욕스러운 십자가형을 받아 비참하게 죽기까지 이어지는 사랑이다.

먼저 단어들로 시작하겠다. *doxa*라는 단어는 "히브리적 의미를 갖는 그리스어 단어들" 가운데 하나로서,[1] 요한의 용법은 일반 그리스어보다는 성경 그리스어 용법에 가깝다. 다시 말해 요한은 히브리어 성경의 특성을 담고 있는 유대적 그리스어를 구사하는 것이다.

---

1) 다음을 보라: David Hill, *Greek Words and Hebrew Meanings: Studies in the Semantics of Soteriological Terms*, SNTSMS 5 (Cambridge: Cambridge University Press, 1967). 힐이 이 책을 쓴 이후에 그리스어 단어들을 히브리적 의미들을 갖는 방식으로 쓴다는 소위 유대적 용법 개념은 비판을 받아왔으나, 이런 용법이 *doxa*의 경우에는 잘 들어맞는 것 같다.

표 3.1. 영광 용어들			

• 의미들

히브리어 *kābôd*, כבוד			
어근 כבד 무겁다	중요함	명예	가시적 찬란함
	부	특권	
	힘	명성	

그리스어 *doxa*, δόξα			
동사: δοκέω 생각하다,	의견	명성	
믿다, 여기다		(대개 좋은 명성=명예)	

그리스어 구약성경			
(LXX), *doxa*, δόξα	명예	가시적 찬란함	
	특권		
	명성		

신약성경, *doxa*, δόξα			
	명예	가시적 찬란함	
	특권		
	명성		

• 신약성경에서의 빈도수

doxa, δόξα	요 19 ; 고후 19 ; 계 17 ; 롬 16 ; 눅 13 ; 고전 12 등.
doxazō, δοξάζω	요 23 ; 눅 9 ; 행 5 ; 롬 5 ; 마 4 ; 벧전 4 ; 고후 3 등.

I. 단어들

영어 성경이 "glory"(영광, *kābôd*, *doxa*)라고 번역하는 히브리어와 그
리스어 단어는 그 의미가 광범위하면서도 경우에 따라 다양하다(참조.

• 요한복음에서 *doxa*(δόξα)와 *doxazō*(δοξάζω)가 등장하는 본문

본문	*doxa* δόξα	*doxazō* δοξάζω	본문	*doxa* δόξα	*doxazō* δοξάζω
1:14	X		12:28		X
1:14	X		12:41	X	
2:11	X		12:43	X	
5:41	X		12:43	X	
5:44	X		13:31		X
5:44	X		13:31		X
7:18	X		13:32		X
7:18	X		13:32		X
7:39		X	13:32		X
8:50	X		14:13		X
8:54		X	15:8		X
8:54	X		16:14		X
8:54		X	17:1		X
9:24	X		17:1		X
11:4	X		17:4		X
11:4		X	17:5		X
11:40	X		17:5	X	
12:16		X	17:10		X
12:23		X	17:22	X	
12:28		X	17:24	X	
12:28		X	21:19		X

표 3.1). 히브리어 명사 *kābôd*는 히브리어 성경에서 세 가지 범주의 의미를 나타낸다. 그 단어는 *kābad*("무겁다")라는 동사에서 유래했는데, 이 동사적 근원에서 *kābôd*의 어떤 세 가지 범주적 의미들이 나왔는지 살펴보겠다. 첫째, 그것은 "재산, 힘, 중요함"을 뜻한다. "중요한"이라는 의미를 갖는 영어 단어 "weighty"(비중 있는)와 유사한 뜻이다.

표 3.2 하나님의 영광 보기 (구약성경)

영광: 이스라엘 역사에 나타난 하나님의 가시적 현현

1. 처음 나타남(출 16:7, 10)
2. 시내 산(출 24:15-17; 33-34)
3. 성막(출 40:34-35)
4. 성전(대하 5:11-14; 7:1-3)
5. 떠남(겔 10장)
6. 돌아옴(사 35:2; 40:5; 60; 겔 43:1-6)

1-5에서 영광(불같은 광채)은 구름에 숨겨져 있다. 영광이 새 성전에 돌아오면(6) 구름이 없어진다. 계시된 것은 하나님의 백성 가운데 나타나신(그들 가운데 거하신) 하나님의 거룩한 타자성(삼키는 불)과 하나님의 자비로운 현존이다.

모세: 영광을 언뜻 봄 (출 33:17-23; 34:5-7)

출 33:18-23 LXX

그리고 모세가 가로되 "바라옵건대 주의 영광을 내게 보이소서!" 그리고 그(야웨)가 가라사대 "내가 나의 모든 영광을 네 앞으로 지나게 하고, 내가 네 앞에 내 이름 '주'를 반포하리라. 그리고 나는 은혜 줄 자에게 은혜를 주고 긍휼히 여길 자에게 긍휼을 베풀리라." 또 그가 가라사대 "네가 내 얼굴을 보지 못하리라. 나를 보고 살 자가 없음이니라." 그리고 주께서 가라사대 "보라! 내 곁에 한 곳이 있다. 너는 그 반석 위에 서라. 내 영광이 지날 때에 내가 너를 반석 틈에 두고, 내가 지나도록 내 손으로 너를 덮으리라. 그리고 내가 내 손을 거두리니, 그제야 네가 내 뒷부분들을 볼 것이지만, 내 얼굴을 너에게 드러내지는 않으리라"(*NETS*).

출 34:5-7 LXX

그리고 주께서 구름 가운데 강림하사, 그(모세)와 함께 거기 서서, 그가 주의 이름을 반포하셨다. 그리고 주께서 그의 얼굴 앞으로 지나시며 반포하시기를, "주로다! 주 하나님은 자비롭고 은혜롭고 인내하시며, 매우 인자하시고 진실하시며, 그리고 의를 보존하시며 천 대까지 자비를 베푸시며, 악과 과실과 죄를 용서하나, 형벌 받을 자는 결단코 면죄하지 않고, 아비의 악행들을 자여손에게 자여손의 자여손에게 삼사 대까지 보응하시리라"(*NETS*).

출 33:18-23 MT
모세가 가로되 "당신의 영광을 내게 보이소서! 내가 기도합니다!" 그리고 그(주)가 가라사대 "내가 나의 모든 선한 것을 네 앞으로 지나게 하고, 내가 네 앞에 내 이름 '주'를 반포하리라. 그리고 나는 은혜롭게 할 자에게 은혜를 주고 긍휼을 보여줄 자에게 긍휼을 보여주리라. 그러나," 그가 가라사대, "네가 내 얼굴을 보지 못하리라. 나를 보고 살 자가 없음이니라." 그리고 주께서 계속하시기를, "보라! 내 곁에 한 곳이 있으리니, 거기서 너는 그 반석위에 서리라. 그리고 내 영광이 지날 때에 내가 너를 반석 틈에 두고, 내가 지나도록 내 손으로 너를 덮으리라. 그런 다음에야 내가 내 손을 거두리니, 네가 내 등을 볼 것이지만, 내 얼굴을 보여주지는 않으리라."

출 34:5-7 MT
그리고 주께서 구름 가운데 강림하사 그와 함께 거기 서서, 그 이름 "주"를 반포하셨다. 주께서 그 앞으로 지나시며 반포하시기를,

"주로다! 주로다!
하나님은 자비롭고 은혜롭고 노하기를 더디 하시고
인자와 진실이 많으시며,
천대까지 인자를 베풀며,
악과 과실과 죄를 용서하나,
형벌 받을 자는 결단코 면죄하지 않고,
아비의 악을 자여손과 자여손의 자여손에게
삼사대까지 보응하리라."

이사야가 그의 영광을 보았다

사 6:1 LXX
내가 본즉 주께서 높고(*hypsēlou*) 들려올려진 보좌에 앉으셨는데, 그 집이 그의 영광으로 가득하였다(*NETS*).

사 52:13-14; 53:2b-3 LXX
보라! 내 종이 이해하리라.
그리고 그가 받들여 높이 들려서(*hypsōthēsetai*) 지극히 존귀하게
    되리라(*doxasthēsetai*).
많은 이들이 너를 보고 놀랄 것이니,
네 얼굴에는 사람들로부터 나오는 영광이 없을 것이요(*adoxēsei apo*
    anthrōpōn),
그리고 너의 영광이 사람들에게는 [없을 것이라](*hē doxa sou apo tōn*
    anthrōpōn)

…그는 고운 모양이나 영광(*doxa*)이 없으니,
우리가 보기에 그는 모양이나 아름다움이 없었다.
그리고 그의 모양은 명예가 없고(*atimon*), 모든 사람들보다 실패하였고,
타격 당한(*en plēgē*) 사람이며, 약함을 어떻게 견디는지를 알고,
그의 얼굴은 외면당하였기 때문에
그는 멸시를 당하였고 귀히 여김을 받지 아니하였도다(수정한 *NETS*).

사 6:1 MT
내가 본즉 주께서 보좌에 앉아 높이 들리셨고(*rām wĕnissā'*), 그리고 그의 옷
자락이 성전에 가득하였다.

사 52:13-14; 53:2b-3 MT
보라! 내 종이 형통하리니
받들여 높이 들려서(*yārûm wĕnissā'*) 지극히 존귀하게 되리라.
이왕에는 그 얼굴이 타인보다 상하였고 그 모양이 인생보다 상하였으므로
    무리가 그를 보고 놀랐거니와….

고운 모양도 없고 풍채도 없으며
우리의 보기에 흠모할 만한 아름다운 것이 없도다.
그는 멸시를 받아서 사람에게 싫어버린 바 되었으며
간고를 많이 겪었으며 질고를 아는 자라.
마치 사람들에게 얼굴을 가리고 보지 않음을 받는 자 같아서
멸시를 당하였고 우리도 그를 귀히 여기지 아니하였다.

특권은 비중 있는 것들과 연관이 있고, 명예도 그런 사람들에게 주어지므로 두 번째 범주의 의미는 "명예, 특권, 명성" 등이다. 고대 세계에서 명예와 특권은 옷, 보석, 위풍당당함 등으로 볼 수 있게 드러나므로 세 번째 매우 중요한 범주의 의미는 "가시적 찬란함"이다. 이것은 사람들이 하나님의 영광을 바라볼 때 그 영광이 드러나는 상태다. 이런 영광은 가시적으로 드러난다.

그리스어 *doxa*는 성경 밖에서는 "생각하다, 여기다, 믿다"라는 뜻을 가진 *dokeō*라는 동사와 동족어인데, 그것의 가장 일반적인 뜻은 "의견"이다. 또한 "명성, 명예"라는 뜻도 있는데, 그것은 어떤 사람이 다른 사람에게 갖는 높은 의견을 뜻한다. 본래 히브리어 *kābôd*는 그리스어 *doxa*와 중첩되는 뜻이 상당히 적은 편이었다. 그러나 히브리어 성경을 그리스어로 옮긴 번역자들은 두 단어의 뜻을 유사하게 만들었다. 그들은 *kābôd*라는 단어를 번번이 *doxa*라고 번역함으로써 그 의미를 히브리어에 맞추어 바꾸었다. 그러므로 70인역에서 *doxa*는 그리스어 본연의 뜻인 "의견"이라는 어의 대신에 70인역 이전의 그리스어 문헌에서 그 유래를 찾아볼 수 없는 의미로 사용되었으니, 그것이 바로 "가시적 찬란함"이라는 뜻이다. 신약성경은 70인역의 용법을 따른다. 신약성경에서 *doxa*는 두 가지 범주의 의미를 갖는다. 그것은 "명예 또는 명성"과 "가시적 찬란함"이다.

이 두 가지 범주의 의미로 신약성경 저자들은 *doxa*를 사용하는데, 대개 그 둘 가운데 한가지 의미로만 사용하고, 두 의미가 동시에 드러나도록 사용하지는 않는 편이다. 한 단어가 한 가지 이상의 의미를 뜻할 경우에는 주도면밀하게 의도되었을 가능성이 있는데, 그 단어를 한 번만 사용하여 두 가지 의미가 동시에 살아나게 하거나, 두 의미 사이를 오락가락하게 하는 경우가 그러하다. 차츰 살펴보겠지만, 요한도 그런 기법을 사용한다.

그리스어 동사 *doxazō*는 일반 그리스어에서 "의견을 갖다"라는 뜻이지만, 70인역이나 신약성경에서는 "영광스럽게 하다, 찬양하다"라는 뜻이며("하나님께 영광을 돌리다", "하나님을 영광스럽게 하다" 등의 용례에서처럼), 때로는 "가시적 찬란함을 부여하다"를 뜻하기도 한다.

표 3.1은 이런 단어들이 신약성경 어디에 어떻게 나타나는지를 분석한 통계다. 요한복음은 *doxa*를 고린도후서와 동일한 횟수로 사용하고, 다른 신약성경 책들보다 많이 사용하지만 월등하게 많이 사용하는 편은 아니며, 요한복음의 길이를 감안할 때 사용 빈도수 자체는 그다지 주목할 만한 것이 아니다. 그러나 *doxazō*의 경우는 요한복음이 대부분의 다른 신약성경 책들보다 월등히 많이 사용하는 편이다. (본문의 길이를 감안하면, 베드로전서가 요한복음보다 더 자주 사용하는 셈이며, 데살로니가후서도 만만치 않다.) 이런 현상은 *doxa*와도 연관이 있으므로, 요한복음에서 영광이 매우 특별한 주제일 가능성이 높다.

표 3.1은 그 두 단어가 요한복음 전체에 어떻게 분포되어 있는가를 알려주는 지표다. 이 표에 따르면, 전체 사용 횟수의 반 이상(42회 가운데 24회)이 12-17장에 걸쳐 있으며, 12장에 8회, 17장에 8회 분포되어 있다. 두 단어는 대부분 예수의 말 속에서 나타나는데, 12:28만이 예외적으로 예수에 대한 하나님의 말씀 안에 포함되어 있다. 이 통계는 예수가 영광 언어를 특별하게 사용하되, 자신을 영화롭게 하고 하나님을 영화롭게 하기 위하여 자신의 죽음-승귀라는 사건에 다가가고 완성하면서 사용하는 것을 보여준다.

2. 예수 그리스도 안에서 보이는 영광(요 1:14)

요한복음에서 *doxa*가 처음 등장하는 곳은 1:14이다. 이는 서문의 열쇠절로서 말씀이 성육신한 것을 선포하는 부분이다. 실제로 *doxa*는 1:14에서 두 번 연달아 등장함으로써 요한복음 전체에서 그것이 중요하게 기획된 단어임을 나타낸다. 우리는 구약성경을 배경삼아 그 본문에 접근할 필요가 있다. (여기서 언급한 본문들을 보려면 표 3.2를 참조하라.)

2A. 영광; 이스라엘 역사에 나타난 하나님의 가시적 현현

출애굽 이후 광야에서 주의 영광이 처음 나타난 때부터 성전이 바빌론 사람들에 의해 무너지기 직전에 에스겔이 성전에서 주의 영광이 떠나는 것을 볼 때까지 주의 영광은 불같은 광채로 여겨졌으며, 구름에 덮여 가려진 형태로만 나타났다. 에스겔의 환상에서 영광이 새 성전으로 되돌아올 때, 그 영광이 새 예루살렘을 밝혀서 모든 백성에게 보이게 될 때에 비로소 영광은 구름 없이 드러난다. 즉 이스라엘 역사에서 하나님은 언제나 가려진 형태로만 계시되었다. 겉으로 보이는 것은 소멸하는 불이신 하나님의 거룩한 타자성과 그 백성들 가운데 거하시는 하나님의 자비로운 현존이다.

2B. 영광을 얼핏 봄(출 33:17-23; 34:5-7)

모세가 시내 산에서 하나님의 영광을 얼핏 보는 이야기는 성경에 기록된 주요 계시 사건들 중 하나로서 요한복음을 포함한 성경 나머지 부분에서 내내 메아리치는 하나님에 대한 결정적 성격 묘사다. 그 이야기는 낯설면서도 자꾸 떠오르는 속성을 가지고 미묘한 신학적 의미를 고도로 의인화시켜 전달한다. 요한 자신은 으레 히브리어 성경과

70인역 모두를 참조했겠으나, 우리는 목적 달성을 위하여 요한의 독자들이 알았음직한 70인역으로 읽는 편이 최선이겠다. (표 3.2는 서로 비교해 볼 수 있도록 70인역[LXX]과 히브리어 성경[MT] 모두를 싣고 있다.)

이 맥락은 이스라엘 백성이 황금 송아지 사건으로 충격적인 배교를 한 다음에 하나님께서 놀라운 자비를 베풀어 그들을 용서하시고 시내 산 언약을 갱신하는 상황이다. 모세는 하나님의 영광을 보게 해 달라고 간청하고, 이에 하나님은 다음과 같이 응답하신다.

> 내가 나의 모든 영광을 네 앞으로 지나게 하고, 내가 네 앞에 내 이름 "주"를 반포하리라.… [그러나] 네가 내 얼굴을 보지 못하리라. 나를 보고 살 자가 없음이니라.…이제 내 영광이 지날 때에 내가 너를 반석 틈에 두고, 내가 지나도록 내 손으로 너를 덮으리라. 그리고 내가 내 손을 거두리니, 그제야 네가 내 뒷부분들을 볼 것이지만, 내 얼굴을 너에게 드러내지는 않으리라(출 33:19a, 20, 22-23, LXX *NETS*).

계시를 위한 순간이 다가오자, 주님은 모세 곁을 지나가시며 다음과 같이 말씀하신다.

> 주로다! 주 하나님은 자비롭고, 은혜롭고, 인내하시며, 매우 인자하시고 진실하시며,[7] 그리고 의를 보존하시며 천대까지 자비를 베푸신다(출 34:6, LXX *NETS*).

이처럼 아무도 하나님의 얼굴을 볼 수 없기 때문에 모세는 지나가시는 하나님의 가시적 영광을 얼핏 보았을 뿐이지만, 그럼에도 그는 계시를 받았다. 모세는 하나님이 누구신지 볼 수 없었으나, 하나님이 누구신지 듣기는 하였다. 모세는 하나님 자신으로부터 하나님의 정체성에 관한 계시, 즉 하나님의 "이름"(70인역은 야웨[YHWH]를 "주"로 번역한다)과 속성에 관한 계시를 받았던 것이다. 이스라엘이 그토록 하나님을 알아야만 했을 때, 모세는 하나님이 자비롭고, 동정심 많고, 용서하고, 당신의 언약에 신실한 분이심을 들었다. 그 이야기는 하나님의 영광이 그분의 속성의 광채요, 선하심이며, 진실로 바로 그분이시라고 말하는 것 같다. (히브리어 성경은 "나의 모든 선함"[출 33: 19]이라는 명사구를 "나의 영광"에 상응하는 것처럼 사용한다.) 모세가 하나님의 얼굴을 볼 수 있었다면, 아마도 그런 속성들이 하나님의 얼굴에 나타났을 것이다. 사람의 정체성은 사람의 얼굴에 가시적으로 드러난다. 모세는 하나님을 볼 수 없었고 듣기만 했다.

2C. 그 독생자로 육화하여 계시된 하나님의 영광(요 1:14-18)

요한복음 서문의 기능들 중 하나는 독자들로 하여금 구약성경 처음으로 돌아가 마침내 예수 이야기를 읽어내게 하는 것이다. 독자들이 구약성경 처음에서 시작할 수 있도록 서문은 창세기 도입부문을 문자적으로 환기시킨다. 서문의 첫 다섯 절들을 이해하려면 창세기 도입 부분을 알아야 하고, 그다음 다섯 절들은 출애굽기, 엄밀하게 시내 산의 모세 이야기를 열쇠 삼아 해석해 들어가야 하는 것이다. 요한은 말씀이 육화된 예수 그리스도를 시내 산 언약의 종말론적 성취로서 소개하는데, 시내 산 언약을 성취하며 계시하는 영광은 질적인 면에서 이전의 영광을 훨씬 능가한다.

말씀이 육신이 되어 우리 가운데 거하시매 우리가 그 영광을 보니 아버지의 독생자의 영광이요, 은혜와 진리가 충만하더라. 요한이 그에 대하여 증언하여 외쳐 이르되 "내가 전에 말하기를 내 뒤에 오시는 이가 나보다 앞선 것은 나보다 먼저 계심이라 한 것이 이 사람을 가리킴이라" 하니라. 우리가 다 그의 충만한 데서 받으니 은혜 위에 은혜러라. 율법은 모세로 말미암아 주어진 것이요, 은혜와 진리는 예수 그리스도로 말미암아 온 것이라. 본래 하나님을 본 사람이 없으되 아버지 품속에 있는 독생하신 하나님이 나타내셨느니라(요 1:14-18).

말씀이 육신이 되어: 즉 들을 수 있는 말씀이 볼 수 있는 육체로 구체화되었다는 뜻이다. 그러므로 이 구절 이후부터 요한은 "그 말씀"이라는 표현(인격화되어 호칭이 된 로고스─역자 주)을 사용하지 않는다. 이 시점부터 말씀은 들을 수 있을 뿐 아니라 볼 수 있게 된다. 시내 산 언약의 신령한 말씀들을 훨씬 능가하면서 육화된 말씀은 하나님을 가시적으로 드러낸다. 구약성경에서 모세와 다른 이들이 배웠듯이, 어느 누구도 하나님을 보고서는 살아남을 수가 없는데, 도대체 육화된 말씀인 예수를 본 자들은 어떻게 죽지 않고 살아남았을까? 그것은 하나님께서 신의 모습이 아닌 다른 것, 인간의 목숨을 가진 육체로 나타나셨기 때문이다. 구약성경에서는 구름 속에 감추어진 그 영광이 요한복음에서는 구름이 아니라 육신에 덮여 있는데, 그 덮개(육신)는 계시를 가시적으로 드러낼 수 있는 형태다. 이사야는 그런 때를 다음과 같이 예언했다. "주의 영광이 나타나고 모든 육체가 하나님의 구원을 보리라"(사 40:5 LXX).

말씀이 육신이 되어 우리 가운데 거하시니(*eskēnōsen*): 이 구절은 성막과 성전에 거하시는 하나님의 영광과 그 백성의 삶 가운데 현존하시는 하나님의 은혜를 메아리치게 한다. 예수 그리스도의 육체로 드러난 하나님의 영광은 그 백성 가운데 거하시는 하나님의 장막이다.

말씀이 육신이 되어 우리 가운데 거하시매, 우리가 그 영광을 보았다: "우리"
는 누구인가? 많은 주석가들의 의견과 달리 "우리"는 일반 그리스도
인이기보다 육안으로 예수의 육신을 목격한 증인들이다.[2] 요한은 모
든 그리스도인을 가리킬 때는 16절에서와 같이 "우리 모두"라는 표현
을 사용하여 명확히 구분한다. 이 부분의 신학적 중요성은, 그 본 것
이 예수 그리스도의 육체 안에 있는 영광이라는 점에 있다. 엄밀하게
중요한 것은 바로 육체의 가시성이다. "우리가 보았다"는 대상이 순수
하게 영적이라는 주장은 그리스도의 육화(incarnation)를 부인하는 것
이다. 물론 육체 안에 있는 그 영광을 육안으로 볼 수 있는 사람은 아
무도 없다. 영적으로 인식할 필요도 있으나, 육안으로 볼 필요도 있었
다. 요한의 표현을 빌자면, 보지 않고 믿을 수도 있으나, 그런 사람들
은 예수를 만난 적이 없으면서도 그를 믿기 위해 오기 때문에 예수가
축복한 사람들로서, 도마와는 전혀 다른 사람들이다(20:29b). 도마와
달리 예수를 만난 적이 없으면서 예수를 믿는 사람들은 예수를 목격
한 사람들의 증언을 들어야만 하며, 그 증언은 바로 요한복음에 기록
되어 있다.[3]

우리가 그 영광을 보니, 아버지의 독생자의 영광이요: 여기서 독생자란 아버

---

2) 다음을 참조하라: Richard Bauckham, *Jesus and the Eyewitnesses: The Gospels
 as Eyewitness Testimony* (Grand Rapids: Eerdmans, 2006), 380-81. 여기서 나
 는 "우리"란 실제로 한 증인, 곧 요한복음을 쓴 그 사랑 받는 제자 한 사람만을 가리
 킬 수 있으며, 그 저자가 증거의 권위를 확보하기 위하여 "나"를 강조하는 형태인
 "우리"라는 표현을 써서 증언하고 있을지도 모른다고 제안한다.
3) 다음을 참조하라: Richard Bauckham, *Jesus and the Eyewitnesses*, 403-6.

지의 유일한 아들이라는 뜻이 아니라, 아버지로부터 세상에 온 유일한 아들로서 그 아들이 육체가 되었다는 뜻이다. 그 영광은 그의 것이지만, 아버지의 영광을 온전히 반영한다. 그런데 어떻게 영광이 육체로 나타날 수 있는가?

아버지의 독생자의 영광이요 은혜와 진리가 충만하더라: 요한은 모세가 들었던 하나님의 그 유명한 속성 묘사를 환기시킨다. 히브리어 성경을 인용하자면 다음과 같다. "주로다! 주로다! 자비롭고 은혜롭고 노하기를 더디 하고 신실한 사랑과 신실함이 충만한 하나님이로라"(출 34:6). 요한복음에서 "은혜와 진리가 충만하다"(*plērēs charitos kai alētheias*)는 표현은 "신실한 사랑과 신실함이 충만하다"(*rab-ḥesed we'ĕmet*)는 히브리어 성경 구절과 정확히 일치하는 그리스어 표현이다.[4] 요한은 그렇게 중요한 성경 본문을 쓰면서 70인역에만 의존하지는 않았을 텐데, 70인역의 해당 본문이 히브리어를 문자대로 직역한 것 같지도 않다. 요한의 표현은 70인역보다 히브리어 성경 본문에 더 가깝다. 영광은 하나님의 속성의 광채이며, 은혜와 진리는 모세가 들었던 것인데, 예수의 제자들은 예수의 인격과 삶에서 그것들을 본 것이다.

율법은 모세로 말미암아 주신 것이요 은혜와 진리는 예수 그리스도로 말미암아 온 것이라: 17절에서 요한은 모세를 분명하게 언급한다. 또한 듣는 것과 보는 것을 다시 한 번 대조시킨다. 율법은 말 그대로 은혜와 진리다. 하나님의 동일한 은혜와 진리가 예수를 통하여 "활성화되고", 예수

---

4) 이를 입증한 것을 보려면 다음을 참조하라: Alexander Tsutserov, *Glory, Grace, and Truth: Ratification of the Sinaitic Covenant according to the Gospel of John* (Eugene, OR: Pickwick, 2009).

의 삶과 죽음을 통하여 드러나게 되었다. 예수는 하나님의 은혜와 진리의 말씀들을 전하고 하나님의 은혜와 진리를 상연하기도 한다. 그런 관계를 가장 잘 묘사한 것은 아마도 예수가 그 제자들에게 준 새 계명일 것이다: "내가 너희를 사랑한 것 같이 서로 사랑하라"(13:34). 서로 사랑하라는 명령은 옛 계명 중 하나로서 레위기 19:18에 나타나는데, 이는 이미 모세 율법 전체에 대한 요약으로 인정받고 있었다. 새롭게 더해진 것은 바로 "내가 너희를 사랑한 것 같이"라는 부분이다. 그 부분은 예수께서 직접 죽기까지 살아내셨기 때문에 새롭다고 할 수 있다. 예수께서는 끝까지 사랑하셨다. 그는 신의 사랑을 육체로 드러내셨고, 그것이야말로 그 제자들이 본받도록 명령받은 부분이다. 제자들은 아마도 회당에서 늘 그의 계명을 들었을 텐데, 십자가에서는 그 계명을 눈으로 확인한 것이다.

본래 하나님을 본 사람이 없으되 아버지 품속에 있는 독생하신 하나님이 나타내셨느니라: 이 부분은 서문의 결론이다. 요한은 성경이 묘사하는 하나님 체험 장면들을 부인하지 않고 이어가는데, 아무도 하나님을 완전하게 뵙지 못했고, 모세조차도 완전하게 뵙지 못했으며, 아무도 하나님의 얼굴을 뵙지 못하며, 아무도 하나님이 그 얼굴의 거룩한 찬란함을 온전히 드러내시는 모습을 본 사람이 없다는 것이다. 오로지 한 분뿐, 오로지 그만이 아버지께 가까이 있었고, 그만이 하나님의 무한하신 선하심을 드러내는 그 얼굴을 바라보고, 오로지 그만이 하나님을 주석해낸 것이다(*exēgēsato*). 유대인 지혜자 벤 시라는 온 힘을 다하여 주를 찬양하라고 독자들에게 요청하면서, 아무리 찬양하여도 주의 위대하심은 형언할 수 없다고 했다(집회서 43:30). 벤 시라는 묻는다. "그분을 뵙고 그분을 정확하게 묘사할 수 있었던 사람이 있느냐?"(집회서

43:31) 이 수사학적 질문에 요한은 답한다, 오로지 완전하고 유일하신 한 분만이 하나님을 보았으므로 하나님을 묘사할 수 있다고. 여기서 말하는 묘사란 다름 아닌 예수의 사랑과 죽음이다. 요한복음은 예수를 보았으면 아버지를 본 것이라고 한 번 이상 강조한다(12:45; 14:9). 요한복음의 비범한 말씀은 육안으로 볼 수 있는 사람의 육체로써만 하나님을 구체적으로 묘사할 수 있다는 것이다.

서문을 떠나기 전에, 요한이 "영광"이라는 말을 처음으로 사용하는 부분, 즉 "우리가 그의 영광을 보았다"고 하는 부분을 좀 더 살필 필요가 있다. 요한이 마지막으로 "영광"을 언급하는 부분은 예수의 기도가 담긴 17장인데, 이 본문 역시 예수의 제자들이 영광을 보는 것을 언급한다(17:24). 사실 요한복음 전체에서 이 두 본문에서만 예수의 제자들이 예수의 영광을 본다고 분명하게 언급하므로, 요한이 수미상관기법(inclusio)을 쓰고 있는 것은 분명하다. 기도의 끝부분으로 가면서 예수는 자신이 아버지께로 돌아가는 것을 언급한다.

> 내게 주신 자도 나 있는 곳에 나와 함께 있어, 아버지께서 창세전부터 나를 사랑하시므로 내게 주신 나의 영광을 그들로 보게 하시기를 원하옵나이다(17:24).

예수의 제자들은 예수의 지상 생애 동안에 예수의 영광을 보았는데, 지상에서 예수의 영광은 이 세상이라는 상황 때문에 가려져 있었으나, 하늘에서는 그의 완전한 영광을 보게 될 것이다. 그리고 예수는 마지막 기도의 시점까지 영광을 볼 제자의 범위를 자신의 제자들에서 시작하여 장래에 자신을 믿을 사람들, 곧 모든 신자들에게까지 확대한다(17:20).

3. 영광 받으신 하나님과 예수

3A. 이사야는 그의 영광을 보았다

요한복음 12:41에서 복음서 저자는 말한다. "이사야가 이렇게 말한 것은 주의 영광을 보고 주를 가리켜 말한 것이라." "이사야가 이렇게 말했다"는 것은 요한복음 12:40(사 6:10 인용)과 12:38(사 53:1 인용) 모두를 가리킨다. 요한은 이사야 6장의 높이 들린 보좌에 앉으신 주에 대한 이사야의 환상과, 52-53장의 고난 받고 높임 받는 그 종에 대한 이사야의 예언 모두를 염두에 두고 있다. 두 본문은 같은 키워드를 사용함으로써 초기 그리스도인들이 두 본문을 함께 읽도록 유도했는데, 이는 같은 말이나 구절들을 공유하는 성경 본문들을 서로 연결시켜 해석하는 유대 주석 전통을 따른 것이다. 이런 연결어들은 70인역보다 히브리어 성경에 더 분명하게 나타난다. 70인역은 히브리어 성경의 연결어들을 살리지 못하거나 일부만 보존하기도 한다. 예컨대 히브리어 성경은, 주의 보좌가 "높이 들리시며"(*rām wĕniśśā'*[6:1]) 그 종 역시 "높여지고 들려진다"(*yārûm wĕniśśā'*[52:13])에서처럼 동일한 단어들을 사용하여 두 본문을 연결한다. 이것을 70인역은 각각 주의 "영광"(*doxa* [6:1])과 그 종이 "영광 받게"(*doxasthēsetai*[52:13]) 되리라고 번역한다(참조. 표 3.2). 요한은 히브리어 성경과 70인역을 모두 알았겠지만, 12:41과 예수의 영광 및 영광 받으심에 관한 다른 본문들을 기록할 때 염두에 둔 것은 아마도 그리스어 70인역이었을 것이다. 70인역 이사야 52:13-14과 53:2에는 *doxa*가 네 번이나 등장한다.

요한은 고난 받는 종의 노래 도입부(52:13, "내 종이…높이 들려서 지극히 존귀하게 되리라")를 이어지는 본문 전체의 머리 부분으로 삼고 있는데, 이어지는 본문은 그 종의 굴욕, 고난, 죽음, 그리고 죽음을 넘어

선 들림에 관한 것이다. 요한복음에 인유된 예언서를 읽을 때 그 종을 높이고 영화롭게 하는 일을 마지막에 비로소 읽게 되는 것은 아니다. 모든 순서가 종의 들림과 영광에 관한 것이다. 요한은 예수의 굴욕적 죽음과 이어지는 부활을 이야기하면서 동시에 예수의 들림("높이 올려짐")과 영화롭게 됨을 묘사한다. 이런 방식이야말로 놀랍고도 독특한 요한의 주석 기법인 것이다. 가장 비참하게 무너져 내리는 예수의 치욕은 역설적으로 예수가 영광스럽게 되는 것이기도 하다. 초기 그리스도인들의 보다 보편적인 사고방식은 치욕 당한 다음에 높여지고, 고난당한 다음에 영광 받는 것이었으나, 요한은 치욕과 죽음에서 들림과 영광을 간파한 것이다.[5]

도입부(52:13)에 이어, 그 고난 받는 종의 노래는 그리스어로 다음과 같이 이어진다.

> 많은 이들이 너를 보고 놀랄 것이니, 네 얼굴에는 사람들로부터 나오는 영광이 없을 것이요(*adoxēsei apo anthrōpōn*) 그리고 너의 영광이 사람들에게는 [없을 것이라](*hē doxa sou apo tōn anthrōpōn*)
>
> …그는 고운 모양이나 영광(*doxa*)이 없으니, 우리가 보기에 그는 모양이나 아름다움이 없었다. 그리고 그의 모양은 명예가 없고(*atimon*), 모든 사람들보다 실패하였고, 타격 당한(*en plēgē*) 사람이며, 약함을 어떻게 견디는지를 알고, 그의 얼굴은 외면당하였기 때문에 그는 멸시를 당하였고 귀히 여김을 받지 아니하였도다(수정한 *NETS*).

---

5) 보다 자세한 논의는 다음을 보라: Richard Bauckham, *Jesus and the God of Israel: God Crucified and Other Studies on the New Testament's Christology of Divine Identity* (Grand Rapids: Eerdmans, 2008), 35-37, 46-50.

이 본문들을 요한과 그의 독자들이 어떻게 이해했을까를 생각하려면, *doxa*가 "가시적 찬란함"뿐만 아니라 "명예" 또는 "찬양" 등도 뜻함을 알아야 한다. 이사야의 예언은 두 의미 모두를 활용하고 있다. 그 종의 가시적 모습은 아름다움이나 영광이 없으며 그에게는 명예도 없다. 그는 굴욕을 당하고 불명예스럽게 되었다. 바로 이러한 경우를 요한이 발견한 것 같은데, 그것은 바로 두 가지 측면에서 악명 높은 십자가형에서였을 것이다. 십자가형은 신체를 끔찍하게 훼손할 뿐 아니라 명예를 철저하게 추락시킨다. 신체 훼손은 명예를 추락시키기 위해 고안된 것이다. 여기서 특별히 주목해야 할 것은 그 종이 "사람들로부터" 나오는 영광이 없었다고 묘사된다는 것인데, 이런 표현을 요한이 차용하고 있음을 곧 살펴볼 것이다. 마지막으로 주목할 것은 도입절(52:13)에서 사용하는 동사 *doxazō*가 *doxa*의 중첩적 함의를 쉽게 불러일으킬 수 있다는 것이다. 그 종은 이사야 6장에서 이사야가 본 가시적 찬란함을 얻을 뿐 아니라 그 명예도 가장 높은 자리까지 드높여진다. 이 본문은 *doxa*와 *doxazō*를 모두 사용하면서 이 의미에서 저 의미로 이동하거나 또는 두 의미를 결합시킨다. 이 본문은 그런 기법이 요한복음 이전에 이미 예언서에서 사용되었음을 입증하는 전형적인 예다.

3B. 표적들을 통해 계시된 하나님의 영광(요 2:11; 11:4, 40)

하나님의 영광이 예수의 사역에서 계시되는 가장 분명한 방법은 기적들이며, 요한은 "표적들"(*sēmeia*)이라는 용어를 사용한다. 요한은 첫 번째 표적에서 예수께서 "그의 영광을 계시하셨고", 그 결과 "그의 제자들이 그를 믿었음"(2:11)을 분명히 한다. 이런 표적의 기능은 여섯 번째 표적에서도 명확히 드러나는데, 요한은 나사로가 다시 살아남으로써 "하나님의 영광"이 드러난다고 기록한다(11:40). 또한 "하나님의 영광을 위함이요, 하나님의 아들로 이를 인하여 영광을 얻게 하려함이라"고 덧붙인다(11:4).[6] 우리는 이제 그 모든 표적들이 하나님의 영광과 예수 자신의 영광, 곧 예수 안에서 계시된 하나님의 영광을 드러내는 것이 틀림없다고 결론지어야 한다.

이미 살펴본 바와 같이, 예수가 하나님의 영광에 대한 계시라는 것은 그 자체로 분명한 것이 아니기 때문에 표적들이 중요하다. 예수는 육체를 가진 상태에서 영광을 드러냈기 때문에 그를 만난 사람들은, 요한이 상당히 장황하게 기록한 것처럼, 예수에 대하여 온갖 상이한 의견들을 갖게 되었다. 표적들은 사람들을 놀라게 하여 자신들이 대하고 있는 사람이 단순한 육체 이상의 어떤 분은 아닐까 하고 생각하게 한다. 표적들은 두 가지 면에서 육체 이상의 것을 가리킨다. 첫째, 표적들은 요한이 도저히 폄하할 수 없는 정도로 탁월하게 기적적이다(참조. 표 3.3). 실로 요한은 예수의 기적들을 더 많이 기록할 수도 있었을 텐데, 그 가운데 가장 탁월하게 기적적인 것들만을 추려내어 기록했다. 그것들은 들어본 적이 없을 정도의 기적들이다. 둘째, 보다 중요한 것은 그 기적들이 무언가 매우 특별한 것을 뜻한다는 점이다. 각 기적들은 예수에 대하여, 그리고 예수가 주러 온 영원한 생명에 대하여 무언가를 말한다. 그 모든 기적들은 예수가 나중에 실제로 주게 될 영원한 생명에 관한 표적들이다. 이 두 가지 의미에서 표적들은 육체

---

6) 여기서 직접 언급하는 것은 나사로의 병이지만, 그 안에 담긴 생각은 이로 인해 예수가 나사로를 일으키고 하나님의 영광을 드러내게 된다는 것이다. 또한 유대 지도자들이 예수를 죽이기로 결정하게 된 계기는 나사로를 일으킨 사건이므로 예수의 죽음-승귀를 통하여 하나님과 예수를 영화롭게 한다는 말이 덧붙여진 것 같다(참조. 다음 단원).

표 3.3 일곱 표적들			
일곱 표적들	"표적"이 나오는 절	기적적 요소들	표적의 의미
1. 물을 포도주로(2:1-11) "그의 표적들의 시작"(2:11)	2:11	20 또는 30갤런 들이 물 항아리 여섯 통(2:6)	
2. 관원의 아들을 고치심 (4:46-54) "두 번째 표적"(4:54)	4:54	죽기까지(4:47), 예수께 서 말씀하신 시간에 회 복됨(4:52-53)	
3. 안식일에 중풍병자를 고치심(5:2-9)	6:2	38년 된 병(5:5)	안식일에 예수가 하 나님의 일을 하심 (5:17)
4. 5,000명을 먹이심 (6:1-15)	6:14, 26	12광주리가 남음(5:13)	"나는 생명의 떡이 라"(6:35)
5. 안식일에 소경을 고치심(9:1-12)	9:16	나면서부터 소경 (참조. 9:1; 9:32)	"나는 세상의 빛이 라"(8:12; 9:5); "보지 못하는 자들이 볼 것 이요"(9:39)
6. 나사로를 죽음에서 일으키심(11:1-45)	12:18 (참조. 11:47)	나흘 전에 이미 묻힘 (11:17, 39)	"나는 부활이요 생명 이라"(11:25)
7. 예수의 부활	2:18-19 (참조. 6:30; 20:30-31)	20:6-7, 12, 20, 27 참조	
"표적"이라고 명시하지는 않으나 기적적인 사건들(20:31에 명시된 표적들은 아님)			
물 위를 걸으심(6:1-15)			
물고기를 엄청나게 잡으심(21:4-11), 큰 고기 153마리, 그물이 찢기지 않음(21:11)			

를 능가한다. 예수를 볼 수 있었듯이 표적들도 눈으로 볼 수 있었다. 표적들을 볼 수 있다는 것이 중요하다. 그것들은 하나님의 영광을 "보 는 것"을 뜻한다(나사로를 일으킬 때 마르다가 그러했던 것처럼, 11:40). 표

적들은 육체적 한계를 넘어서는 가시적 사건들로서 하나님의 영광이 현존함을 암시한다.

좀 더 지엽적인 문제지만, 요한이 *doxa*라는 단어를 예수의 적대자들의 입술로 말하게 하는 경우가 한 번 있는데, 이것은 눈에 잘 띄지 않는 요한복음의 역설을 형성한다. 이런 현상은 소경으로 태어난 사람을 고치는 다섯 번째 표적 이야기에 나타난다. 바리새인들은 그 사람이 소경이었다가 다시 보게 된 것을 인정하면서도 예수가 고쳤다는 것은 인정하지 않으려 한다. 바리새인들은 그 사람에게, "하나님께 영광을 돌려라! 우리는 이 사람이 죄인임을 안다!"(9:24)라고 말한다. 그처럼 그들은 하나님께서 예수 때문에 영광을 받고, 하나님께서 그 아들의 표적을 통하여 영광 받으셨다는 사실을 보려고 하지 않는다. 이로써 그들은 자신들이 소경임을 입증하게 된다(9:40-41).

3C. 예수가 아버지께 자신을 헌신함으로써 계시한 하나님의 영광

요한복음에서 예수 또는 복음서 저자가 영광을 받고, 영광을 구하고, 영광을 사랑한다고 말하는 부분은 모두 네 절이다(5:41-44; 7:18; 8:50-54; 12:43). 이 네 절에 사용된 표현들을 분석하면, 부정적으로 평가받는 행동들(예수는 하지 않는데 유대 지도자들은 한다고 예수가 비판하는 것)과 긍정적으로 평가받는 행동들로 나눌 수 있다. 예수가 하지 않는 것으로서, 부정적으로 평가받는 행동들은 다음과 같다:

인간들로부터 영광을 받는 것(5:41)
서로서로 영광을 받는 것(5:44)
자신의 영광을 구하는 것(7:18; 8:50)
자기 자신을 영화롭게 하는 것(8:54)

인간들의 영광을 사랑하는 것(12:43)

여기서 "영광"은 "명예' 또는 "칭찬"을 뜻하는 것이 분명하다.[7] 다른 사람들에게 인정받기를 원하고 자신의 명성을 떨치고 싶은 것은 인지상정이다. 고대세계의 명예-수치 문화는 이러한 인간적 동기의 일반적 특성이 지지를 받아 문화 형태로 발전한 것이다. 주목할 것은, 사람이 자기 자신의 명예를 높이려면 사람들로부터 명예를 인정받아야 한다는 것이다. 이것이 명예의 속성이다.

예수가 행하고 긍정적으로 평가받는 것들은 다음과 같다.

홀로 한 분이신 하나님으로부터 오는 영광을 구하는 것(5:44)
그를 보내신 분의 영광을 구하는 것(7:18)
하나님의 영광을 사랑하는 것(12:43)

언뜻 보면, 유대 권력자들과 예수의 차이란 단지 유대 지도자들은 다른 사람들로부터 오는 명예를 추구하고, 예수는 하나님으로부터 오는 명예를 추구한다는 사실뿐인 것 같다. 그러나 차이는 더 크다. 유대 지도자들은 오로지 자신들의 명성에만 관심이 있지만, 예수는 자기 자신이 아니라 하나님을 드높이려 한다. 유대 지도자들은 자기 중심적이지만, 예수는 하나님 중심적이다. 예수는 하나님의 명예와 찬양을 위해 산다. 그런데 역설적으로 이것은 하나님께로부터 오는 명예를, 다시 말해 하나님이 주시는 예수 자신의 명예를 추구하는 것이라고 말할 수 있다. 하나님의 영광만을 추구함으로써 예수는 하나님

---

7) 요 8:49에서 동사 timaō가 doxazō와 동의어로 사용되는 것을 참조하라.

의 인정을 얻게 된다. 위에 언급한 요한복음 본문들이 명시적으로 표현하지는 않으나 분명하게 암시하는 것이 있는데(8:49는 제외), 그것은 예수가 자신의 영광이 아니라 하나님의 영광을 구하면 사람들에게는 불명예스럽고 비천해 보이지만, 하나님께는 인정을 받는다는 것이다. 하나님의 영광을 구하는 일은 예수가 십자가를 지기까지 순종한 자기 비하의 길이다.

요한복음의 다른 곳에서 예수는, "나는 내 자신의 뜻이 아니라 나를 보내신 분의 뜻을 구한다"(5:30)라고 하는데, 이는 공관복음의 겟세마네 기도를 상기시킨다. 또한 예수는 자신의 "음식은 나를 보내신 분의 뜻을 행하는 것이고 그의 일을 완성하는 것"(4:34)이라고 하는데, 요한복음에는 이와 유사한 내용의 언명들이 많다. 예수의 생명은 아버지께서 그에게 명하신 것을 행함으로써 하나님께 명예를 드리는 일에 바쳐지며, 예수는 다만 그 사명을 완수하기 위하여 극도의 비천함과 십자가에 매달리는 수치를 참아낸 것이다.

그런데 앞서 분석한 절들에서 "영광"은 오로지 "명예"만을 뜻할까, 아니면 다른 의미를 적어도 암시는 하고 있을까? 예수가 오로지 하나님의 영광만을 구함으로써 자신의 육체로 하나님의 영광을 드러낸다는 것이 암시되어 있을 개연성이 상당히 높다.[8] 하나님의 속성에서 나오는 광채는 예수가 하나님 앞에 겸손해지고 하나님께 순종함으로써 가시화된 것이다. 자기 목숨을 자신을 위해 쓰지 않고 하나님을 위해 씀으로써 예수는 하나님을 계시하는 것이다.

이런 정황은 동사 *doxazō*("영광스럽게 하다")가 예수의 죽음 및 부

---

8) 요 12:43이 "이사야가 그의 영광을 보았다"(12:41)는 언명과 가까이 놓여 있음에 주목하라.

활이라는 주제와 더불어 사용된 절들을 살펴보면 보다 더 분명해지는데, 그 절들은 요한복음의 정점에 해당한다.

3D. 예수의 십자가와 부활, 영화롭게 되기

요한복음 전체 이야기는 소위 "예수의 시간"을 향하여 치닫는다. 예수의 시간이란 12-20장에 등장하는 일련의 사건들(예수의 수난, 죽음, 부활, 그리고 승귀)을 뜻하는 것 같다. 이 시간은 예수가 들리고 십자가에 높이 달려서 마침내 하늘로 올라가는 시간이다. 십자가는 하나님께서 예수에게 명하신 일의 정점이요, 자신의 영광이 아닌 하나님의 영광을 구하는 예수의 삶의 정점이다. 그 시간은 예수의 육체를 통해 하나님의 영광이 최고조로 계시되는 순간이다.

그 순간이 바로 정점이 되게 하기 위하여 요한은 동사 *doxazō*("영광스럽게 하다")를 활용한다. 이 동사는 이사야 52:13(LXX)에서 동사 *hypsoō*("높이 들어올리다, 고양시키다")와 짝을 이루며 등장한다. 요한은 예수의 육체가 십자가에 올라감으로써 마침내 하늘의 영광에 다다를 것을 언급하는 일련의 은밀한 말씀들(3:14; 8:28; 12:32-34)에서 동사 *hypsoō*를 사용한다. 이사야 52:13에는 *doxazō*와 *hypsoō*가 함께 나오고, 유사하게 요한도 *doxazō*를 예수의 죽음-높임을 지시하는 용법으로 사용하되 그 의미를 더욱 확대하여 예수가 아버지를 영광스럽게 하고 아버지께서 예수를 영광스럽게 하는 두 가지 기능이 모두 발휘되도록 사용한다. (이 단원에서 논의하는 본문을 보려면 표 3.4를 참조하라.)

그러므로 동사 *doxazō*의 가장 분명한 의미는 "영광스럽게 하다"이다. 예수는 십자가에서 죽음과 동시에 하나님께서 그에게 명하신 일을 완수함으로써 아버지의 영광을 드높인다(참조. 17:4; 19:30). 하나님은 예수를 죽음 너머 하늘로 드높여 아들의 정당성을 인정하신다.

그러나 이것은 그리 단순한 것이 아니다. "아버지여! 창세전에 내가 아버지와 함께 가졌던 영화로써 지금도 아버지와 함께 나를 영화롭게 하옵소서"(17:5). 예수의 이 기도는 결과적으로 영광을 향하지만 단순한 영광만을 뜻할 수는 없다. 하나님의 현존을 통한 영광은 볼 수 있는 영광이다(17:24). 하나님의 영광이 찬란하게 드러나면 "하나님 자신"의 광채가 가려지지 않고 완전하게 드러나는데, 그것을 보고 살아남을 지상의 인간은 없다. 서문에서 밝혔듯이, 아들이 아버지와 영원히 공유하는 하늘의 영광은 육체로 나타났으며, 베일에 가려진 채 지상에서 살아 있는 예수로 나타났으므로, 수난 사화에서 그 영광은 십자가에 가려진 모양으로 보였으며, 그 이후에야 예수께서 하나님의 현존으로 되돌아가 가려지지 않은 하나님의 영광을 다시 공유하게 된 것이다.

요한은 "영광스럽게 하다"라는 동사를 명예와 찬란함이라는 의미가 동시에 유발되도록 사용한다. 하나님의 영광(명예)을 위하는 일은 그분의 영광(찬란함)을 드러내는 일이다. 이런 중첩적 의미를 담아 십자가와 들림을 특별하게 정의한다. 십자가의 비천함 안에 명예가 있고, 십자가의 수모 속에 찬란함이 있다. 아들은 부활로 정당성을 입증받아 명예를 회복하고 하늘의 영광으로 되돌아감으로써 찬란함을 회복한다.

우리는 다시금 요한 신학에서 예수의 육체와 그것의 가시성이 얼마나 중요한가를 되새기게 된다. 예수의 십자가와 죽음에 대한 요한의 묘사 중 마지막 문장은 스가랴서를 상기시킨다. "또 다른 성경에 그들이 그 찌른 자를 보리라 하였느니라"(19:37). 요한은 예수의 죽음을 들림(승귀)과 영화로 재해석하는데, 이런 요한의 해석을 고난과 수치의 십자가를 무산시킨 것이라고 왜곡하는 이들이 더러 있다. 요한의 해석은 마치 십자가 사건 이후에 그리스도교화 된 유럽이 화려한 금과 보석 장식을 박아 십자가상을 제작하여 그 처참함을 가린 것과 같다는 것이다. 그러나 요한은 십자가형을 묘사하면서 고대 독자들에게 십자가형의 날카로운 공포를 완곡하게 표현하려는 노력을 조금도 기울이지 않는다. 공관복음과 달리 요한복음은 정오에 내린 어두움이나 지진, 성전 휘장이 찢어지는 현상 등과 같은 초자연적 현상들로 십자가형을 장식하지 않는다. 요한은 당시의 십자가형을 적나라하게 묘사하고, 그 참혹한 고통과 수모를 고스란히 묘사한다. 굳이 다른 점을 찾아내라면, 그것은 곧바로 이어지는 부활 사건으로서, 나는 그것을 요한의 일곱 가지 표적들 가운데 일곱 번째 표적이라고 본다.[9] 다른 표적들과 마찬가지로 마지막 표적도 하나님의 영광을 계시한다. 그러나 그 일곱 번째 표적은 최후의 정점을 찍는 표적으로서, 다른 여섯 가지 표적들이 오로지 그것만을 지향하고 있는 바로 그 표적이다.

하나님의 영광이 이 땅에 화육한 상태로 할 수 있는 극한치의 계시로 드러나기 위하여 부활이 꼭 필요했던 것처럼 십자가 역시 그러했다. 요한의 일곱 번째 표적에 대한 서사는 도마가 부활하신 그리스도를 십자가형에서 얻은 손과 옆구리의 상처를 통해 확인하는 장면에서 비로소 마무리된다. 도마에 대한 서사는 예수 자신의 부활을 믿기 위한 증거가 필요할 뿐 아니라, 예수의 수모와 죽음이 결코 그의 부활을 능가할 수 없음을 알리기 위한 방편이기도 하다. 부활의 빛으로 바라보는 예수의 수모와 죽음은 하나님의 영광을 세상에 극한까지 계시

---

9) 나는 요한복음이 일곱 표적들이라고 일컫는 일곱 사건들을 세어 본다(참조. 표 3.3). 그런데 요 2:18-19이 예수의 부활을 표적이라고 일컫는 사실을 대체로 간과하는 경향이 있다. 그 사건들 중 일곱 번째 사건은 그 주중에 일어난 여섯 가지 사건들을 훨씬 능가하고 특별한 중요성을 갖는다.

한다.

그 사건들은 우리를 위한 하나님의 사랑(그분의 *ḥesed*, 그분의 *charis*, 그분의 *agapē*)을 극한까지 표현한다. 그 사랑은 모세가 시내 산에서 귀로 들었으나, 이제 골고다에서 드러난 육체로 표현된 하나님의 속성이다. 십자가의 역설은 모욕당함으로써 드러나는 명예요, 찢겨 상함과 죽음을 통해 볼 수 있게 드러나는 찬란함으로서, 그것은 그 역설을 가능케 하고야 말았던 그 사랑의 신비를 우리로 깨닫게 하기 위한 것이다.

3E. 영광과 제자들

마지막으로 우리는 요한복음이 예수의 제자들과 영광의 관계를 묘사하는 절들을 간략하게나마 살펴봐야 한다. 그 절들은 좀 잡다한 내용을 담고 있는 말씀 군을 형성한다. 아버지의 현존 가운데서 제자들도 아버지의 영광을 보게 해달라고 간구한 예수의 기도를 나는 이미 언급한 바 있다(17:24). 이에 관하여는 진리의 영인 보혜사에 관한 말씀도 하나 있는데, 보혜사는 장차 예수가 그의 실체를 제자들에게 보다 완전하게 계시할 때 예수를 영광스럽게 할 영이다(16:14). 이 방식은 요한복음이 예수와 보혜사의 관계를 하나님 아버지와 예수와의 관계에 빗대어 표현하는 방식이다. 예수가 지상에서 살고 죽음으로써 아버지를 영화롭게 한 것처럼, 진리의 영도 예수를 영화롭게 할 것이다. 삼위일체 신학에서 이것은 삼위를 구성하는 인격들 사이의 관계들을 이해하는 바탕이 되는데, 그 관계는 타자에 대한 자기헌신이고 타자에게 자아를 주는 것이다. 아들이 몸소 아버지를 영화롭게 하는 일은 부활 이후에도 멈추지 않는다. 예수는 제자들에게 자신의 이름으로 구하면 실행함으로써 아들로 인하여 아버지께서 영화롭게 될 것이라고 한다(14:13).

예수는 아버지께 올린 그 위대한 기도에서 영광과 영광스럽게 하는 것을 여러 차례 언급하는데, 그중 두 부분은 해석하기가 매우 난해하다. 예수는 제자들을 아버지께서 주신 자들이라고 지칭하면서, "그들 가운데 내가 영화롭게 되어왔다"라고 말한다(17:10). 이 말씀이 수난사화 맥락에서 등장한다는 것은 의아하기 그지없다. 예수가 이 사화 직전에 예견한 바와 같이, 이제 곧 사랑받는 제자와 여자들 외에 모든 제자들이 예수를 버릴 것이기 때문이다(16:32). 예수의 기도에 등장하는 다른 언명은 자신과 아버지가 하나인 것처럼 제자들도 하나가 되게 해달라는 부분이다. "[당신께서] 내게 주신 영광을 이제 내가 그들에게 주었사오니 우리가 하나가 된 것 같이 그들도 하나가 되게 하옵소서"(17:22). 여기서는 영광을 하나님의 속성의 광채로 이해하는 편이 옳다. 예수와 하나님을 하나 되게 하는 하나님의 사랑이 예수의 삶과 죽음에 투영되었던 것처럼, 하나님의 사랑은 제자들이 서로 사랑할 때 그들 가운데도 투영될 것이다. 이런 읽기는 15장과의 긴밀한 관계를 고려할 때 더욱 타당한데, 15장에서 예수는 포도나무 비유를 예로 든다. "너희가 많은 열매를 맺고 내 제자들이 되면 아버지께서 이로써 영광을 받으신다"(15:8). 이를 설명하기 위하여 예수는 자신이 그들을 사랑한 것 같이 그들도 서로 사랑해야 한다는 계명을 준다.

하나님의 영광이 예수의 육체로 계시되었고, 그의 본을 따르는 제자들을 통하여 재차 계시된다는 주제는 21장에서 예수가 베드로의 순교를 예고할 때 정점에 이른다. 복음서 저자는, "그가 이것을 말함은 그(베드로)가 어떠한 죽음으로 하나님을 영광스럽게 하실지 가리킴이라"고 기록한다(21:19).

4장

십자가, 부활, 승귀(昇貴)

GOSPEL OF GLORY

이 단원의 주제는 광범위하다. 요한의 서사가 예수의 "때"를 향해 멈추지 않고 진행함에 따라 요한 신학 전체가 예수의 죽음-부활/승귀라는 주제에 온통 집중하기 때문이다(2:4; 7:6, 8, 30; 8:20; 12:23, 27; 13:1; 17:1). 예수가 죽어야 할 운명이라는 사실을 처음으로 선언한 사람은 예수에 대한 최초의 증인인 세례 요한이었고(1:7), 그의 증언은 다음과 같았다. "세상 죄를 지고 가는 하나님의 어린 양이로다!"(1:29). 다가올 예수의 죽음-부활/승귀에 대한 많은 은밀한 암시들 중 첫 암시는, "진실로 진실로 내가 네게 이르노니…"로 시작하는 예수의 25가지 말씀들 가운데 처음으로 등장한다(1:51).[1] 유사한 수수께끼 말씀들은 촘촘하고 빠르게 등장하면서 마침내 그 사건들이 발생하기까지 요한복음의 나머지 서사 줄기를 관통한다(2:17, 19-21; 3:14-16; 6:51, 62, 70-71; 7:33-36; 8:21-22; 12:7-8, 24-25, 33-34; 13:21, 28, 33, 36; 14:2-4, 19, 28-31; 16:5-7, 16-22, 28). 동시에 예수를 죽이자는 유대 권력자들의 결의가 힘을 모아가고 있으나(5:18; 7:1, 19-20, 25; 8:37, 40, 58-59; 10:30-39; 11:45-53, 56-57; 참조. 11:16; 13:2), 권력자들은 예수의 "때"가 이르기 전에는 그 일을 도무지 집행하지 못한다(7:30; 8:20; 10:39; 11:54). 요한은 예수 자신이 죽고 다시 살리라고 명료하게 말하도록 묘사하는데, 이는 예수의 죽음이 자발적인 것이라는 인상을 주기 위한 의도인 것 같다(10:11-18; 참조. 15:13). 요한이 예수의 죽음-부활/승귀를 어떻게 해석하는가를 이해하는 데 필요한 자료들은 예수의 체포, 재판들, 십자

---

1) 7장 "요한복음의 첫째 주간의 다차원적 의미"를 보라.

가형, 묻힘, 부활 현현 등의 내용이 등장하기 전부터 이미 등장하며, 요한복음 전체에 퍼져 있다.

이 장에서 나는 요한복음이 채택한 네 개의 커다란 신학적 용어들, 즉 "사랑", "생명", "영광", 그리고 "진리" 등을 순서대로 다루면서 이 단원의 주제에 참신하게 접근해보려 한다.[2] 여기서 "커다란" 용어들이라고 표현한 까닭은 그 용어들이 창출하는 의미가 너무 풍부하여 어떤 특정 해석의 틀에 가둘 수 없을 정도이기 때문이다. 그 용어들은 예수의 죽음과 부활의 의미를 들여다보는 창들처럼 명상할 장면들을 열어준다. 예수의 죽음과 부활의 주제를 완벽하게 모두 이해할 수 있을 만큼 설명하지는 않으나,[3] 그 용어들은 요한복음에 퍼져 있는 폭넓은 관련 자료들을 아우르며 접근할 수 있도록 돕는다.

내가 예수의 "죽음-부활/승귀"라고 표현하는 까닭은, 다른 초기 그리스도교 저자들처럼 요한은 죽음-부활-승귀의 순서로 세 주제를 한꺼번에 나열하는 법이 없고, 죽음-부활 내지는 죽음-승귀 식으로 둘씩 둘씩만 다루기 때문이다. 이런 이중구조의 두 번째 단어는 언제나 변주된다. 부활은 예수가 다시 생명을 얻고, 다시 그 제자들에게 "돌아오는 것"이고, 승귀는 예수가 아버지께로 돌아가는 것이다. 처음 두 단원("사랑", "생명")에서는 죽음-부활을 다루고, 세 번째 단원("영

---

2) "사랑"을 제외한 나머지 모든 단어들이 서문에 나온다. 그러나 요한복음 전체에서 서문(1:14, 16, 17)에만 등장하는 "은혜"(*charis*)라는 단어는 출 34:6("자비롭고 은혜롭고 노하기를 더디하고 인자와 진실이 많은" = "은혜와 사랑이 충만하다")을 떠오르게 하는 요한의 장치일 수 있으므로 사랑과 같은 의미를 갖는 단어라고 볼 수 있겠다. 그 본문 직후에 요한은 "사랑"(*agapē*)을 언급한다.

3) 이 장에서 다루지는 않으나 중요한 주제들은 예수의 죽음이 희생이라는 주제와 예수의 죽음이 악마에 대한 승리라는 주제다. 나는 이 주제들의 중요성을 축소하려는 것이 아니라 따로 다루어야 할 주제들이라고 생각한다.

광")에서 죽음-승귀를 다루겠다.

사랑

요한복음에서 두드러지게 나타나는 주제는 예수가 제자들을 사랑하여 자신의 목숨을 내어놓는다는 것인데, 요한복음은 제자들을 "그의 소유"(his own)라 표현하고(10:3-4, 14; 13:2; 참조. 15:19), 예수는 제자들을 그의 "친구들"이라고 부른다(15:13-15; 참조. 11:11). 예수의 죽음은 그가 사랑한 사람들을 위하여 치를 수 있는 가장 값비싼 대가를 치른 사랑의 행위였다. 요한이 그린 예수는 자신이 알고 친구처럼 사랑한 특정 제자 집단을 위하여 자기 목숨을 내어준 분인데, 이러한 묘사는 예수가 실제로 죽기까지 살아낸, 세상을 향한 하나님의 사랑에 관한 이야기 구성을 짜임새 있게 만든다.

"사람이 친구를 위하여 자기 목숨을 버리면 이에서 더 큰 사랑이 없다"(15:13).[4] 이 말은 유명한 속담 같은 느낌이 드는데, 그것이 속담인지를 확인할 증거는 없다. 다만 예수의 말씀은 진정한 우정이란 친구를 위하여 자기 목숨을 기꺼이 내어주는 것이라는 그리스-로마 철학의 일반 정서를 압축하고 있다. 철학자들은 이런 정서를 가설적 이상으로 내세우며 신화나 먼 과거에서 예를 끌어올 뿐 직접 실천하지

---

4) 친구들(*philoi*) 사이의 사랑을 말할 때 요한은 *phileō*와 *agapaō*를 혼용하는데 (특히 예수가 "사랑하신" 그 제자에 주목하라(*agapaō*: 13:23; 19:26; 21:7; *phileō*: 20:2), 이외에도 *phileō*를 사용하는 본문들은 다음과 같다: 5:20(아버지는 아들을 사랑한다); 15:19(세상이 자기것을 사랑함); 16:27("너희가 나를 사랑하므로 아버지께서 친히 너희를 사랑하신다."). 이 외에 요한은 하나님의 사랑을 묘사할 때 언제나 *agapē*와 *agapaō*를 사용한다.

는 않는다. 예수는 그 경구적 말씀을 택하여 그것을 실제로 실천하는 데까지 나아간다.[5)]

요한복음 맥락에서 그 경구적 말씀은 "내가 너희를 사랑한 것 같이 너희도 서로 사랑하라"는 예수의 "새 계명"(15:12; 참조. 13:34)의 골자를 이룬다. 그런데 서로 사랑하라는 말 자체는 전혀 새로운 계명이 아니다. 그 말의 기원은 모세에게까지 거슬러 올라갈 수 있고(레 19:18), 모든 유대인들이 잘 알고 있었던 것이다. 새로운 것은 예수가 그의 친구들을 사랑한 것 같이 사랑하는 것이었고, 친구들을 위하여 자기 목숨을 내려놓는 것이었다. 네 이웃을 "네 몸과 같이" 사랑하라는 계명(레 19:18)과 비교해 볼 때, 새 계명은 마치 이웃을 자기 자신보다 더 사랑하라고 요구하는 것처럼 보이거나, 아니면 적어도 "네 몸과 같이"라는 말 자체가 스스로 자기 자신을 보호할 수 있는 한계를 넘어서는 어떤 다른 심오한 뜻을 담고 있는 것처럼 보이기도 한다. 그러므로 새 계명은 타인에 대한 모든 의무를 요약한 것이고, 공관복음이 요약한 계명들과 달리, 예수의 죽음으로 선명하게 채색되어 있다.

예수가 십자가에 달리기까지 친구들에 대한 무한한 사랑을 실천한다는 내용은 10장에서 처음 암시된다. 10장은 나사로를 일으키는 사화(11장)와 수난 사화를 해석하기 위해 필요한 배경을 제공하는 장이다. "선한 목자는 양들을 위하여 목숨을 버린다"(10:11). 이 본문은 "사랑"을 직접 언급하지는 않으나, 놀라울 정도로 양들을 배려하는 마음을 담고 있다. 목자-왕 다윗이 말 그대로 "목자"였을 때 그랬던 것처럼(삼상 17:34), 목자가 양들을 지키다가 자기 목숨을 잃을 수는 있다. 그러나 양들의 목숨을 달리는 지켜낼 방도가 없는 상황에 처했을 때,

---

5) Sjef van Tilborg, *Imaginative Love in John*, BIS 2 (Leiden: Brill, 1993), 149-54.

목자가 양들 대신 자기 목숨을 자발적으로 내어주는 방식으로 양들을 위해 목숨을 내어놓으라고 목자에게 요구하는 것은 목자에게 으레 요구할 수 있는 수준을 넘어서는 과도한 것이다. 예수의 비유는 그 목자 비유(겔 34:1-24)의 어느 한 부분도 직접 인용하지 않으나, 그것을 새롭게 발전시킨 것이라고 할 수 있다. 예수의 많은 비유들처럼 이 비유도 평범하게 유추할 수 있는 한계들을 초월하여 무언가 비범한 것을 제안하는 특징이 있다.

예수는 그 의미를 분명하게 설명한다. 그 자신은 목자이며, 양들은 "그의 소유"이며, 그가 그들을 알고 그들이 그를 알고 있으며, 그가 그들을 위하여 자기 목숨을 내려놓을 것임을 분명하게 설명하는 것이다 (10:14-15). 여기서 양들이란 물론 예수가 자신의 죽음을 계기로 한데 모으고자 하는 하나님의 백성 전체에게 열린 의미이겠으나(10:16), 그 직접적인 의미는 예수가 개인적으로 알고 또 예수를 개인적으로 아는 예수의 친구들이라고 할 수 있겠다(이런 의미는 13:1에서 분명하다; 참조. 15:14; 17:12). 이어지는 말씀에서 본질적 중요성은 예수가 자신의 죽음을 완전히 자발적으로 내려놓는다는 점에 있다. "내가 내 목숨을 버리는 것은 그것을 내가 다시 얻기 위함이니…이를 내게서 빼앗는 자가 있는 것이 아니라 내가 스스로 버리노라. 나는 버릴 권세도 있고 다시 얻을 권세도 있으니 이 계명은 내 아버지에게서 받았노라"(10:17-18). 즉 예수의 죽음은 순수한 사랑의 행위다.

이제 자기 목숨을 자신의 소유 된 이들을 위하여 내려놓으려는 예수의 의도가 독자들에게 보다 분명해지고, 나사로를 일으키는 이야기에서 실제로 그 일이 시작되는데, 나사로 사건은, 다른 모든 표적들이 지향하는 최종 목표인 예수 자신의 부활 표적을 제외하고는 예수의 "표적들" 가운데 가장 위대한 표적이다. 요한은 이야기꾼 기질을 한껏 발휘하여 나사로 이야기를 신중하게 전개한다. 나사로 사건은 예수의 죽음을 초래하는 직접적 원인으로서, 이 사건 때문에 예수가 명성을 얻게 되어 대제사장과 공회가 가능한 한 신속하게 예수를 죽이기로 결안하게 되는 것이다(11:45-53). 이에 앞서 예수는 예루살렘에서 심각한 위험에 직면하게 되는데(10:39), 그때 예수는 안전을 위해 멀리 피신한다(10:40). 예수는 친구 나사로와 그의 자매인 마르다 및 마리아에 대한 사랑 때문에 예루살렘으로 돌아가려 하고, 제자들에게는 그런 예수의 모습이 분명한 죽음의 위험 속으로 걸어들어가는 것처럼 보였다. 그래서 도마는 "우리도 그와 함께 죽으러 가자" 하고 허세를 부린다. 나사로를 되살리는 이야기는 요한이 구축한 탄탄한 이야기 구조 속에서 이해할 필요가 있는데, 과연 그 이야기가 10장의 어떤 내용과 연결이 되고, 이어지는 수난 사화와는 어떻게 연결되는가를 관찰할 필요가 있다. (맥락 파악은 공관복음보다 요한복음에서 더 중요한데, 요한의 서사에는 전개되는 줄거리가 분명하기 때문이다.)

예수가 나사로의 무덤을 향해 가면서 울자, "유대인들"은 말한다. "보라! 그를 어떻게 사랑하였는가!"(11:36). 요한복음에서는 사람들의 말이 자신들이 의도한 것 이상의 의미를 담고 있는 경우가 많은데, 여기서도 그러하다. 그들은 예수가 운 이유를 나사로가 죽었기 때문이라고 추측한다. 그러나 예수는 자신이 나사로를 살려낼 것을 이미 알고 있으며, 친구를 살리는 그 사랑의 행위가 자신의 죽음까지 초래하리라는 것을 알고 있는 것이다. 이 이야기에서 요한은 예수의 감정을 특별히 강조하는데(11:33, "심령에 비통히 여기시고 불쌍히 여기사"; 11:38, "다시 속으로 비통히 여기시며"),[6] 그 감정은 그가 사랑하는 베다니의 자

---

6) 이와 같이 예수의 감정을 해석하는 일은 유사한 언어를 사용하여 설명하는 12:27이

매들이 느낄 슬픔과 맞물리고, 예수가 그들에 대한 사랑을 몸소 실천하는 일이 실제로는 예수 자신의 목숨을 내려놓는 일이기도 하다는 사실과 어우러져 배가된다. 요한은 이런 언어를 딱 한 번 더 사용하는데, 그것은 예수가 죽을 운명을 직감하고 멈칫 하는 순간으로서 요한의 겟세마네 장면이라 할 만한 순간이다. "지금 내 마음이 괴로우니…"(12:27).

나사로 사화에서 요한은 수난 받는 인간의 실상을 예시한다. 예수는 자신의 친구를 죽음에서 구하기 위하여 <u>스스로</u>를 죽음으로 몰아가도록 줄거리를 부추긴다. 친구를 위하여 자기 목숨을 내려놓는 것이다. 그럼에도 불구하고 이것은 "표적"일 뿐이다. 예수는 나사로를 죽음에서 생명(자연인의 목숨)으로 되돌려 놓는데, 이것은 친구들을 위하여 자신이 죽음으로써 비로소 얻게 될 영생을 예시하는 하나의 표적이다. 십자가의 역설(죽음을 통해 얻게 되는 삶)은 다음 단원에서 더 다루겠지만, 나사로 사화에서 이미 예고되는데, 이 사화에서 예수는 자신을 "부활이요 생명"이라고 선포함으로써(11:25) 자신이 죽을 것임을 분명히 한다.

나사로 사화는 요한복음 서사의 전환점으로서 이 사화를 기점으로 예수의 사역의 대상이 일반 사람들에서 "자기 사람들"로 바뀌며, 일반 사람들에 대한 사역은 예수가 전한 소식을 요약하는 12:44-50에서 끝이 난다. 그 전환점은 그의 지상 생활의 마지막 날을 시작할 때에 분명하게 선포된다.

없다면 불확실하게 될 수도 있는데, 12:27에서도 유사한 언어가 딱 한 번 더 사용된다. 그러므로 친구 나사로가 죽게 되어 자신의 곁을 떠나기 때문에 예수가 화가 난다는 해석은 12:27에 비추어 볼 때 타당성이 없다.

예수께서 자기가 세상을 떠나 아버지께로 돌아가실 때가 이른 줄 아시고 세상에 있는 자기 사람들을 사랑하시되 끝까지(*eis telos*) 사랑하시니라 (13:1).

*Eis telos*는 "전력을 다해" 또는 "끝까지"라는 뜻이다. 여기서는 두 가지 의미를 모두 사용하여 전력을 다해 사랑한 결과로 친구를 위해 죽게 됨을 의미한다. 그 단어는 예수가 운명하며 남길 말씀을 예고하는 기능을 한다. "다 이루었다!"(19:30, *tetelestai*의 원형은 *teleō*로서, "완성하다"는 뜻이다; 참조. 19:28).

공관복음과 달리 요한이 묘사하는 최후의 만찬에 "성찬식 거행" 사화가 없다는 것은 잘 알려진 수수께끼다. 공관복음의 "성찬식 거행" 사화들의 진정한 기능을 알게 되면 그 이유를 부분적으로나마 알 수 있다. 물론 독자들은 예수가 그 제자들이 장차 이어갈 모범을 보이고 있다는 사실을 알고 있으며, 이것은 공관복음이 성찬 이야기를 하는 이유와는 사뭇 다른 것이다(바울이 고전 11:23-26에서 동일한 이유를 대고 있기는 하다). 마태복음과 마가복음은 예수가 만찬석상에서 보여준 그 상징적 행위들을 제자들이 계속 반복해야 한다고 직접 얘기하지 않는다. 공관복음서 저자들이 그 행위들을 보도하는 이유는 그것들이 곧 보도해야 할 예수의 죽음을 의미하기 때문이다. "성만찬" 거행 보도는 이어지는 사화가 희생적 의미를 전달할 수 있도록 하기 위하여 그 자리에 배치된 것이다. 누가복음 22:19-20은 "너희를 위하여 주는"과 "너희를 위하여 붓는"이라는 표현을 쓰는데(참조. "많은 사람을 위하여", 마 26:28; 막 14:24), 이 표현은 예수가 만찬을 나누는 사람들을 위하여 죽는다는 요한복음의 주제와 가깝다. 공관복음과 달리 요한복음은 예수의 죽음의 희생적 의미를 이미 세례 요한의 증언을 통하여 전하고 있을 뿐 아니라(1:29), 이후에 예수의 죽음을 설명하며 그 희생적 의미를 해석한다(19:34-36). 이것을 해석하기 위하여 요한이 떡과 포도주를 필요로 한 것은 아니다.

요한은 만찬에서 예수가 보인 상징적 행위를 공관복음과 다르게 기술하면서 십자가의 의미를 다른 사건으로 예견한다.[7] 그것은 예수가 그 제자들의 발을 씻긴 사건이다. 당시에 발을 씻기는 일은 종이 다른 사람을 위해 하던 일이었다. 예외적으로 종이 아닌 사람이 다른 이의 발을 씻긴다면, 그것은 가장 깊은 사랑을 표현하는 경우이며, 그가 사랑하는 자의 종이 되기를 마다하지 않겠다는 의지의 표현으로서 가장 비천한 섬김의 행위였다. 그러므로 이것은 예수가 사랑하는 친구들을 위하여 종이나 버림받은 자처럼 가장 비천하게 죽게 된다는 사실을 예견하는 행위라고 볼 수 있다. 그는 그들의 발을 씻긴다. 이것은 제자들이 따라야 할 모범이며(13:12-16), 그들이 쉽게 이해할 수 있는(쉽게 받아들일 수 있는 것이 아니라면) 어떤 것인 동시에 그들이 아직 이해하지 못한 또 다른 의미를 담은 행위다. 예수는 말한다. "내가 하는 것을 너희가 지금은 알지 못하나 이후에는 알리라"(13:7). 예수의 죽음과 부활 이후에 제자들이 그것을 이해하게 되었다는 말을 요한은 여러 차례 반복한다(2:22; 12:16; 20:9). 예수가 그들을 위해 자신을 내어주는 지극한 섬김에는 두 가지 측면이 있다. 하나는 오로지 예수만이 그들을 위하여 할 수 있는 섬김의 독보적 측면이고, 다른 하나는 예수가 자기 자신을 실제로 내어줌으로써 그들도 따라할 수 있게 하는 섬

---

7) 이를 위하여 다음을 참조하라: Richard Bauckham, *The Testimony of the Beloved Disciple: Narrative, History, and Theology in the Gospel of John* (Grand Rapids: Baker Academic, 2007), chap. 9.

김의 모방적 측면이다.[8]

요한은 예수의 죽음을 사랑하는 친구들을 위한 죽음으로 해석하며, 나는 그 방식에 따라 예수가 십자가에서 어머니와 사랑하는 제자에게 하신 말씀(19:26-27)을 이해하려고 한다. 순전히 인간적 측면에서 보았을 때, 그 두 사람은 예수가 가장 사랑한 사람들로서 한 분은 그의 어머니요, 한 사람은 그의 절친한 벗이다. 대개는 너무 고통스러워서 자신만 생각할 수밖에 없는 순간에, 예수는 그 극심한 고통 속에서 어머니와 친구에게 사랑의 관심을 표한다. 예수는 말 그대로 진정한 의미에서 자기 없이 살아가야 할 그들의 삶을 준비시킨다. 예수는 자기를 대신하여 그들에게 서로 사랑하기를 부탁하며, 자기를 대신하여 서로에게 사랑하는 아들과 사랑하는 친구가 되어달라고 당부한다. 예수의 운명조차 그들을 향한 예수의 인간적 사랑을 무력화하지 못하는데, 이는 일찍이 예수가 그 어머니에게 한 말들에서도 우리가 짐작할 수 있었던 것이다(2:4). 예수는 그 운명을 성취하기 위해 죽어가는 상황에서조차 그들을 사랑한다. 그처럼 사랑하는 사람들을 위하여 죽는 일은 그 운명의 일부인 것이다.

요한이 그토록 아름답게 표현하여 드러내고자 한 것은 다름 아닌 친구들을 향한 예수의 사랑의 인간적 다정함일 것이다.[9] 이런 면이

---

8) 십자가 사건 이전에 베드로는 예수를 위해 자기 목숨을 내려놓겠다고 선언했으나 (13:37) 실제로는 할 수 없었고, 이와 대조적으로 부활 이후에는 예수에 대한 베드로의 사랑이 새롭게 회복됨으로써 베드로는 비로소 자신에 대하여 예수가 한 예언을 그대로 실천할 수 있게 된다(21:15-19).

9) 학자들은 이런 부분에 거의 관심을 가지지 않았는데, 아마도 세상을 향한 하나님의 사랑과 달리 인간적 다정함은 별로 "신학적"이지 않을 거라고 생각하기 때문일 것이다. 그러나 통찰력과 상상력 넘치는 다음 연구를 참조해 보라: Van Tilborg, *Imaginative Love*.

가장 두드러지게 나타나는 곳은 예수가 동산에서 막달라 마리아를 만나는 장면일 것이다(20:11-18). 그 이야기는 예수가 만찬 후에 그 친구들에게 하신 약속대로(16:16-22) 친구들끼리 재회하는 장면이다. 그것은 친구들을 위하여 자기 목숨을 내어주는 그 극한 상황에서조차 그의 곁을 지키고 서 있던 네 명의 친구들 중 하나와의 재회다(19:25-26). 그 재회 장면이 선한 목자 비유를 떠오르게 한다는 사실도 매우 중요하다. 비유에 등장하는 그 양들처럼(10:3, 14)[10] 마리아는 자신의 이름을 부르는 예수의 음성을 알아듣는다. 그녀는 예수와 친밀한 예수의 사람들 중 하나요, 예수도 그녀를 가깝게 잘 알고 있다. 바로 그녀를 위하여 예수는 자기 생명을 내려놓았고, 그것을 다시 얻은 것이다. 죽음조차 그녀를 향한 예수의 사랑을 멈추지 못하였고, 그 사랑은 죽음보다 강하였다. 사랑이 죽음보다 강함을 증명하는 경우는 어떤 사람이 사랑 때문에 자기 목숨을 내려놓는 경우일 것이다. 그런 사람의 사랑은 죽음조차도 멈추게 하지 못하고, 오히려 죽음으로써 최고의 사랑이 표현된다. 이런 사랑보다 더 강렬하게 요한복음은 예수의 사랑을 묘사한다. 곧 "끝까지" 사랑하여 사랑의 경계를 초월함으로써 예수는 죽음 너머까지 친구들에 대한 사랑을 이어간다. 그 끝에서 새로운 것이 시작된다.

요한은 친구들을 향한 예수의 사랑 이야기를 창세 전 영원부터(1:1) 장차 예수가 돌아와 모든 창조를 완전하게 성취할 때까지(21:22-23) 이어지는 그 위대한 서사의 한가운데에 배치한다. 그것은 "창세 전부터" 아들을 사랑한 아버지의 이야기이며(17:24), 세상을 사랑한 하나님의 이야기로서, 그 사랑이 너무 커서 세상을 살리기 위하여 그 아

---

10) 전체 성경에서 요 10:3은 동물들이 이름을 가진다고 언급하는 유일한 본문이다.

들을 주시고(3:16), 그 아들은 세상을 살리기 위하여 자기 목숨을 내어
준 이야기다(6:51). 물론 이 사랑을 예수가 실제로 살았던 역사적 이야
기 속에 등장하는 작은 친구집단에 제한할 수만은 없다. 예수가 실제
로 알고 인간적으로 사랑하는 사람들처럼 사랑하지 않았다면, 예수의
죽음이 세상을 향한 하나님의 사랑을 표현한 것일 수 없다. 이런 식
으로 요한의 이야기를 읽음으로써 만날 수 있는 예수는 그 아버지에
게 순종하여 자신에게 부여된 운명을 살아내고, 세상을 향한 신의 계
획을 완수하는 분에 불과할 뿐, 세상을 그토록 사랑한 예수일 수는 없
다. 세상에 대한 하나님의 사랑은 실제 사람의 육체로 오신 예수가 살
과 피를 가진 특정인들을 가까이서 사랑하는 형태였기 때문에 그 안
에 거하는 하나님의 사랑이 그를 육체로 알지 못했던 사람들에게까지
전달될 수 있었던 것이다(17:20-24; 20:29). 친구들을 향한 예수의 사랑
을 통하여 하나님의 사랑은 인간적이고 역사적인 형태로 표현되어 세
상을 껴안을 수 있게 되었다.

　이런 면이야말로 하나님이 인간으로 육화한 분이라고 예수를 소
개하는 요한복음 서사에서 신학적으로 가장 중요한 부분일 것이다.
이런 면은 요한복음의 예수를 인간으로보다는 하나님이라고 보는 사
람들이 놓치기 쉬운 부분이다. 친구들을 향한 전적으로 인간적인 예
수의 사랑을 통해서만 세상을 향한 하나님의 사랑이 인간의 모양으로
드러날 수 있었다. 이런 방식으로 "말씀이 육체가 되어…은혜가 충만"
하게 된 것이다(1:4).

생명

자기 사람들을 향한 예수의 사랑이라는 주제 자체는 왜 그가 그들을 위해 목숨을 내려놓아야 했는지, 그리하여 그가 그들을 위해 무엇을 얻었는지 알려주지 않는다. 예수가 자기 목숨을 포기하는 대가로 자기 친구들을 살려달라고 유대 권력자들과 협상한 것은 아니었다. 요한복음은 예수가 자신에게 주어진 사명을 완수하는 과정에서 죽을 수도 있음을 알면서도 오로지 그 사명에 충실하기 위하여 목숨을 내려놓았다고 생각하게 하지 않는다. 요한복음에서 예수의 죽음은 그가할 수밖에 없었던 어떤 것, 그가 해야만 하는 가장 중요한 어떤 것으로서, 그 이전의 사역은 그것을 위한 준비 단계에 불과했던 것이다. 나사로를 살리는 이야기에 암시된 것을 논하면서 살펴본 바와 같이, 요한복음은 예수가 다른 이들에게 영원한 생명을 주기 위하여 죽었다고 주장한다. "하나님이 세상을 이처럼 사랑하사 독생자를 [죽도록] 주셨으니, 이는 저를 믿는 자마다 멸망하지 않고 영생을 얻게 하려 하심이라"(3:16; 참조. 20:31). 이는 예수의 죽음이 생명을 주는 것이라는 이상하고 역설적인 말씀이다. 이스라엘 사람들이 광야에서 뱀에게 물려죽어갈 때 높이 치켜든 뱀을 한번 보기만 해도 살 수 있었던 것처럼, 십자가에 높이 달려 죽는 예수를 쳐다보기만 해도 살게 되는 것이다 (3:14-15; 참조. 12:32).

물론 이것은 예수가 죽음에 머물러 있지 않았기 때문에 가능했던 것이다. 여러 이야기들 중에서 부활 현현 이야기들은 예수가 단순히 죽음의 일반적인 관문을 통과하여 사후 불멸의 세계로 들어갔다고 하지 않는다. 오히려 예수가 죽음을 무효화시켰다고 하는 것이다. 그 사랑받는 제자가 죽음에서 부활한 예수를 믿게 된 계기는 빈 무덤 속에

버려진 예수의 수의를 본 것이었다(20:5-8). 예수는 죽음을 버렸고, 무덤과 수의를 버렸으나, 시신을 남기지는 않았다. 예수의 손목과 옆구리 상처를 확인한 도마 이야기(20:24-29)는 요한복음 사화를 결정적으로 풀어줄 열쇠와도 같은데, 그것은 예수가 인간의 신체를 가진 채로 죽음을 무효화시켰음을 알려준다. 예수가 육체가 되어(1:14) 자기 육체를 죽음에 내어주고 세상을 구원했기 때문에(6:51) 육체를 가진 예수라는 사람이 부활한 것이다. 오로지 이런 방식으로만 예수가 죽고 부활하여 죽을 수밖에 없는 육체를 가진 사람들에게 생명을 주는 것을 설명할 수 있다. 도마와 다른 제자들은 부활하신 그리스도를 목격할 수 있었으나, 그런 특혜를 누리지 못한 사람들에게는 그 제자들이 목격했다는 사실이 전적으로 중요하다. 예수의 축복(20:29, "보지 않고 믿는 자들은 복되도다")을 도마와 다른 목격자들조차 예수를 확인해볼 필요 없이 무조건 믿었어야 한다는 뜻으로 해석한다면 크게 오해한 것이다. 요한이 그 이야기를 쓴 까닭은, 이후에 신자가 될 사람들이 예수를 목격한 사람들의 증언을 필요로 하기 때문이다. 목격자의 말을 듣지 않으면 그들은 믿을 수 없다. 사랑받는 제자가 일찍이 부활 신앙을 가질 수 있었던 것은(21:6-7) 나중에 신자들이 볼 수 없게 된 그것을 그 제자는 보았기 때문이다.

요한은 "영원한 생명"(그냥 "생명"이라고 하기도 함)이라는 말을 다른 복음서나 복음서 전통들에 나오는 "하나님 나라"와 같은 의미로 미묘하게 사용한다.[11] 요한복음에서는 "하나님 나라"라는 표현이 "위로부터 거듭남"과 연관하여 앞부분에만 2회 등장하고, 이어서 "영원한 생명"(3:3-16)으로 화제가 바뀌면서 이후에 "영원한 생명"이 자주 등장한

---

11) 유사한 용법이 막 9:43, 45, 47에도 이미 나타난다.

다. 이런 현상은 요한복음 서사의 강조점이 인간 사회의 모든 차원을 통한 하나님의 종말론적 인간 생명 갱신이라는 주제에서 좀 더 엄밀한 의미의 영적 주제로 바뀐다는 것을 암시하는 것 같다. 이것을 겉으로만 판단하면, 공관복음에서 예수의 "능력에서 나오는 행위들"은 착한 일을 행하는 방편이자(참조. 행 10:38) 이 세상 생명의 구체적 병폐들을 치유하는 일인 반면에, 요한복음에서 예수의 "표적들"은 그 자체보다는 그것들을 초월하는 다른 어떤 것, 즉 예수가 자신의 죽음과 부활을 통하여 줄 영원한 생명을 가리킨다고 결론내리기 십상이다. 요한의 예수는 기적적으로 많은 무리를 먹인 다음에 다음과 같이 말한다. "썩을 양식을 위하여 일하지 말고 영생하도록 있는 양식을 위하여 하라. 이 양식은 인자가 너희에게 주리니…"(6:27). 이 본문은 공관복음의 다음 본문과 비슷하다. "먼저 하나님 나라와 그의 의를 구하라. 그리하면 이 모든 것을 너희에게 더하시리라"(마 6:33; 눅 12:31). 공관복음에서도 먹이는 기적들을 당장 배고픈 사람들을 먹이는 일 이상으로 여기는 것이다. 공관복음의 먹이는 기적들은 하나님께서 임재하시는 종말론적 연회를 예견하는데, 그때에 하나님의 백성들은 죽음과 온갖 종류의 고생과 부족함을 멸하고 잔치를 벌일 것이다(사 25:6-8).

요한복음에서 영원한 생명은 이 땅의 죽을 목숨이 취할 수 있는 좋은 것들보다 못하기는커녕 그보다 훨씬 더 좋은 것이다. 그러나 지상의 행복과 전혀 별개의 것은 아니고, 그것을 포함하면서도 초월하는 것이다. 바로 이런 이유 때문에 예수는 그 몸의 실체를 완전하게 유지하는 형태로 부활하신 것이다. 예수는 몸의 실체를 고양시켜 죽음이 닿지 못하는 전혀 새로운 생명의 형태를 갖게 된 것이다. 예컨대 세 번째 표적 사화(5:1-9)에서 예수는 중풍 환자에게 몸의 건강과 힘을 줄 뿐 아니라 그의 생명을 고양시킴으로써, 순수하게 영적인 것도 완전하게 육신적인 것도 아닌 표적이 되게 한다. 표적은 등장인물의 삶에 개입하여 좋은 것을 능가하는 어떤 것으로 인도하기 때문에 좋은 것이다. 표적들의 순서는 영원한 생명이 무엇인지를 보여주는 방식으로 배열되어 있다. 그것은 삶 전체를 갱신하여 하나님의 삶에 참여하도록 한다.

요한은 서로 반대되는 개념들을 한 쌍씩 등장시켜 사상을 전개하는 독특한 방식을 선보인다. 예컨대 빛과 어두움, 하나님과 세상, 삶과 죽음 등을 함께 등장시킨다.[12] 이런 방식으로 영원한 생명을 정의하면, 그것은 죽음이 닿지 못하는 초월적인 생명이라고 볼 수 있다 (11:25-26). 그런데 죽음이 의미하는 바는 마침내 목숨을 잃었다는 사실뿐만 아니라, 죽기 전 살아 있는 동안에 겪은 온갖 고통과 상처를 모두 포함하는 것이다. 그러므로 영원한 생명은 유한한 생명이 완전하게 구현할 수 없었던 온갖 방식으로 생명을 치유하고 개혁하는 것이다. 물론 단순히 잘못된 것을 바로잡는 것도 중요하지만, 영생이란 단순한 바로잡음에 머무는 것이 아니다. 영생은 좋은 것이란 좋은 것은 모조리 성취하는 것이다. 주목할 것은 예수의 표적들 중 첫 번째 표적(2:1-11) 역시 단순한 필요를 충족시키는 데 머물지 않는다는 사실이다. 혼인잔치에서 포도주가 떨어졌다는 사실은 그 가족에게 심각한 사회적 굴욕을 안겨줄 만한 상황이 분명하지만, 예수는 단순히 문제를 해결해주는 차원을 넘어 그 가족을 돕는다. 예수가 제공한 포도주는 양과 질 모든 면에서 그 가족이 필요로 하는 수준을 훨씬 능가한다. 그 사회적 정황에서 즐기는 포도주라는 것은 사람들이 서로 교제하도록 도움으로써 삶의 질을 약간 높여주는 정도였다. 그러나 그 기

---

12) 6장 "이원론들"을 참조하라.

적은 더 높은 차원으로 삶의 질을 고양시키기를 지향하는데, 이는 예수가 양떼를 위한 문이라고 스스로를 정의하는 맥락에서도 나타난다. "내가 온 것은 양으로 생명을 얻게 하고 더 풍성히 얻게 하려는 것이라"(10:10).

이것은 구약성경을 빈번하고 풍부하게 활용하고 상기시키는 요한의 서술 기법을 드러내는 전형적인 예다. 가나 혼인잔치는 종말론적 연회를 예견하는데, 그날에는 주께서 "만민을 위하여…오래 저장하였던 포도주로 연회를 베푸"실 것이다(사 25:6). 이사야서는 이 종말론적 연회를 사망이 우주적 차원에서 폐기된다는 맥락에 배치한다(25:7-8; 이 본문은 히브리어 성경에서 사망의 우주적 폐기를 예견하는 극히 드문 본문들 중 하나다).[13] 그러므로 첫 번째 표적은 나사로를 살리신 여섯 번째 표적뿐 아니라 일곱 번째 표적과도 연관이 있는데, 일곱 번째 표적이야말로 표적 중의 표적으로서 예수 자신의 부활 표적이다.[14] 예수가 주는 영원한 생명을 소극적으로 표현하자면 죽음과 그 앞잡이들을 폐기시키는 것이고, 적극적으로 표현하자면 인간의 생명을 극도로 고양시켜 하나님과 즐거운 교제를 갖게 하는 것이다.

끝으로, 사랑과 생명이라는 주제들과 예수의 죽음과 부활이라는 주제들은 서로 밀접하게 연결되어 있는데, 요한복음에서 생명은 관

---

13) 사 25:6-8은 다른 초기 그리스도교 저자들에게도 중요한 본문이었다: 고전 15:54; 계 7:17; 21:4; 막 14:25의 예수 말씀과 비교하라. 예수가 동산에서 막달라 마리아와 조우하는 장면에도 사 25:8을 상기시킬 의도가 가미된 것 같다.

14) 일곱 개의 사건들이 요한복음에서 "표적들"이라고 불린다(표 3.3을 보라). 요 2:18-19은 부활이 표적임을 확인해 준다. 이 본문은 부활이 표적들 가운데 맨 마지막 표적임을 모호하게 가리키며, 이밖에도 요한복음은 눈에 잘 띄지 않는 방식으로 부활이 표적임을 자주 알려준다. 요 20:30-31 다음에 부활하신 예수가 도마에게 나타나는 장면이 이어진다는 사실도 요한복음이 예수의 부활을 표적들 중 하나로 여기고 있음을 확인해준다.

계적으로 이해되는 것이기 때문이다. "영생은 곧 유일하신 참 하나님과 그가 보내신 자 예수 그리스도를 아는 것이니이다"(17:3). 아버지와 아들의 영원한 생명은 사랑을 통한 영원한 교통으로 지속되며, 예수가 주는 영원한 생명은 그 하나님의 교통하심에 참예하는 것이다(17:21-24).

영광

영광은 하나님이 가시적으로 드러나는 것이다.[15] 요한복음의 용법상 영광이란 하나님의 속성이 볼 수 있게 계시되는 것으로서, 만일 누군가가 하나님의 얼굴을 볼 수 있다면 보게 되었을 바로 그것이다. 모세는 하나님의 얼굴을 뵙는 대신에 계시된 하나님의 속성을 귀로 들었다(출 33:17-23; 34:5-7). 이런 사실을 전제로 요한복음 1:14-18은 예수가 모세와 다르다는 사실을 암암리에 부각시킨다. 아버지의 영광을 독점적으로 공유하는 영원한 아들이 인간의 육체로 와서 하나님의 영광을 드러내는 것이다. 육체를 가진 인간이지만 하나님의 영원성을 가졌을 때와 다름없이 아들은 "은혜와 진리가 충만한데"(1:14), 이 표현은 하나님의 속성을 단적으로 표현한 것으로서 모세에게 주어졌던 것이다(출 34:6; "인자와 진실이 많은"). 그러므로 예수는 표적들을 통해, 특히 그의 죽음-승귀를 통해 하나님의 영광을 드러낸다.

　다른 초기 그리스도인 저자들은 예수의 죽음과 승귀를 순서대로 이해하여, 수난 다음에 영광이 오고, 비하 다음에 승귀가 온다고 생

---

15) 보다 자세한 것은 3장 "영광"을 참조하라.

각했다. 그들은 그런 유형을 고난 받는 종에 대한 예언에서 보았다(사 52:13-54:12; 이 본문에 대한 메아리는 특히 빌 2:6-11에 나타난다). 그러나 요한은 신학적인 파격을 선보이는데, 수난-영광 내지 비하-승귀라는 순서를 무너뜨려 그것을 예수의 승귀("높이 올림") 또는 영광이라는 하나의 사건으로 만들어버린 것이다. 두 경우에서 요한은 이사야서 주석에 기초하여 용어들의 이중 의미를 활용한다. 요한은 이사야 52:13("내 종이…승귀되어 들려지고 매우 높아지리라"; LXX: "승귀되어 지극히 영광스럽게 되리라")을 읽을 때 그 종이 고통스럽고 비천한 죽음을 당한 다음에 승귀한다고 읽지 않고 전체 이야기를 하나로서 이해한다. 그러므로 그 종은 죽음을 통하여 승귀되고, 수난과 죽음을 통하여 영광스럽게 된다. 이런 해석학적 기초 위에 요한은 "높이 올리다"(hypsoō, 이사야서에서와 같이)라는 동사를 예수의 죽음을 뜻하는 것으로 수수께끼처럼 사용하며(3:14; 8:28; 12:32), 예수의 몸이 땅에서 십자가 위로 높이 들리는 것과(12:32-33) 그가 하늘로 승귀하여 아버지께로 되돌아가 그의 영광을 함께 누리는 것을 같은 뜻이 되도록 사용한다. 그렇다고 요한이 죽음-부활-승천이라는 시간적 순서를 부인하는 것은 아니며, 19-20장에서 그 순서를 잘 따르고 있다. 요한은 십자가를 치욕이 아닌 승귀로 보며, 엄밀하게는 치욕을 통한 승귀로 보는데, 십자가형이 가장 비참한 치욕이라는 사실은 그 어떤 것으로도 대체할 수 없이 모든 로마 시민들과 하속들에게 잘 알려진 사실이었다.

유사하게 요한은 "영광스럽게 하다"(doxazō)라는 단어를 이사야 52:13에서와 같이 사용하여, 단순히 예수의 수난과 죽음 다음에 이어지는 영광보다는, 그와 대조적으로 예수의 "때"에 일어나는 사건 전체로서 수난과 하늘로의 승귀 모두를 가리키도록 사용하며, 예수가 마침내 하늘에서 다시 한 번 아버지와 하늘 영광을 공유할 것이라고 본다(12:23;, 28; 13;31; 17:1, 4-5). 정녕 십자가가 예수의 끝이었다면, 그것만으로는 하나님을 계시하지 못하였을 것이다. 그러나 하늘에서 그가 드러낼 영광이라는 빛으로 보면, 십자가는 하나님의 영광이 땅에서 극명하게 드러난 사건이다. 이것이야말로 요한복음 1:14("우리가 그의 영광을 보니 은혜와 진리가 충만하더라")이 특별히 말하고자 하는 뜻이다. 영광은 하나님의 속성을 드러내는 일이기 때문에 십자가의 공포와 수치로 영광스럽게 한다는 말은 의미가 있다. 하나님의 사랑을 극명하게 드러내는 사건으로서의 십자가는 그분이 누구신가에 관한 극명한 계시이기도 하다. 모세가 들었던 것은 예수의 비참한 고통과 죽음의 길에서 실제로 보이게 된 것이다.

누구나 십자가형의 날카로운 고통과 수치를 알고 있었다. 요한이 예수의 죽음을 이야기하면서 굳이 그 수치와 고통을 자세하게 묘사할 필요가 없었던 것이다. 그것은 십자가형에 처해졌다는 말만으로도 떠올리기에 충분할 만큼 널리 알려져 있었다. 요한이 그러한 공포와 수치를 억누르고 예수의 죽음을 신적 영웅주의의 영광스러운 행동으로 탈바꿈시켰다는 주장들이 있었으나 결코 그렇지 않다. 그렇게 읽으면, 요한이 영광화의 언어를 사용한 목적을 깡그리 무산시키는 것이다. 요한은 하나님이 세상을 사랑하여 걸어가신 십자가 사건의 공포와 수치를 결코 평범하지 않은 길로 길게 묘사한다.

진리

네 개의 커다란 신학 용어들 가운데 "진리"는 요한이 어떤 용법으로 사용하는지 정의하기가 가장 난해한 단어다. 요한복음에서 "진리"는

"거짓과 반대되는 진실"을 뜻할 수도 있으나, "임시방편적"인 것과 반대되는 "실제"라는 의미도 있다. 예수는 "참/진리의 빛", "하늘에서 내려온 참 떡", 그리고 "참 포도나무"다. 세례 요한은 "참 빛"이 아닌데 (1:8), 이 말은 그가 실제로 빛을 주지 못했다는 뜻이 아니라(5:35), 그의 "빛"은 예수를 증거하기 위한 빛이라는 뜻이다. 요한의 실재는 예수의 궁극적 실재를 알리는 데 의의가 있거나 예수의 실재를 알리는 일에 의존한다는 뜻이다. 유사하게 광야에서의 만나는 "하늘에서 온 참 떡"이 아닌데(6:32, 58), 이 말은 그것이 하나님의 백성을 보존하기 위한 하나님의 선물이 아니었다는 뜻이 아니라, 만나의 완전한 의미는 예수를 예시하는 데에 있으며, 예수야말로 그 모든 백성을 영원히 보존하기 위하여 하늘에서 내려온 하나님의 선물이라는 뜻이다.

그러므로 "진리"가 예수의 죽음-부활/승귀에 대한 요한의 이해를 밝혀주는 그 길을 알게 되면 예수가 죽음과 부활로 성경을 "성취하고자 하는" 많은 길들을 알게 된다. 예컨대 예수는 죄의 제국에서 새 출애굽을 하기 위해 잡힌 참 유월절 양이다(1:29; 19:33, 36). 예수는 메시아 시대의 참 성전으로서 그로부터 생수의 강이 흘러나온다(7:38; 19:34; 21:11; 참조. 겔 47:1-12).[16] 예수는 다윗의 시편들이 노래한 참 의의 왕으로서 그가 죽음의 고통에 던져졌을 때조차 하나님께서 그를 보호하셨다(13:18; 19:24, 28, 36). 그는 참 야곱의 사다리로서 하늘까지 닿는 십자가에 오르셨다(1:51). 이처럼 다양한 방식으로 성경을 성취함으로써 예수는 하나님의 신실하심을 상연한다. 예수 안에서 하나님은 당신의 말씀이 진리임을 증명하신다. 요한복음 서문이 "은혜와 진리가 충만한" 분으로서 육화된 분을 소개할 때(1:14), "인자와 진실

---

16) Bauckham, *Testimony*, 278-80.

('*emet*)이 많은" 분이라고 묘사한 하나님의 속성(출 34:6)을 메아리치게 한다. 히브리어 '*emet*는 70인역에서 종종 *alētheia*(진리)로 번역되며 "신실하심, 실제성, 신뢰할 만함, 진리" 등을 뜻하고, 자주 하나님께 적용된다. 요한복음이 사용하는 *alētheia*가 (적어도 1:14에서) "신실하심"이라는 뜻을 담고 있다면, 요한이 예수를 성경의 성취로 묘사하고 있음을 이해하게 될 것이다. 그것은 예수를 통해 드러난 하나님의 속성으로서 당신의 약속을 신실하게 이행하시는 하나님에 관한 것이다.

요한복음은 "진리"(truth)나 "참된/진실한"(true)이라는 용어를 자주 쓰는데, 이 말들이 예수의 죽음과 선명하게 연결되지 않을 때가 종종 있다. 빌라도가 심문할 때 예수는 말한다. "내가 이를 위하여 태어났으며 이를 위하여 세상에 왔나니 곧 진리에 대하여 증언하려 함이로라"(18:37). 이것은 요한복음 전체에 드리워진 증인과 심판의 언어를 망라하는 우주재판 주제로서[17] 요한복음은 예수의 죽음 자체를 증거라고 하지 않는 것 같다.

이보다 더 우리 주제와 맞는 것은 예수가 자신을 진리라고 주장한 것이다: "나는 길이요, 진리요, 생명이다"(14:6). 문맥상(14:1-5) "길"이란 아버지 집으로 향한 길인데, 그 길은 예수가 가고자 하는 길이므로 그가 되돌아올 수 있는 길이고, 그 제자들을 그리로 데려가기 위하여 그곳에서 준비해야 할 길이다. 이 길은 예수가 선택한 죽음으로 가는 길이요, 승귀의 길이다. 그러므로 십자가에 달리고 승귀한 예수는 "길"이고, 십자가에 달리고 승귀한 그 예수는 땅에서 하늘까지 닿는 사다리로서 야곱이 꾼 꿈과 같다(1:51). 유사하게 십자가에 달렸다가 다시

---

17) 특별히 다음을 참조하라: Andrew T. Lincoln, *Truth on Trial: The Lawsuit Motif in the Fourth Gospel* (Peabody, MA: Hendrickson, 2000).

사신 예수는 "생명"인데, "진리"도 이런 의미로 이해할 수 있을 것이다. 죽음–부활/승귀를 통하여 예수는 하나님의 참 성품과 인간들이 하나님께 가는 참된 길을 몸소 계시했다.

5장

성례전들?

GOSPEL OF GLORY

요한복음의 해석과 관련하여 학자들 사이에 의견이 분분한 주제들이 많으나, 근현대 학자들 사이에서 성례전에 관한 의견보다 더 광범위하게 논란이 되는 주제는 아마 없을 것이다. 요한복음이 성례전을 어떻게 다루는가에 관하여 다양한 해석들이 있었는데, 그 해석들에 반(anti-)성례전적, 비(non-)성례전적, 성례전적, 극(ultra-)성례전적, 초(hyper-)성례전적 등 다양한 이름들이 붙여졌다.[1] 그러나 서로 관련이 있으면서도 서로 달라서 의견이 일치하지 않는 두 영역들을 구분하면, 관련 쟁점들이 상당히 분명해질 것이다.

첫째, 만약에 요한복음이 성례전을 떠오르게 한다면 얼마나 자주 그러한지에 대한 물음이다. 학자들은 불트만(Rudolf Bultmann)의 견해를 논의의 출발점으로 삼곤 하는데, 그 견해는 현존하는 요한복음 본문에서 성례전을 언급하는 곳은 다음 세 군데라는 것이다. 즉 그리스도교 세례(3:5, 단어 "물" 사용), 성찬(6:51c-58), 세례와 성찬(19:34)이 그것이다. 그러나 불트만은 성례전을 떠오르게 하는 앞의 세 본문들은 후대에 "교회 편집자"(ecclesiastical redactor)가 요한복음에 첨가하여, 요한복음이 주류 교회 신학에 근접하도록 편집한 것이라는 주장을 견지했다.[2] 최근 학자들 중에는 앞의 세 성례전 본문들이 후대의 삽입

---

1) 다음을 참조하라: Raymond E. Brown, "The Johannine Sacramentary,"in *New Testament Essays* (New York: Paulist Press, 1965), 51-76, 51-56; R. Wade Paschal, "Sacramental Symbolism and Physical Imagery in the Gospel of John," *TynBul* 32 (1981): 151-76, 155-56.

2) Rudolf Bultmann, *The Gospel of John*, trans. George R. Beasley-Murray (Oxford: Blackwell, 1971), 11, 138-39n3, 218-20, 677-78.

이라는 불트만의 견해를 받아들이는 이가 거의 없지만,[3] 앞의 세 경우들 각각에 대하여 성례전적 연관성을 부인하는 학자들이 있기는 하다.[4] 어떤 이들은 그 세 본문이 모두 성례전과는 무관하다면서 요한복음에는 성례전과 연관되는 본문이 하나도 없다고 본다.[5] 다른 이들은 요한복음이 그 본문들과 다른 본문들에서 성례전으로부터 유래한 상징적 언어들을 사용하지만 성례전 자체가 아니라 다른 주제들을 다루고 있다는 입장을 견지한다.[6]

이들과 다른 극단적 입장을 취하는 쿨만(Oscar Cullmann)은 요한복음 대부분의 장에서 세례 혹은 성찬 또는 두 성례전 모두에 대한 인

---

3) 발데(Urban C. von Wahlde)는 요한복음이 세 단계로 편집되었다면서, 앞의 세 본문들(다른 것들과 함께 "물질과 신체의 중요성"이라는 특징을 갖는)을 세 번째 편집 단계에 속하는 것으로 본다. *The Gospel and Letters of John*, ECC (Grand Rapids: Eerdmans, 2010), 1:331-35.

4) 예컨대 요 3:5에 대하여 다음을 참조하라: Ben Witherington, *John's Wisdom: A Commentary on the Fourth Gospel* (Louisville: Westminster John Knox, 1995), 97; Klyne R. Snodgrass, "That Which Is Born from ΠΝΕΥΜΑ Is ΠΝΕΥΜΑ: Rebirth and Spirit in John 3:5-6," in *Perspectives on John: Method and Interpretation in the Fourth Gospel*, ed. Robert B. Sloan and Mikeal C. Parsons (Lewiston, NY: Edwin Mellen, 1993), 181-205, 190-91; 요 6:51-58에 관하여는 다음을 보라: Witherington, *John's Wisdom*, 162-63; Herman N. Ridderbos, *The Gospel according to John: A Theological Commentary*, trans. John Vriend (Grand Rapids: Eerdmans, 1997), 235-42; 요 19:34에 관하여는 다음을 보라: Donald A. Carson, *The Gospel according to John* (Leicester: Inter-Vasity; Grand Rapids: Eerdmans, 1991), 624; Craig S. Keener, *The Gospel of John: A Commentary* (Peabody, MA: Hendrickson, 2003), 1151-54.

5) 예컨대 다음을 보라: J. Ramsey Michaels, *The Gospel of John*, NICNT (Grand Rapids: Eerdmans, 2010), 182-85 (여기서 마이클스는 3:5에 대한 자신의 해석은 "세례와의 연관을 배제하지 않으나" 좀 더 광범위한 관점이 필요하다고 본다), 395-96 (여기서 마이클스는 6:54-58에 대한 성찬적 해석은 "그 본문에 대한 '해석 역사'의 결과로서 요한복음 저자가 의도한 것은 아니다." 라고 한다), 969; 참조. 729-32.

6) 예컨대 다음을 보라: Paschal, "Sacramental Symbolism."

유들(allusions)을 발견하였다.[7] 개신교도인 쿨만은 오직 세례와 성찬만을 성례전으로 생각하지만, 로마 가톨릭 주석가인 바터(Bruce Vawter)는 쿨만의 견해를 확장하여 2:1-11에서 그리스도교 성혼식(matrimony)에 대한 인유를, 12:1-11에서 성유 예전(anointing)에 대한 인유를 발견하였고, 로마 가톨릭교회가 전통적으로 20:22-23을 고해성사(penance) 예전에 대한 본문으로 이해하는 것에 동의하였다.[8] 요한복음에 성례전 자료가 엄청나게 많다고 보는 견해는, 쿨만과 다른 이들이 주지하는 바와 같이, 이미 2세기 무렵부터 초기 교회 문학과 예술 작품으로도 표현되었는데, 니왈다(Paul Niewalda)는 초기 교회가 요한복음에서 성례전 요소들을 발견했다는 사실이야말로 요한복음에 성례전 의미가 본래부터 포함되어 있었다는 믿을 만한 근거라는 생각을 가지고 있다.[9]

물, 포도주, 떡 등은 여러 본문에 나타나는 요한복음의 현저한 주제들이고 의심할 바 없이 상징적 의미를 전달하므로, 독자들이 찾고자 하면 세례와 성찬에 대한 인유들을 찾는 일은 어렵지 않다. 브라운(Raymond Brown)은 쿨만과 다른 학자들의 입장을 "요한복음에 대한 극-성례전적 견해"라고 명명한 다음, 그 입장에 반박하기 위하여 요한복음에서 성례전 상징들을 결정하기 위한 보다 엄격한 범주들을 도입

7) Oscar Cullmann, *Early Christian Worship*, trans. A. Stewart Todd and James B. Torrance, SBT 10 (London: SCM, 1953), 37-119. 세례에 관하여 1:19-34; 3:1-21; 3:22-36; 4:1-30; 5:1-19; 9:1-39; 성찬에 관하여 2:1-11; 2:12-22; 6:1-13, 26-65; 13:31-17:26; 세례와 성찬에 관하여 13:1-20; 19:34.

8) Bruce Vawter, "The Johannine Sacramentary," *TS* 17 (1956): 151-66.

9) Paul Niewalda, *Sakramentssymbolik im Johannesevangelium? Eine exegetisch-historische Studie* (Limburg: Lahn-Verlag, 1958).

한다.[10] 브라운은 9개의 본문들이 그 범주들을 충족시킨다고 판단했는데, 4개는 세례를(3:1-21; 4:1-30; 7:38; 9:1-39), 3개는 성찬을(2:1-11; 6:1-3, 26-65; 15:1-8), 그리고 나머지 1개는 세례와 성찬 모두를(19:34) 가리킨다고 보았다.[11] 브라운은 다양한 방식으로 이 본문들을 점검하고 그 인유 가능성을 타진했다. 그는 나면서부터 소경이었던 사람을 고친 이야기에서 세례 인유에 대한 증거는 "합리적인 수준에서 가능성이 있다"고 판단했고, 가나의 기적 사화에서 성찬 인유에 대한 증거는 "상당한 가능성이 있다"고 보았으며, 세족 사화에서 세례 인유에 대한 증거는 "견고한 가능성이 있다"고 보았다.[12] 요한복음이 성례전적 상징을 어느 정도 담고 있는가에 관하여 브라운은 양극단의 중도적 입장을 취하는데, 아마도 한 극단은 쿨만과 니왈다의 "극성례전적" 견해이고, 다른 한 극단은 요한복음에 성례전적 인유들이 있더라도 미미한 수준일 것이라고 보는 최근의 상당수 학자들과 불트만의 입장일 것이다. 예컨대 소경으로 태어난 사람에 대한 치유 사화의 경우에, 최근의 대다수 주석가들은 세례 인유 가능성을 아예 언급하지 않거나[13] 매우 피상적으로 일축해버린다.[14] 사실 나는 최근 20년 동안에 소경

---

10) Brown, "Johannine Sacramentary."

11) Brown, "Johannine Sacramentary," 75-76.

12) Brown, "Johannine Sacramentary," 66, 70, 63.

13) Witherington, *John's Wisdom*; Francis J. Moloney, *The Gospel of John*, SP 4 (Collegeville, MN: Liturgical Press, 1998); D. Moody Smith, *John*, ANTC (Nashville: Abingdon, 1999); Keener, *John*; Ridderbos, *John*, 337; Colin G. Kruse, *The Gospel according to John*, TNTC (Leicester: Inter-Varsity, 2003); Andrew T. Lincoln, *The Gospel according to Saint John*, BNTC (Peabody, MA: Hendrickson; London:Contiuum, 2005); Michaels, *John*.

14) Carson, *John*, 365n1; Andreas J. Köstenberger, *John*, BECNT (Grand Rapids: Baker Academic, 2004), 283n25. 세례적 해석을 반대하는 주장은 다음을 보

으로 태어난 사람을 치유하는 사화에 세례적 인유가 있다고 쓴 학자를 단 한 명도 발견하지 못했으며, 그런 학자들이 있는지도 의심스럽다. 유사하게 브라운이 자신의 성례전적 인유의 범주들을 충족시킨다고 판단한 다른 여러 본문들도 아마 최근 요한 학계에서는 거의 지지받지 못할 것이다. 최근 학계의 흐름은 요한복음에 성례전 인유가 거의 없다고 보는 경향이 강한 것 같다. 아마도 불트만이 성례전적이라고 인정한 3:5, 6:52-58, 19:34 등만이 계속 큰 지지를 받을 것 같다.[15]

요한이 과연 성례전을 다루는지, 다룬다면 어떻게 다루는지 등에 관한 문제 다음으로 학자들 사이에 의견이 분분한 두 번째 영역은 요한이 성례전들을 얼마나 중요하게 생각했을까 하는 것이다. 이 물음에 대한 답들이 첫 물음에 대한 답들과 밀접하게 비슷할 필요는 없다. 요한복음에 대하여 "극성례전적" 입장을 취하는 학자들은 요한에게 성례전들이 엄청나게 중요했다고 생각할 것이다. 그러나 요한복음

라: Paschal, "Sacramental Symbolism," 158; Craig R. Koester, *Symbolism in the Fourth Gospel: Meaning, Mystery, Community* (Minneapolis: Fortress, 1995), 180; Ridderbos, *John*, 337; Larry Paul Jones, *The Symbol of Water in the Gospel of John*, JSNTSup 145 (Sheffield: Sheffield Academic Press, 1997), 176.

15) 브라운 이후 세대의 영어권 가톨릭 학자들 가운데 아마도 몰로니(Francis Moloney)가 요한복음에 관한 한 최고 전문가일 것이다. 그는 성례전 인유들을 식별하기 위하여 범주들을 정의하려는 브라운의 시도를 따르고 있다: Francis Moloney, "What Is John Talking about Sacraments?," in "*A Hard Saying*": *The Gospel and Culture* (Collegeville, MN: Liturgical Press, 2001), 109-30. 여기서 몰로니는 요 9장에 세례적 인유가 있다는 브라운의 견해를 수용하며(pp. 119-20), "요한복음에 성례전적 요소들이 있다는 학자들의 견해에 일반적으로 동의한다." 고 기술한다(p. 115). 그러나 자신의 주석에서 몰로니는 다음 본문들에서만 성례전 인유들을 언급한다: 3:5; 6장(6:11 포함); 13:1-11, 26; 19:34(Moloney, *John*). 또한 몰로니는 13:26에 성찬 이해가 있다고 다음 논문에서 제안한다: "A Sacramental Reading of John 13:1-38," *CBQ* 53 (1991): 237-56.

에서 성례전들을 다루는 본문들이 둘, 셋, 기껏해야 넷 정도밖에 되지 않을 것이라면서 성례전 요소를 최소한도로 보는 학자들은 요한이 그 것들을 꽤 중요하게 다루느라 그런 인유들을 만들었다고 생각할 것이 다. 예컨대 슈넬레(Udo Schnelle)는 3:5에서 "세례는 하나님의 통치 영역으로 '들어가기를 허락받은 상태'이자 구원에 필요한 입문 의식과 같다"고 생각한다.[16] 유사하게 슈넬레는 6:53에서 "성찬이 구원을 위한 필수불가결한 조건으로서 강조되고 있다"고 본다.[17] 슈넬레가 성례전들의 필수불가결성을 강조하는 까닭은 성례전들의 중요성을 무산시키려는 가현설자들에 대항하는 반(反)가현설 논쟁을 위한 것이다. 이와 달리 던(James Dunn)은 6장이 반(反)가현설적임을 인정하면서도 동시에 6장에서 "성례전주의"를 반대하는 이차적 관심이 엿보인다면서, 이것을 13장에서 성찬 제도에 대한 설명이 특이하게 빠져 있는 것과 연관시킨다. 던은 6:63을 강조하면서 "요한은 예전 행위에 너무 많은 관심이 쏠리지 않도록 함으로써 영원한 생명이 물리적 요소들에 의존한다거나 그런 요소들을 통해 주어진다고 생각하지 않도록 하려는 것이며", 요한의 메시지는 성찬에 관한 한 "주의하고 경계해야 할 어떤 것"으로 간주된다는 입장을 견지한다.[18] 던은 3:5에 관하여서도 다음과 같이 유사한 입장을 취한다. "요한은 자신의 독자들이 성례전주의를 취할까봐 그에 대비한 것처럼 보인다."[19]

---

16) Udo Schnelle, *Antidocetic Christology in the Gospel of John: An Investigation of the Place of the Fourth Gospel in the Johannine School*, trans. Linda M. Maloney (Minneapolis: Fortress, 1992), 185.

17) Schnelle, *Antidocetic Christology*, 204.

18) James D. G. Dunn, "John VI—A Eucharistic Discourse?," *NTS* 17 (1970-71): 328-38, 337.

19) James D. G. Dunn, *Baptism in the Holy Spirit: A Re-examination of the New*

13장에서 성찬식에 대한 묘사가 빠져 있다는 사실이 어떤 학자들에게는 중요해 보이고, 예수 자신의 세례에 대한 분명한 언급이 요한복음에 없다는 사실이 또 다른 학자들에게는 중요해 보일지라도, 요한복음 신학에서 성례전의 신학적 위상에 대한 대부분의 실질적 쟁점은 요한복음에 성례전 관련 본문들이 얼마나 많은가 하는 문제와는 별로 상관이 없다. 실질적 쟁점은 과연 요한복음에서 세례와 성찬 예식들의 물리적인 면이 중요할까, 아니면 요한복음이 물리적인 예전들을 완전히 거부하지는 않은 채 영, 말씀, 믿음 같은 진짜 중요한 요인들에 집중하기 위하여 물리적인 면에 의존하지 못하도록 그것들을 신학적 관심 밖으로 밀어내고 있는 것일까 하는 데 있다.

끝으로, 요한복음이 그리스도교적 세례나 성찬식을 아예 언급하지 않는다고 보는 견해조차도, 요한복음이 그런 성례전들을 언제나 전혀 또는 거의 중요하지 않게 취급한다는 뜻과 직결된다고 할 수 없다는 점을 지적하고 싶다. 브라운(Raymond Brown)은 적절하게도 성례전들에 관한 어떠한 언급이 "복음서 안에" 있을 수 있는가를 묻는다.[20] 공관복음이 성찬식을 언급하는 곳은 오로지 성만찬 자리에서 성찬 "예식"을 거행하는 맥락에서다.[21] (엄밀히 말하면, 오로지 누가복음에서만 성찬을 예식이라고 표현할 수 있을 텐데, 마태복음과 마가복음의 성찬 보도에는

Testament Teaching on the Gift of the Spirit in Relation to Pentecostalism Today, SBT 2/15 (London: SCM, 1970), 190. 유사한 접근을 다음에서 볼 수 있다: C. Kingsley Barrett, *Essays on John* (London: SPCK, 1982), 80-97. 여기서 바레트는 요한의 성례전들 수용을 "비평적 수용"이라고 부른다 (p. 97).

20) Brown, "Johannine Sacramentary," 59.

21) 먹이는 기적들을 베풀 때 예수가 떡을 가지고 취한 행동들은 성찬에서도 상기될 만하지만(사도행전에서도 "떡을 떼며"라고 한다), 그것은 어디까지나 이차적 차원의 의미로서 그것들에 관한 사화의 맥락을 이해하는 데 꼭 필요한 것은 아니다.

예수가 그 제자들에게 그 예식을 반복하여 실시하도록 제도화했다는 내용이 전혀 나타나지 않기 때문이다.) 공관복음 중에서는 오로지 마태만이 부활 이후의 맥락에서 그리스도교적 세례를 언급한다(28:19).[22] 공관복음과 달리 요한복음은 예수의 지상 사역 시간을 그의 부활 이후의 시간과 잇대거나 혼합함으로써 교회나 "요한 공동체"에 관한 주제들이 요한복음 안에 나타나도록 했을 뿐, 그것들이 실제로는 예수 죽음 이전에 예수가 한 말씀들이나 행동들에 관한 전승 속에는 포함되어 있지 않았다고 보는 견해는 잘못된 것이다(다음을 보라: 2:22; 12:16; 13:7; 16:13, 25). 요한이 자신의 성만찬 보도에 성찬식에 관한 예수의 말씀들과 행동들을 포함시키지 않았다는 것은 그가 성찬식을 중요하게 생각하지 않았다고 가정하지 않고는 제대로 설명할 수 없으며, 요한복음이 일반적으로 성례전 주제에 침묵하는 것은 그 복음서 장르의 특성 때문이라고 이해할 수밖에 없다.

하지만 우리는 "성례전들"이라는 범주가 과연 적절한지 여부에 대해서도 질문해야 한다. 린다스(Barnabas Lindars)는 신약성경에 "성례전 신학"이 있을 수 없다고 보는데, 그 저자들이 세례식과 성찬식(다른 예전들은 다루지 않음)을 같은 종류의 서로 다른 두 개의 예전이라고 분류할 만큼 "성례전들"에 관한 범주 개념을 갖고 있지 않았다는 것이다.[23] 적어도 바울이 쓴 고린도전서 10:1-4은 세례식과 성찬식이 그리스도 운동의 두 주요 예전들로서 모든 신자들이 두 예전에 참여했음을 알려주는 증거인데, 요한복음 19:34이 그 두 예전들을 언급하려

---

22) 마가복음의 길어진 끝부분(16:16)도 참조하라.

23) Barnabas Lindars, "Word and Sacrament in the Fourth Gospel" (1976년에 초판 발행), in *Essays on John*, ed. Christopher M. Tuckett, SNTA 17 (Louvain: Leuven University Press; Peeters, 1992), 51-65, 51-54.

고 했었다면 그러했을 것이다. 그러나 우리는 요한이 과연 "성례전들"이라는 신학적 개념을 가지고 있었는지의 여부를 결정할 때 신중해야한다. 우리가 다루는 주제는 의견이 일치되기 어려운 속성이 있으므로, 세례에 대한 언급이라고 학자들이 가장 지지하는 본문(3:5)과 성찬식에 대한 언급이라고 학자들이 가장 지지하는 본문(6:52-58)을 면밀하게 검증하는 것이 최선이겠다. 이 본문들이 면밀한 검증을 견뎌내지 못하면, 요한복음의 다른 본문들이 성례전과 연관이 있을 가능성도 희박해질 것이다.

물과 영으로 거듭남(3:5)

요한복음에서 그리스도교 세례에 대한 언급으로 가장 분명해 보이는 본문은 예수와 니고데모와의 대화 초반에 등장하는데, 니고데모는 "당신이 하나님께로부터 오신 선생인 줄 아나이다"라고 고백한 바리새파 귀족이다(3:2). 이 정도로 예수를 알아보았기 때문에 예수는 즉각 선생으로서의 자격을 활용하여 니고데모에게 무엇이 가장 먼저 배워야 할 중요한 것인지 말해준다. "진실로 진실로 네게 이르노니 사람이 거듭나지 않으면 하나님의 나라를 볼 수 없느니라"(3:3). 여기서 anōthen이라는 단어는 "위로부터"라고 번역되었는데, 니고데모는 "다시"라는 의미로 이해한다. 니고데모는 예수로 하여금 첫 번째와 같은 방법으로 두 번째 태어나는 것에 대하여 질문한다. "사람이 늙으면 어떻게 날 수 있사옵나이까? 두 번째 모태에 들어갔다가 날 수 있사옵나이까?"(3:4). 예수는 말씀을 반복하면서 그가 전혀 다른 종류의 태어남에 대하여 이야기함을 분명히 하기 위한 의도를 가지고 덧붙인다.

"진실로 진실로 네게 이르노니 사람이 물과 성령으로(*ex hydatos kai pneumatos*) 나지 아니하면 하나님의 나라에 들어갈 수 없느니라. 육으로 난 것은 육이요, 성령으로 난 것은 영이니"(3:5-6).

여기서 "물과 성령으로" 태어남에 대한 언급이야말로 요한복음 전체에서 그리스도교 세례를 언급한 것이라고 가장 많이 주장할 것 같은 본문이다. 관련 단어들은 다양하게 해석되어왔는데, 어떤 이들은 그것들이 세례에 대한 것이라고 해석하고, 어떤 이들은 아니라고 해석한다. 이런 해석학적 논쟁을 통과하는 방편으로 나는 아래 다섯 개의 범주들을 제안함으로써 이 본문을 자체 맥락에서 개연성 있게 읽도록 도우려 한다.

1. 해석이 개연성 있으려면, 이 이야기를 맥락에 맞게 이해해야 한다. 그 맥락에서 예수는 유대교 공회의 바리새파 회원인 니고데모와 대화하고 있으며, 그 대화는 예수의 지상 사역의 초기 단계에 예루살렘에서 있었던 것이다. 이 범주를 적용할 때는 해당 보도가 역사의 어느 시점에 실제로 있었던 대화에 대한 것이라고 혼동해서는 안 된다.[24] 비록 이 이야기가 완전히 허구일지라도 이 범주를 적용할 수 있는데, 왜냐하면 이 본문의 문학 장르는 과거에 설정된 것이므로 과거 맥락에 맞도록 해석할 필요가 있기 때문이다. 어떤 학자들은 이 범주를 다룰 때 이 이야기에 등장하는 인물들뿐 아니라 요한복음의 독자들까지 상정하여, 그 독자들이 이해했을 이차적 의미를 허용하기도

---

24) 안타깝게도 브라운은 이런 구분을 하지 않은 채 다음과 같이 쓰고 있다: "니고데모 사화 배후에 어떤 역사적 전승이 있었을 것을 생각한다면, 예수는 당시에 니고데모가 이해해야 했을 일차적이고 비성례전적인 의미로 말씀하셨을 것이 틀림없다"(*Johannine Sacramentary*, 59).

한다.[25] 이차적 의미를 허용할 수도 있지만, 이 이야기의 맥락에서 일차적 의미가 무엇인가부터 밝혀야 한다. 이런 관점은 슈넬레 같은 이들의 해석을 배제하는데, 슈넬레는 "요한복음 3:5에서 부활 이후 공동체의 관점이 감지된다"라고 주장한다.[26]

2. 해석이 개연성 있으려면, 이 이야기가 특정 맥락에서 니고데모에게 일어났음직한 것이어야 한다.[27] 요한복음에서 자주 그렇듯이 예수의 말씀들은 3, 5, 6, 8절에서 경구 형태로 나타나므로, 그 말씀들은 요한복음 맥락을 벗어날지라도 자체적으로 의미가 있을 수 있다. 그러나 동시에 경구적 말씀들은 대화 속에서 나타날 때 대화의 맥락에 맞추어져 있다. 그래서 앞서 언급한 구절들에서 2인칭 대명사들과 동사들이 단수로 나타난다. 따라서 틀림없이 독자들은 그 구절들을 니고데모에게 말씀한 것으로 읽을 것이다. 7절에서도 그러한데("내가 네[단수]게, '너희[복수]가 위로부터 거듭나야 한다'라고 말하는 것에 놀라지 말라"), 7절에서 복수 "너희"는 니고데모가 2절에서 언급한 "우리"를 가리킨다(니고데모 자신도 동료집단에 포함되어 그들의 대변인 역할을 한다).[28]

---

25) Raymond E. Brown, *The Gospel according to John (I-XII): Introduction, Translation, and Notes*, AB 29 (New York: Doubleday, 1966), 141-44; Brown, "Johannine Sacramentary," 59-60; Xavier Léon-Dufour, "Towards a Symbolic Reading of the Fourth Gospel," *NTS* 27 (1981): 439-56, 440-41, 445.
26) Schnelle, *Antidocetic Christology*, 185.
27) 몰로니(Francis J. Moloney)의 다음 주장과 다르다: "'물과 성령으로' 거듭난다는 것이 니고데모를 어리둥절하게 하였으나, 독자는 벌써 물과 성령 사이의 밀접한 관계에 대해 이미 알고 있었다"(*Belief in the Word: Reading the Fourth Gospel, John 1-4* [Minneapolis: Fortress, 1993], 111).
28) 종종 관찰되듯이, 니고데모는 3:12부터 사라진다. 왜냐하면 3:13-21에서 예수는 니고데모가 이해할 수 있다고 결코 기대하지 않는 문제를 다루기 때문이다(3:12).

요한복음에서 예수는 해당 이야기 속에서 등장인물들이 당장은 이해할 수 없는 말들을 하곤 한다. 어떤 때는 등장인물들이 예수의 부활 이후에야 비로소 그 뜻을 이해하게 되었다고 복음서 저자가 부연 설명하기도 한다(2:19; 13:7). 그 말씀들 모두 또는 대부분은 예수의 다가올 죽음-승귀에 관한 것들이다. 그러나 요한복음 3:3-10에서 예수가 니고데모에게 한 말씀이 부활-승귀에 관한 것은 아니었을 것이 분명하다. 왜냐하면 예수가 대화를 마무리하면서 니고데모에게 "이스라엘의 선생으로서" "이 정도쯤은" 알았어야 한다고 분명하게 지적하고 있기 때문이다(3:10).

3. 엄밀하게 말하면, 3:5(3:6-8도 마찬가지)의 예수 말씀은 3절의 말씀을 재구성한 것이며, 4절에서 니고데모가 잘못 이해한 것을 명확하게 하는 역할을 한다는 설명이 개연성 있어 보인다. 명확하게 설명하기 위하여 3절과 5절 사이에 하나의 차이가 발생했는데, 그것은 "위로부터/다시(anōthen)"라는 말을 "물과 성령으로"라는 말로 바꾸어 의미를 밝힌 것이다. 여기서 주목할 것은 예수가 제대로 이해하지 못한 니고데모를 나무라는 대신 자신의 말을 더 완전하게 설명해 준다는 점이다. 그럼에도 니고데모가 믿을 수 없다는 뜻을 표현하자(3:9), 그제서야 비로소 예수는 니고데모의 몰이해를 부정적으로 비판한다. 그러므로 4절부터 예수가 니고데모로 하여금 자신의 말씀을 이해하도록 매우 신중하게 돕지 않았다고 보는 것은 맞지 않다. (물론 독자들은 니고데모의 몰이해를 어리석게 보겠으나, 이 맥락은 예수가 독자들에게도 자신이 의미하는 바를 보다 완전하게 설명할 기회를 주는 기능을 한다.)

4. 해석이 개연성 있으려면, "물"과 "성령"의 밀접한 관계를 정당하

게 다루어야 한다. 이 두 단어는 무관사(anarthrous) 명사들(앞에 관사를 붙이지 않았다는 뜻이다)로서 접속사 *kai*로 연결되어 있는데, 이밖에도 요한복음에는 "은혜와 진리"(1:14; 참조. 1:17), "영과 진리"(4:23, 24), "영과 생명"(6:63) 등 유사한 짝들이 등장한다.[29] 4:23-24에서와 같이 3:5에서도 두 명사들이 하나의 전치사의 지배를 받는다.[30] 두 명사들 사이의 관계가 모든 쌍들에서 완전히 일치하지는 않고, 요한복음에 나타나는 이사일의(二詞一意)를 이루는 쌍들에 언제나 적용할 수 있는 일관된 용법도 아직 발견되지는 않았다, 키너(Craig Keener)의 관찰에 따르면 3:5은 "그 자체로 결정적인 문법적 특징을 보이지는 않으나",[31] 네 쌍 모두의 경우에서 두 개의 명사들이 밀접하게 연관되어 있는 것은 분명하므로 어떤 개념적 통일성은 있는 것 같다. 3:5에서 "물"과 "성령"이 결코 대조적인 것 같지는 않다.

5. "물"과 "성령"이라는 두 용어의 밀접한 관계에 관하여 설명할 때 해석이 개연성 있으려면, 왜 첫 번째 용어가 3:5에 등장하고 이와 대조적으로 "성령으로 난"이라는 짧은 표현이 3:8에 등장하는지 그 이유를 설명해야 한다. 5절의 긴 표현은 8절의 짧은 표현이 말하지 못한 것을 설명할 텐데, "물과 성령으로"에 "첨가된 가치"는 3:4에서 니고데모가 이해하지 못한 것을 명확하게 하기 위하여 특별히 필요했던 가치일 것이 분명하다.

---

29) 6:63에는 각 명사 다음에 *estin*이 등장하는 것에 유념하라.
30) 이후에 언급할 요일 5:6과 비교하라. "긴장 관계에 있는 짝들"에 관한 긴 목록을 보려면(비록 느슨하게 정의되어 있기는 하지만) 다음을 보라: Gary M. Burge, *The Anointed Community: The Holy Spirit in the Johannine Tradition* (Grand Rapids: Eerdmans, 1987), 166n68.
31) Keener, *John*, 550.

이제 3:5의 "물"이 얼마나 중요한가를 설명하는 다양한 제안들을 검토할 차례다.

a. "물과 성령으로 난"이라는 구절은 그리스도교의 세례를 가리키며, 물세례는 거듭남에 영향을 끼치는 것으로 이해되는 성령의 은사와 밀접한 연관이 있다는 견해가 있다.[32] 이 견해는 내가 제안한 범주 1에 확실히 위배되는데, 나는 그리스도교의 세례에 대한 인유가 오로지 이차적 의미로만 가능하다고 보기 때문이다.[33] 일차적 의미가 먼저 확립된 다음에야 그러한 이차적 의미를 고려할 수 있을 것이다.

b. 많은 제안들은 니고데모가 알았음직한 유대교 예식들 중에서 물을 사용하는 예식들과 3:5의 "물"을 연관시키곤 한다. 예컨대 요한복음 독자들도 알다시피 세례 요한은 세례식을 거행했으며(1:31; 3:23),[34] 개종자 세례라는 것도 있었고,[35] 다른 여러 정결 예식들도 있었다.[36] 그 제안들 중에서 요한의 세례를 예수 및 그 제자들이 베풀었

---

32) 다음을 참조하라: Barnabas Lindars, *The Gospel of John*, NCB (London: Marshall, Morgan & Scott, 1972), 152; Moloney, *John*, 99; Smith, *John*, 95.

33) 라 포트리(Ignace de la Potterie)는 그리스도교 세례에 대한 일차적 언급이 요한복음에 있으며, 요한복음 저자가 저술 마지막 단계에서 "물과(water and)"라는 단어를 첨가했기 때문에 니고데모가 세례를 이해하지 못할 수밖에 없었다는 입장을 고수한다. "To Be Born Again of Water and the Spirit," in *The Christian Lives by the Spirit*, by Ignace de la Potterie and Stanislaus Lyonnet, trans. John Morriss (New York: Alba House, 1971), 1-36, 23-24.

34) Edwin Clement Hoskyns, *The Fourth Gospel*, ed. Francis Noel Davy (London: Faber & Faber, 1947), 214; Burge, *Anointed Community*, 163-64.

35) Keener, *John*, 549-52. 유대 개종자 세례가 그리스도교 이전에 있었는지에 관하여 논쟁이 있으나, 요한복음이 쓰일 당시에 시행되고 있었을 가능성이 높다 (다음을 보라: Keener, *John*, 444-47; Everett Ferguson, *Baptism in the Early Church: History, Theology, and Liturgy in the First Five Centuries* (Grand Rapids: Eerdmans, 2009), 76-82.

36) Koester, *Symbolism*, 163-64. 주석가들은 자주 물을 사용하는 예식을 1QS 3.6-9

을 세례와 연관시키는 제안도 있는데, 3:22에서 후자의 세례는 그 중요성이 요한의 세례와 거의 같았던 것 같다.[37] 종종 그런 제안들은 그리스도교 세례에 대한 이차적 언급을 지지하는 편이다. 그러나 그런 제안들의 공통적인 약점은, 제안된 예식들에서 물의 역할은 불결이나 죄를 깨끗하게 씻음을 상징하는 것으로서 거듭남과 무관하다는 점이다. 그 유대교 예식들 중 어떤 것도 거듭남의 개념을 담고 있지 않다.[38] 정결 주제는 예수와 니고데모의 대화에 전혀 나타나지 않는다. 어떤 해석가들은 3:5에서 성령으로 거듭나기 위해 요구되는 씻음에 관한 주제를 찾아내길 원하지만, 씻음이라는 주제를 함축하는 요소는 오로지 3:3-10에 나오는 "물"이라는 단어뿐이다. 이 단어 하나 때문에 이 대화를 정결 주제로 몰아가는 것은 지나칠 뿐 아니라, 물이라는 단어가 당시 문화와 성경의 맥락에서 생명을 준다는 다른 중요한 의미가 있고, 그 의미가 요한복음에서 지배적임을 감안할 때 더욱 그러하다(4:7-15; 7:37-39). 그 맥락에서는 생명을 주는 물이라는 개념이 더

의 죄로부터의 회개 및 정결과 연관시키지만(예: George R. Beasley-Murray, *John*, WBC 36 [Waco: Word, 1987], 49), 니고데모가 쿰란 종파에서 거행한 예식을 특별히 생각했으리라고 주장하는 경우는 드물다. 요한이 복음서 여러 곳에서 정결의 참 속성에 대하여 유대 회당과 논쟁하고 있다는 키너의 광범위한 관점에 나는 동의하지 않는다(Keener, *John* 441-42). 키너의 읽기는 2:5과 3:25에 너무 집착한 결과다.

37) 예컨대 다음을 보라: Brooke Foss Westcott, *The Gospel according to St. John* (London: John Murray, 1889), 50; Hoskyns, *Fourth Gospel*, 214; Beasley-Murray, *John*, 49.

38) 기원후 2세기에 살았던 랍비 요세의 다음 말을 요 3장과 연관이 있다고 보는 견해가 있다: "개종자가 개종하는 순간에는 갓난아기와 같다"(*b. Yebam.* 48b). Keener, *John*, 549; Köstenberger, *John*, 124n30. 그러나 이 말은 개종자가 개종할 당시에는 아직 토라를 자세하게 배우지 않은 상태라는 의미일 뿐, 요한복음의 거듭남과는 무관하다.

성례전들?

선명한 것 같다. 게다가 니고데모에게 물을 사용하는 유대교 정결 예식에 대한 언급이 "성령으로부터" 태어남이라는 주제와 충분히 밀접하게 연결되어 보였을지, 그리하여 내가 제안한 범주 4를 충족시킬 수 있을지가 의문이다.[39)]

c. "물"은 정액을 가리키고 "물과 성령으로"라는 구절은 두 번의 "태어남"을 가리키는데, 자연적인 태어남과 영적인 태어남을 가리키거나,[40)] 인간의 정액이 신의 "정액"을 상징하기도 하므로(요1 3:9), 그 본문 전체가 신적 태어남을 뜻할 수도 있다는 제안이 있다.[41)] 이 두 견해는 그들이 제안한 것보다 더 자주 거부되어 왔다. 이 주장을 거부하는 주요 원인은 두 가지다. 첫째, "액체가 떨어짐"을 뜻하는 히브리어 _ṭîpâ_가 어떤 랍비 문학(m.'Abot 3.1)에서 정액을 뜻하기도 하지만,[42)] 이를 기초로 하여 요한복음 3:5의 "물"을 "정액"으로 이해해야 한다는 상상은 전적으로 부적절한 것이다.[43)] 둘째, 동사 _gennaō_가 출산을 위

---

39) 이 경우에 예수는 "물을 사용한 정결 예식과 성령을 통하여 거듭남"을 의미했을 것이라고 추측할 수 있겠다. 그러나 이것은 물을 사용한 정결 예식과 거듭남을 연결시켜 본 적이 없는 사람에게는 이해하기가 복잡한 개념이다.

40) 이 제안이 제시한 바와 같은 의미를 나는 다른 문학 작품에서 발견하지는 못했으나, 만약에 "물"이 정액을 뜻한다면 가능성은 있어 보인다.

41) Hugo Odeberg, _The Fourth Gospel Interpreted in Its Relation to Contemporaneous Religious Currents in Palestine and the Hellenistic-Oriental World_ (Amsterdam: Grüner, 1968), 48-64; Leon Morris, _The Gospel according to John_, NICNT (Grand Rapids: Eerdmans, 1971), 216-18; Sjef van Tilborg, _Imaginative Love in John_, BIS 2 (Leiden: Brill, 1993), 49-52.

42) Odenberg, _Fourth Gospel_, 49-51.

43) Van Tilborg, _Imaginative Love_, 49-50. 그런가 하면 요한복음의 또 다른 구절인 1:13(ex haimatōn)에서도 동일한 용법을 발견할 수 있다고 주장하는 이들도 있지만, 후자의 의미는 분명하지 않으며 배아의 형성에 미친 아버지의 역할을 의미할 수도 있고 혹은 어머니의 역할을 염두에 두었을 수도 있다(자세한 논의는 Van Tilborg, _Imaginative Love_, 33-47을 참조하라). "정액"을 의미하는 일반적인 용어

한 남성의 역할을 뜻하기도 하지만("to beget", 아버지가 되다), 아이를 낳는 여성의 역할을 뜻하기도 하며(참조. 요 16:21), 특히 3:3-8에서처럼 수동태로 쓸 때는 여성의 역할을 뜻할 때가 더 많다. 3:4에서 예수가 그 동사를 사용할 때 니고데모는 "태어나다"라는 뜻으로 이해했을 것이고, 굳이 "물"이라는 단어로 그런 뜻을 나타낼 필요는 없었을 것이며, 후술하겠지만 물은 보다 더 정확히 말해서 태어나는 과정을 뜻한다. 3:3-8에서 그 수동태 동사는 "태어나다"라는 뜻일 가능성이 더 많은 것 같다.[44]

   d. "물"은 자궁의 양수를 뜻하므로 "물과 성령"은 자연적 태어남과 영적 태어남 모두를 뜻한다는 의견도 있다.[45] 당시 문헌 중에 양수로

는 *sperma*다. 위더링턴은 잠 5:16에서 정액을 물로 표현한 용례를 발견할 수 있다고 주장한다("The Waters of Birth: John 3:5 and 1 John 5:6-8," *NTS* 35 [1989]: 155-60, esp. 156). 하지만 만일 그 주장이 옳다 해도 그것은 고도로 은유적인 배경에서 취해진 용법이며, 여기서 물은 생식 및 성적 쾌락과 관련된 다양한 의미와 연결될 수 있다. 그처럼 시적인 문맥에 사용된 용례가 아니라면, 물이 정액을 의미하는 것으로 이해하는 것은 부적절하다.

44) 예컨대 다음을 보라; Dorothy A. Lee, *The Symbolic Narratives of the Fourth Gospel: The Interplay of Form and Meaning*, JSNTSup 95 (Sheffield: Sheffield Academic Press, 1994), 43-44; Judith M. Lieu, "Scripture and the Feminine in John," in *A Feminist Companion to the Hebrew Bible in the New Testament*, ed. Athalya Brenner, FCB 10 (Sheffield: Sheffield Academic Press, 1996), 225-40, 237-38; Lieu, "The Mother of the Son in the Fourth Gospel," *JBL* 117 (1998): 61-77, 76. 류(Lieu)는 신 32:18에 나타나는 하나님의 모성적 심상을 지적한다: "God who gave you birth" (사 46:3을 참조하라).

45) Russel Fowler, "Born of Water and the Spirit (John 3:5)," *ExpTim* 82 (1971): 159; D. G. Spriggs, "Meaning of 'Water' in John 3:5," *ExpTim* 85 (1974): 149-50; Margaret Pamment, "John 3:5: 'Unless One Is Born of Water and the Spirit, He Cannot Enter the Kingdom of God,'" *NovT* 25 (1983): 189-90; Sandra M. Schneiders, "Born Anew," *ThTo* 44 (1987): 189-96; Witherington, "Waters"; Witherington, *John's Wisdom*, 97.

서의 "물"을 언급하는 것이 있는지를 입증하기는 쉽지 않으나,[46] 출산 시에 자궁에서 액체가 흘러나온다는 사실은 출산 과정의 당연한 특징이므로, 요한복음 3장의 물이 출산 과정 중에 나오는 물을 뜻한다고 주장하기 위해 굳이 실제 문헌을 제시하면서까지 입증할 필요는 없을 것이다.[47] 이런 입장을 따르면, 3:5의 물에 대한 언급은 니고데모가 3:4에서 언급하는 "어머니의 자궁"에서 태어나는 것과 쉽게 연결된다. 또한 이 입장을 따르면, "물과 성령으로"라는 말이 다음 절(3:6)에 나오는 두 종류의 태어남과 평행을 이룬다고 말할 수 있게 된다.[48] 슈나이더스(Sandra Schneiders)에 따르면, 니고데모가 이해하도록 요구받은 것은 "이스라엘의 언약으로 태어나는 것뿐 아니라 성령 안에서 새롭게 태어날 필요도 있다는 것이며, 이는 육으로 난 것은 육이고 성령으

---

46) *4 Ezra* 8.8은 자궁의 태아를 "불과 물"로 보호한다고 표현한다("불"은 평행 본문이 없고 모호하다). 1QH 11.7-12(Sukenik의 번호 체계로는 3.7-12)은 *mišbār*("바다의 파도")와 *mišbēr*("자궁 경부의 입구")를 사용하여 어휘놀이를 하면서 출산의 고통과 위험을 매우 시적으로 표현하고, 출산의 과정을 위험천만한 바다의 파도에 비유하는데(11.14-12를 보라), 이 본문이 출산 때 자궁에서 흘러나오는 물에 관한 내용을 포함하는지는 전혀 분명하지 않다. 잠 5:18 또는 아 4:15이 출산 때의 물을 언급하는지는 모호하고, 아 4:15과 잠 5:15(참조. 13-14절)이 성적 유희를 의미한다고 보는 편이 더 적절해 보이며, 잠 5:18은 자녀에 대해 언급하지만 특별히 자궁에서 나오는 물을 의미하는 것 같지는 않다. 제안된 본문들 중에서 양수에 대한 분명한 언급은 고대 메소포타미아인이 남긴 본문에 등장하는데(다음 글에 편집자들이 첨가했다: Pamment, "John 3:5," 190; Witherington, "Waters," 157-58), 이 본문들은 시간상으로 요한복음과 거리가 너무 멀다.

47) 클레멘스(Clement of Alexandria, *Strom.* 4.160.2)는 그리스도인들이 "자궁의 물에서 태어났다"(γεγέννηκεν ἐκ μήτρας ὕδατος)고 말하는데, 요 3:5에 의존하는 것이 분명하다. 클레멘스는 세례의 물을 아이가 태어나는 자궁의 물과 비교하는데, 임산부의 자궁에 있는 "물" 때문에 출산이 촉진된다는 생각을 가졌던 것이다.

48) 그러나 이것이 "셈어적 평행주의의 한 예"(Witherington, "Waters," 155)라고 부를 수 있는 것인지에 관하여 나는 의심스럽게 생각한다.

로 난 것은 영이기 때문이다."[49] 그러나 이 제안에 반대할 두 가지 이유가 있다. 첫째, 이 제안은 내가 제안한 범주 4를 위반하는데, 왜냐하면 특별히 3:6의 관점에서 "물"과 "성령"은 서로 연결되기보다는 대조되기 때문이다.[50] 둘째, 이 제안은 3:5에서 자연적 태어남을 언급해야 할 이유가 무엇인지를 밝혀주지 못한다. 니고데모에게 왜 그래야 하는지 말할 필요가 없는 것이다. 만일 그 의미가 "하나님 나라에 들어가려면 (당신이 이미 아는 바와 같이) 자연적으로 태어나야 할 뿐 아니라 영적으로도 다시 태어나야 한다"는 뜻이라면, "~뿐 아니라 ~하기도 해야 하다"라는 의미가 보다 선명하게 표시되었어야 한다. "물과 성령으로 태어난다"라는 구절은 오로지 한 번의 태어남을 뜻하는 것이 당연한 것 같고, 이것은 "위로부터 태어난다"와 "영으로 태어난다"는 말과 평행을 이루는 것 같다.

　e. "물"과 "성령"("숨"이라고 번역할 수도 있다)은 모두 문자적 의미로 자연적 태어남을 뜻하지만("갓난아기는 태어날 때 "물들"을 통과해야 하고 콧구멍으로 생명의 숨을 쉬어야 하므로"), 여기서는 영적 태어남을 상징하는 비유로 사용하고 있다는 제안이 있다.[51] 이런 제안이 성립하기 어려운 이유는, "물과 성령으로"라는 전체 구절이 자연적 태어남을 뜻한다고 이해할 수 있을지언정, 3:5이 니고데모의 몰이해를 교정하는 데 어떤

---

49) Schneiders, "Born Anew," 192.

50) 위더링턴이 "Waters"에서 요일 6:6-8에 대한 평행본문으로 제안한 것에 관하여는 후술하겠다. 위더링턴("Waters," 160)이 해석한 바와 같이 "물"이 예수의 태어남을 뜻하고 "피가"그의 죽음을 뜻한다 할지라도, 이것이 요 3:5의 맥락에서 자연적 태어남과 영적 태어남이 대조적일 근거가 되지는 못한다.

51) Dorothy A. Lee, *Flesh and Glory: Symbol, Gender, and Theology in the Gospel of John* (New York: Crossroad, 2002), 69; 70쪽도 보라(그녀는 이런 견해를 택하는 쪽에 가깝다).

성례전들?
171

역할을 하는가를 설명하지는 못하기 때문이다. 그 문자적 의미를 영적 태어남에 대한 비유로 이해하도록 의도했다는 사실을 그가 어떻게 알 수 있었겠는가? 이와 달리 예수는 3:8에서 *pneuma*를 "바람" 또는 "성령"이라는 의미로 사용하는데, *pneuma*를 "성령"이라는 의미로 사용한 전례가 3:7(6절이 아니라면)에 이미 분명하게 나타나고 있다.

　f. 위의 제안들은 하나같이 "물"과 "성령"이 각각 어떤 특정한 것들을 분명하게 (또는 상당히 근사하게) 가리키고 있다고 주장하지만, 이번 제안은 "물과 성령"이 두 단어를 연결하여 한 의미를 나타내는 이사일의어(二詞一意語, hendiadys)로서, 모두 똑같은 실체를 가리키며, *kai*("그리고")는 주석적 해석을 덧붙이기 위한(epexegetical) 접속사라는 주장인데, 이런 견해는 최근 주석가들 사이에서 점차 인기를 얻고 있다.[52] 그러면 "물과 성령"이란 표현은 "물, 다시 말해 성령"을 뜻한다. 물은 성령에 대한 상징으로서,[53] 이런 의미는 7:37-39에서 분명하게 나타나고, 4:7-15에서 희미하게 나타난다.

　이 제안을 지지하는 학자들은 니고데모가 어떻게 그 뜻을 이해할 수 있었는가를 설명하기 위하여, 많은 성경적 예언들(종종 히브리어 성경에 나오는)이 물을 종종 장차 받게 될 신의 선물인 성령을 상징하는 것으로 사용하고 있음을 지적한다.[54] 특히 에스겔 36:25-27을 언급

---

52) Carson, *John*, 194; Snodgrass, "That Which Is Born," 190-191; kruse, *John*, 107-8; Lincoln, *Saint John*, 150-51; Köstenberger, *John*, 123-24; Michaels, *John*, 184; Jones, *Symbol of Water*, 74; Keener, *John*, 550-51 (키너는 이것을 제안 *b*와 연결시켜, 예수가 "일종의 영적인 개종자 세례"를 의미하고 있다고 제안한다).

53) "그 두 용어들은 기능적으로 등가어들로서 물이 곧 성령을 상징한다." Lincoln, *Saint John*, 150.

54) 성령이 물과 같다는 심상은 하나님께서 그것을 "부어주셨다"고 말할 때마다 분명하게 성립된다(예: 욜 2:28-29).

하곤 하는데, 그 내용은 하나님이 이스라엘을 정결케 하기 위하여(25절) 이스라엘 위에 "맑은 물을 뿌리시고" 그들 속에 새 심장을 넣어 돌의 심장을 살/육(flesh)의 심장으로 바꾸시고(26절), "너희 안에 내(하나님의) 영을 넣을 것이라"(27절)는 예언이다. 이 본문이 물을 확실하게 성령을 상징하는 것으로 사용하는 것은 아니지만, 하나님이 문자적인 물을 뿌려주신다는 뜻이 아닌 것은 분명하므로, 25절의 씻어주는 물을 자연스럽게 하나님의 성령을 가리키는 것으로 해석했을 것이다. 이런 읽기는 1QS 4.20-22에서도 발견되는데, 그 본문은 하나님이 "그 [사람] 위에 진리의 성령을 정하게 하는 물처럼 뿌리시리라"고 기록한다(4.21). 랍비 문학도 에스겔 36:25을 유사한 방식으로 해석한다.[55] 그러나 이런 본문들은 물을 생명을 주는 것이 아니라 정결케 하는 것으로 보기 때문에 이 본문들을 요한복음 3:5의 성경적 배경이라고 보기에는 어려움이 있으므로, 이 제안을 지지하는 학자들은 3:5이 정결케 할 뿐 아니라 거듭나게 하는 것을 가리키기도 한다고 본다.[56] 제안 b를 논할 때 나는, 정결하게 한다는 주제가 이 맥락에서 생소할 뿐 아니라, 물이 태어남과 연결되어 생명을 준다는 뜻을 상징하는 것이 분명한 이 본문(유사한 상징은 다음에도 나온다: 요 4:7-15; 7:37-39)과는 도무지 어울리지 않는 불필요한 것이라고 지적한 바 있다. 이 문제에 대한 처방은 아마도 하나님께서 당신의 영을 마른 땅에 물처럼 부어주셔서 그 땅에서 새 생명이 움트게 하시리라는 예언에 관한 본문들을 언급하는 것

---

55) Keener, *John*, 551-52.

56) 예컨대 다음을 보라: Carson, *John*, 194; Keener, *John*, 550-51. 벨레빌(Linda Belleville)에 따르면, 그러한 성경적 예언들은 "물과 성령"이 거듭남의 두 측면, 즉 정결하게 하고 신의 성품에 참예하는 것을 분명하게 나타내려 한다. Linda Belleville, "'Born of Water and Spirit': John 3:5," *TJ* 1 (1980): 125-41, 139-41.

이리라(사 32:15; 44:3-4).[57] (겔 36:25-27을 요한복음의 일차 자료로 보기 어려운 또 다른 이유는 에스겔서의 "돌"과 "살/육"의 대조가 요한복음의 "살/육"과 "영"의 대조와 타협하기 불가능할 정도로 서로 다르다는 사실 때문이다.)

이 제안이 유발하는 또 다른 문제점은 내가 제안한 범주 5와 연관된다. "영으로 태어난다"는 말이 "다시/위로부터(anōthen) 태어난다"는 말로 완전히 깔끔하게 설명되지 못하는 이유는 무엇인가? 대체 "물"은 무슨 의미를 더하는가? 정답은 아마도 "성령"이라고만 할 때보다 "물"을 첨가하면 니고데모로 하여금 성경 예언들을 더 잘 떠올릴 수 있게 해주기 때문일 것이다. 이 설명이 적절한 것 같고, 이 쟁점은 나로 하여금 다른 제안(제안 g)을 하도록 하는데, 그 제안은 제안 d의 강점과 제안 f의 강점을 결합시키는 것이라고 할 수 있다.

g. "물"은 자궁의 양수를 가리키며, "물과 성령"은 두 개의 용어로 하나의 실체를 가리키는 이사일의어(二詞一意語, hendiadys)라는 제안이 있다. 그러므로 "물과 성령"은 "자궁-물 곧 성령"이라는 뜻으로 이해하면 좋다. 3:4에서 니고데모가 어머니의 자궁에서 태어나는 것을 언급하며 제대로 이해하지 못하자, 예수는 자신이 앞에서 한 말을 설명해준다. 니고데모의 실수는 예수가 같은 종류의 또 다른 태어남을 말했는데, 그것을 첫 번째 것과 같은 태어남이라고 착각한 것이다. 그래서 예수는 설명한다. "하나님 나라에 들어가려면 인간 어머니의 자궁-물이 아니라 자궁-물 곧 성령으로 나야 한다." 예수의 이 말씀은 생명을 준다는 물에 대한 일반적 상징에다가, 생명을 주는 그분의 활동으로서의 하나님의 성령이라는 상징을 더하여 그것을 새롭게 전환

---

57) 사 44:3-4는 많은 주석가들이 언급하였으나, 사 32:15은 거의 언급하지 않았다. 벨레빌은 언급한다: Belleville, "Born," 139.

시켜 태어남에 대한 은유로 통합한다. "물"을 이해하기 위하여 니고데모가 알아야 할 것은, 예수의 설명이 니고데모가 언급한 자궁을 선택하고 "성령"을 가미하여 니고데모가 다른 일반적 의미의 태어남을 생각함으로써 오해했었음을 일깨워주고 있다는 것이다. 니고데모는 오로지 자연적 태어남만을 알고 있었으나, "물과 성령"이라는 말이 그에게 다른 태어남을 알려주는데, 그것은 생명을 주는 하나님의 활동에 직접 기인한 것이다.[58] 이어지는 절(3:6)은 그 차이를 보다 분명하게 설명한다.

이 제안은 3:4과 5절을 연결하는 "물"의 기능을 보다 더 자세히 밝히고, 그 말이 왜 예수가 새로 태어남(거듭남)에 대해 해석하는 지점에 등장하는가를 설명한다. "물"과 "성령"은 문법적으로도 밀접하게 연결되어 있다고 보는 것이 타당하다.

예수는 니고데모가 "위로부터" 또는 "성령으로" 태어남이라는 개념을 파악하도록 계속 도우면서 바람 현상까지 언급했으나(3:8), 니고데모는 여전히 믿기 어려워하고(3:9), 예수는 다음과 같이 묻는다. "너는 이스라엘의 선생으로서 이런 일들을 알지 못하느냐?"(3:10). 유대 선생이라면 모름지기 하나님 나라에 들어가기 위해 "위로부터" 또는 "성령으로부터" 태어나야 한다는 예수의 말을 이해했어야 한다는 뜻인데, 이 말은 아마도 니고데모가 성경을 제대로 알기를 기대했다

---

58) 이 절과 3:8에서 니고데모가 평범한 세상의 특징(육체적 태어남, 바람)으로 시작하여 이해하는 단계에 이르도록 하기 위하여 예수가 시도한 것은 아마도 예수가 "땅의 것들에 대하여"(3:12) 말해 왔다고 말할 때 의미한 것이리라. 다음을 보라: Tom Thatcher, *The Riddles of Jesus in John: A Study in Tradition and Folklore*, SBLMS 53 (Atlanta: Society of Biblical Literature, 2000), 269-70. 이와 다른 해석을 보려면, 다음을 보라: Jan G. van der Watt, "Knowledge of Earthly Things? The Use of ἐπίγειος in John 3:12," *Neot* 43 (2009): 289-310.

는 뜻일 것이다(참조. 5:39; 7:52). 그러므로 장차 성령을 부어준다는 예언들이 이 맥락에 잘 들어맞는다. 주목할 말씀은 "위로부터 오는 성령"(LXX: *pneuma aph' hypsēlou*)이라는 이사야 32:15 말씀이다.[59] 이스라엘을 종말에 회복시킨다는 예언이 담긴 희년서(Jubilees) 1.23-28은 그때가 되면 이스라엘이 "살아 계신 하나님의 자녀"라고 불릴 것이라는 약속(호 1:10)과 에스겔 36:27을 연결시킨다. 이는 그러한 본문들이 유대 전승과 연관이 있었을 가능성을 암시하는데, 그 유대 전승은 하늘에서 내려오는 성령의 은사와 그 백성이 하나님의 자녀로 새로 태어나는 것을 연결시킨다. 이런 성경적 배경은 예수가 왜 성령으로 태어난다는 사상을 니고데모가 이해할 것이라고 기대했는지를 알려주지만, 그렇더라도 "물"이 특별히 이런 성경적 배경에서 나왔다고 결론지을 필요는 없다.

요한복음 3:5은 세례에 대한 이차적 언급인가?

요한복음 3:5의 "물과 성령"에 관한 제안 f와 제안 g에 대하여 내가 생각한 것처럼, 어떤 본문이 일차적 의미만으로도 충분히 설명된다면, 이차적 의미를 탐지할 범주들을 확립하기는 어렵다. 첫째로 생각해 볼 수 있는 범주는 독자들이 통상 생각할 수 있을 정도로 충분히 명확한 의미인가 하는 것일 텐데, 의미가 독자들에게 충분히 명확한가를 측정하기란 매우 어려운 일이다. 둘째로 생각할 수 있는 범주는 이

---

59) 다음도 참조하라: "당신의 당신의 성령을 높은 곳에서(*apo hypsistōn*) 보내주셨습니다"(지혜서 9:17).

차적 의미가 일차적 의미에 상응하는가를 평가하는 것이리라. 예컨대 3:5이─과거에 많은 해석가들이 제안한 것처럼─구원에 필요한 세례에 대한 내용을 담고 있다면, 그 본문의 일차적 의미에서 "물"은 "성령"과 같은 실체로서 "성령"에 수반하는 다른 요인과 무관하다는 입장과는 양립하기가 어려운 것이다.

나는 씻는 주제나 정결 주제가 3:3-10의 새로운 탄생/거듭남에 대한 대화에 나타나지 않으므로 "물"은 정결에 대한 상징이라고 보아서는 안 되고, 특히 물은 생명을 주는 것을 상징하도록 통상 사용되었으므로, 생명을 주는 물이라는 개념이 오히려 이 본문의 거듭남이라는 주제와 더 분명하게 맞아떨어진다고 제안한 바 있다. 그러므로 이 맥락에서 물이 이차적으로 세례를 가리킨다고 주장하기는 어려우며, 초기 그리스도교가 세례를 이해할 때 물은 정결을 상징한다고 이해했더라도 그러하다. 불결함과 죄를 씻어낸다는 심상(image)은 물을 사용하는 유대 예식들에 깊이 뿌리박고 있으며, 아마도 이런 전통이 세례요한이 행한 세례에도 영향을 끼쳤을 것이다(참조. 요 3:25). 물에 대한 이러한 상징은 물세례에 대한 여러 초기 그리스도교 본문들에도 나타난다(행 22:16; 고전 6:11; 엡 5:26; 히 10:22; 참조. Barn. 11:11).

요한복음 3:5이 세례를 가리킨다고 주장하려면, 당시 세례식에서 물이 무엇을 상징하는 것으로 이해되었는가에 대한 증거가 필요한데, 물은 세례 받는 사람들이 "물로부터 태어남"을 상징한다고 말해도 좋을 정도의 증거여야 한다. 세례는 바울 문헌에서 새 생명과 연관이 있고(롬 6:3-4; 골 2:11-13), 이 본문들에서 그 심상은 그리스도와 함께 묻혔다가 그와 함께 일어나는 것이다. 그러나 이보다 더 요한복음 3:5의 세례 이해에 가까운 신약성경 본문이 있다. 디도서 3:5-6에서 하나님은,

우리를 구원하시되…중생의 씻음과 성령의 새롭게 하심으로(*dia loutrou **palingensias** kai anakainōseōs pneumatos hagiou*) 하셨나니, 성령을 우리 구주 예수 그리스도로 말미암아 우리에게 풍성히 부어 주사….

여기서 나는 구문을 확인할 수 있도록 그리스어를 병기하였다. 이 본문에 대한 가장 개연성 있는 해석은 다음과 같다. "새로운 시작의 씻음을 통하여, 그리고 성령에 의해 발효되는 새롭게 하심을 통하여."[60] 비록 *palingenesias*가 일반적으로 "중생"이라 번역되고 달리 만족할 만한 번역을 찾기는 곤란하지만, 그런 번역어는 거듭남에 대한 심상을 제시함으로써 필요 이상으로 요한복음 3:5에 가깝게 읽힐 수도 있기 때문에 나는 중생이라는 번역을 택하지 않았다.[61] 그 단어는 *gennaō*가 아니라 *ginomai*와 동족어로서, "새로운 시작"(new genesis) 또는 "재-창조"에 가깝다.[62] 그 의미는 *anakainōseōs*와 매우 가깝다. *Loutrou*를 세례로 이해하건 순수하게 상징적인 씻음으로 이해하건 간에[63] 대부분의 학자들은 *loutrou*가 씻기 또는 씻음을 가

---

60) 다음을 보라: I. Howard Marshall and Philip H. Towner, *A Critical and Exegetical Commentary on the Pastoral Epistles,* ICC (Edinburgh: T&T Clark, 1999), 316-18; George W. Knight, *The Pastoral Epistles: A Commentary on the Greek Text,* NIGTC (Grand Rapids: Eerdmans, 1992), 341-44; Jerome D. Quinn, *The Letter to Titus,* AB 35 (New York: Doubleday, 1990), 218-20.

61) 퀸(Quinn)은 *Titus,* 223에서 요 3:3-10에 사용된 바와 같이 성적 출생이라는 언어가 주는 어려움을 피하기 위하여 갱생을 주도면밀하게 사용하고 있다고 제안한다.

62) 나는 다음을 참조하여 "새로운 시작"이라는 번역을 택하였다: Knight, *Pastoral Epistles,* 342.

63) (세례에 대한 인유 없이) 순수하게 상징적인 의미에 대한 제안은 다음을 참조하라: Dunn, *Baptism,* 168-69; Knight, *Pastoral Epistles,* 343-44; Ben Witherington,

리키고(엡 5:26에서와 같이) 그 씻음이 새롭게 함을 초래한다고 생각한다. 그러나 그것이 세례를 가리킨다면, 그것은 단순하게 물로 씻는 예식 행위를 가리키므로 굳이 씻음에 대한 함의를 필요로 하지는 않는다. 그런 경우에 사용된 심상은 물이 생명을 준다는 것이고, 전체 구절의 의미는 요한복음 3:5에 상당히 가까워진다.

요한복음 3:5에서 독자들이 세례에 대한 인유를 발견할 수 있다는 의견을 지지하기 위해서는 순교자 유스티누스의 본문에 호소할 수 있을 것이다(Justin Martyr, *First Apology*, 기원후 151-155년경).

거기서부터 그들은 우리에게 이끌려 물이 있는 곳으로 갔으며 우리 자신이 다시 태어난(*anagennēthēmen*) 것과 같은 중생(*anagennēseōs*)의 방식으로, 만물의 창조자이신 하나님 아버지와 우리 주 예수 그리스도와, 그리고 성령의 이름으로 그들도 씻음을 받고 다시 태어난다(*anagennōntai*). 이는 그리스도께서 "당신이 다시 태어나지 않으면(*anagennēthēte*), 당신은 하늘나라에 가지 못하리라" 하고 말씀하신 바와 같다. 일단 태어난 사람들은 어머니들의 자궁들에 다시 들어갈 수 없다는 것은 이제 모두에게 명백하다.[64]

A Socio-Rhetorical Commentary on Titus, 1-2 Timonthy and 1-3 John, vol. 1 of *Letters and Homilies for Hellenized Christians* (Downers Grove, IL: InterVarsity, 2006), 159-60. 다음과 비교하라: "그 용어는 일차적으로 영적 씻음을 가리키고, 그 영적 씻음은 물세례라는 상징을 통하여 외적으로 표현된다고 보는 편이 상당히 타당한 것 같다." Marshall and Towner, *Baptism*, 163.

64) 그리스어에서 영어로 번역한 내용은 다음을 참조하였다: Leslie Wiliam Barnard, *St. Justin Martyr: The First and Second Apologies*, ACW 56 (New York: Paulist Press, 1997), 66.

순교자 유스티누스가 인용한 예수의 말씀과 요한복음 3:3 및 5절의 내용이 약간 다르기 때문에, 어떤 학자들은 유스티누스가 언급한 내용은 요한복음을 직접 인용한 것이 아니라 같은 말씀에 대한 독립 전승에서 가져온 것이라고 주장한다. 그러나 유스티누스가 계속해서 예수의 말씀을 인용하면서 요한복음 3:4에 직접 의존하고 있기 때문에 3절과 5절도 요한복음의 본문을 암기해서 사용한 것이 확실한 것 같다. 그는 기억에 의존하여 인용하면서 혼란이 있었던지 "하나님"(나라)을 "하늘"(나라)이라고 했으며, 요한복음의 *gennēthē*를 자신이 직전에 사용한 동사로 치환하고[65] 동시에 2인칭 복수로 바꾸었는데, 바꾼 형태가 오히려 그 말씀의 통상적 표현에 더 적합한 것이다.[66] 그가 인용한 것은 요한복음 3:5보다는 3절에 적응시킨 형태로서 "물과 성령으로"가 없으나, 그가 그 요한복음 구절을 세례와 연결시킨 이유는 5절에 "물"이 등장할 뿐 아니라 세례를 거듭남으로 이해했기 때문일 것이라고 추측할 수 있다.

그러므로 유스티누스의 글은 2세기에 요한복음 3:3-5을 세례에 관한 것으로 이해하고 해석했었다는 증거를 제공한다. 이사야 1:16-20에 기초하여 유스티누스는 씻음을 죄에서 정결하게 된다는 의미로 사용하는데, 그는 아마도 이 요한복음 본문을 세례로 거듭나게 하고 죄에서 정결케 하는 물에 대한 상징으로 이해했을 것이다. 앞서 살펴본 바와 같이, 이런 해석은 이 본문의 개연성 있는 일차적 의미라고 할 수 없는데, 도대체 왜 이 본문을 거듭남과 죄 씻음을 뜻하는 그리

---

65) 같은 동사가 벧전 1:3과 23절에도 등장하는데, 그 본문은 세례에 대한 명백한 인유 없이 하나님의 말씀으로 거듭나는 것을 언급한다.

66) 어쩌면 이런 형태의 말씀이 세례식에서 세례 받는 사람들에게 선포되었을지도 모르고, 이런 관행이 유스티누스에게 알려졌을지도 모른다.

스도교의 세례에 대한 상징으로 이해했는지 이해하기가 어렵다. 이렇게 해석한 사례가 그 본문에 대한 해석의 역사에 자주 있었으나 모든 해석이 일치하는 것은 아니다.[67]

가장 초기의 요한복음 독자들이 과연 이 본문에서 세례에 관한 간접적 의미를 파악했는지 여부를 우리가 분명하게 알기는 어렵다고 인정해야 할 것 같다. 그 본문에 대한 해석사가 증명하는 것은 그 본문이 그런 해석에 대해 열려 있고, 디도서 3:5-6 같은 다른 신약성경 본문들이 알려주는 세례에 대한 관점을 제시한다는 것이다. 이것은 그 본문의 성경 차원의 의미이거나 신령한 의미(sensus plenior)로서 교회의 해석 전통과 성례전적 실재에서 포착되는 것이었으리라. 그럼에도 불구하고 책임 있는 해석은 그 본문의 일차적 의미가 그런 이차적 의미로 대체되도록 해서는 안 될 것이다. 일차적 의미가 허용하는 범위 내에서 그 본문이 세례와 연관이 있는지를 판단해야 한다. 세례에서 사용하는 물을 성령의 활동에 대한 상징으로 이해할 수는 있으나, 거듭남이 일어나게 하는 분은 성령이지 물이 아니다.[68]

먹고 마시는 예수(요 6:31-59)

근대의 학자들 중에는 몇몇 교회 교부들에게로까지 거슬러 올라갈

---

67) 예컨대 교부들의 글을 참조하려면 다음을 보라: Elowsky, *John 1-10*, 111-12. ej 많은 예가 다음 자료에 있다: Ferguson, *Baptism*.

68) 칼뱅의 견해와 비교하라: "그분은 물과 성령을 연결시키시는데 왜냐하면 오로지 그 성령 하나님께서만 우리 안에서 일어나게 하실 수 있는 그 생명의 새로움을 보이는 표적 아래에서 그분이 증거하고 인치시기 때문이다." Calvin, *St. John 1-10*, 64.

수 있는 교회의 어떤 주석 전통을 근거로 하여[69] 요한복음 6:31-59
의 담화가 처음부터 끝까지 성찬적이라고 주장하면서 "하늘에서 오
는 떡"을 예수뿐 아니라 성찬식 때 사용하는 떡과 포도주에 임재하
는 예수와 동일시하는 이들이 많다.[70] 대개 이런 견해는 그 담화 전체
를 53-58절에 비추어 해석한 결과로서, 최근 학자들은 논쟁의 초점을
53-58절에 집중할 뿐 그렇게 확대 해석하는 경향을 보이지 않는다.
어떤 학자들은 52절이 비성찬적 의미에서 성찬적 의미로 바뀌는 전환
점이라고 주장하는데,[71] 그런 견해를 취하는 학자들은 본래 비성례전
적이었던 6장의 나머지 부분에 성례전적인 내용을 담고 있는 52-58
절이 후대에 첨가되었다고 주장하곤 한다. 그 후대의 첨가는 (불트만의
주장과 같이) 6장 본래의 신학을 변질시키는 삽입일 수도 있겠지만,[72]

---

69) Craig R. Koester, "John Six and the Lord's Supper," *LQ* 40 (1990): 418-37,
420-22.

70) 1978년까지 활동한 학자들 가운데 그런 교부 주석 전통을 따르는 학자들의 명단
을 보려면 다음을 참조하라: Michel Roberge, "Le discours sur le pain de vie
(Jean 6,22-59): Problèmes d'interprètation," *LTP* 38 (1982): 265-99, 273n33.
그 학자들 가운데는 호스킨스(Hoskyns, *Fourth Gospel*, 281-307)도 포함되는
데, 그는 그 본문이 전적으로 성찬식만 가리킨다고 생각하지는 않는다. 로베르주
(Roberge)는 요 6장에 대한 해석적 입장을 두 가지로 나누어 하나는 "지혜전승
적"(sapientielle)이라 부르고 다른 하나는 "성찬적"(eucharistique)이라 불렀는데,
이 구분은 오도되기 쉽다. 그 본문을 성찬식과 무관하게 보는 사람들이라고 해서
모두 예수를 지혜(Wisdom)와 동일시하지는 않기 때문이다.

71) 로베르주(Roberge, "Le discours," 276-77)는 이런 견해를 취하는 학자들의 명단
을 열거하고 논하는데, 그 자신은 그 담화 전체의 문학적 통일성을 지지한다. 통일
성을 지지하는 사람들 중에는 다음 학자들도 포함된다: Schnackenburg, Dodd,
Barrett. 톨버트 역시 지지한다: Charles, H. Talbert, *Rading John: A Literary
and Theological Commentary on the Fourth Gospel and the Johannine
Epistles* (London: SPCK, 1992), 138-40.

72) 로베르주(Roberge, "Le discours," 278-84)는 이런 견해를 취하는 학자들의 명단
을 열거하고 논하는데 그중에는 불트만도 포함된다.

6장의 나머지 부분과 조화를 이루기 위한 삽입일 수도 있으며, 후자인 경우에는 어쩌면 본래의 저자가 자신의 생각을 발전시켜서 명백하게 성례전적인 방식으로 삽입한 것일 수도 있겠다.[73] 이와 달리, 53-58절을 포함한 그 이야기 전체가 통일성과 일관성이 있다고 강력하게 주장하는 견해도 있는데, 그런 견해를 취하는 학자들 중 점점 더 많은 수가 53-58절을 포함한 그 이야기 전체를 성찬식에 대한 의미 없이도 이해할 수 있다는 입장을 고수한다.[74] 어떤 이들은 비록 성찬식을 의미할지라도 이차적 의미일 뿐이라고 생각한다.[75] 또한 성찬식 언어가

---

73) 로베르주(Roberge, "Le discours," 285-89)는 이런 견해를 취하는 학자들의 명단을 열거하고 논하는데, 그 가운데는 브라운(Brown)과 포스텔(Forestell)도 포함된다. 브라운은 자신의 견해를 다음에서 반복한다: *An Introduction to the Gospel of John*, ed. Francis J. Moloney (New York: Doubleday, 2003), 231-32. 후대에 첨가한 부분이 요한복음서 저자 자신이라고 주장한 학자들의 명단을 로베르주가 열거하고 논하였는데(Roberge, "Le discours," 293-98), 그 가운데는 부아스마(Boismard)도 포함된다. 슈넬레도 포함시켜야 한다: Schnelle, *Antidocetic Christology*, 201-8.

74) 1982년에 로베르주(Roberge, "Le discours," 267-68)는 그 담화 전체에 성찬식 인유가 전혀 없다고 이해하는 학자들을 오로지 네 명만 예를 들 수 있었으나, 오늘날에는 다음의 학자들도 포함시켜야 한다: Witherington, *John's Wisdom*, 162-63; Ridderbos, *John*, 235-42; Michaels, *John*, 395-96; Koester, *Symbolism*, 94-100, 259-62; Kruse, *John*, 174-76. 다른 학자들 가운데는 독자들이 6장을 읽으면서 성찬식을 생각할 수는 있겠으나 그것에 중요성을 부여하지 않는 이들도 있는데, 예컨대 다음과 같다: Carson, *John*, 296-97; Marianne Meye Thompson, *The Humanity of Jesus in the Fourth Gospel* (Philealphia: Fortress, 1988), 44-48; Köstenberger, *John*, 217; Godfrey W. Ashby, "Body and Blood in John 6:41-65," *Neot* 36 (2002): 57-61; Keener, *John*, 689-91. 이 학자들 가운데 대부분이 복음주의적 개신교도들이라는 사실은 중요하지 않을 것이다.

75) 로베르주(Roberge, "Le discours," 270-72)가 열거한 사람들은 다음과 같다: Lindars, Borgen, Moloney. 이제 여기에 다음 학자들도 더해야 한다: Beasley-Murray, *John*, 95-96; Lee, *Symbolic Narratives*, 152-53; Lincoln, *Saint John*, 232-35.

사용되기는 했으나 성찬식 자체를 언급하는 것은 아니라고 보는 이들도 있는데, 그들 중에는 받아들일 수 없는 성례전주의에 대항하여 경고 차원에서 성찬식을 아예 언급하지 않았다고 보는 이들도 있다.[76] 어떤 학자들은 그 담화 전체를 두 단계로 읽을 수 있다고 주장하는데, 하나는 그 사화의 맥락에서 예수의 청취자들에게 통했을 것으로 짐작되는 비성찬식적 의미이고, 다른 하나는 요한복음 독자들을 염두에 두고서 의도한 성찬식적 의미이다.[77]

우리는 먼저 그 담화 전체(6:31-59)가 일관성 있는 온전한 것이며, 그 가운데 52-58절은 필요불가결한 부분임을 입증해야 한다. 최근 주석가들 대부분은[78] 보르겐(Peder Borgen)의 입장을 받아들이는데, 그

---

76) 로베르주(Roberge, "Le discours," 268-69)는 이런 견해를 취하는 학자들의 명단에 던(Dunn)을 넣었는데, 이제 다음 학자들도 더해야 한다: Paul N. Anderson, *The Christology of the Fourth Gospel: Its Unity and Diversity in the Light of John 6*, WUNT 2/78 (Tübingen: Mohr Siebeck, 1996; repr., Valley Forge, PA: Trinity, 1997), 208, 212-13, 220 (그는 그 의미가 예수의 죽음에서 예수와 결속되는 것에 대한 것이라고 생각한다); Paschal, "Sacramental Symbolism," 161-66; Maarten J. J. Menken, "John 6,51c-58: Eucharist or Christology?," *Bib* 74 (1993): 1-26. 던(James D. G. Dunn)의 다음 논평을 주목하라: "그 본문에 배어있는 '성찬식적 함의들은 이차적이고 의미가 부정적이다" ("John VI: A Eucharistic Discourse?," *NTS* 17 (1970-1971): 328-38, 337).

77) Xavier Léon-Dufour, "Le mystère du pain de vie (*Jean VI*)," RSR 46 (1958): 481-523; Léon Dufour, Sharing the Euchraristic Bread: The Witness of the New Testament, trans. Matthew J. O'Connell (New York: Paulist Press, 1987), 252-72. 레옹-뒤푸르는 그 담화 전체가 이차적인 차원일지라도 처음부터 성찬식적 함의를 갖고 있음을 입증한 것보다, 그 담화 전체를 성찬식적 의미 없이 읽을 수 있음을 더욱 성공적으로 입증한 것 같다. 유사한 견해를 갖는 다른 학자들이 누구인가 알아보려면 다음을 보라: Roberge, "Le discours," 299n167; Frédéric Manns, "Jean 6," in *L'Évangile de Jean à la lumière du Judaïsme*, ASBF 33 (Jerusalem: Franciscan Printing Press, 1991), 141-61.

78) 그러나 앤더슨(Anderson, *Christology*, 197)은 주요 본문이 구약성경 인용 부분

것은 31-58절이 설교 구조로 되어 있으며, 그 구조 속에서 31절이 인용한 본문(출 16:4과 16:15의 결합; 참조. 시 78:24)을 단계별로 설명하고 있다는 입장이다.[79] 예수는 먼저 "그가 주었다"(32절)라고 한 다음에, "하늘에서 내린 떡"(33-48절)을 설명하고, 이어서 "먹으라"(48-58절)고 한다. 결론(58절)에서는 수미상관기법(inclusio)을 사용하여 31절과 연결하는데, 무리가 처음에 언급한 말과 그들이 인용한 성경 본문으로 전체 담화를 양쪽에서 묶고, 직전에 언급한 50절의 내용을 반향한다. 형식상 52-58절은 그 담화 전체 구조에 필요불가결한 부분이다.

예수가 토라를 인용하여 설명하는 주요 본문(31절)도 있지만, 예언서에서 유래한 이차적 본문에 대한 인유들도 있으며, 그 예언서는 이사야 54:9-55:5이다.[80] 분명한 인용 부분(45절=사 54:13)과 더불어 이사야 55:1-3에 대한 인유들도 연속적으로 요한복음 6:35, 37, 40, 44, 45, 47, 51, 54, 57, 58절 등에 나타나는데,[81] 그 인유들은 "목마르다,

---

이 아니라, 6:1-24의 "예수 사역에 대한 설명" 부분이라고 생각한다.

79) Peder Borgen, *Bread from Heaven: An Exegetical Study of the Concept of Manna in the Gospel of John and the Writings of Philo*, NovTSup 10 (Leiden: Brill, 1965). 보르겐은 필론(Philo of Alexandria)과 랍비 문학에 깊이 의존하여 그 담화가 예수를 토라와 지혜에 비교한다고 주장하는데, 나는 보르겐의 주장을 거의 확신할 수 없으나, 보르겐의 주장은 많은 영향력을 끼치고 있다.

80) 다음을 보라: Aileen Guilding, *The Fourth Gospel and Jewish Worship: A Study of the Relations of St. John's Gospel to the Ancient Jewish Lectionary System* (Oxford: Clarendon, 1960), 63-64. 이와 관련하여 다음을 보라: Lindars, *John*, 251-52.

81) 이 본문은 "게제라 샤바"(*gezerah shavah*)라는 유대 주석 기술을 사용하여 출애굽기 16장과 연결한다: "떡"(출 16:3, 4, 8, 12, 15)과 "만족시킨다"(출 16:3, 8, 12)는 단어들은 두 본문들에 모두 나타난다. (70인역보다 히브리어 본문들이 요 6장 배후에 있다.) 요한의 "생명의 떡"이라는 말은 한 본문에서 다른 본문으로 전환시키는 역할을 한다.

오다, 먹다, 떡, 나에게 오라, 그러면 너희가 살리라" 등이다.[82] 이사야
서에서 온 이 본문들이 함축하는 바는, 배부르게 하지 못하는 양식이
나 음료와는 대조적으로 하나님께서는 당신께 오는 사람들에게 진실
로 생명을 보존할 수 있는 양식과 음료를 주신다는 것이다. 그 담화
주제의 일관성을 위하여 특별히 중요한 본문은 6:35이고, 그 구절은
이사야 55:1-3에[83] 대한 가장 완전한 첫 인유로서 요한복음에 등장
하는 일곱 편의 "에고 에이미" 말씀들 가운데 첫 번째 말씀이며, 그 술
부는 다음과 같다. "나는 생명의 떡이다. 내게 오는 자는 결코 주리지
아니할 터이요, 나를 믿는 자는 영원히 목마르지 아니하리라." 여기서
예수는 자신을 그 출애굽기 본문에 나오는 떡과 동일시할 뿐 아니라
이사야 55장에 나오는 신적인 발언자와도 동일시하는데,[84] 그 발언자
는 자신에게 오는 사람들에게 양식과 음료를 제공한다.[85] 예수는 그
본문을 인용하여 "나에게 오라"고 한 다음에, 그것을 "나를 믿는"이라
고 해석하여 먹고 마시기와도 은근하게 동일시한다. 먹기 그리고 마

---

82) Lincoln, *Saint John*, 224.

83) 이보다 이른 인유는 6:27일 것이다. 다음을 보라: Lindars, *John*, 254-55;
Anderson, *Christology*, 200.

84) 요한복음 주석가들 중에는 어떤 구약성경 학자들처럼 사 55:1-3절의 대언자를 지
혜(Wisdom)라고 해석하는 이들도 있으나, 1세기에 이사야서를 읽은 독자들이 그
와 같은 생각을 했을 것 같지는 않다.

85) 대부분의 학자들은 잠 9:5과 집회서 24:21에 대한 인유들이 있다고 보며(예컨대
Lindars, *John*, 259-60; Keener, *John*, 683), 이것을 기초로 하여 예수가 자신을 신
의 지혜라고 소개했다고 생각한다. 그러나 나는 요 6장을 소위 "지혜전승적"으로
해석하기 위한 적절한 근거가 있다고 생각하지 않는다. 지혜 본문들보다 사 55:1-3
이 요 6장에서 말하는 것을 훨씬 더 잘 설명해주고, 요 6:45에서 인용하는 사 54:13
과도 일관성 있게 어울린다. 뿐만 아니라 사 55:1-3은 그 맥락을 살려 읽을 경우에
종말에 하나님께서 당신의 백성을 먹여 살리신다는 내용으로 쉽게 이해될 수 있다.
놀랍게도 보르겐(Borgen, *Bread*)은 사 55:1-3을 전혀 언급하지 않는다.

시기라는 주제가 53-56절에서 사용된 것이다. 예수가 "내 살은 참된 양식이요, 내 피는 참된 음료로다"라고 말한 부분에 이사야 55:2에 대한 인유가 있으며, 이 본문에서 "양식 아닌 것"과 "배부르게 못할 것"은 하나님께서 주시는 양식 및 음료와 대조를 이룬다. 전체 담화를 일관성 있게 하기 위하여, 49-51절과 57-59절은 출애굽기의 "양식 먹기"라는 주제를 택하고, 53-56절은 35절의 열쇠 말씀과 그것의 자료 본문인 이사야 55:1-5에서 온 "먹기와 마시기" 주제를 택한다.

49-51절에 등장하는 "떡 먹기" 주제는 예수에게 "오기" 및 "예수를 믿기"와 동등한 가치를 지니는 것이 확실한 것 같다. 그 주제는 57-58절에서 매우 비슷한 용어들과 함께 재등장한다. 이 본문들 사이에 예수의 살을 먹고 예수의 피를 먹는다는 본문이 등장하는데, 그 본문은 성찬식에 관한 것이 분명하다고 종종 해석되곤 했다. 이 언어와 그 전후에 사용된 "떡 먹기" 언어 사이에 조심스럽게 마련된 전이들(transitions)이 있다. 51절은 떡을 예수의 살이라고 한다. 57절은 그의 살을 먹고 그의 피를 마신다는 말을 간단히 "나를 먹는"이라고 요약함으로써, 우리가 35절부터 예수 자신으로 알고 있었던 그 떡을 먹는다는 주제로 되돌아가게 하는 계기를 마련한다. 그런데 53-56절이 예수의 살을 먹고 그의 피를 마신다는 언어를 네 개의 절로 소개하는 이유는 무엇일까? 35절에서 먹기와 마시기라는 두 심상을 선포한 다음에 그 심상을 52절까지 쓰지 않다가 53절에서 살을 먹고 피를 마신다는 말로 그 심상을 발전시킨 이유는 과연 무엇일까? 예수를 먹는다는 심상을 그를 먹고 마시는 심상으로 확장한다면, 그 말은 곧 그의 살을 먹고 그의 피를 마신다는 뜻이 될 것이다. 요한은 이사야 55:1에서 먹고 마시는 심상을 끌어올 필요가 없었다. 그는 이미 35절에서 그 심상을 선포했고, 그것을 53-56절에서 예수의 살을 먹고 그의 피를 마시

는 심상으로 발전시킨 것이다.

많은 학자들이 알아차린 바와 같이, 이 언어를 사용한 핵심적 이유는 51c절에 있다. "내가 세상을 살리기 위하여(*hyper*) 줄 떡은 내 살이다." 예수는 비로소 6장에서 처음으로 좀 더 은밀하게 자신의 다가올 희생적 죽음을 암시하는 것이다. 6장 이전에 예수는 훨씬 더 은밀한 방식으로 여러 차례 자신의 죽음-승귀를 암시한 바 있다(1:51; 2:19; 3:14, 16). 그런 암시들이 6장부터는 더 자주 나타나고(7:33-34; 8:14, 21, 28; 12:23, 23, 32; 13:3-11, 31-33, 36; 16:16-22, 28), 좀 더 분명하게 나타나기도 한다(10:11, 15, 17-18; 12:7; 15:13). 예수는 여러 차례 자신의 죽음이 백성들을 "위해서"(*hyper*)라고 강조하는데(10:11, 15; 15:13; 참조. 11:52), 그런 주제가 등장하는 첫 번째 본문은 6:51이며, 이 본문은 앞으로 더 살펴보겠으나 성찬식 언어에 의존하는 것 같다. 그 담화 가운데 51c절은 성육신 주제(예수는 하늘에서 내려온 떡)를 십자가 주제(예수는 세상을 살리기 위하여 주는 떡)로 전이시킨다. 그러다가 이어지는 절들에서 주제는 "살"에서 "살"과 "피"로 확장되고 발전한다. "살"은 예수가 폭력과 죽음에 취약한 육체를 가진 진짜 사람이었음을 확인시킨다(1:14).[86] "살을 먹음"에 "피를 마심"을 더함으로써 예수의 끔찍한 죽음이 가시화된다. 피를 마시려면 먼저 흘려야 하기 때문이다(참조. 민 23:24; 시 50:13; 겔 39:18-19). 이와 관련하여, 어떤 주석가들은 이 본문이 인간의 속성을 반영하고, 아마도 그 육체성과 생명의 유한성을 강조하기 위하여 히브리 어구 "살과 피"를 사용했을 것이라고 지적한다(집회서 14:18; 17:31; 에녹1서 15:4; 마 16:17; 고전 15:50; 갈 1:16; 엡 6:12; 히 2:14).[87] 그러

---

86) 6:51의 관점에서 보면, 이미 1:14에서 *sarx*를 사용함으로써 죽음을 암시하고 있다고 할 수 있다.

87) 예컨대 다음을 보라: Köstenberger, *John*, 216; Jane S. Webster, *Ingesting Jesus:*

나 더 개연성 높은 것은 "살"과 "피"가 따로따로 등장하면서도 끔찍한 죽음에 대한 언급이 나란히 등장하는 본문들일 것이다(시 79:2-3; 겔 32:5-6; 습 1:17; 마카베오1서 7:17; 마카베오4서 6:6).[88] 어떤 경우든 요한 복음 6장의 맥락에서 살과 피는 십자가에 처형당할 육화된 예수 자신을 가리키는 것이 분명하다. 51c절에서 일어나는 전이는 영생을 얻기 위한 신앙에서 성찬식으로의 전이가 아니라,[89] 예수를 믿는 것에서 세상을 살리기 위하여 끔찍하게 죽은 예수를 믿는 것으로의 전이다.

그러나 그 언어 자체는 제도화된 성찬식의 "제도적 용어들"에서 유래했을 가능성이 있다. 유대 성전의 희생제사에서 "살"과 "피"는 희생되는 동물의 두 구성물로서 서로 분리가 가능한 것들인데(예컨대 레 1:3-9), 살을 먹는 경우는 있었으나 피를 마시는 것은 금지되었다 (창 9:4; 레 17:11, 14; 신 12:23).[90] 최후의 만찬 자체의 맥락에서 (공관복음과 바울 서신에 따르면) 예수는 만찬 때 으레 마시는 포도주를 장차 그가 흘릴 피에 대한 상징으로 사용하는데, 이 혁신적 변환은 피와 적포도주를 연관시키는 전통 덕분에 용이했을 것이다(창 49:11; 신 32:14; 사 63:3, 6; 집회서 39:26; 50:15; 마카베오1서 6:34).[91] 요한복음 6장에도 포도주가 등장했더라면 피를 마신다는 심상의 충격을 좀 더 완화시키면서

Eating and Drinking in the Gospel of John, SBLAB 6 (Atlanta: Society of Biblical Literature, 2003), 84.

88) 예수의 죽음을 언급하는 다음 본문도 보라: 엡 2:13-14; 골 1:20-22.

89) J. Terence Forestell, *The Word of the Cross: Salvation as Revelation in the Fourth Gospel*, AnBib 57 (Rome: Biblical Institute Press, 1974), 144.

90) 이 본문의 메아리가 계 19:17-18에서 발견되는데, 살을 먹는 것만 나오고 피를 마시는 것은 없다.

91) Joachim Jeremias, *The Eucharistic Words of Jesus*, trans. Norman Perrin, NTL (London: SCM, 1966), 223-24.

소개할 수 있었으련만, 6장에는 포도주가 등장하지 않는다.[92] 그러므로 요한이 53-56절을 기록할 때 예수의 성찬식 용어들을 염두에 두었을 가능성이 있다. (요한의 단어들은 마 26:26-28에 가까운데, 마태의 본문에서는 예수가 제자들에게 "먹으라"고 분명하게 말하지만 다른 곳에서는 암시될 뿐이다.) 또한 제도화된 성찬식 용어들에서 유래한 언어가 이미 51c절에서 사용되었기 때문에 그럴 가능성은 더 크다(참조. 눅 22:19: "너희를 위하여[hyper hymōn] 주는 내 몸이라"). 제도화된 성찬식 용어들을 사용하는 신약성경의 다른 네 본문들에서 예수가 언급하는 것은 그의 "몸"(sōma)이지만, 요한복음 6장에서 언급하는 것은 그의 살(sarx)이다. 요한복음이 기록된 지 얼마 되지 않았을 때, 안디옥의 이그나티우스는 "살"과 "피"에 관한 성찬식 자료를 활용하여 글을 썼다(Trall. 8.1; Smyrn. 6.2; Rom. 7.3; Phld. 4; Justin, 1 Apol. 66.2).[93] 그런 방식은 요한에게도 알려져 활용 가능했을 확립된 용법이었을 것이다.[94] 어떤 경우든 요한은 "살"을 선호했을 텐데, "살"은 성경의 희생제사와 연관이 있을 뿐 아니라 이미 1:14에서 사용한 성육신과도 연관이 있기 때문이다. 말씀이 살(육체)이 되었다가, 세상을 살리기 위하여 그 살을 내어주었다.

성찬식 언어를 사용한다고 해서 53-56절 본문이 실제 성찬식

---

92) 사 55:1에 포도주가 물 및 우유와 함께 등장하지만, 요 6:35은 그 이사야서의 심상들을 사용하지 않는다.

93) 이그나티우스는 요 6장에 의존한 것 같은데(Dunn, "John VI," 334; Charles E. Hill, *The Johannine Corpus in the Early Church* [Oxford: Oxford University Press, 2004], 432-34), 그렇다면 그가 요 6장을 성찬식적으로 해석한 가장 이른 증인일 것이다.

94) 아람어 *besar*는 *sōma*또는 *sarx*라고 번역할 수 있다고 한다.

을 거행했음을 뜻할 필요는 없다.[95] 요한은 영생으로 인도하는 신앙이란 자신을 죽음에 내어준 예수를 믿는 신앙임을 강조하기 원하므로, 예수의 희생적 죽음이 상징적으로 묘사되고 그것의 유익들이 상징적으로 적응된 예식에 사용된 언어를 사용하는 것이다. 요한은 "먹는다"는 뜻을 두 개의 서로 다른 동사들(*phagein*: 6:49-53, 58; *trōgein*: 6:54, 56-57)로 표현하는데, 그것을 요한이 비유적 의미의 먹음(즉 신앙)에서 문자적 의미의 먹음(즉 성찬식)으로 이동한 증거로 보기도 한다.[96] 그러나 53a절과 54a절의 평행 본문들이 보여주는 바와 같이, 요한은 사실상 두 동사들을 서로 교체 가능한 것으로서 사용하는 것 같다. 신약성경 그리스어에서 *phagein*은 미래와 단순과거로 사용되지만 *esthiein*은 다른 시제로도 사용된다. 요한은 *esthiein*을 쓰지 않고 언제나 *trōgein*을 쓰는데, 현재 분사로는 쓰지 않는다(6:54-58; 13:18은 시 41:9[40:10 LXX]를 인용하며, 70인역 본문은 *esthiein*을 사용한다). 여기서 요한은 확실히 통상적 용례를 따르고 있으며,[97] *phagein*과 *trōgein*을 의미상 차이 없이 사용한다.[98] 비록 *trōgein*이 요한복음에서 "우적우적 먹다"를 의미할지라도, 이것이 "먹는다"는 말보다 덜 비유적일 필요는 없다.[99]

---

95) 이그나티우스(Ignatius, *Trall.* 8.1; *Rom.* 7.3)는 성찬식 자체를 직접 언급하려는 목적으로 성찬식적 언어를 사용하기도 하고, 그와 비슷한 빈도수로 성찬식 외에 다른 것을 얘기하려는 목적으로 성찬식적 언어를 사용하기도 한다.

96) 예컨대 다음을 보라: Hoskyns, *Fourth Gospel*, 298-99.

97) 신약성경에서 이 단어는 이곳 외에는 오로지 마 24:38에만 나온다.

98) Barrett, *John*, 299; Maarten J. J. Menken, "The Translation of Psalm 41:10 in John 13:18," *JSNT* 40 (1990): 61-79, 65; Menken, "John 6,51c-58," 17.

99) Francis J. Moloney, *Signs and Shadows: Reading John 5-12* (Minneapolis: Fortress, 1996), 55. 몰로니는 두 동사들이 의미상으로 차이가 있다고 생각하는데, *trōgein*은 "이를 부딪치면서 먹는 행위"인 반면에, *phagein*은 예수의 살을 먹

이 본문을 적어도 일차적 의미에서 비성찬적으로 해석하기를 지지하는 학자들은 매우 중요한 지적을 하는데, 만일 예수가 (성찬식이 제도화되기도 전에!) 성찬식을 가르쳤다면, 그 이야기의 맥락에서 청자들이 예수를 이해하지 못했으리라는 것이다.[100] 내가 요한복음 3:5을 논할 때 주장한 원칙은, 요한복음에서 예수의 말씀들이 요한의 이야기 맥락에서 일차적으로 이해되어야 한다는 것이었는데, 이 원칙은 요한복음 6장을 해석할 때도 해당된다. 우리는 6:25-65을 읽는 내내 예수와 대화를 나누는 사람들에게 주목한다. 그들은 만나 주제를 끄집어내고 성경 본문을 인용하여 예수에게 설명하도록 하는 이들이다 (31절). 그들이 점차 예수의 말씀에 묵묵부답이 되어가자, "그 무리"(22절)는 "그 유대인들"에게 자리를 내어주는데(41, 52절), 유대인들은 예수에게 말하기보다는 자신들끼리 예수의 말을 믿을 수 없다는 불평들을 털어놓는다. 두 경우에서 예수는 그들이 하는 말에 주목하다가 그들에게 대답한다. 요한복음에서는 곧잘 예수가 청자들에게 한 말 때문에 발생한 문제들이 이야기의 화제를 한 측면에서 다른 측면으로 전이시키는 기능을 한다. 마지막으로 초점은 예수의 제자들에게 집중되며(제자집단은 12명보다 많고, 22절의 그 "무리" 중에도 제자들이 있었을 것이다), 그들 중 많은 수가 예수의 가르침을 어려워한다. 61-65절의 예

는 구체적인 개념을 표현하지만" 반드시 성찬식적 의미를 전달하는 것은 아니라고 한다. 두 동사의 의미상의 구분에 관하여 몰로니는 다음에 의존하고 있다: Ceslas Spicq, "TRWGEIN: Est-il synonyme de FAGEIN et d'ESQIEIN dans le Nouveau Testament?," NTS 26 (1979-80): 414-19. 스피크(Spicq)는 세 개의 동사들이 사실상 서로 교체 가능하다고 제안하는데, 동사 trōgein이 어떤 특정 맥락에서는 특정 어의(nuance)를 갖게 되고 다른 맥락들에는 다른 어의를 갖게 된다는 그의 주장은 지지해 줄 만한 증거가 불충분하다.

100) 예컨대 다음을 보라: Carson, John, 278; Ashby, "Body and Blood"; Michaels, John, 396.

수 말씀들은 그 본문이 속하는 담화의 후기(postscript)를 형성하고, 그 담화에서 예수는 의심하는 제자들에게 답한 다음에 자신이 한 말로 되돌아가서 담화를 마무리한다(65절; 참조. 44절).

한편, 예수가 니고데모와 나눈 대화와 평행하는 본문들에 주목할 필요가 있다. 6:53에서 예수는 영생을 얻는 조건을 부정 어법으로 표현하는데, 이것은 3:3과 5절의 그 나라에 들어가는 말씀들과 평행을 이룬다. 또한 6:42에서 "그 유대인들의" 회의적인 질문(제가 지금 어찌하여[pōs]⋯말하느냐?")과 6:52의 질문("이 사람이 어찌 능히[pōs dynatai] 제 살을 우리에게 주어 먹게 하겠느냐?")은 3:4에서 니고데모가 질문한 내용("늙으면 어떻게 능히[pōs dynatai] 날 수 있삽나이까?") 및 3:9에서 질문한 내용("어찌 능히[pōs dynatai] 이러한 일이 있을 수 있나이까?") 등과 놀라울 정도로 유사하다. 니고데모가 처음 질문할 때 예수는 자신이 의미하는 바를 더 설명하고, 6:43-51에서도 더 설명한다. 그러나 니고데모가 두 번째로 질문하자 예수는 더 이상 자신의 이야기를 니고데모의 "땅의" 관점에 적응시키려 노력하지 않으며, 유사하게 6장에서도 예수는 "그 유대인들"이 두 번째로 질문하자 더 이상 답하지 않는다. 53-56절은 "그 유대인들"이 믿기 불가능하다고 본 것들을 더 이상 용납하지 못하고 공격을 강화하게 한다. 주목할 것은, 두 사례(니고데모의 사례와 "그 유대인들"의 사례)에서 예수가 청자들에게 이해받기를 포기하는 시점이 예수가 그의 죽음-승귀에 대해 발설하기 시작한 시점과 일치한다는 사실이다.[101] 예수는 마침내 자신의 죽음을 은밀하게 언급했으

---

101) 두 본문이 완전히 평행을 이루지는 않는데, 6장에서는 이미 51절에서 예수가 자신의 죽음을 언급하지만(52절에서 "그 유대인들"은 그 내용을 이해하지 못한 것이 분명하지만), 3장에서는 니고데모의 두 번째 질문 이후에야 비로소 예수가 자신의 죽음을 언급한다.

나, 그 죽음의 사건이 실제로 일어나기 전까지는 제자들 역시 "그 유대인들처럼" 예수가 한 말을 제대로 이해하지 못한 것이 분명하고, 마찬가지로 6장에서도 제자들은 예수가 가르친 내용을 받아들이기 어려워한다(60-61절). 그들의 몰이해는 6장 이후에도 예수가 계속해서 자신의 죽음을 발설할 명분을 제공한다. 이 장에서 예수의 말씀은 식인 행위(cannibalism)를 나타내며, (떠나)가고야 말겠다는 이후의 말씀들 역시 그가 타국으로 여행을 가거나(7:33-36) 자살을 시도하겠다는 (8:21-22) 말처럼 읽힌다.

즉 예수는 6:51c, 53-56절에서 자신(세상을 살리기 위해 그 자신을 죽음으로 희생할 분)을 믿는 신앙을 요청하는 것이므로, 그의 살을 먹고 그의 피를 마신다는 언어는 주도면밀하게 엮은 수수께끼라고 보아야 한다.[102] 문자적으로 그 말들은 식인 행위를 나타내지만, 실질적으로는 비범한 개념에 이르게 하는데, 그 개념은 예수가 자발적으로 끔찍한 죽음을 죽음으로써 자신과 믿음으로 하나 된 사람들에게 영원한 생명을 제공하리라는 것이다. "유대인들"과 "그의 많은 제자들"이 (60절) 그 수수께끼를 파악하지 못하는 까닭은 성령이 주시는 통찰이 아직 그들에게 없기 때문이며, 그 통찰은 예수의 죽음-승귀 이후에야 비로소 가능해지기 때문이다(62-63절; 참조. 7:39). 그들 중 어떤 이들은 마땅히 믿을 수 있음에도 불구하고 믿지 않음으로써 그 때가 찼을 때에 얻게 될 통찰을 준비하지 못한다(36, 44-45, 62-65절).[103] 그러므로

---

102) 태처(Thatcher, *Riddles*, 285-86)는 51절을 하나의 수수께끼라고 하면서, 그것이 53-58절에서 계속되거나 강화되지 않고 예수가 "그 수수수께끼에 답하고 설명한다"고 생각하는 것 같다.

103) 36절과 40절에서 "본다"는 뜻은 그 이야기에서 사람들이 그런 것처럼 예수를 육안으로 본다는 뜻이며, 62절에서(1:51에서와 같이) 그 뜻은 그를 믿은 제자들이 그의 죽음 이전에 그러했던 것처럼 부활하신 예수를 본다는 뜻이다.

유월절 양에 대한 언급과 함께(참조. 6:4) 유대교의 희생제사를 생각한다면 그 이야기의 맥락에서 예수가 한 말씀들(51c, 53-56절)을 조금이나마 이해할 수 있을 테지만,[104] 요한복음의 관점에 따라 그 의미가 부활 이후까지 모호한 상태로 있게 되는 것이다.[105]

53-56절에서 요한이 육화 내지 죽음 같은 예수의 신체적 실재를 강조한다거나, 가현설적 가르침에 반대하기 위하여[106] 성찬식 같은 실재들을 강조한다는 생각은 대중적인 것일 뿐 맥락상으로 지지받기는 어려운 것들이다.[107] 6장에서 "그 유대인들"이 제기하는 문제는 예수의 물질적 실재에 관한 것이 아니라, 그와는 정반대로 그의 신적 기원에 관한 것이다(42절). "그 유대인들"이 "요한 공동체"의 맥락에서는 대변자에 불과할지라도, 그들이 여기 42절에서 연상되는 사람들과 다르다고 말하려면 52절 외에도 다른 자료가 필요하다.

제 위치를 찾아야 할 또 다른 몰이해는 63절이 53-56절에 대한 일종의 논평이라는 관점으로서,[108] 예수의 "살" 자체는 성령 없이는 무용하다는 주장이다.[109] 가끔 이런 주장은, 요한이 성찬식을 언급하는

---

104) 특별히 다음을 보라: Ashby, "Body and Blood."
105) Léon-Dufour, "Symbolic Reading," 452.
106) 예컨대 다음을 보라: Borgen, *Bread*, 183-92; Schnelle, *Antidocetic Christology*, 101-8; Moloney, "When Is John," 121.
107) 반가현설 해석에 반대하는 확장된 주장을 보려면 다음을 참조하라: Menken, "John 6,51c-58," 18-23.
108) 또는 대안적으로 53-58절의 "살"이 63절의 살과 공존할 수 없는 의미로 사용되었기 때문에 53-58절이 삽입된 것이라는 견해.
109) 예컨대 다음을 보라: Hoskyns, *Fourth Gospel*, 301; Barrett, *Essays*, 43; Dunn, "John VI," 334-38; 다음과 비교하라: Thomas L. Brodie, *The Gospel according to John: A Literary and Theological Commentary* (New York: Oxford University Press, 1993), 288.

이유가 신체적인 것들만 소비해도 구원의 효험을 얻을 수 있다는 성례전주의를 배격하기 위함이라는 견해를 지지하는 데 쓰이기도 한다.[110] 사실 63절은 그 담화에 대한 기독론적 논평이나 성찬식적 논평이 아니고, 제자들이 그것을 이해하지 못하는 것에 대한 논평이다. 링컨(Andrew Lincoln)이 관찰한 바와 같이, 요한은 "'살'을 예수에 대하여는 긍정적으로 사용하고(1:14; 6:51c, 53-56에서와 같이), 신적 계시에 반응하는 인간에 대하여는 부정적으로 사용한다(예컨대 8:15)." 후자의 경우에 "살"은,

> 성령의 활동 없이는 하나님과 멀어질 수밖에 없는 인간의 존재 영역을 가리킨다.…살은 예수를 평가하는 기준이 되지 못하고, 다만 그 신적 인자(Son of Man)의 살이 세상을 살리기 위하여 제물로 바쳐져 죽어야만 한다는 주장에 대하여 인간의 범주에서 화를 낼 수 있을 뿐이다.[111]

무용한 것은 예수의 살이 아니라, 살의 수준을 도무지 벗어나지 못하는 제자들의 관점이다.

요한복음 6장에서 예수는 자신의 살을 먹고 그 피를 마신다는 의미가 육화될 뿐 아니라 십자가에 달릴 분으로서의 자신에 대한 믿음을 뜻한다고 가르치는데, 이것을 한 단계 발전시킨 내용이 6:51c과 54-56절임을 우리는 앞에서 살펴보았다. 그런데 그 발전에는 또 다른 측면도 있다. 그것은 영생이 예수를 믿은 사람들에게 주어지는 신의 선물일 뿐만 아니라, 그의 죽음을 통하여 가능해진 예수 자신의 삶

---

110) 예컨대 다음을 보라: Burge, *Anointed Community*, 158.
111) Lincoln, *Saint John*, 237; Lindars, *John*, 273; Moloney, *Signs*, 62; Menken, "John 6,51c-58," 25; Smith, *John*, 162.

에 실제로 참여하는 일이라는 것이다.[112] 이것이 56-57절의 의미다. 57절에서 예수는 자기 자신이 그 아버지의 영원한 신적 생명을 살아내고 있으며, 신자들도 예수의 삶에 참여함으로써 그와 같은 신적 생명으로 살게 된다고 설명한다. 56절에서 그는 십자가에 처형된 예수에 대한 믿음이 신자들을 그와 친밀하게 하나로 이어주고, 서로 내주하고 거한다고 묘사할 수 있는 관계가 되도록 한다고 설명한다. 예수와 신자들이 상호 내주한다는 말은 그 상호성에 기초하여 먹고 마신다는 말을 발전시킨 것이다. 이것을 요한은 최후의 만찬 이야기와 연결하여 소개하는데, 최후의 만찬에서 상호 내주한다는 심상은 제자들의 생명에 대해 보다 완전하게 논의하는 맥락에서 재등장한다(10:14-23; 15:4-7).

성찬식 함의?(6:51c, 53-56)

요한이 성찬식적인 언어를 사용하는 이유는 성찬식 자체를 논하기 위해서가 아니라 십자가에 달리신 예수에 대한 믿음과 그의 생명에 참여하는 이야기를 하기 위해서다. 그러나 성찬식에 대한 이차적 인유 사례는 3:5의 세례에 대한 이차적 인유 사례보다 더 강한 것이 사실이다. 6:53-56에 성찬식 언어가 선명하게 등장하므로 그 언어에 익숙한 그리스도교인 독자들은 성찬식을 떠올릴 수밖에 없다. 그러므로 그

---

112) 어떤 해석가들은 이 절들이 예수를 믿는 신자들은 고난과 순교를 기대해야 함을 의미한다고 생각한다(Anderson, *Christology*, 207-9). 만일 이그나티우스(*Rom.* 7.3)가 요 6장을 알았다면, 그 본문을 이런 식으로 이해하여 그것을 다가올 자신의 순교에 적용하고 성찬식에도 적용했을 것이다.

"함의"를 진지하게 받아들이기는 해야 하지만, 그것이 그 본문의 일차적 의미를 대체하지는 않도록 주의해야 한다. 성찬식적 함의를 인식하는 책임 있는 독자들이라면, 그 본문의 일차적 의미와의 일관성을 유지하는 방식으로 이차적 함의를 이해할 것이다. 용납할 수 없는 성례전주의는 예식의 물질적 요소들에 너무 많은 중요성을 부여하는 것인데, 요한이 실제로 그런 성례전주의에 대항했다는 견해를 지지할 만한 단서가 그 맥락에서 드러나는 것은 아니다. 그러나 그 본문이 우선적으로 읽어내야 할 십자가에 달리신 예수에 대한 신앙을 뒷전으로 하고 예식의 물질적 요소를 강조하는 성찬식적 해석을 한다는 것은 어떤 것이든 부당하다. 다시 말해 그 본문을 성찬식과 연관시켜 읽어도 되는 경우는, 성찬식이 십자가에 달리신 예수에 대한 신앙을 표현하고 그 생명에 참여하는 것을 상징한다고 이해할 수 있는 한도 내에서만 그러하다. 그럴 때에야 비로소 그 본문은 성찬식에 참여한다는 것이 무엇이며, 성례전이 실제로 무엇을 뜻하는지를 가르치는 기능을 할 수 있으리라. 동시에 알아야 할 것이 있는데, 성찬식은 이 본문이 의미하는 바에 초점을 맞춘 교회의 삶속에서 행하는 공동 예식으로서 그 의미가 성찬식 자체를 능가한다는 점이다. 일차적인 의미는 성례전적 함의보다 더 기초적이면서도 광범위한 것이다.

여기서 이 본문이 어떻게 해석되어왔는지를 살펴보자. 이 본문이 바로 성찬식을 뜻한다고 해석한 이들도 많았으나(예컨대 교부들 중 키릴로스[Cyril of Alexandria], 크리소스토모스[John Chrysostom] 등), 비성례전적이라고 해석한 주요 전통도 있었다(클레멘스[Clement of Alexandria], 오리게네스, 에우세비오스, 루터, 칼뱅 등을 포함). 아우구스티누스, 토마스 아퀴나스, 그리고 트리엔트 공의회에서 그 문제를 토론한 사람들 등에게 주요 고려 사항은 이 본문이 먹고 마시는 사람들에게 영원한 생명을 약속하기는 하지만, 단지 그 성례전을 받는 것만을 뜻한 것은 아니라는 사실이다. 그래서 아퀴나스에 따르면, 그 약속은 "성례전 방식을 통해서만이 아니라" 영적 방식을 통해서도 먹고 마시는 사람들에게 주어진 것이다.[113]

최후의 만찬

요한복음이 최후의 만찬 기사에서 "성찬 제도"를 언급하지 않은 것에 관하여 다양한 설명이 있었다. 나는 다음 두 가지 고려 사항을 제시하겠다. (1) 내가 다른 지면을 통해 주장한 바와 같이,[114] 요한은 자신의 독자들이 마가복음을 알고 있다고 전제하고, 특별한 이유가 있는 경우를 제외하고는 마가복음에서 읽을 수 있는 것을 반복하지 않으려 한다. (2) 마가복음과 마태복음의 "성찬 제도"(막 14:22-25; 마 26:26-29)는, 누가(눅 22:19) 및 바울(고전 11:25)에게서와 달리, 예수가 그 제자들에게 반복하라고 한 내용을 포함하지 않기 때문에 잘못된 것이다. 마가복음과 누가복음의 성찬식 보도 기사는 예수의 죽음 이야기가 전개됨에 따라 그 죽음을 희생제사에 빗대어 독자들에게 해석해주는 기능을 발휘한다. 그러나 요한은 점차로 해석해주는 기능이 필요하지 않았다. 왜냐하면 예수의 죽음에 대한 요한의 이야기는 전체가 희생제의적 해석이기 때문이다(19:34). 그러므로 최후의 만찬에서 요한은 예

---

113) Koester, "John Six," 420-25.
114) Richard Bauckham, "John for Readers of Mark," in *The Gospels for All Christians: Rethinking the Gospel Audiences*, ed. Richard Bauckham (Grand Rapids: Eerdmans; Edinburgh: T&T Clark, 1997), 147-71.

수의 다른 상징적 행동 대신에 세족 사화(13:1-11)로 예수의 죽음을 해석함으로써, 노예의 역할까지 감당하면서 사랑으로 섬긴 예수 사역의 정점을 그려내고 있다.

예수 옆구리의 피와 물(19:34)

여기서는 이 본문을 간략하게만 논하겠으나, 이 본문에 관하여는 중요한 해석 전통이 있기 때문에 각별한 주의가 필요하다. 아마도 가장 최근에 해석을 제안한 학자는 몰로니(Francis Moloney)일 텐데,[115] 그는 이 본문이 성찬식과 세례라는 두 성례전을 인유하면서 예수의 희생적 죽음의 효험을 담아내고 있다고 보았다.

대부분의 학자들은 첫 번째 경우에 피와 물이 흘러나왔다는 뜻은 예수가 진짜 사람으로서 죽었다는 의미라고 해석한다(어떤 이들은 고대 생리학에서 물과 피가 그런 의미를 가졌다는 점에 호소한다).[116] 또한 대부분의 해석가들은 요한복음이 이 부분을 강조한다고 (그리고 19:35의 눈으로 본 증거에 호소한다고) 설명하면서, 그리스도가 참 사람이었음을 가현설적 관점에서 부인하는 내용이 요한복음에서 엿보인다고 생각한다. 그러나 그리스도가 실제로 성육신한 것이 요한에게 근본적인 문제였던 것처럼(1:14), 예수가 진짜 사람으로서 죽었다는 사실이 신학적으로 중요했을 수 있으므로 굳이 그것을 가현설을 겨냥한 변증이라고 해석할 필요는 없을 것이다. 요한복음에서 반가현설적 동기를 찾

---

115) Moloney, *John*, 505-6; 다음도 보라: Hoskyns, *Fourth Gospel*, 533; Barrett, *John*, 557; Schnelle, *Antidocetic Christology*, 209; Smith, *John*, 363.

116) 예컨대 Koester, *Symbolism*, 191.

는 일이 주석가들에게는 보편적인데, 그것은 아마도 요한 서신들이 예수가 참 사람이었음을 가현설적으로 부인했던 사실들을 보도하기 때문이리라. 그런 관심사가 있는 것은 분명하다. 나는 같은 저자가 요한복음과 요한 서신들을 썼을 수도 있다고 생각하는데, 만약에 그렇다면, 그 저자는 요한1서에서 요한복음도 그러하리라는 전제 아래 논쟁의 특정 맥락을 기술했을 수 있겠으나, 요한복음 저자는 그런 제한된 목적들만 추구한 것은 아니었던 것이 분명하다. 그 저자는 가현설적 가르침을 접했거나 접하지 않았을 그리스도교 공동체들을 위하여 요한복음을 썼는데, 그의 관심사는 예수의 성육신과 죽음에 대한 긍정적인 의미에 있었을 뿐, 그것에 대항하는 잘못된 견해를 반대하는 것에 있지는 않았다. 즉 요한복음 19:34에 등장하는 소재(피와 물)가 요한1서 5:6에서 가현설에 대항하는 맥락에서 사용되었더라도 요한복음 19:34에서는 그렇게 사용되지 않은 것이다. 요한1서 5:6에서 "물과 피로"(di' hydatos kai haimatos)라는 전치사구는 하나의 전치사가 두 개의 무관사 명사들을 지배하는 구조이므로, 두 명사들은 서로 밀접한 관계에 있으며(3:5의 "물과 성령"의 경우처럼), 요한복음 19:34에 나오는 것을 가리킨다고 이해하는 것이 최선일 것이다.[117] 예수의 죽음의 실제성에 대한 강조가 반가현설적이건 아니건, 대부분의 해석가들

---

117) 이런 결론으로 이끄는 보다 자세한 논의는 다음을 보라: Raymond E. Brown, *The Epistles of John: Translated, with Introduction, Notes, and Commentary*, AB 30 (Garden City, NY: Doubleday, 1982), 573-79; 다음도 보라: Matthew D. Jensen, *Affirming the Resurrection of the Incarnate Christ: A Reading of 1 John*, SNTSMS 153 (Cambridge: Cambridge University Press, 2012), 181-83; Bruce G. Schuchard, *1-3 John*, ConC (Saint Louis: Concordia, 2012), 530-32.

은 흐르는 피와 물의 신체적 측면에 만족하지 않고[118] 그 이상의 상징적 의미를 추구한다. 가장 대중적이고 그럴 듯한 해석은 피가 예수의 희생적 죽음을(또는 죽음으로 쏟아진 그의 생명을), 물은 생명의 성령을 (특히 7:37-39와 연관하여) 상징한다는 것이다.[119] 어떤 학자들은 이것을 이차적 의미로 인정하면서 성찬식과 세례를 삼차적 의미로 덧붙이기도 하며,[120] 다른 학자들은 두 차원의 의미만을 택하여 성례전적인 것을 두 번째 의미라고 주장한다.[121]

물이 예수의 대속적 죽음에서 흘러나오는 성령을 가리키고, 피가 희생적 죽음을 가리킨다는 주장은 요한복음의 모호하지 않은 다른 본문들과도 연결되고, 19:31-36의 유월절 주제와도 연결된다. 이것이 요한복음 이야기의 강조점으로서, 그것에 관하여 앞부분에서는 세례 요한이 예수를 증거하고(1:29: "세상의 죄를 지고 가는 하나님의 어린 양"), 그것이 성취되자 사랑받는 제자가 다시 증거하는 것이다(19:35). 요한복음 이야기가 성례전 내용을 포함하고 있다는 주장은 아마도 3:5이 세례를 그리고 6:53-56이 성찬식을 분명하고도 강하게 언급한다고 여기는 해석가들에게만 타당해 보일 것이다. 세례와 거듭남을 잇대어 생각하는 그리스도인 독자들은 3:5의 맥락에서 "물"과 세례를 연관시킬 수 있겠으나, 19:34에서 "물"은 세례를 연상시키지 않는다. 6:53-56이 성찬식에 대한 것이 아닐지라도 독자들은 "피"라는 단어를 접하는 순간 성찬식을 떠올릴 것이다. 신약성경에는 그리스도인들이 세례식과 성찬식을 한 쌍으로 함께 생각했었다는 증거가 거의 없으며, 무엇보다

---

118) 만족하는 해석가도 있기는 하다: Ridderbos, *John*, 619-20; Kruse, *John*, 372.

119) 예컨대 다음을 보라: Westcott, *St. John*, 279; Carson, *John* 623-24.

120) 예컨대 다음을 보라: Barrett, *John*, 557.

121) 예컨대 다음을 보라: Schnelle, *Antidocetic Christology*, 209; Smith, *John*, 363.

세례식과 성찬식을 같은 종류이면서도 서로 다른 두 범주로 구분하여 쓰는 특정 단어("성례전"에 해당하는)가 나오지 않는다. 그 둘을 한 쌍으로 취급하는 전통이 후대에 만들어졌다고 보는 것이 자연스러우므로, 1세기 말에 이미 그런 전통이 확립되어 있었다고 추측해서는 안 될 것이다. 다른 신약성경 본문들 중에서 세례식과 성찬식을 함께 다루는 본문은 요한1서 5:6-7을 제외하고는, 아마도 고린도전서 10:1-4이 유일할 것이다. 19:34도 그렇게 읽을 수 있는가에 관하여는 해석상 논란의 여지가 있다. 19:34에 성찬식과 세례식에 대한 인유가 있더라도 그 강도는 매우 약하다.

결론

요한복음의 구원론은 지극히 기본적인 것들에 관한 것이다. 구원자 예수에 대한 신앙과 영원한 생명을 얻는 일은 하나님께로부터, 그리고 예수 자신의 생명에 참여함을 통하여 가능하다. 이런 실상이 교회에서 거행하는 세례식과 성찬식이라는 성례전에 표현되는데, 성례전의 물질적 요소들을 연상시키는 용어들 중 많은 것들이 요한복음 본문들에 나오기 때문에, 그런 요한의 본문들을 성례전에 관한 것으로 종종 해석하는 것은 놀라운 일이 아니다. 성례전적 함의를 담고 있다고 가장 자주 주장되는 요한복음 본문들을 연구한 결과 내가 내린 결론은, 성례전들의 초점이 구속론적인 현실들에 맞추어져 있고, 요한복음은 구속론적 현실들을 우선시하기 때문에 성례전 신학에 기여한 것은 사실이나, 구속론적인 현실들은 언제나 성례전의 물질적 차원에 머물지 않고 그것을 능가한다는 것이다. 요한복음이 구속론적 현실들을 우선시한다고 해서 성례전에 반대한다고 볼 이유는 없다. 요한은 성례전에 반대하는 것이 아니고, 성례전을 지나치게 강조하는 일이나 혹은 실수로 외적인 예식에 의존하는 일 등에 반대하는 것도 아니다. 만약에 요한이 성례전 요소들을 사용하되 이차적 함의로 읽힐 정도로만 사용했다면, 그것은 요한복음의 장르가 예수의 역사에 대한 이야기이기 때문에, 화제를 선정하는 과정에서 주요 주제들에 집중하기 위하여 다른 것들은 두드러지지 않도록 제어했기 때문일 것이다. 그럼에도 성례전들과 영성에 관한 많은 용어들과 심상들이 요한복음에서 나왔다고 할 수 있는데, 성례전들은 그리스도로 구원받는다는 현실을 표현한 것이고, 요한복음에 기억할 만한 표현이 나오기 때문이다.

6장

이원론들

요한복음이 "신약성경 책들 중에서 가장 이원론적"이라는 것에는 대체로 동의한다.[1] 그런데 앞으로 살펴보겠으나, "이원론"은 잡힐 듯 잡히지 않는 미끄러운 용어임에도 불구하고 어떤 해석가들은 이러저러한 종류의 이원론과 이중성 등을 제시하며 그것들이야말로 의심할 여지없이 요한복음의 사상과 표현의 주요 특징이라고 섣불리 주장함으로써 요한복음은 많은 오해를 받아왔다. 이 장에서 나는 특별히 이 주제를 좀 더 명확히 하고자, 요한복음의 다양한 이원론들 및 이중성들과, 그리고 요한복음 사화 및 신학 안에서의 그것들의 역할에 대하여 선행 연구가 수행한 것보다 더 자세하게 분석하려 한다. 나는 불트만 (Rudolf Bultmann)의 저서로 시작하려 하는데, 요한복음의 이원론이라는 주제를 역사적 설명과 신학적 해석이라는 두 측면에서 그보다 더 끈질기게 붙잡고 연구한 학자는 없기 때문이다.

루돌프 불트만의 요한복음 신학

불트만의 요한복음 해석을 읽는 일은,[2] 비록 비평적으로 읽어야 하는

---

1) Robert Kysar, *John, the Maverick Gospel* (Atlanta: John Knox, 1976), 48-49.
2) 불트만은 그의 책(*Theology of the New Testament*)에서 요한의 신학이 요한복음의 신학이며, 요한 서신들과 일관적 통일성이 있는 것으로 취급했다. 그러나 불트만의 해석은 주로 요한복음에 의존하고 요한복음의 신학을 요한 서신들의 그것과는 독립적으로 다루는 일이 점점 더 심해지기 때문에, 이 장에서 나는 특별히 요한복음에 집중하고 필요한 경우에만 간혹 요한 서신들을 언급하겠다.

오늘날의 시각으로도 여전히 흥분되는 경험이다. 불트만의 해석은 요한복음에 대한 진정한 신학적 해석을 시도한 것으로서 보다 최근의 저작 중에서도 그와 견줄 만한 작품이 거의 없을 정도다. 불트만은 그 복음서 저자의 작품이 대체 신학적으로 무슨 의미가 있는가를 꿰뚫기 위하여 철저하게 분석하기를 시도했기 때문이다. 불트만은 무엇보다 교리에 얽매이지 않고 역사에 집중한 종교사학파에서 수련한 역사적 주석가이지만, 주석과 신학을 함께 다루겠다는 야심을 밝힌 바 있다. 그의 야심은 그의 요한복음 해석에 가장 성공적으로 반영되었는데, 이런 사실은 그의 『신약성서 신학』(Theology of the New Testament)과 경이로운 요한복음 주석이 입증하고 있다.[3] 왜냐하면 불트만은 신약성경 저자들 중에서 요한복음 저자야말로 그리스도가 전한 소식의 본질적 핵심과 특징인 초기 그리스도교 운동의 케리그마를 가장 명확하게 파악했을 뿐만 아니라, 현대 해석가들이 그가 도입한 "신화적" 표현 형태들로부터 그 본질적 핵심을 가장 쉽게 식별해낼 수 있도록 저술했다고 믿었기 때문이다. 다시 말해 그 초기 그리스도교 저자는 모름지기 20세기 후반을 사는 서구인들이 케리그마를 제대로 알아들을 수 있으려면 반드시 해야 한다고 불트만이 주장했던 "탈신화화"를 이미 상당 부분 수행했던 것이다. 불트만은 요한복음 저자의 생각의 동력 안으로 들어가, 요한복음에 담긴 소식을 자신의 동시대인들이 알아들을 수 있도록 다시 재조합하여 표현하고자 했다. 그러므로 불트만의 해석은 요한복음에 담긴 사상을 "순수하게 역사적으로" 보도한 것이 아니라(요한복음 신학에 대한 보다 최근의 많은 설명들과는 달리), 자

---

3) Rudolf Bultmann, *The Gospel of John*, trans. George R. Beasley-Murray (Oxford: Blackwell, 1971).

신이 역사적 방법론으로 재건한 요한복음의 배경과 발전에 상당히 의존한 결과인 것이다.

　세 가지 핵심 요소들이 불트만의 요한 신학 해석을 다른 해석들과 차별화한다. 첫째, 자료 분석으로서, 불트만은 요한복음 저자가 요한복음에 통합한 자료들을 구분하고, 복음서 저자가 쓴 부분에 후대의 편집자가 다른 자료를 더하여 요한복음을 관례화된 그리스도교의 가르침과 비슷하게 만든 부분을 구분했다. 둘째, 불트만은 계시자(Revealer)에 대한 영지주의 신화가 요한복음 배후에 있다고 보았는데, 그는 복음서 저자가 그것을 자신의 주요 자료들 중 하나인 "계시-담화들"에서 발견했다고 주장하면서, 그것을 만다교 문헌에 기초하여 재건했다. 불트만은 요한복음 저자가 그리스도교 이전 자료인 영지주의 신화를 사용했고, 그 신화를 알면 요한 문헌이 초기 그리스도교의 다른 주요 신학적 경향들과 왜 다른지를 알 수 있다고 보았다. 불트만의 요한 신학 해석의 요점은, 요한복음 저자가 기존의 신화적 틀을 사용하기는 했으나 고스란히 사용하지는 않았고 자신의 목적에 맞추어 상당히 변형시켜서 요한복음의 기독론과 구원론을 구성했다는 것이다. 셋째, 요한복음의 핵심 소식을 분별하고 설명할 때 불트만이 도입한 철학 자료는 하이데거(Martin Heidegger)의 실존주의 분석이었다는 것이다. 실존주의 철학을 도입했기 때문에, 불트만은 그리스도교 케리그마를 신화나 교리에 속한 명제적 언명이 아니라 인간의 실존을 이해하는 것으로 이해할 수 있었다. 요한복음 저자 자신이 영지주의 신화를 뼈대로 삼아 케리그마가 인간의 새로운 실존 가능성을 알리는 본질적으로 급진적인 도전임을 효과적으로 제시한 것처럼, 불트만 역시 하이데거가 구분한 진본적/권위적 실존(authentic existence)과 비진본적/비권위적 실존(inauthentic existence)이라는 관념적 틀을 사용하여 요한복음의 소식을 재구성함으로써 그것을 탈신화화할 수 있었던 것이다. 주의해야 할 것은, 복음서 저자가 케리그마 자체를 영지주의에서 가져오지는 않았듯이, 불트만 역시 요한복음의 소식 자체를 하이데거에게서 가져오지는 않았고, 하이데거는 다만 요한복음의 소식을 표현하는 관념적 도구들을 제공했을 뿐이라는 점이다.

그렇다면 하늘에서 세상으로 들어왔다가 하늘로 되돌아가는 구속자(Redeemer) 사상을 요한복음 저자가 영지주의에서 가져왔다는 뜻인데, 여기서 구속자란 계시하는 자로서, 오로지 계시만 하기 위하여 온 자를 뜻한다. 요한복음 저자는 영지주의의 계시 구원론에 뼈대를 제공하는 우주적 이원론의 영향도 받았는데, 이원론은 빛과 어두움, 진리와 거짓, 생명과 죽음, 자유와 속박 등 서로 반대되는 쌍들로 표현된다. 이러한 계시자 신화와 실상(reality)에 대한 이원론적 묘사가 요한복음을 독특하게 만드는 요인들이다. 그런데 요한복음 저자가 실상에 대한 영지주의적 관점을 공유하지는 않았다. 주목할 것은 요한복음에서 예수가 계시한 것은, 이 세상의 악마적 세력으로부터 자신이 구해내기로 예정된 범주에 속한 사람들의 참된 속성과 운명에 관한 어떤 비밀 같은 것이 아니라는 점이다. 그 "신화적 언명들은 본래의 신화적 의미를 잃었다."[4] 사실 요한의 예수가 계시한 것은 "그 자신이 계시자라는 것 외에 다른 것이 아니며",[5] 자신은 창조자의 권위 있는 말씀으로서 인간의 생각을 초월하는 세상에서 왔고, 자신의 말을 듣는 사람들은 신앙의 결단을 해야 한다는 것이다.

요한복음이 영지주의 신화를 사용하여 비영지주의적 신학을 전개

---

4) Rudolf Bultmann, *Theology of the New Testament*, trans. Kendrick Grobel (London: SCM, 1955), 2:62.

5) Bultmann, *Theology*, 2:66.

한다는 사실이 가장 극명하게 드러나는 것은 말씀이 육신이 되었다는 주장인데(1:14), 이 주장은 세상이 하나님의 피조물이라는 관점과 일치한다. 그러므로 요한복음 저자가 영지주의에서 가져온 이원론적 용어들은 우주적 기원들에 대한 신화로 악의 기원을 설명하는 우주론적 이원론을 더 이상 표방하지 않는다. 오히려 그 용어들은 "오로지 창조 사상에 관하여 요한복음에만 고유한 의미를 나타내는데",[6] 불트만에 따르면 그 의미들은 인간의 자기이해 가능성을 두 가지로 제시한다. 하나는 하나님의 초월적 실상에 의존하거나 열려 있는 피조물로서의 자신을 이해하는 것이고, 다른 하나는 창조주의 실상과 달리 자율적이고 제한된 자로서 자신을 이해하는 것이다. 세상은 어두움 속에 있기 때문에 두 번째 형태의 자아이해가 인간 사회에 팽배해 있고, 빛이 와야만 비로소 하나님과 관계를 맺는 권위 있는 형태의 실존 가능성이 열리는 것이다. 예수가 빛으로 오셨기 때문에 인간들은 생명이냐 죽음이냐를 결정하고, 진본적/권위적 실존이 될 것인지 말 것인지를 결정하며, 믿을 것인지 거부할 것인지를 결정하지 않으면 안 되는 상황이 벌어진 것이다. 그러므로 요한복음의 이원론은 우주론적인 것이 아니며,[7] 오히려 "결단에 대한 이원론"이라고 할 수 있다. 요한의 이원론은 어떤 초월적 인간의 우주적 실상이나 인간을 두 범주로 나누는 예정론적 구분 따위를 전개하는 것이 아니라, 예수로 육화된 하나님의 말씀이 모든 인간들로 하여금 대면하게 하는 실존론적 결단이 얼마나 중차대한 일인가를 알린다.

요한의 이원론에 대한 불트만의 이해를 위해서는 설명이 좀 더 필

---

6) Bultmann, *Theology*, 2:17

7) 불트만은 다음과 같이 썼다: "악마는 요한에게 신화적 의미로 실상(reality)일까? 최소한으로 표현하자면, 그럴 가능성은 거의 없다." Bultmann, *Theology*, 2:17.

요하다. "그 세상"(*kosmos*) 또는 "이 세상"이란 일차적으로는 인간 세상을 뜻하며 어두움과 거짓(이 둘은 같은 의미다)을 가져다가 그것을 자신의 본질로, 즉 자신의 실존 방식으로 만든 세상이다(불트만은 존재하기[being]를 속성[nature]과 구분한다).[8] 그러므로 어두움과 거짓은 세상이 속박당하는 세력을 구성한다. 다시 말해, 세상은 환각적인 자기이해를 움켜쥐고 있는 것이다. "비도덕적 행위가 아니라 자신에 대한 환각이야말로 거짓된 것이다."[9] 자신을 하나님께 대항하는 주권자로 이해하게 되면 악한 행동을 할 수밖에 없다. 세상은 하나님의 실상("진리")을 등지고 돌아섬으로써 "자신을 허망한 실상으로 향하게 하였는데, 그것은 거짓이기 때문에 동시에 죽음이기도 하다."[10]

인간에게는 두 가지 실존의 가능성들이 열려 있다. 한 가능성은 ("세상의", "땅의", "악마의", 또는 "아래로부터의" 존재가 되기 위하여) 세상의 기원을 살아내면서 하나님께로부터 기원한 자신의 진정한 존재를 거부하는 것이고, 다른 가능성은 ("하나님의", "진리의", "하나님으로 태어난", 또는 "위로부터 다시 태어난" 존재가 되기 위하여) 하나님께로부터 기원한 존재를 살아내는 것이다. 후자의 삶은 진리(하나님이 창조주로서 유일하고 진정한 실상이시라는)를 아는 것이다. 진리에 관한 요한의 용어인 "생명"은 "하나님과 하나님께서 계시하는 분(예수)에게 다만 열려 있음을 뜻한다."[11] 자신의 창조의 실상을 알아차리는 일을 통해서만 인간은 진정한 자기이해에 도달하고 진본적/권위적 실존이 될 수 있다. 예수

---

8) 영지주의 우주론의 이원론은 빛의 자녀들과 어두움의 자녀들 사이의 속성을 구분하는데, 이런 구분은 태고의 우주 타락에서 기원한 것이다.
9) Bultmann, *Theology*, 2:18.
10) Bultmann, *Theology*, 2:19.
11) Bultmann, *Theology*, 2:19.

그리스도 안에서 자유하게 하는 진리의 계시를 접하게 되면, 사람들은 두 가지 반응을 보이게 된다. 진리를 신앙으로 받아들이거나 아니면 자기환각에 빠지기를 선택하는 것이다.

불트만은 인간의 두 범주들이 외적 요인에 의하여 결정되는 것처럼 보이게 하는 요소들이 요한복음에 많다는 것을 인정하면서도, 그것은 실제로 인간의 구분이 예정되어 있다고 가르치는 영지주의 신화에서 요한복음의 언어를 가져왔기 때문에 그렇게 보이는 것뿐이라고 설명한다. 요한복음에서 그 언어는 다른 기능을 발휘하며, "결단의 이원론"을 표현한다는 것이다. "요한의 예정론적 공식들이 의미하는 신앙의 결단이란 내부의 세속적 충동들에서 나오는 세상 안의 가능성들 중 하나를 선택하지 않는 것과, 하나님의 임재를 믿는 신자라면 자기 자신만 신뢰하는 신앙에 머물 수 없다는 것이다."[12] 엄밀히 말하여 신앙이란 자기확신을 포기하는 것이며, 하나님의 선물이다.

요한의 예수에 따르면, 예수가 가져온 빛을 거부하면 그것만으로도 어두움에 남아 있기를 선택하고 또한 심판받을 죄인이기를 선택하는 것이며, "신앙과 불신앙 중에서 자신이 선택한 결정에 따라 자신의 정체가 무엇인지가 밝혀지고 그때부터 그가 어디서 왔는지도 분명해진다."[13] 그로 인하여 두 종류의 사람들이 나뉘며, 서로 사랑하라는 새 계명을 따르는지 아닌지도 알 수 있게 된다. 이처럼 예수의 오심과 가심은 사람들을 선명하게 구분하는 계기가 되기 때문에 세상에 대한 심판이 벌어지는 종말론적 사건이라고 할 수 있다.

구원은 하나님과의 조우이며 오로지 신앙만으로 가능한 것이다.

---

12) Bultmann, *Theology*, 2:23.
13) Bultmann, *Theology*, 2:25.

불트만은 요한복음 저자가 "신비적 관계"를[14] 연상시키려는 의도가 없었음을 입증하려고 애쓰는데, 불트만이 의미하는 신비적 관계란 중재자 없이 신적 존재와 연합하는 헬레니즘 종교의 신비주의로서, 종교사학파에 속한 다른 학자들은 요한복음에 그런 신비주의가 있다고 본다. 신자의 "종말론적 실존"이란 "예수나 하나님과의 다른 어떤 직접적 관계가 아니라 오로지 신앙 안에서만" 갖는 실상이다.[15] 이 대목에서 "오로지 신앙"을 표방한 루터의 전통이 하이데거의 실존 철학과 조우한다. 실존의 새로운 형태는 새로운 속성이 아니다. 신자들이 죄로부터 자유롭게 된다는 것을 "(영지주의에서처럼) 속성상 죄를 지을 수 없는…새로운 속성이 되었다고 이해해서는 안 된다. 죄가 없다는 것은 신앙에 고유한 것으로서", 그런 신앙은 "세상을 극복하기 위하여 계속 반복적으로 유지해야만 하는 것이다."[16] 여기서 신앙을 강조하는 이유는 어떻게 요한복음 신학이 영지주의의 신화론적 범주들을 사용하면서도 실제로는 그 자체의 신학을 분명하게 영지주의적인 일체의 것들로부터 구분하고 있는가를 알려주는 불트만의 설명을 완성시키기 위해서다.

요한복음의 구원론에 대한 불트만의 설명 가운데 마지막으로 특별히 주목해야 할 것이 있다. 요한복음이 구원을 설명하기 위해 사용한 진리와 생명의 언어인데, 그것은 세상이 추구하는 실상과 생명에 상응한다. 비록 세상이 하나님께 대항하기는 했으나, 하나님의 피조물이기를 멈출 수 없기 때문에 세상은 진정으로 실존하기 위하여 마땅히 해야 할 것을 갈구한다. 빛과 조우하기까지 갈구하는 대상이 무

---

14) Bultmann, *Theology*, 2:84.
15) Bultmann, *Theology*, 2:85.
16) Bultmann, *Theology*, 2:79.

엇인지 알 수 없음에도 불구하고 (그것을) 갈구하는 것이다.[17] 예수는 자신을 소개할 때 생명의 빵, 생명의 물, 세상의 빛, 또는 선한 목자라고 하는데, 이것은 "자기가 바로 세상이 찾고 갈구하는 것이라는 뜻이다."[18] 그는 "신화로 표현된 전이해를 상정한다."[19] 이런 방식으로 불트만은 요한복음의 케리그마 자체를 헬레니즘의 종교 세계에서 끌어내지 않고서도 요한복음의 구원 심상들의 광범위한 공명 현상을 설명할 수 있었다.

평가

불트만의 요한 신학 해석은 많은 인정을 받았다. 특별히 나는 불트만의 "결단에 대한 이원론" 설명이 요한의 이원론이 기능하는 방식에 대한 필수불가결한 통찰을 제공한다고 생각한다. 그러나 불트만의 요한복음 해석 방법을 구성하는 세 가지 주요 인자들은 이어지는 후속 연구에서 좋은 평가를 받지 못하였다. 두 번째 인자―영지주의 신화에서의 계시자 사상에 대한 불트만의 재구성과, 요한복음의 독특한 특징이 그 신화에 의존하기 때문이라는 그의 주장―를 지지하는 학자들은 오늘날 거의 없다.[20] 만다교 자료들에서 그런 신화를 재건했다는 것은 미심쩍은 일이고, 나그함마디 문헌에 포함된 작품들보다 이

---

17) Bultmann, *Theology*, 2:26, 65.
18) Bultmann, *Theology*, 2:26.
19) Bultmann, *Theology*, 2:27.
20) 요한복음과 영지주의의 관계에 대한 간략한 개관을 보려면 다음을 참조하라: Raymond E. Brown, *An Introduction to the Gospel of John*, ed. Francis J. Molney (New York: Doubleday, 2003), 116-26.

른 시기에 "영지주의" 또는 "영지"라고 부를 만한 어떤 것이 있었겠는가 하는 문제도 논란의 여지가 극명하다. 무엇보다 불트만 이후의 학자들은 우리가 가지고 있는 요한복음을 굳이 그런 추측성 가설로 설명할 필요는 없다고 보는 경향이 다분하다. 많은 학자들이 그런 경향을 보이게 된 배경의 일부는 쿰란 문헌들이 요한복음의 특징들 중 적어도 한 가지를 보다 적절하게 설명해 줄 병행본문들을 제공하기 때문인데, 그 특징은 불트만이 특별한 종교사학파적인 배경에 의존하지 않고서는 도무지 설명할 수 없다고 본 것으로서, 소위 이원론(dualism)이 그것이다(이하를 보라). 오늘날에는 "영지"에 영향을 받지 않은 유대교 형태들이 우리가 상정해야 하는 요한복음의 유일한 "배경"임을 보다 일반적으로 널리 인정하는 경향을 보인다. 최근의 또 다른 주요 경향은 요한복음의 독특성을 설명하기 위하여 사회학적인 요인들—"요한 공동체"의 역사와 상황—을 도입하는 것이다.

또한 불트만이 당시에 널리 유통되던 다른 초기 기독교 사상들과 요한복음 신학의 차이를 지나치게 과장했다고 보는 이들도 많다. 불트만은 자신의 접근 방법을 구성하는 세 가지 인자들 중 첫 번째 것 때문에 그렇게 했을 텐데, 그것은 자료들과 편집에 대한 자신의 특별한 이론이었다. 불트만은 신약성경의 다른 본문들과 비교하여 특별히 덜 이상한 부분들을 요한복음에서 잘라내면서 (이를) 교회 편집자가 쓴 부분이라고 했다. 예컨대 불트만은 요한복음 저자의 종말론을 완전하게 실현된 또는 실제로 무시간적인(즉 탈신화한) 것이라고 규정하고, 미래 종말론 부분은 편집자가 첨가한 것이라고 보았다. 이것은 자료비평에 너무 의존하여 속단한 결과로서, 오늘날 우리들처럼 요한복음이 드러내는 사상과 표현 형태들을 이해하고 인정하는 일에 보다 더 신중했더라면, 요한복음 저자가 영원한 생명에 대한 현재적 경험을 힘 있게 강조하면서도 여전히 미래적 차원을 배제하지 않고 있다고 결론지을 수 있었을 것이다. 서로 상충하는 것처럼 보이는 주제들을 영원한 생명과 현재적 부활과 미래적 차원으로 나란히 정렬함으로써, 그것을 읽는 독자들이 그 주제들에 얽힌 문제들을 다양한 차원으로 보완하며 읽도록 하는 것이 요한복음 기술 방식의 한 특징인 것 같다.

마지막으로, 불트만은 요한복음의 케리그마에서 발견한 자기이해를 설명할 때 인간 실존에 관한 철학 분석을 사용하는데, 최근 요한복음 저술가들 대부분은 그런 이론에 끌리지 않겠으나, 그럼에도 불구하고 불트만이 하이데거적인 분석을 사용하여 용이하고도 날카롭게 만든 주석적 통찰들 중 몇 가지는 인정받지 못했다거나 영향을 끼치지 않았다고 할 수 없다. 다만 많은 학자들은 요한 신학을 현대신학으로 풀어내는 일에는 관심이 없고, 요한복음의 사상 세계를 사회과학 방법론 같은 다른 방식으로 탐구하기를 선호할 뿐이다. 신학에 관심이 많은 학자들은 불트만의 탈신화화처럼 급진적인 방법을 쓰지 않고, 그리스도교 신학 전통에서 관념적 도구들을 가져다가 작업하는 경향을 보인다. 실로 불트만의 신학 방법은 어떤 정보에도 만족하지 않은 채, 인간들에게 주도면밀하게 신앙을 촉구하는 신의 말씀에만 배타적으로 집중하므로 환원주의라 할 수 있고, 그런 신앙은 인간 존재가 초월적인 창조주에게 열린 상태로 의존하는 피조물임을 스스로 자각하는 일이다. 이런 관점으로 요한복음을 관통하여 읽는 것이 요한의 구속론이고, 이것이 요한 구속론의 전부일까?

불트만 이후에 무언가 중요한 것을 잃지는 않았는지 의아해 하는 사람도 있을 것이다. 불트만은 신학을 실존론적 자각으로 축소시켰다고 비난받는데, 최근 요한학계를 신학적으로 평가해 보자면, 신학을 사회학으로 축소시키는 위험이 있다는 점을 지적할 수 있겠다.[21] 그런 위험에 저항하는 사람들이 실제로 많기는 하지만, 불트만처럼 요한 사상의 동력 안으로 진입하기를 시도하여 요한 신학이 동시대인들에게 해독 가능한 것이 되게 하려고—비록 피치 못하게 위험천만할지언정—그토록 철저하게 확인하기를 시도한 사람이 또 있을까?[22] 그냥 질문해 본다. 불트만은 신약성경 책들 중에서 요한복음이 가장 신학적인 성향을 가졌다고 생각했는데, 그것을 오늘날 인정하고 수정하기에는 극복하기 불가능한 문제점들을 안고 있다고 말하는 이들도 있을 것이다.[23] 요한복음의 이원론은 그런 반응들과 연관된 중요한 인

---

21) 나는 본질적으로 사회학적인 차원이 요한 신학에 있으며 특별히 그것을 불트만이 간과했다는 사실을 부인할 생각은 없으나, 그럼에도 불구하고 요한 공동체와 그것이 처해 있었을 법한 어떤 특정 상황의 역학관계들을 추측에 의존하여 재건하는 일이 과연 적절한가에 대하여는 의심스럽게 생각한다.

22) 고려할 만한 특정 후보들을 거론하는 일은 시샘을 불러일으킬 수도 있겠으나, 지난 20년 동안 출간된 책들 중에서 그 포부와 신학적 진지함으로 칭찬받을 만한 것들을 꼽으라면 다음과 같다 (발행일 순으로 정렬함): Thomas L. Brodie, *The Gospel according to John: A Literary and Theological Commentary* (New York: Oxford University Press, 1993); Andrew T. Lincoln, *Truth on Trial: The Lawsuit Motif in the Fourth Gospel* (Peabody, MA: Hendrickson, 200); Dorothy A. Lee, *Flesh and Glory: Symbol, Gender, and Theology in the Gospel of John* (New York: Crossroad, 2002). 요한복음을 신학적으로 해석하기 위한 목적에 따라 기획한 다음 논문집도 참조하라: Richard Bauckham and Carl Mosser, eds., *The Gospel of John and Christian Theology* (Grand Rapids: Eerdmans, 2008).

23) 예컨대 다음을 보라: Fernando F. Segovia, "Inclusion and Exclusion in John 17: An Intercultural Reading," in *Literary and Social Reading of the Fourth Gospel*, vol. 2 of *What Is John?*, ed. Fernando F. Segovia, SBLSymS 7 (Atlanta: Scholars Press, 1998), 183-209. 어떤 이들은 매우 다른 문제를 지적하는데, 그것은 오랫동안 논의된 것으로서 요한의 예수와 역사적 예수 사이의 관계에 관한 것이다. 예컨대 다음을 보라: Maurice Casey, *Is John's Gospel True?* (London: Routledge, 1996).

자임에 틀림없다.

쿰란 문서들과 요한복음의 이원론

많은 요한 학자들은 사해문서들이야말로 불트만이 상상한 요한복음의 영지주의적 배경이 비워두고 간 자리를 차지한다고 생각한다. 사해 문서 일부가 발간되기 시작할 무렵부터 (특히 다음 문서들: *The Community Rule* [1QS]; *The War Scroll* [1QM]) 많은 학자들은 요한복음과 요한 서신들의 배경을 1세기 유대교 밖에서 찾을 필요가 없다는 확신을 갖게 되었다. 물론 요한복음과 쿰란 문헌 사이에 상당한 유사성들이 관찰되긴 했으나,[24] 브라운(Raymond Brown)의 다음 주장은 많은 것을 대변한다. "상대적으로 정확하게 유사한 영역은 오로지 한 영역뿐이며", 그것은 "이원론과 그것의 결과물들이다."[25] 특히 "두 영들의 논문"(1QS 3.13-4.26)을 중심으로 일단의 학자들은 두 문서가 사용하는 개념들과 용어들이 서로 너무 비슷해서 두 문서들 사이에 밀접한 역사적 연관이나 심지어 직접적인 문학적 의존 관계가 있었던 것이 분명하다고 주장했는데, 쿰란 문헌의 이원론은 고대 유대교 내

---

24) 특별히 다음 책에 편입된 논문들을 보라: James H. Charlesworth, ed., *John and Qumran* (London: Geoffrey Chapman, 1972); Mary L. Coloe and Tom Thatcher, eds., *John, Qumran, and the Dead Sea Scrolls: Sixty Years of Discovery and Debate*, SBLEJL 32 (Atlanta: Society of Biblical Literature, 2011).

25) Raymond E. Brown, "John, Gospel and Letters of," in *Encyclopedia of the Dead Sea Scrolls*, ed. Lawrence H. Schiffman and James C. VanderKam (Oxford: Osford University Press, 2000), 1:414-17, 415.

에서는 독보적인 것이었기 때문에 더욱 그렇다고 한다.[26] 그러나 다른 학자들은 비슷하기는커녕 다른 것들을 더 많이 발견하였다.[27]

나는 각 저자들이 각자 아는 같은 성경 본문들이나 유대교의 전통적 형상화 등을 각각 독립적으로 사용한 결과, 두 문서 사이에 유사성들이 발생하게 된 것이라고 생각한다. 빛/어두움에 대한 형상화

---

26) Raymond E. Brown, "The Qumran Scrolls and the Johannine Gospel and Epistles," *CBQ* 17 (1995): 403-19, 559-74; James H. Charlesworth, "A Critical Comparison of the Dualism in 1QS 3.13-4.26 and the 'Dualism' Contained in the Gospel of John," in Charlesworth, *John and Qumran*, 76-106; Brown, "John"; Joseph A. Fitzmyer, "Qumran Literature and the Johannine Writings, in *Life in Abundance: Studies in Tribute to Raymond E. Brown*, ed. John R. Donahue (Collegeville, MN: Liturgical Press, 2005), 117-33; James H. Charlesworth, "The Fourth Evangelist and the Dead Sea Scrolls: Assessing Trends over Nearly Sixty Years," in Coloe and Thatcher, *John, Qumran*, 161-82, esp. 165-72; John Ashton, *Understanding the Fourth Gospel* (Oxford: Clarendon, 1991), chap. 6 (그는 요한이 에세네에서 기독교로 개종한 사람일 가능성이 거의 확실하다고 생각한다).

27) Howard M. Teeple, "Qumran and the Origin of the Fourth Gospel," *NovT* 4 (1960-61): 6-25, reprinted in the *Composition of John's Gospel: Selected Studies from Novum Testamentum*, ed. David E. Orton, BRBS 2 (Leiden: Brill, 1999), 1-20; David E. Aune, "Dualism in the Fourth Gospel and the Dead Sea Scrolls: A Reassessment of the Problem," in *Neotestamentica et Philonica: Studies in Honor of Peder Borgen*, ed. David E. Aune, Torrey Seland, and Jarl Henning Ulrichsen, NovTSup 106 (Leiden: Brill, 2003), 281-303; Jörg Frey, "Licht aus den Höhlen? Der 'johanneische Dualismus' und die Texte von Qumran," in *Kontexte des Johannesevangeliums: Das vierte Evangelium in religions-und traditionsgeschichtlicher Perspektive*, ed. Jörg Frey and Udo Schnelle, WUNT 175 (Tübingen: Mohr Siebeck, 2004), 117-203; Frey, "Recent Perspectives on Johannine Dualism and Its Background," on *Text, Thought, and Practice in Qumran and Early Christianity: Proceedings of the Ninth International Symposium of the Orion Center for the Study of the Dead Sea Scrolls and Associated Literature*, ed. Ruth A. Clements and Daniel R. Schwartz, STDJ 84 (Leiden: Brill, 2009), 127-57.

(imagery)만 보더라도, 그 주요 용어가 각 문서에 나타날 뿐 다른 문서들에는 나타나지 않는 사실을 감안할 때, 그 용어상의 일치는 무시해도 좋을 만한 것이라고 할 수 있다. 그 형상화의 신학적 강조점 또한 여러 모로 서로 완전히 다르기 때문에, 요한이 쿰란 자료를 응용했다고 주장하기보다는 성경이나 제2성전기의 후기 문헌에서 온 다른 자료들을 사용했다고 설명하는 편이 더 적절해 보인다. 게다가 요한의 이원론은 쿰란 문헌과 공유하는 빛/어두움의 형상화뿐 아니라, 위와 아래라는 공간적 대조 및 그에 관한 하나님과 세상이라는 대조로도 설명된다. 위/아래와 하나님/세상의 대조들은 비록 쿰란 문헌에 나오지는 않으나 빛/어두움의 형상화처럼 요한복음의 이원론적 세계관을 형성하는 요인들 중 하나다.[28] 내 주장을 프라이(Jörg Frey)가 훨씬 더 자세하게 다루어 지지한 바 있다.[29] 주목할 것은 쿰란 문헌과 요한 문헌 사이에 밀접한 연관성이 있다고 보는 이들은 주로 1QS 3.3-4.26을 기초로 "쿰란의 이원론"을 단순하게 설명하여 그것이 쿰란 종파의 주요 이념에 속한다고 주장하는 반면에, 쿰란 문서들에 나타나는 이원

---

28) Richard Bauckham, "The Qumran Community and the Gospel of John," in *The Testimony of the Beloved Disciple: Narrative, History, and Theology in the Gospel of John* (Grand Rapids: Baker Academic, 2007), 125-36. 이 논문은 이전에 서로 좀 다른 형태로 두 번 출간된 적이 있다: "Qumran and the Gospel of John: Is There a Connection?," in *The Scrolls and the Scriptures: Qumran Fifty Years After*, ed. Stanley E. Porter and Craig E. Evans. JSPSup 26 (Sheffield: Sheffield Academic Press, 1997), 267-79; "The Qumran Community and the Gospel of John," in *The Dead Sea Scrolls Fifty Years after Their Discovery: Proceedings of the Jerusalem Congress*, July 20-25, 1997, ed. Lawrence H. Schiffman, Emmanuel Tov, and James C. VanderKam (Jerusalem: Israel Exploration Society, 2000), 105-15.

29) Frey, "Licht aus den Höhlen?"

론에 대한 최근 연구들은 그 주제를 상당히 문제시하여, 대체로 쿰란 공동체 자체의 특징이라고 여겼던 다양한 형태의 이원론을 주장하면서 1QS 3.3-4.26의 예외적 특징을 강조하기도 한다는 것이다.[30] 이런 논의들을 충분히 자세하게 다루어 쿰란 문헌의 이원론과 요한 문헌의 이원론을 비교한다면 신선한 시도가 될 것이다.

현재의 맥락에서 특별히 심각하게 주목할 것은, 쿰란의 이원론과 요한복음의 이원론 사이의 역사적 관계가 밀접했다는 주장을 강력하게 지지하는 사람들은, 요한이 쿰란과 공유하는 개념들과 심상들을 매우 두드러지게 사용한다고 주장하면서 쿰란과는 상당히 동떨어진 방식으로 기독론과 구원론에 초점을 맞춤으로써 그 의미를 상당히 변질시키고 있다는 점이다. 찰스워스(James Charlesworth)는 요한의 "놀라운 창의성"을 언급하고,[31] 그보다 평범하게 피츠마이어(Joseph

---

30) Jörg Frey, "Different Patterns of Dualistic Thought in the Qumran Library: Reflections on Their Background and History," in *Legal Texts and Legal Issues: Proceedings of the Second Meeting of the International Organization for Qumran Studies, Cambridge, 1995; Published in Honour of Joseph M. Baumgarten*, ed. Moshe Bernstein, Florentino García Martínez, and John Kampen, STDJ 23 (Leiden: Brill, 1997), 275-335; Klaus Koch, "History as a Battlefield of Two Antagonistic Powers in the Apocalypse of Weeks and in the Rule of the Community," in *Enoch and Qumran Origins: New Light on a Forgotten Connection*, ed. Gabriele Boccaccini (Grand Rapids: Eerdmans, 2005), 185-99; Géza G. Xeravits, ed., *Dualism in Qumran*, LSTS 76 (London: T&T Clark, 2010); Loren T. Stuckenbruck, "The Interiorization of Dulalism within the Human Being in Second Temple Judaism: The Treatise of the Two Spirits (1QS III: 13-IV:26) in Its Tradition-Historical Context," in *Light against Darkness: Dualism in Ancient Mediterranean Religion and the Contemporary World*, ed. Armin Lange et al., JAJS 2 (Göttingen: Vandenhoeck & Ruprecht, 2011), 145-68.
31) Charlesworth, "Fourth Evangelist," 171.

Fitzmyer)는 다음과 같이 묻는다. "무엇 때문에 빛/어두움의 형상화가 두 문서들에서 똑같은 방식으로 기능하기를 기대해야 한단 말인가?"[32] 두 학자들은 내 비평에 답하기를 시도했으나 내 주장을 고려하지는 못했는데, 내 주장은, 요한이 두드러지게 사용하는 빛/어두움의 형상화에 대한 훨씬 더 적합한 선례(precedent)가 쿰란 문서들이 아닌 다른 유대 문헌에 나타난다는 것이다.[33] 빛/어두움의 형상화가 여러 다른 문서들에서 똑같은 방식으로 기능하기를 기대할 필요가 없는 것은 사실이지만, 요한이 그 형상화를 사용하는 두드러지는 방식들을 근사치로 사용하는 자료들이 발견된다면, 요한이 쿰란 문서들이나 쿰란 전통들에 의존했다는 가설은 쓸모없어지는 것이다. 그러나 현재의 상황에서 가장 중요한 것은 요한이 빛/어두움의 형상화를 두드러지게 사용한다는 점을 강조하면 할수록, 쿰란 문서들과의 관계성에 대한 가설이 요한복음 신학을 이해하는 데 더욱 상관없게 된다는 것이다. 물론 불트만은 요한이 구속자에 대한 영지주의 신화를 급진적으로 재편했을 가능성에 더 큰 비중을 두었는데, 일찍이 영지주의의 (가설적) 신화에서 기원한 이원론이 사람들을 이 세상에서 구원하기 위해 신의 세상에서 온 어떤 구속자 이야기와 깊숙이 결합되었다고 주장했다. 이 가설적 신화가 요한복음 이원론에 나타나는 기독론과 구원론의 특징들을 공유한다는 것이야말로 불트만의 요한복음 해석 가운데 진정한 설득력을 갖춘 부분이다. 반면에 쿰란의 이원론은 기독론적이고 구원론적인 요소가 전혀 없다. 따라서 사해 문서들은 불트만이 상정한 요한복음의 영지주의적 배경이 차지했던 자리를 메

---

32) Fitzmyer, "Qumran Literature," 123.
33) Bauckham, "Qumran Community," 132-35.

꿀 수 없다는 결론을 내려야 한다.

요한복음에 나타나는 이원론과 이중성의 형태들

고대 세계에 나타난 "이원론"을 논할 때는 좁은 의미와 넓은 의미를
다루어야 한다. 이원론은, "실상을 두 개의 반대되는 세력들로 나누어
생각하는 형태"라고 정의되곤 한다.[34] 그러나 갬미(John Gammie)는
학자들이 묵시문학에서 발견한 다양한 종류의 이원론을 열거해 보임
으로써, "이원론"이라는 말이 대조적인 개념들의 다양한 쌍들을 포함
하는 상당히 광범위한 용어로 사용될 수 있음을 알렸다. 갬미가 열거
한 내용은 다음과 같다.

1. 우주적 이원론은 우주가 선과 악이라는 서로 반대되는 두 세력
   으로 나뉘어 있다고 본다. (이것이 유대 사상에서는 언제나 "수정된
   이원론"의 형태로 나타나는데, 수정된 이원론에서는 궁극적인 주권이
   하나님께 있고, 그 반대 세력은 절대적 존재가 아니다.)
2. 일시적 또는 종말론적 이원론에서 서로 대조적인 것들은 현재
   세대와 장차 올 세대다.
3. 윤리적 이원론에서 의인들과 악인들은 인간의 두 범주를 형성
   하여 서로 대적한다.
4. 심리적 이원론에서 선과 악은 인간 개개인의 내부에서 서로 경

---

34) Eric M. Meyers, "From Myth to apocalyptic: Dualism in the Hebrew Bible,"
   Lange et al., *Light against Darkness*, 92-106, 94.

제 6 장

224

쟁하며 대적한다.

5. 공간적 이원론에서는 하늘과 땅이 대조를 이룬다.
6. 신학적 이원론은 하나님과 인간, 창조주와 피조물을 철저히 구
   분한다.

여기에다가 갬미는 이원론에 대한 다른 글에서 다음 네 유형을 덧
붙인다.

7. 육체적 이원론은 영과 물질을 절대적으로 구분한다.
8. 형이상학적 이원론에서 하나님과 사탄은 서로 대적한다.
9. 구원론적 이원론에서 인간은 두 범주로 나뉘는데, 한 범주는 구
   세주를 받아들이고 다른 범주는 받아들이지 않는다.
10. 우주론적 또는 존재론적 이원론에서 (1번과 대조적) 서로 대적
    하는 우주적 원리들은 본래적 원리와 절대적 원리다.[35]

위에 열거한 "이원론" 가운데서 오로지 몇 가지 유형들만이 "실상
을 두 개의 반대되는 세력들로 나누어 생각하는 형태"를 취한다. 유형
1, 3, 4, 8, 9, 10 등은 모두 선과 악의 근본적인 양극화를 나타내는 모
형들이다. 이들과 구별되는 유형 2는 세대를 둘로 나누는데, 악이 지
배하는 (현) 세대와 장차 올 세대로서, 장차 올 세대에는 선이 더 이상
악과 대적하지 않게 된다고 한다. 유형 5, 6, 7 등은 반드시 서로 대립
하지는 않고, 서로 대조적인 것들이다. 유형 6에서 하나님은 그의 피

---

35) John G. Gammie, "Spatial and Ethical Dualism in Jewish Wisdom and
    Apocalyptic Literature," *JBL* 93 (1974): 356-85, 356-59.

조물과 철저히 구분되지만 대립 관계는 아닌데, 이는 마치 하나님이 악과 구분되는 것과도 같다. 플라톤 사상에 따르면 유형 7의 영과 물질은 완전히 달라서, 영은 우월하고 물질은 열등하지만 선과 악처럼 서로 반대 개념은 아니다. 반면에 영지주의에서 영과 물질을 구분하는 이원론은 선과 악의 이원론과 비슷한 경향을 보인다. 끝으로 유형 5의 이원론은 하늘과 땅의 공간적 대조로서 완전히 다른 관계를 의미하거나 우월하고 열등한 계급적 차이를 뜻하지만, 만일 땅을 악이 지배하는 피조물의 영역으로 여긴다면 공간적 이원론도 선과 악의 이원론과 유사해질 수 있을 것이다. 대부분의 유대 관점에서 유형 5의 이원론은 유형 2의 종말론적 이원론과 유사한데, 이 세대에서 땅은 악의 세력들에 굴복하지만 오는 세대는 하나님의 선한 피조물이 되어 악에서 해방될 것이다.

"이원론"이라는 용어를 "선과 악의 양극화가 유대교 및 그리스도교 문헌에서 취하는 다양한 유형들"이라 여기고, 그 용어를 다시 "창조주와 피조물을 나누듯이 실상이 반대되는 두 범주가 아니라 대조적인 두 범주로 나누어 생각하는 유형들"이라고 여기면, 그 용어를 사용하기가 편리하다. 이렇게 보면, 유대교 및 그리스도교 일신론의 모든 형태들을 이원론(선한 하나님은 모든 악과 반대다)이나 이중성(창조주는 존재론적으로 피조물과 구분된다)의 어떤 유형들로 이해할 수 있다. 유대교와 그리스도교 일신론의 모든 형태들은 하나님의 선한 피조물이 어떤 식으로든 악에 의해 어느 정도 타락했다는 입장을 취하기 때문에, 이원론(하나님과 악)과 이중성(하나님과 피조물) 사이에 상관관계를 이루기도 한다. 그러나 이런 상관관계가 똑같은 것은 아니다. 진실로 하나님께서 당신의 피조물을 악에서 구하고 계신다거나 구하실 것이라고 믿는 유형은 상관적이면서도 이원론과 이중성을 구별한다. 피조물이 악과 똑같다면 구원이라는 말이 적용될 수가 없기 때문이다.

그러므로 요한복음에서 "이원론"을 일반화하면 오해의 소지가 있을 수 있다. 우리는 이원론과 이중성을 조심스럽게 구분할 필요가 있다. 표 6.1에서 나는 요한복음이 대조적인 쌍으로 사용하는 용어들과 표현들을 여러 범주들로 나누었다.[36] (대부분의 경우에서 쌍을 이루는 두 개의 구성요소는 같은 맥락에 등장하지만, 두 구성요소가 분명하게 대조적인 경우에는 상당히 떨어진 맥락들에서 등장하더라도 표에 포함시켰다. 예를 들면 "이 세상 통치자" 및 "이 세상으로부터가 아닌 나라"와 같은 것이다.) 주요 범주들인 I-III 외에도 나는 범주 IV를 "기타 이중성들"이라고 명명하고 거기에 많은 사례들을 집어넣었는데 그 목록이 상당히 길어졌다. 이 범주에 들어간 사례들은 대조적인 용어들이나 어구들을 주요 범주들에 집어넣기 쉽지 않은 것들이다. 어떤 경우에는 선과 악의 대안들을 비교하고, 다른 것들은 우월한 것과 열등한 것, 또 다른 것들은 시간적 차이가 나는 것들을 비교한다. 어떤 경우에는 부정적인 것과 긍정적인 것을 짝지었는데(예컨대 "너희가 나를 택한 것이 아니라 내가 너희를 택하였다"), 부정적인 것은 순수하게 가설적인 것으로서 단지 긍정적인 것을 강조하는 역할만을 할 뿐이다. 어떤 경우에는 대조적인 것이 경구 양식을 취한다(예컨대 4:37; 8:35; 12:25). 요한복음 저자는 준(準)경구적 양식으로 표현하는 경향이 정말 강한데, 이런 경향이 요한복음 전체에 대조적으로 말하는 방식들이 만연한 이유와 어느 정도 연관이 있는 것 같다. 표 IV에 열거된 예들은, 요한복음 저자가 서로 대조적인 용어와 어구를 쌍들로 만들어 지배적인 생각을 표현하는 습관이

---

36) 서로 비교할 수 있도록 요한1서의 관련 자료를 표 6.2로 만들었다. 요한1서의 경우는 요한복음의 경우보다 좀 더 간단한 사용 패턴을 보인다.

표 6.1 요한복음의 이원론들과 이중성들

I. 피조물과 창조주

이 세상	아버지	13:1; 16:28; 17:11
땅	하늘	3:31
땅의 것들	하늘의 것들	3:12
땅으로부터	위/하늘로부터	3:31
육	성령	6:63
육으로 난	위/성령으로 난	3:3-8
피나 육의 뜻이나 사람의 뜻으로 난	하나님으로 난	1:13
이 세상 안에 생명 (*psychē*)	영원한 생명을 위한 생명 (*psychē*)	12:25
멸망하다	영원한 생명을 얻다	3:16; 10:28
죽다	영원히 살다	6:50-51, 58
죽다	결코 죽음을 맛보지 않다	8:51-53
멸망하는 양식	영원한 생명까지 인내하는 음식	6:27
이 물(그리고 다시 목마름)	살아 있는 물 (그리고 다시 목마르지 않음)	4:10-15

II. 악과 선

어두움	빛	1:3-9; 3:19-21; 8:12; 9:5; 11:9-10; 12:35-36, 46
어두움 가운데 걸음	빛을 가졌을 때 걸음	12:35
밤	낮	9:4; 11:9-10
밤에 걸음	낮에 걸음	11:9-10
소경	봄	9:26, 36
거짓	진리	8:44
악을 행함	진리를 행함	3:21
악을 행함	선을 행함	5:29
이 세상으로부터	이 세상으로부터가 아니라	8:23

아래에 있는 것으로부터	위에 있는 것으로부터	8:23
악마로부터	하나님으로부터	8:44-47; 7:29
사람들로부터 나오는 영광	하나님으로부터 나오는 영광	5:41, 44; 7:18; 12:43
이 세상 통치자	이 세상으로부터가 아닌 나라	12:31; 14:30; 18:36
거짓의 아비	진리의 영	8:44; 14:17; 16:13
악마의 자녀	하나님의 자녀	1:12; 8:44
도둑과 강도	목자	10:1-2
그 자신의 이름으로	내 아버지의 이름으로	5:43
하나님을 알지 못함	하나님을 앎	7:28-29; 8:55
믿지 않음	믿음	3:18, 36
아들에게 불순종	아들을 믿음	3:36
죄의 종	자유	8:33-36
세상	예수	17:25
세상	세상에서 선택한 이들	15:19; 17:6-9
세상으로부터	세상으로부터가 아닌	15:18-19
세상	당신께서 제게 주신 이들	17:9
세상	너희(제자들)	14:17-19, 22; 16:20
예수를 사랑하지 않음	예수를 사랑함	14:23-24
그의 말씀들을 지키지 않음	그의 말씀들을 지킴	14:23-24
세상에서	내(예수) 안에	16:33

III. 잠정적 선과 종말론적 선

은혜	은혜	1:16
율법	은혜와 진리	1:17
모세	예수 그리스도	1:17; 5:45; 9:28-29
모세가 쓴 것	내가 말하는 것	5:47
예루살렘에서 예배함	영과 진리로 예배함	4:21-24

내 아버지의 집 (성전)	내 아버지의 집	2:16; 14:2
저급한 포도주	최상의 포도주	2:10
만나	하늘에서 온 참 떡	6:31-32
포도나무	참 포도나무	15:1

IV. 기타 이중성들

물로 세례	성령으로 세례	1:26, 33
멸망	다시 살아남	2:19
아무의 증거도 필요치 않음	그 자신이 알았다	2:25
하늘로 올라갔다	하늘에서 내려왔다	3:13
세상을 심판	세상을 구원	3:17; 12:47
심판의 부활	생명의 부활	5:29
증가	감소	3:31
이 산에서	예루살렘에서	4:20
너희가 알지 못하는 것을 예배	우리가 아는 것을 예배	4:22
시간이 다가옴	지금이다	4:23; 5:25
뿌림, 일함	거둠	4:37-38
너희가 말한 것	우리 자신을 위한	4:42
그 스스로	아버지가 하시는 것을 그가 본 것	5:19
내 스스로	아버지가 나를 가르치신대로	8:28; 12:49
내 자신의 뜻	나를 보내신 분의 뜻	5:30; 6:38
그 스스로	예언된	11:51
잃다	일으키다	6:39-40
공공연히	은밀히	7:4, 10
하나님으로부터	내 스스로	7:17
내 스스로 옴	보냄 받은	7:28; 8:42
좋은 거하지 못함	아들은 거함	8:35
가난한 자들을 가짐	나를 가짐	12:8

처음에	예수께서 영광받으셨을 때	12:16
생명을 사랑하면 그것을 잃음	생명을 미워하면 그것을 유지함	12:25
너희를 위하여	나를 위하여	12:30
지금은 이해하지 못함	나중에 이해함	13:7
너희가 나를 선택하지 않았다	내가 너희를 선택했다	15:16
그 스스로 말함	그가 듣는 것을 말함	16:13
기뻐함	울고 애곡함	16:20
기쁨	고통	16:20-21
직설적으로	상징적으로	16:25, 29
아버지께로부터 옴	아버지께로 돌아감	16:28
세상에 옴	세상을 떠남	16:28
세상에서	더 이상 세상에서가 아님	17:11

있었다고 일반적으로 말할 수 있음을 시사한다. 이와 같은 사고 구성 방식은 상당히 보편적이며, 인간의 마음에 자연스럽게 다가오는 방식이다. 요한복음 저자가 특별히 그런 방식을 선호한 여러 이유들 중 하나는 초기 기독교 문헌에 어느 정도 널리 퍼져 있던 이원론이 요한복음에서는 매우 중요했기 때문일 것이다. 이것은 신학적 선택이라기보다는 마음의 습관일 가능성이 많다.

나는 범주 II에다가 대체로 "요한복음의 이원론"이라 부르는 것들을 포함시켰으나, 그것들은 내가 범주 I에 집어넣은 것들의 일부 또는 전부와 혼동되기 쉽다. 범주 II에는 선과 악의 기본적인 양극화 유형들이 다양하게 나타난다. 여기서 빛은 어두움과 반대다. 하나님은 악마와 반대이고, 진리는 거짓과, 예수는 종교적 협잡꾼들과, 그의 제자들은 세상과, 신앙 및 순종은 불신앙 및 불순종과, 자유는 노예화와 반대다. 그 범주는 갬미의 목록에서 1(우주적 이원론), 3(윤리적 이원론),

8(형이상학적 이원론 [별로 유용하지는 않은 용어]), 그리고 9(구속론적 이원론) 등에 해당한다. 그러나 나는 범주 I에 갬미의 목록에 나오는 "이원론"의 종류들을 써놓았는데, 그것들은 선과 악 같은 반대 유형들이 아니기 때문에 나는 "이중성들"이라고 부르기를 제안한다. 이런 유형들은 5(공간적 이원론)와 6(신학적 이원론)이다.

요한복음에서 하늘과 땅, "위"와 "아래"의 공간적 대조는 널리 하나님과 피조물 사이의 대조를 만들어낸다. 요한복음은 천사와 같은 하늘 세계의 존재들에는 관심이 없다. 하늘은 하나님이 계시는 곳이고, 아버지와 아들이 영광 가운데 하나가 되는 곳이며, 예수 자신이 그들을 위하여 예비한 그곳에 그와 함께 있기 위하여 갈 곳이다. 하늘은 초월적 세상을 뜻하는 공간이다. 창조주와 피조물의 구분은 살(육체)과 성령, 죽을 목숨과 영원한 생명의 대조를 위한 토대인데, 이런 대조야말로 요한복음의 구원론에 필수적인 것이다. "살(육체)"은 창조된 인간 존재요,[37] 당연히 죽을 것인 반면에, 성령으로부터 오는 또는 위로부터 오는 생명이나 영원한 생명은 죽음을 초월하는 신의 생명에 참여함으로써 얻게 되는 선물이다. 살(육체)은 죽음을 남기지만, 하나님의 목적 안에서 그것의 진정한 운명은 신의 생명과 하나가 되는 것이다. 자신 안에 영원한 생명을 가진 그 아들은 살(육체)에게 영원한 생명을 주기 위하여 살(육체)이 된다. 그러므로 살(육체)은 비록 약함과 사멸성을 가지기는 하지만 악한 것은 아니며, 그것의 자연스러운 사멸성이 의미하는 바는 만약에 인간들이 자신들에게 영원한 생명을 줄 수 있는 구세주를 거부하면 죽게 된다는 것이다. 이 맥락에서 말할 수

---

37) 이 주제에 대한 최근의 최상의 논의를 위하여는 다음을 보라: Lee, *Flesh and Glory*, chap. 2.

있는 것은, 사멸성을 갖도록 창조된 생명과 영원한 생명 사이의 대조
가, 인간이 구세주를 받아들이느냐 마느냐에 따라 만들어지는 구원론
적 이원론 및 선악 사이의 윤리적 이원론과 합해진다는 것이다. 자신
들의 죄에 머무르기를 택한 사람들은 자신들의 죄 안에서 죽는다. 죽
음은 창조된 생명의 자연적 운명으로서, 하나님께로부터 영원한 생명
을 가져오는 구세주를 거부한 죄인들만이 실제로 맞이하는 운명이다.

범주 I과 범주 II를 연결하는 요한의 주요 용어가 하나 있는데, 그
것은 "이 세상" 또는 "세상"이라는 용어로서, 이 둘은 동의어처럼 사용
된다. 한편으로 세상은 하나님이 말씀을 통하여 창조하셨고 말씀이
육신이 되어 들어오신 창조된 영역이며 "만물들"이다. 다른 한편으로
세상은 하나님을 알지 못하고 악을 행하는 "이 세상 통치자"가 지배하
는 인간 세계이자 어두움의 영역이다. 후자와 같은 상태의 세상으로
예수가 오셨기 때문에, 한 의미에서 다른 의미로의 전환이 가능했는
데, 그것은 "세상"에 대한 부정적 어의를 소개하는 1:10 말씀의 내용과
도 같다. "그가 세상에 계셨으며 세상은 그로 말미암아 지은 바 되었
으나, 세상이 그를 알지 못하였다." 그러므로 "세상" 또는 "이 세상"은
윤리적 이원론과 구원론적 이원론을 표현하는 주요 용어로서, 그 안
에서 예수를 거부한 이들은 "세상에서 난" 사람들인 반면에, 그의 제
자들은 그가 "세상에서 선택한" 사람들이다. 예수가 구하러 오는 세상
(3:16, 17; 4:42; 6:33, 51)은 하나님의 선한 피조물일 뿐 아니라, 하나님께
서 사랑하시는 대상이요(3:16), 악에 종속하는 피조물로서 구원이 필
요한 대상이다. 이런 구원론이야말로 요한복음 저자가 범주 I의 이원
론과 범주 II의 이원론 모두를 포함시켜야 했던 것이다. 요한복음의
구원론을 이해하려면 그 두 범주가 합해지면서도 구분되어야 한다.

범주 III에서 나는 모세 언약의 임시방편적인 선과 예수와 함께 도

표 6.2 요한1서의 이원론들과 이중성들		
I. 선과 악		
어두움	빛	1:5-7; 2:8-9
어두움 가운데 걸음	빛 가운데 걸음	1:6-7
어두움 가운데 있음/걸음	어두움 가운데 거함	2:9-11
미워함	사랑함	2:9-11; 3:14-15; 4:20
세상	하나님의 뜻을 행하는 자들	2:17
지나감	영원히 거함	2:17
거짓	진리	2:4, 21-22, 27
거짓을 말함	진리를 행함	1:6
우리로부터가 아님	우리로부터	2:19
아들을 부인함	아들을 고백함	2:23
세상	우리	3:2
악마의 자녀	하나님의 자녀	3:1-2, 10
악마/악한 자로부터	하나님으로부터/하나님으로 난	2:29; 3:8-10, 12
세상으로부터	아버지/하나님으로부터	2:16; 4:2-6
죄를 행함	의를 행함	3:4-10
악한 행위들	의로운 행위들	3:12
죽음에 거함	죽음에서 생명으로 옮김	3:14
세상에 있는 자	너희 안에 있는 분	4:4
오류의 영	진리의 영	4:6
믿지 않음	믿음	5:10
아들을 가지지 않음	아들을 가짐	5:12
생명을 가지지 않음	생명을 가짐	5:12
악한 자	하나님으로 난 분	5:18
II. 기타 이중성들		
옛 계명	새 계명	1:7-8
말씀 또는 말	행동과 진리	3:18
우리는 하나님을 사랑했다	그는 우리를 사랑했다	4:10

래하는 종말론적 선에 대한 대조들을 열거했다. 범주 III에 넣은 대조들을 하나의 이원론으로 구분하여 따로 취급하는 것이 중요한데, 어떤 해석가들은 그 대조들을 선악에 대한 진정한 이원론에 포함시켜 취급하기도 한다. 예수 시대에 유대 지도자들이 예수를 거부할 때, 그들은 옛 언약을 대표하는 것이 아니라 배반한 것이다.

역동적 이원론

범주 I, II, 그리고 III에서 내가 모으고 구분한 다양한 이원론들과 이 중성들을 함께 이어주는 것은 바로 구원론이다. 구원론 없이는 내가 강조한 복잡성이 혼란스러울 뿐이다. 그러나 요한복음의 구원론은 이런 복잡성으로 설명될 수밖에 없다. 요한복음은 무언가 항상 두드러지는 것을 영원히 구분하기만 하려고 하나의 실제 세상을 다른 세상과 대립시키지는 않는다. 바레트(C. K. Barrett)가 관찰한 바와 같이, "요한복음 이원론의 두드러지는 특성은 그것이 움직인다는 것인데, 그것은 움직이고 변화하는 이원론이다."[38] 이러한 이원론이야말로 어떻게 신의 아들이 사멸하는 육신이 되어 이 세상에 와서, 그 둘이 세상을 극복하고 또 세상을 구원하였는가를 본질적으로 그려내는 틀이다.

　우리는 이것을 두 개의 가장 두드러지는 이원론의 표현 방식으로 간략하게 묘사할 수 있으니, 빛과 어두움의 대립, 그리고 예수와 세상의 대립이 그것이다. 요한복음에서 빛과 어두움을 생성하는 원천들은 쿰란적인 것이 아니라 성경적이며, 창세기 1:3-5의 앞부분과 이사야

---

38) C. Kingsley Barrett, *Essays on John* (London: SPCK, 1982), 106.

의 예언들로서(사 9:2; 42:6-7; 60:1-3), 세상의 어두움 속에서 빛나는 메시아의 빛에 대한 내용이다.[39] 요한복음 저자는 모세 오경의 시작과 똑같은 "시작"으로 자신의 복음서를 두드러지게 시작함으로써 창조에 착수하는 태고의 빛에 대한 유대교의 사유 전통에 합류하여, 태초의 신의 말씀과 창세 전에 존재했던 태고의 빛을 영원한 아들과 동일시한다. 강조점은 근원을 알 수 없는 어두움이 대적하고 있었음에도 불구하고 빛이 오염되지 않은 상태로 피조물을 비추기를 계속하다가 화육하여 세상에 오셨다는 것이다. 창세기를 알면 요한복음이 사용한 빛과 어두움이라는 심상의 중심적이고 지배적인 초점을 마련할 수 있게 된다. 그 초점은 바로 위대한 빛이 세상에 와서 세상의 어두움을 비추고 모든 사람에게 빛을 줌으로써, 사람들이 어두움에서 나와 빛으로 들어가 어두움 속에서 넘어지지 않고 빛 가운데 다닐 수 있게 한다는 것이다(1:5, 9; 3:19; 8:12; 11:9-10; 12:35-36, 46). 빛과 어두움의 심상은 1-12장에 집중되어 있고, 서문에서 두드러지게 나타나다가 예수의 공적 사역 기간의 끝부분(12:35-36; 참조. 12:40)과 자신의 사명을 완수하는 부분에서 다시 나타난다. "나는 빛으로 세상에 왔나니 무릇 나를 믿는 자로 어두움에 거하지 않게 하려 함이로라"(12:46).

1:5은 예외일 수 있겠으나, 요한복음에서 빛과 어두움의 심상은 빛과 어두움을 영원한 갈등 관계로 묘사지는 않는다. 그것은 메시아의 빛의 예언자적 그림에 의해 영감을 받아 혁신적인 종말론적 빛깔

---

39) Bauckham, "Qumran Community," 132-35. "두 영들의 논문" (1QS 3.13-4.26) 또한 성경 자료들을 가지고 있는데, 아마도 창 1:1-3을 포함하는 것 같다. 만약에 그렇다면, 그것의 창세기 독법은 사 47:5에 의해 영향을 받을 것이므로 요한복음의 독법과 매우 다를 것이다. 두 본문들이 모두 어느 정도는 지혜 문학의 이원론에 의존하지만, 1QS만이 의인들과 악한들의 운명을 빛과 어두움으로 묘사하는데, 이는 아마도 잠 4:17-18에 의존하기 때문일 것이다. 메시아 빛은 1QS에 나오지 않는다.

을 띠게 된다. 그 그림은 어두움 속에 있는 세상에[40] 빛이 들어옴에 따라 점차 바뀌는 그림인데, 빛이 어두움에 들어와 어두움을 잠식시키고, 사람들로 하여금 빛 안에 살며 그것과 더불어 걸을 것인지, 아니면 어두움에 계속 머물 것인지를 선택하도록 촉구한다. 이것은 불트만의 실존론적 통찰이 "결단의 이원론"이라고 적절하게 이름붙인 내용이다. 이 모든 것은 예수가 화육하여 사역한 결과로서 상황이 전혀 다르게 바뀜에 따라 요구되는 도전이다. 12장 이후부터 예수는 세상을 더 이상 빛으로 초대하지 않는다(12:36). (나중에 그의 제자들은 보혜사의 영감을 받아 세상에 대해 증거를 하겠지만, 이것을 요한복음은 빛과 어두움의 대립 언어로 묘사하지 않는다.)

  "세상" 또는 "이 세상"이라는 용어들을 사용하는 이원론적 묘사들은 빛과 어두움의 심상을 사용하는 용어들과는 다르다. 앞서 살펴본 바와 같이 이런 용어들은 종종 신의 아들이 창조하고 들어와 구하러 온 세상을 가리킨다. 비록 요한복음에서 세상은 죄를 지었고 구원받을 필요가 있는 것이 분명하지만, 그럼에도 세상은 하나님이나 예수와 완전한 대립 관계에 있다고 보기 어렵게 묘사되어 있는 경우가 대부분이다. 적대감이 일어난 것은 아들이 세상에 왔기 때문이다. 대적하는 것은, 세상과 그것의 통치자가 아들이 수행하는 구원 사역에 대해 반응하는 방식이다. 여기서 다시 이원론이 "움직이는" 것임을 확인하게 되는데, 이원론은 세상에 대한 종말론적 신의 개입으로 발생하여 그것과 더불어 발전한다. 세상과 예수(그리고 그의 제자들)의 대립은 서문에서 희미하게 묘사되다가(1:10), 이야기가 전개됨에 따라 점차로

---

40) 이것은 예수 이전에는 세상에 빛이 없었다는 의미로서, 문자적으로 읽어서는 안되는 과장된 그림이지만(참조. 5:35), 그 과장법은 예수가 인간성을 갖게 된 새로운 상황을 강조하는 기능을 한다.

뚜렷하게 윤곽을 드러낸다. 예수와 대립하는 세상이란 개념은 1-12장 (7:7; 8:23; 9:39)에서만 발견된다. 그것이 진가를 발휘하는 때는 빛/어둠의 심상이 요한복음에서 사라질 때이며, 최후의 만찬 사화(14-16장)에서 그리고 예수의 기도 장면(17장)에서다. 이런 장들에서 우리는 예수의 제자들이 "세상에서 난 자가 아니라" "세상에서 선택된" 이들로서, 예수와 함께 세상과 대립하면서 이원론적 대립을 구성하는 두 인자들 중 하나임을 발견하게 된다. 아들이 세상에 옴으로써 세상은 두 부분으로 나뉘는데, 하나는 위로부터 태어나 더 이상 "세상 출신"이라고 할 수 없는 사람들의 세상이요, 다른 하나는 위로부터 오시는 분을 거부함으로써 경멸스럽고 이원론적인 의미에서 세상이 되는 사람들의 세상이다.

즉 이원론적 사화의 두 분야는 빛/어둠의 심상 분야와 세상/예수의 이율배반적인 분야로서 이것들은 서로 다르게 기능한다. 전자는 "결단의 이원론"으로서, 세상에 도래한 빛 안에서 살고 또 그 빛에 의해서 살라고 사람들을 초대한다. 후자는 "대립의 이원론"으로서, 예수를 거부한 사람들과 예수를 영접한 사람들 사이의 반감을 그려낸다. 전자는 1-12장에서 지배적이고, 후자는 14-18장에서 지배적이다. 요한의 특이한 역설에 따르면, 이 세상의 권세가들이 세상에서 말미암지 않은 왕적 권세를 가진 왕을 겉보기에 이겼다는 것은 실제로는 그 왕이 세상을 "정복"했다는 뜻이고(16:33), 그의 규율이 선포되었다는 뜻이다(19:19-22). 그러므로 "대립의 이원론"은 아들의 구원 사역의 결과일 뿐만 아니라 그것을 통하여 그가 영원한 생명을 세상에 가져오는 수단이기도 하다. 즉 요한복음은 주류 사회와 대립 관계에 있는 어떤 종파의 정체성을 단순히 지지하는 차원에 머무는 것이 아니라, "대립의 이원론"을 사용하여 매우 심오한 신학을 전개하고 있는 것이다.

결론

이 장에서 나는 이원론 및 이원론과 관계 있는 구원론에 집중하였다. 나는 구원론이야말로 요한복음이 이원론들과 이중성들을 특이하게 강조하는 주요 원인이라고 생각한다. 요한복음의 구원 사화에서는 신의 아들이 육신으로 도래함과 동시에 이원론적 범주들이 가동되기 시작한다. 빛은 결단을 촉구하면서 어두움을 몰아내고, 예수를 거부한 세상은 자신의 거부를 통하여 예수에 의해 정복당하고 구원받는다.

7장

요한복음의 첫째 주간의
다차원적 의미

당신은 이전에 함께 있지 않았던 두 가지 것들을 함께 있게 합니다. 그렇게 세상은 바뀌고 있습니다.[1]

요한복음 저자는 끊임없이 두 가지를 함께 놓는다. 그는 은유, 상징, 우화 등의 힘을 빌려서 어떤 것을 다른 것에 빗대어 조명한다. 그는 이야기의 서로 다른 곳에서 상응하는 것들이 나타나도록 구성한다. 그는 문자적 의미보다 더 많은 의미들이 솟아나도록 이야기를 꾸려간다. 그는 역설의 대가로서, 자신의 등장인물들이 계속해서 자신의 의도보다 훨씬 더 많은 것을 말하거나 의도한 것과는 정반대의 것을 말하도록 설정한다. 등장인물들은 예수가 은유와 상징을 활용하여 한 말을 오해함으로써 그것의 참 의미에 대한 궁금증을 가중시킨다. 그뿐 아니라 요한복음은 히브리어 성경의 많은 본문들을 활용하므로 그것을 발견하고 생각하면 요한복음의 의미가 확장된다.

풍부한 함의를 내포하고 있음에도 요한복음은 1세기 독자에게, 특히 다른 자료를 통해 이미 예수 이야기를 알고 있는 독자에게, 의미를 적확하게 전달할 수 있었다. 그 많은 상징들은 상식과 보편적 경험에 호소한다. 그 이야기들은 등장인물들을 납득할 만하게 묘사하여 독자가 등장인물들의 사연에 개입하도록 비상하게 설득한다. 확실히 요한복음은 처음 (또는 두 번째 또는 세 번째…) 읽는 독자에게도 의미가 있지만, 가장 주의 깊은 학생이 깊이 탐구해도 의미를 한바구니 가득 발

---

1) Julian Barnes, *Levels of Life*, 2nd ed. (London: Vintage, 2014), 3.

견할 수 있도록 쓰여 있다. 이런 결과를 낳기 위하여 등장인물들은 종종 오리무중에 빠져 허우적대곤 하는데, 이것의 기능에 대하여 어떤 이들은 수수께끼 같은 예수의 말을 이해하지 못하는 등장인물들을 보면서 독자들이 우월감을 느끼도록 하는 것이라고 하지만, 그보다는 오히려 지성을 혼란에 빠뜨림으로써 독자들을 다차원적인 의미 세계로 유인하는 기능을 한다고 보는 편이 맞을 것 같다. 요한복음은 첫인상에 머물기보다는, 보면 볼수록 깊어지는 인상을 끊임없이 만들어내는 텍스트다. 또한 이 텍스트는 정교하게 이어서 완성한 작품이기 때문에 자주 읽어서 친숙해진 독자일수록 작품 전체를 더 잘 이해할 수 있고, 알려고 하면 할수록 세밀한 부분들까지 알 수 있도록 직조되어 있다.

이 책의 다른 장들과 달리 이 장에서는 특정한 신학적 주제에 집중하는 대신 요한복음의 한 부분(서문 다음으로 처음 등장하는 주요 부분)을 탐구할 텐데, 이 부분은 요한복음의 주요 주제들 중 몇 가지를 소개하는 부분이다. 이 장에서는 그 부분을 완전하게 주석하기보다는 어떻게 복잡한 의미가 다양한 방식으로 생성되는가를 보여주려 한다. 이렇게 하는 유일한 목적은 문자적 의미가 다른 의미의 차원들 때문에 조작되거나 전복당하지 않은 채 그 자체의 고유한 의미를 유지하고 있는 것을 보여주는 데 있다(여기서 문자적 의미란, 전개되는 하나의 사화에 포함되는 여러 사건들이 시간 순으로 이야기되는 차원의 의미를 뜻한다). 요한복음을 해석할 때 문자적 의미들이 종종 간과되곤 한다. 그런데 의미가 문자적 차원을 넘어 다양한 방식들로 생성되는 것을 인정하는 것도 중요하다. 요한복음의 상징 탐구에만 과도한 열정과 상상력을 쏟아 부으면, 정작 요한복음 텍스트의 정교하게 짜인 구조라든가 섬세하고도 은밀하게 암시되어 있기 마련인 더 깊은 의미에 주의를 기울이는 일을 소홀히 하기 마련이다. 히브리어 성경의 관련 본문들을 자세히 살펴 대조하면서(요한복음이 오로지 70인역만 사용했다는 부당한 추측 때문에 종 종 히브리어 성경과 대조할 필요가 무시되곤 한다) 유대의 주석 기법들을 이 해할 필요도 있다.

움직이는 첫째 주간

서문(1:1-18)에 이어지는 요한복음의 이야기는 여러 날들에 신중하 게 배치된 일련의 사건들로 시작한다(1:19-2:11). 이 사건들의 대미는 가나에서 열린 결혼식과 기적이 장식하는데, 이후부터는 시간에 대 한 암시가 더 모호해진다(2:12-13). 그 날들의 순서는 대개 3회 등장하 는 "다음 날에"(1:29, 35, 43)라는 말과, 1회 등장하는 "셋째 날에"(2:1)라 는 말로써 정확하게 알려준다(표 7.1을 참조하라). 그러나 주석가들은 1:40-42에 묘사된 사건들이 특정한 날에 일어났다는 것인지, 전체 사 건의 순서가 엿새 동안에 진행되었는지 아니면 이레 동안에 진행되었 는지에 관하여 의견이 분분하다.[2] 내 생각에는 이레가 맞을 것 같다. 1:39과 다음 절에서 안드레라고 불리는 그 사람과 무명의 동행인은 "그날"에 예수와 함께 거하였는데, 이것은 이후 낮부터 저녁이 되기까

---

[2] 이레 동안이라고 보는 이들 중에 다음 주석가들이 포함된다: John Henry Bernard, *A Critical and Exegetical Commentary on the Gospel according to St. John*, ICC (Edinburgh: T&T Clark, 1928), 1:33-34; Marie-Émile Boismard, *Du baptême à Cana* (Jean, 1,19-2,11), LD 18 (Paris: Cerf, 1956); Donald A. Carson, *The Gospel according to John* (Leicester: Inter-Varsity; Grand Rapids: Eerdmans, 1991), 167-68; Andreas J. Köstenberger, *John*, BECNT (Grand Rapids: Baker Academic, 2004), 56.

지(유대 방식으로 셈하면 다음 날이 시작하기 전까지)를 가리킨다. 이것은
이어서 안드레가 한 일이 (1:41에 따르면) 다음 날에 일어난 일이 틀림
없음을 뜻한다. 그래서 요한은 "다음 날"이라고 명시할 필요가 없었는
데, 그 이유는 전날이 끝났음을 (상세한 설명들을 생략하고 꼭 필요한 부분
만 설명하는 독립된 사화에서) 이미 명시했기 때문이다.

내게 이 부분은 1:41에서 "먼저"라고 말하는 것이 무엇이든 그것
을 알려주는 것 같다. 비록 *prōtos*라고 쓴 사본들이 있고 옛 라틴어로
쓴 몇몇 사본들이 *mane*("아침에")를 지지하기는 하지만, 여기서 가장
개연성 높은 독법은 *prōton*이다. 이는 *prōi*("이른 아침에" [참조. 18:28;
20:1])가 들어가는 그리스어 본문의 영향을 받았거나, 번역자가 이 단
어를 *prōton*의 의미로 사용했을 가능성을 시사한다. 현존하는 그리
스어 본문들 중에는 *prōi*를 지지하는 본문이 없으므로, 비록 그것이
이 맥락에서 가장 바람직한 의미일 수 있을지라도, 본래 *prōi*라고 읽
도록 쓴 것 같지는 않다.[3] 후자는 *prōton*이 거의 분명한데, 이는 안
드레가 제일 먼저 한 일이 바로 그의 형제를 발견한 것이라는 뜻이다.
쉽게 풀이하면, 안드레가 다음 날에(역시나 이 독법이 옳다) 처음 한 일
은 바로 그의 형제를 발견하러 간 것이었다는 뜻이다. 그런 다음에 그
가 한 일은 그 형제를 예수께 데리고 간 것이었다(1:42).

1:40-42의 사건들이 특정한 날에 일어났다는 주장을 받아들이면,
그 전체 이야기(1:19-2:11)는 정확히 일주일 동안 벌어진 것이 된다. 일
주일이라는 기간은 성경과 유대교 전통에서 태초에 창조주께서 정하
신 시간 단위이기 때문에(창 1:1-2:4) 요한복음의 새로운 창조 사화를

---

3) 이런 읽기를 지지하는 이들도 있다: Bernard, *St. John*, 1:58; Boismard, *Du
baptême*, 82-84.

표 7.1 요한복음의 중대한 두 주간

	첫째 주간	수난 주간
	세례 요한의 증거 주간	사랑받는 제자 요한의 증거 주간
	첫 번째 기적 주간	일곱 번째 기적 주간
하루	1:19-28	12:1-11
	"요단 강 건너편 베다니"에서 (1:28)	"유월절 엿새 전에 예수께서 베다니에 이르시니"(12:1)
	요한은 예루살렘에서 온 사절단에게 응답한다	베다니에서의 만찬
이틀	1:29-34	12:12-36
	"이튿날"(1:29)	"이튿날"(12:12)
	예수에 대한 요한의 증거	예수가 (나귀) 타시고 예루살렘에 오심
사흘	1:35-39(안식일?)	
	"이튿날"(1:35)	
	무명인(사랑받는 제자)과 안드레가 예수를 만나다	예수께서…숨으시니라(12:36)
나흘	1:40-42	
	안드레가 시몬을 데리고 와서 예수를 만나다	예수께서…숨으시니라(12:36)
닷새	1:43-51	13:1-19:42
	"이튿날"(1:43)	"예비일"(19:31, 42)
	예수가 빌립 및 나다나엘을 만난 다음에 갈릴리로 떠나다	최후의 만찬(해진 후) 예수의 체포와 심판들 십자가형과 매장
엿새	(가나로 여행)	유월절/안식일(19:31)
이레	2:1-11(그 주의 사흘째 되던 날?)	20:1-23
	"사흘째 되던 날에"(2:1)	"안식 후 첫날"(20:1)
	가나에서의 혼인잔치	빈 무덤에서의 사건들 그 집에 나타나신 예수 (해지기 전에)

요한복음의 첫째 주간의 다차원적 의미

상응하는 사항들: 두 개의 주요한 증거들	
하루	요한의 증거
이틀	요한의 증거
사흘	사랑받는 제자가 요한의 증거를 듣다(유월절 양 예수)
나흘	
닷새	사랑받는 제자가 최후의 만찬석에서 증거
엿새	요한의 증거가 성취되었음을 사랑받는 제자가 증거함(19:32-35)
이레	사랑받는 제자가 빈 무덤을 증거하다.

	첫째 주간	수난 주간
상응하는 사항들: 기독론적 주제들		
하루		
이틀		예수는 이스라엘의 왕 (12:13, 15) 예수께서 "이때"에 대해 말씀하시다(12:27)
사흘		
나흘		
		예수의 때가 도래하다(13:1; 17:1)
닷새	"당신은 이스라엘의 임금입니다"(1:49)	예수는 유대인들의 왕(18:33-19:21)
	첫 번째 "사람의 아들(인자)" 말씀(1:51)	마지막 "사람의 아들" 말씀(13:31)
	첫 번째 예수의 승귀 예고(1:51)	예수의 승귀 예고의 성취
엿새		
이레	예수의 때가 아직 오지 않았다 (2:4)	
	첫 번째 표적: 포도주 공급(2:11)	일곱 번째 표적: 부활(2:18-19; 참조. 20:30)

일주일이라는 시간 단위로 시작하는 것은 매우 적절해 보인다. 그런데 요한복음 저자가 신중하게 열거하는, 이레로 구성된 또 다른 일주일이 있음도 알아야 한다. 그 일주일은 이 사화의 거의(정확히는 아님) 마지막에 등장한다. 두 번째 일주일은 요한복음의 마지막 유월절 엿새 전에 시작하여(12:1) 예수가 부활하신 "안식 후 첫날"(20:1)에 끝난다(표 7.1을 보라). 중요한 두 주간을 조심스럽게 비교하면, 비록 사건들의 순서가 서로 완전하게 일치하지는 않으나, 여러 주요 사항들이 상응하는 것을 알 수 있다.

위에서 상응하는 사항들에 관하여는 다음 단원에서 설명할 것이다. 이는 요한복음 저자가 첫째 주간의 이야기 속에 놀라울 정도로 풍부하고 조밀한 의미를 담아두었음을 시사한다.

장소와 때에 대한 묘사

요한복음은 사건이 발생한 때와 장소를 자세하게 묘사하는 것으로 정평이 나있다. 다른 곳에서 나는, 고대 세계에서 그 정도의 자세함은 역사기록학의 경우에서나 볼 수 있는 것이므로, 첫 독자들이나 청자들에게는 공관복음보다 요한복음이 역사기록학에 더욱 가까워 보였을 것이라고 주장한 바 있다.[4] 물론 이런 주장은 요한의 사화가 역사라기보다는 상징적이거나 신학적이라는 일반 견해와 상반되는 것이다. 그러나 비록 종종 요한이 때와 장소의 묘사에 실제 이상의 함의

---

4) Richard Bauckham, "Historiographical Characteristics of the Gospel of John," in *The Testimony of the Beloved Disciple: Narrative, History, and Theology in the Gospel of John* (Grand Rapids: Baker Academic, 2007), 93-112.

를 부여하는 것이 사실일지라도, 많은 때와 장소의 묘사에 실제 이상의 상징적 의미를 부여하려는 시도들을 요한이 배척하려 하는 것 또한 사실이다. 예컨대 헤롯 성전이 46년 동안 건설 중이었다거나(2:20), 중풍병자가 38년간 그러한 상태에 있었다거나(5:5), 예수가 성전 안에 있는 "솔로몬의 회랑"에 있었다거나(10:23), 빌라도의 심판석이 "가바다"(19:13)라는 곳에 있었다는 것 등은 상징이 아닌 것이 거의 확실하다. 요한복음 사화에서 때와 장소의 특징들이 문자를 넘어서는 의미를 가질 경우에는 대체로 저자가 분명하게 알려주기 때문에 우리는 모든 때와 장소에 대한 묘사가 문자적인 의미를 넘어 다른 의미를 갖는다고 속단해서는 안 된다. 비록 요한복음의 모든 때와 장소에 대한 묘사가 역사적으로 엄밀한 정확성을 보여준다고는 할 수 없을지라도, 요한의 지리적 묘사를 검증해보면 대개는 (기원후) 70년 이전의 유대 팔레스타인 지역의 장소 묘사와 정확하게 일치한다.[5]

중요한 것은 요한의 때와 장소에 대한 묘사가 문자적으로 역사적 사화라고 말할 수 있을 정도의 개연성이 있다는 것이다. 비록 요한이 역사적 허구를 썼을지라도 그는 어떤 특정 과거에 대한 개연성 있는 이야기를 만들려고 노력한 것이 분명하다. 그가 역사적 엄밀성을 지켰건 지키지 않았건 간에 문학적 차원에서는 역사적 사실성을 겨냥했을 테지만, 요한복음의 이런 특징은 거의 주목받지 못하고 있다. 이는 아마도 해석가들에게 역사적 사실성이 요한복음의 풍부한 상징적 차원과 양립하기가 어려워 보이기 때문일 것이다. 그러나 사실 그 둘은 양립할 수 없는 것이 아니며, 실제로 본문을 신중하게 들여다보면 사

---

5) 예컨대 다음을 보라: Ingo Broer, "Knowledge of Palestine in the Fourth Gospe?," in *Jesus in Johannine Tradition*, ed. Robert T. Fortna and Tom Thatcher (Louisville: Westminster John Knox, 2001), 83-90.

실적 특징들이 나타난다. 요한복음 사화의 때와 장소에 대한 묘사들이 문자적 차원 이상의 의미를 가지건 가지지 않건, 문자적 차원을 가질 것이라고 언제나 기대하는 편이 좋다.

이레 동안 벌어진 일련의 사건들 자체에는 특별히 개연성이 없을 만한 것이 없다. 많은 것이 일주일 안에 일어날 수 있다! 그 사화에는 세 장소에 대한 묘사들(1:28, 43; 2:1, 11)이 나오는데, 이것들은 종종 그 때에 대한 묘사와 양립할 수 없는 것처럼 여겨지곤 했다. 그 사화에서 처음 4일 동안에 일어난 사건들은 "요한의 세례 주던 곳 요단 강 건너편 베다니"(1:28 [참조. 3:26; 10:40])에서 일어났다. 닷새째에 예수는 갈릴리로 가고(1:43), 이레째에는 "갈릴리 가나"에 있다(2:1, 11). 마지막 장소에 대한 언급은 그곳 사정에 밝은 정보인데, 그 가나는 "갈릴리의" 가나라고 불리는 곳으로서 두로 근처의 또 다른 가나(수 19:28; 카나)와는 별개의 장소다. 그곳은 분명히 키르벳 카나라는 곳일 텐데, 그곳은 나사렛 북쪽으로 9킬로미터 떨어진 곳에 있었다. 그러면 "요단 강 건너편 베다니"(Bēthania[6] peran tou Iordanou)는 어디였을까? 그곳에서 가나까지 이틀 만에 갈 수 있었을까?

매우 타당하지 않은 설명들을 제외하고, 대개는 요단 강 건너편 베다니를 요단 계곡 아래쪽에 있는 요단 강 동편에서 찾곤 했다.[7] 이 지

---

6) Bēthabara라고 읽는 이본도 읽는데, 이것은 본 이름이 아닌 것 같고, 같은 이름이 오리겐 시대에는 요한이 세례를 주던 장소로 알려졌던 것 같다. 어쩌면 그곳은 요한이 세례 주던 곳이라고 알려졌기 때문에 필사자들이 그것을 알려지지 않은 Bēthania로 바꾸었을지도 모른다.

7) 다음 자료들에 나오는 모든 제안들에 대한 논의를 참고하라: Rainer Riesner, "Bethany beyond the Jordan (John 1:28): Topography, Theology and History in the Fourth Gospel," TynBul 38 (1987): 29-64, 34-43; Riesner, Bethanien jenseits des Jordan: Topographie und Theologie in Johannes-Evangelium, SBAZ 12 (Giessen: Brunnen, 2002), 43-56.

역에서 가장 개연성 있는 장소는 와디 엘-카러(Wadi el-Kharrer)에 있는 여리고 맞은편 지역이다.[8] 이곳을 요단 강 건너편 베다니라고 주장하게 된 계기는 공관복음에서 요한이 유대 광야에 등장하여(마 3:1; 참조. 막 1:4; 눅 3:2) 요단 강 근처에서 예수를 비롯한 사람들에게 세례를 준다는 사실 때문인 것 같은데, 누가는 요한이 사역한 지리적 영역을 상당히 광범위하게 잡는다는 사실에 주목해야 한다(눅 3:3: "요단 강부근 각처"). 그러나 공관복음 자료들은 요한복음의 요단 강 건너편 베다니가 어디인지 결정할 필요가 없다.[9] 요한복음은 예수의 세례 장면을 보도하지 않으나, 세례 요한으로 하여금 성령이 예수 위에 내려오는 광경을 보았다고 증언하게 한다(요 1:32-33). 요한복음 저자는 요한 사화의 시작을 예수의 세례보다 나중에 일어난 것으로 주도면밀하게 배치하는데, 이런 순서를 그 저자는 마가복음을 통해 분명히 알고 있었을 것이고, 자신의 독자들도 마가복음을 통해 알고 있으리라 기대했을 것이다.[10] 요한복음이 첫째 주간에 있었다고 기록한 사건들은 예수가 세례를 받고 상당한 시간이 지난 후에 일어났을 수 있고, 그때 요한은 그 나라의 다른 지역으로 이동하여 거기서 사람들을 만나고

---

8) 가장 최근 자료를 참고하라. John F. McHugh, *A Critical and Exegetical Commentary on John 1-4*, ICC (London: T&T Clark, 2009), 144-47; Jerome Murphy-O'Connor, "Place-Names in the Fourth Gospel (II): Bethany (John 1:28; 11:18) and Ephraim (John 11:54)," *RB* 120 (2013): 85-98, 90-94.

9) 10:40의 *to prōton*이라는 어구는 반드시 요한이 요단 강 건너편 베다니에서 그의 사역을 시작했다는 뜻일 필요는 없다. 그것은 다만 요한복음 사화에서 요한이 세례를 준 첫 번째 장소가 베다니였는데, 그곳은 애논(3:23)과 다른 곳이었다는 뜻일 수 있다.

10) Richard Bauckham, "John for Readers of Mark", in *The Gospels for All Christians: Rethinking the Gospel Audiences*, ed. Richard Bauckham (Grand Rapids: Eerdmans; Edinburgh: T&T Clark, 1997), 147-71.

헤롯 안타파스의 손아귀에서 벗어났을 가능성이 있다. 요단 강 건너편 베다니가 어디에 있건, 요한복음은 요한이 세례 사역을 위하여 여기저기 분명하지 않은 곳을 다니도록 한다(3:23). 요한복음은 요한을 순회 예언자로 묘사하고 있는 것이다.

과거에 소수의 학자들이 요단 강 건너편 베다니는 1세기에 바타나에아(Batanaea, 그리스어로는 *Batanaia, Batanea, Bataneias, Batanis*)로 알려진 지역이라고 제안했는데,[11] 대체로 최근에 이런 견해가 리즈너(Rainer Riesner)에 의해 지지받고, 변호되고, 상세하게 논의된 바 있다.[12] 나는 그가 연관시키는 모든 추측에 전적으로 동의하지는 않으나, 그의 설명에 설득당하고 있는 편인데,[13] 여기서 그 내용을 다시 상세하게 반복할 필요는 없을 것이다.[14] 갈릴리 호수 동쪽에 위치한 바타나에아는 히브리어로 "바산"(*bāšān*)이라고 불린다. 예수 시대에 그 지역은 분봉왕 빌립의 영토였다. 그리스어 이름 형태들은 아람어

---

11) Josephus, *Ant.* 4.173; 9.159; 12.136; 15.343; 17.25, 189, 319; 20.138; *J.W.* 1.398; 2.95, 247, 482; 3.56; *Life* 54, 183.

12) Rainer Riesner, "Bethany beyond the Jordan," *ABD* 1:703-5; Riesner, "Bethany beyond the Jordan (John 1:28)"; Riesner, *Bethanien*.

13) 얼(Douglas S. Earl) 또한 그곳을 바타나에아(Batanaea)와 동일시하고 바산(Bashan)과 "요단 강 건너편"을 가능한 상징적 관계로 발전시킨다. "'[Bethany] beyond the Jordan': The Significance of a Johannine Motif," *NTS* 55 [2009]: 279-94). 나는 요한복음에서 그런 관계가 발견되는지 확신하지 못한다. 요한복음에서 지리는 제한적으로만 상징적이며, 이 경우에 "요단 강 건너편 베다니"의 의미는 예루살렘 근처 베다니와 평행하거나 대조적인 것이라고 실제 역사를 상기시킴으로써 충분히 설명된다. 만일 요한이 히브리어 성경의 바산에 대한 예언들과 연결시키려 했다면, 그가 다른 예언들에 대해 그렇게 하는 것처럼, 그는 바산(Bashan, LXX)이라는 용어를 사용하거나 그 예언들을 상기시키는 다른 말을 사용했을 것이다.

14) 리즈너(Riesner)의 제안을 카슨이 인정한다: Carson, *John*, 146-47.

"바산"에서 유래했고, *bôtenayyê*, *bôtenāyyim*, *bôteneyîn*, *bûtenan*, *bātenayyāy'*, *bêtenayyā'* 등 다양한 형태로 나타난다. 현대 아랍어에서는 "엘-보테인"(*el-Bottein*)과 "엘-베데네예"(*el-Betheneyeh*)다.[15] 요한의 *Bēthania*는 개연성 있는 그리스어 번역이다(셈어 ה에서는 그리스어의 τ 또는 θ에 해당한다). 그 정확한 형태가 다른 데서 확인되지 않는다고 하여 문제될 것은 없는데, 요한은 아람어 이름을 그렇게 음역함으로써 예루살렘에서 15스타디온(약 2마일) 떨어진 곳이라고 굳이 명시하고 있는(11:18) 예루살렘 근처의 다른 베다니(11:1)와 그 발음을 일치시키려고 했을 것이기 때문이다. 그는 바타나에아를 "요단 강 건너편 베다니"라고 부름으로써[16] 예루살렘 근처의 베다니와 발음을 일치시킴과 동시에 구별하고 있는 것이다.

카슨(Donald Carson)의 제안에 따르면, 베다니들을 일치시킨 이유는 예수의 사역이 베다니에서 시작하여 베다니에서 끝나게 하기 위함이다.[17] 실제로 예수의 사역은 수난 주간 둘째 날에 예루살렘에서 끝난다(12:12-36). 베다니들을 일치시킨 다른 가능한 이유는 첫째 주간과 수난 주간이 모두 베다니에서 시작하게 하려는 것일지도 모른다(참조. 표 7.1). 장소명의 일치는 두 주간들 사이에 더 많은 평행들이 있을 가능성을 시사한다. 두 주간 사이에 이 베다니에서 저 베다니로의 전환이 일어나며(10:40-11:18), 예수는 요단 강 건너편 베다니에서

---

15) William H. Brownlee, "Whence the Gospel according to John?," in *John and Qumran*, ed. James H. Charlesworth (London: Geoffrey Chapman, 1972), 166-94, 169.

16) 바타나에아가 "요단 강 건너편"에 있다고 보는 것이 적절한가에 대해서는 Riesner, *Bethanien*, 43-70을 참조하라. 리즈너는 바타나에아가 분봉왕 헤롯 안티파스의 영지에 속하는 요단 강 동편의 페레아를 의미하지 않는다는 사실을 보여준다.

17) Carson, *John*, 147.

(10:40-41) 예루살렘 가까운 베다니로 이동한다. 예수의 이동은 친구 나사로를 죽음에서 구하려는 목적에서였으나, 결과적으로 자신이 죽을 위험을 향해 걸어들어간 셈이다. 이런 일련의 일들을 기술할 때 요한은 베다니를 요단 강 건너편이라 하지 않고, "요한이 처음으로 세례 주던 장소(topos)"라 하며(10:40),[18] 예루살렘 근처의 베다니는 "마리아와 그 자매 마르다의 촌(kōmē)"(11:1)이라고 한다. 전자는 빌립이 관대하게 통치하고 있었기 때문에 세례 요한이나 예수에게 모두 안전한 장소였다. 예수는 예루살렘에서 목숨이 위태로워지자 그곳으로 피했다(10:31, 39). 그곳과 달리 베다니촌은 예루살렘에서 가까웠기 때문에 그곳으로 왔다는 말은 심각한 위험이 도사리고 있는 곳에 돌아왔음을 뜻한다(11:16). 이처럼 두 베다니는 두 주간을 서로 대조시킨다. 첫째 주간은 예수의 사역이 막 시작되어 아직 예수를 향한 혐오감이 없던 때였으나, 고난 주간은 예수가 의도적으로 죽음의 위험 속으로 걸어들어가 사역을 마감하고 처형당하는 주간이다.

빌립이 분봉왕으로 있던 요단 강 건너편 베다니는 세례 요한에게 안전할 뿐 아니라 기회의 장소이기도 했다. 비록 그곳은 이방인 거주자가 많은 넓은 지역 안에 있었으나, 당시 바타나에아 안에는 얼마 전

---

18) 쾨스터(Craig R. Koester)는 요단 강 건너편 베다니가 바타나에아일 수 없다고 주장하는데, 그 이유는 요한이 다른 곳에서는 장소(topos)를 특정 장소들을 가리킬 때 쓰기 때문이라고 한다. "Topography and Theology in the Gospel of John," in *Fortunate the Eyes That See: Essays in Honor of David Noel Freedman in Celebration of His Seventieth Birthday*, ed. Astrid B. Beck et al. (Grand Rapids: Eerdmans, 1995), 436-45, 446. 그러나 그 단어가 모호하기 때문에 요한은 그 단어를 자유롭게 여러 방식으로 사용했을 것이다. 비록 요단 강 건너편 베다니가 마을이었더라도, 장소(topos)라는 단어는 요한복음 안에서 독특한 용법으로 사용된 경우일 것이다.

에 이주해 온 유대인들도 살고 있었다.[19] 호수 다른 편에 있는 갈릴리는 헤롯 안티파스의 영토 안에 있었으므로 요한에게 위험했으나, 바타나에아는 갈릴리에서 금세 갈 수 있는 거리에 있었고, 유대인들도 많이 거주하고 있었다. 그렇다면 요한은 정확히 바타나에아의 어느 지점에서 세례를 주었을까? 바타나에아는 호수와 접하고 있지 않았다. 그곳과 갈릴리 호수 동편 연안 사이에 히포스의 데카폴리스 시 (the Decapolis city of Hippos)가 있었고, 바타나에아와 호수 북편 연안 사이에는 가울라니티스(Gaulanitis)가 북쪽 멀리까지 뻗어 있었다. 벳새다는 안드레와 베드로, 빌립의 고향으로서(요 1:44) 호숫가에 있었는데, 요단 강이 호수로 유입하는 부근의 동편이었고, 안티파스가 다스리는 갈릴리와 빌립이 다스리는 영토를 구분하는 경계였으므로 가울라니티스 안에 있었다.[20] 브라운리(William Brownlee)는 리즈너 (Riesner)에 앞서 요단 강 건너편 베다니를 바타나에아와 동일시하면서, 요한이 갈릴리호수 북쪽의 요단 강에서 세례를 주었다고 제안했다. 브라운리는 히브리어 성경에서 바산이 골란을 포함하므로 "성경적 관점을 가진 사람이라면 가울라니티스가 바타나에아에 속한 구역이라고만 주장할 것"이라고 한다.[21] 그러나 이런 식으로까지 그 용어를 확대할 필요는 없다. 리즈너는 요한이 세례 준 곳은 요한1서의 야르묵 강(Yarmuk River) 하류 부근이었다고 주장하는데,[22] 그곳은 히포스의 남동쪽이나 동쪽 부근에 해당한다. 리즈너에 따르면 그 지역(더

---

19) Josephus, *Ant.* 17.23-31; *Life* 54-57. 다음도 참조하라: Shimon Applebaum, *Judaea in Hellenisti and Roman Times: Historical and Archaeological Essays*, SJLA 40 (Leiden: Brill, 1989), chap. 4.

20) 요 12:21은 그 장소를 대충 "갈릴리의 벳새다"라고 한다.

21) Brownlee, "Whence the Gospel according to John?," 170.

22) Riesner, *Bethanien*, 122.

북쪽 지역이 아니라)은 요한복음 11장에 나오며, 예수가 요단 강 건너편 베다니에서 예루살렘 근처 베다니까지 가는 데에 3-4일 정도 걸렸다고 한다(11:11-14, 39). 야르묵 강 부근 지역은 헤롯 대왕 때에 유대인들이 정착한 곳이었다.

요한복음은 세례 요한이 세례 준 곳을 야르묵 골짜기로 보는 것 같은데, 그렇게 보면, 첫째 주간 닷새째 되던 날에 예수가 다닌 곳들(요 1:43-51)에 대한 리즈너의 해석 부분과 상충하게 된다. 그 본문에 대한 리즈너의 해석에 따르면, 예수는 갈릴리를 향해 떠나 벳새다를 통과하여 가나로 갔으며, 벳새다에서 빌립을 만나고 가나에서 나다나엘을 만났다(21:2에 따르면 가나는 나다나엘의 고향이다). 그리고 엿새째 날이 이 이야기에서 빠진 까닭은 아마도 유대인들이 여행할 수 없었던 안식일을 지켰기 때문인 것 같다.[23] 이 해석을 따르면 예수는 바타나에아에서 갈릴리 가나까지 하루 만에 가야 하는데, 그것은 실제로 불가능하다.[24] 이 여행경로를 약간 수정해서 예수가 가나 대신에 벳새다와 가까운 다른 지점에서 나다나엘을 만난 다음에 거기서 안식일을 지내고 이레째 날에 가나에 이르러 그날 저녁 늦게 혼인잔치에 참석했다고 가정하더라도 여전히 시간표는 빡빡해 보인다. 그러므로 장차 더 설명하겠지만, 나는 1:43-51을 다음과 같이 해석하고자 한다. 예수는 갈릴리를 향해 떠나기로 결정했으나(1:43a), 여전히 바타나에아에 머물면서 빌립과 나다나엘을 만나고, 그런 다음에야 실제로 갈릴리를 향해 떠났다. 그리고 닷새째 날 대부분과 엿새째 날 전체(필요

---

23) Riesner, "Bethany beyond the Jordan (John 1:28)," 45-47; Riesner, *Bethanien*, 73-76.

24) 배를 타고 호수를 건너는 편이 빠르지만, 그렇게 했다면 예수는 벳새다를 통과하지 못했을 것이라고 리즈너는 상상한다.

하다면, 이레째 되는 날의 일부도)를 바타나에아에서 가나까지 걸어가는 데 쓴 것 같다. 그렇게 하면 여행이 그다지 불가능해 보이지 않는다. 또한 그런 경로를 따르면 엿새째는 안식일일 수가 없다. 물론 그 주간 중 하루는 안식일이었을 테지만, 첫 사흘 동안에 안식일이 걸리지는 않았을 것이며, 만일 안드레가 자기 형제를 발견하기 위해 벳새다로 돌아와야 하지 않았다면 나흘째도 안식일은 아니었을 것이다. 미슈나에 따르면, 유대 관습상 처녀의 결혼식은 주중 나흘째에 치르고, 과부의 결혼식은 닷새째에 치른다(*m. Ketub.* 1.1). 예수 시대에도 그런 관습이 있었으므로 가나 혼인식이 처녀의 혼인식이었다면, 이레째가 바로 그 주간의 나흘째에 해당하고 사흘째가 안식일이어야 한다.[25]

첫 주간의 엿새째 날이 안식일이 아니라면, 요한복음의 첫 주간의 날들은 수난 주간의 날들과 평행할 수 없는데, 수난 주간의 엿새째 날은 틀림없이 안식일이었기 때문이다. 그러나 첫 주간의 엿새째 날에 보도할 만한 일이 없었다는 사실은(우리는 예수가 여행 중이었다고 가정해야 한다), 수난 주간의 엿새째 날에 보도할 만한 일이 없었다는 사실과 잘 맞아 떨어진다.

그러므로 지리적 관계를 분명히 해야 시간적 관계도 풀린다. 예수는 요단 강 건너편 베다니에서 가나까지 이틀 만에 갈 수 있고(1장과 2장에 맞추려면), 요단 강 건너편 베다니에서 다른 베다니로 나흘 만에 갈 수 있어야 한다(11장에 맞추려면).

그 이야기에는 일자뿐 아니라 시간에 대한 언급도 하나 있다. "때가 제 십 시쯤 되었더라"(1:39). 이것은 요한복음 이야기에서 간과하기 쉬운 많은 부분들 중 하나로서 예수와 두 명의 동행인들이 투숙할 곳

---

25) Bernard, *St. John*, 1:72.

으로 들어간 시각을 알려준다. 이 시각을 상징으로 읽으려는 노력들이[26] 성공하지 못한 사실은 최근 대부분의 주석가들도 인정하는 바이다. 요한복음을 계속 읽으면, 그 시각과 비교할 만한 같은 날의 다른 시각들도 나오며(4:6, 52; 19:14), 그 시각들은 이야기를 보다 명확하게 해준다. 여기서 우리는 안드레와 그의 동료가 "그날"에 예수와 함께 보낸 시간이 두세 시간 이상이었다고 상상할 수 있다(그들이 일몰 후까지 이야기를 계속했을 가능성이 암시된다).[27] 제 십 시에 대한 언급은 "이야기꾼이 생생하게 묘사하는 전형적인 기술"로 보기도 어려운데,[28] 왜냐하면 그것은 그 자체를 본질적인 것들로 제한하는 예외적으로 지엽적인 정보이기 때문이다. 이 외에도 요한은 이야기를 확장하는 경우가 많은데, 그 확장 부분들이 이야기 안에서 수행하는 특정 기능이 무엇인지 불분명한 경우는 거의 찾아보기 어렵다(시간 묘사는 상징적 의미를 가질 수도 있고 갖지 않을 수도 있는데, 사례별로 상징적 의미가 언제나 똑같지는 않다). 그러므로 시간에 대한 정보를 주는 목적은 그것이 목

---

26) 예컨대 다음을 보라: Rudolf Bultmann, *The Gospel of John: A Commentary*, trans. G. R. Beasley-Murray (Oxford: Blackwell, 1971), 100-101n9.

27) 고대인들은 연중 하루의 길이가 어떻게 달라지건 상관없이 낮 시간을 일출부터 일몰까지 12시간으로 나누었다. 따라서 한 시간의 길이는 낮의 길이에 따라 달라졌으나, 이런 방식은 해의 위치를 기준으로 시간들을 대충 쉽게 가늠할 수 있게 했다. 그러므로 요한복음이 시간을 항상 근사치로만("몇 시 쯤에") 표현하는 것은 실제 상황을 반영하는 것이다.

28) Barnabas Lindars, *The Gospel of John*, NCB (London: Marshall, Morgan & Scott, 1972), 114. 그는, "그것은 단지 그 이야기 속에서 제자들을 예수의 수행단에 넣으려는 수단일 뿐이며, 그렇게 해야 그들이 갈릴리도 가는 예수와 동행할 수 있게 된다(43절; 2:2)" 하고 덧붙이지만, 내게는 왜 하루 중 그 특정 시각이 그런 목적을 달성하는 데 쓰였는지 명확하게 다가오지 않는다. "그들은 그 날에 그와 함께 머물렀다"고 말하는 것으로 충분했을 것이다.

격자의 증언임을 나타내기 위해서인 것 같고,[29] 안드레와 동행한 무명씨 동료의 정체와도 연관이 있는 것 같다(이후에 더 설명하겠다).

제자도: 1:35-46의 다층적 의미

요한복음 특유의 문학적 장치들 중에서 이중의미어(double entendre: 두 개의 서로 다른 차원의 의미를 가지는 단어들이나 좀 더 긴 의미군들)가 있다는 것은 널리 알려진 사실이다. 그러나 그 현상은 성격과 용법에 있어서 광범위한 다양성을 보이기 때문에 그것을 단순하게 일반화하지 않도록 조심해야 한다.[30] 널리 알려진 범주 중 하나는 오해의 범주다. 전형적으로 등장인물은 예수가 하는 말을 오해하여 예수가 상징적 또는 영적 의미로 한 말을 문자적 내지 물질적 의미로 받아들이곤 한다.[31] 역설의 예도 많다.[32] 대개 등장인물은 독자가 알거나 알기 마련인 어떤 것을 도무지 진실이 아니라고 분명하게 말하곤 하는데, 등장인물이 의도하는 의미가 다른 차원에서는 진실이 되곤 한다. 역설적으로 높은 차원에서 진실한 그 의미는 겉으로 드러나는 낮은 차원

---

29) Köstenberger, *John*, 75.

30) 다음을 보라: Frédéric Manns, "Les mots à double entente: Antécédents et fonction herméneutique d'un procédé johannique," *Liber Annuus* 38 (1988): 39-57, 56.

31) 오해에 관하여는 다음을 보라: R. Alan Culpepper, *Anatomy of the Fourth Gospel: A Study in Literary Design* (Philadelphia: Fortress, 1983), 152-65.

32) 이 주제에 대한 거장다운 연구를 위해서는 다음을 보라: Paul D. Duke, *Irony in the Fourth Gospel* (Atlanta: John Knox, 1985). 다음도 참조하라: Culpepper, *Anatomy*, 165-80; Gail R. O'Day, *Revelation in the Fourth Gospel: Narrative Mode and Theological Claim* (Philadelphia: Fortress, 1986), chap. 1.

의 의미와 "상충하거나, 어울리지 않거나, 양립할 수 없는 어떤 것이다."[33] 역설의 사례들은 1:37-46을 다룰 때 더 살펴보겠다. 오해와 역설은 모두 두 차원의 의미를 포함하는데, 그중 한 차원의 의미는 (상정된 내포저자가 직접적 또는 간접적으로 암시해주는 것을 잘 살펴서) 독자가 진실이 아니거나 잘못된 것임을 알아채고 거절해야 하는 것이다.

여기서 내가 주목해주기를 독자에게 바라는 현상은 서로 대립하는 두 의미에 대한 것이 아니다. 이야기 자체 내에서 자연스럽게 겉으로 드러나는 의미는 좀 더 깊은 다른 차원에서 그 문자적 의미를 제거하거나 그것과 상충됨 없이 직관력 있는 독자에게 또 다른 차원의 의미를 더해주는 경우가 있는데, 바로 그런 현상에 주목해주기를 바라는 것이다. 두 의미 차원들은 대립이 아니라 유비적인 관계다. 하지만 이런 현상은 우화나 상징이 아니라 역설에 가까운 것으로서, 한 의미가 다른 의미를 드러내게 된다. 1:35-46의 현상을 다룰 때 더 관찰할 테지만, 한 단어가 두 차원의 의미를 가지면 역설적이라고 할 수 있으나, 그렇다고 두 의미가 서로 양립할 수 없다는 뜻은 아니다. 이런 현상은 요한복음의 "두 차원"(two-level) 읽기와도 구별해야 하는데, 두 차원 읽기는 마틴(J. Louis Martyn)이 요한 연구에 도입한 것으로서, 어떤 이야기가 한 차원에서는 예수의 지상 생애 동안의 일을 이야기하고 다른 차원에서는 요한복음을 쓸 당시(또는 그 이전까지)의 "요한 공동체"의 일을 이야기한다는 것이다.[34] 이렇게 요한복음을 요한 공동

---

33) Culpepper, *Anatomy*, 167. Duke, *Irony*, 14-16과 비교하라.

34) J. Louis Martyn, History and Theology in the Fourth Gospel, rev. ed. (Nashville: Abingdon, 1979), 29. 여기서 마틴은 실제로 "요한 교회"(Johannine church)라는 용어를 사용하지만, 이어지는 관련 연구들에서는 "요한 공동체"(Johannine community)라는 표현을 더 일반적으로 사용한다.

체의 역사적 정황을 반영하는 책으로 읽으면, 적어도 겉보기에 요한복음의 이야기가 각 차원마다 고유한 고결성을 가질 테지만, 요한복음 해석가들은 그 공동체의 역사가 실제로는 통제된 이야기로서 그 특정한 예수 이야기는 일종의 부수 현상으로 생산된 것이라고 가정하는 경향을 보이게 된다. 요한복음의 부분들을 "요한 공동체"의 관점에서 읽으면 요한복음의 두 차원 사이의 관계가 말 그대로 드러나지만 (예컨대 4장에서 사마리아인들이 예수를 믿게 되는데, 이것은 사마리아인들이 개종하고 그 공동체가 사마리아에 형성되는 역사의 한 단면을 보여주는 것이다), 이것은 피치 못하게 부분적으로 나타나는 현상에 불과하다. 이런 "공동체 읽기"는 유력하게 비판받아왔다.[35] 이것을 여기서 언급하는 유일한 이유는, 지금부터 내가 제안하는 1:35-46 읽기 방식과 그 공동체 읽기를 구별하기 위함이다.

그 이야기를 문자적 차원에서 읽으면 이렇다. 세례 요한의 두 제자들은 세례 요한으로부터 전날에 자신이 오신다고 말한 인물이 바로 예수라는 말을 듣게 된다. 그들은 당연히 예수에 대하여 더 알고 싶어서 그를 따르는데, 여기서 따른다는 말은 말 그대로 그의 뒤를 따라 걷는 것이다. (랍비 문학에 따르면) 유대교 선생들의 제자들은 그 스승의 뒤를 따라 걸었는데, 이로써 이미 그 두 사람은 자신들의 충성의 대상을 요한에서 예수로 바꾸었다고 생각했을 수도 있겠으나, 그의 뒤를 따라 걷는 것만으로 자신들이 예수의 제자들이 된다고 생각하지는 않았을 것이 분명하다. 그들은 예수가 제자가 될 것인지 묻기 전까지 그의 제자가 될 수 없었으며, 그에 대해서 충분하게 알 겨를도 없

---

35) 특히 다음을 보라: Edward W. Klink, *The Sheep of the Fold: The Audience and Origin of the Gospel of John*, SNTSMS 141 (Cambridge University Press, 2007).

었던 것이다. 그들이 자신을 따라 걸어오는 것을 본 예수는 매우 당연한 질문을 한다. "무엇을 원하느냐?" (똑같은 그리스어 문구가 4:27에도 나오는데, 거기서도 같은 의미다.) 그들은 으레 그렇듯이 공손하게 "랍비"라고 부른 다음에 그가 머무는 곳을 방문해도 되는지를 물어보기 위하여 예절 바른 방식으로 질문한다("어디에 게시옵니까?"). 예수는 그들을 초대한다. "와서 보라!" (이것은 말 그대로 "와보면 안다"는 뜻이다.) 그들은 해가 지기까지 두세 시간 머물렀다. 집에 찾아온 손님들을 어두워진 이후에 돌려보내지는 않았을 것이므로, 그들은 아마 그 집에서 그 밤을 보냈을 것이다.

이튿날 아침에 안드레는 예수가 정말로 메시아라는 확신을 가지고 자기 형제를 예수에게 데려온다. 예수는 그가 "요한의 아들 시몬"인 것을 금세 알아봄으로써 초자연적 지식을 발휘한다. 예수는 시몬이 장차 자기 아버지의 이름으로써가 아니라 별명인 "바위"(게바: 베드로—역자 주)로 알려질 것이라고 예언한다.

이튿날에 예수는 갈릴리로 가려다가 빌립을 발견한다. 요한복음 저자는 빌립이 안드레 및 시몬과 같은 마을 출신이라고 부연설명 하는데, 이는 빌립이 예수가 누구인지 이미 알고 있었음을 알려주기 위한 의도인 것 같다. 빌립은 그들과 함께 있었고(어쩌면 그도 요한의 제자였을 수 있다), 그들로부터 예수에 대해 들었다. 문자적 차원에서 "나를 따르라!"는 예수의 말은 빌립도 갈릴리에 함께 가자는 뜻인 것 같다. 이런 경우에 관습상으로는 빌립이 예수에게 자신의 길을 인도하도록 청하고, 자신은 그 뒤를 따라가야 옳다.

그러나 여기서는 예수가 빌립에게 자신을 따르라고 청했으므로, 이 이야기의 다른 어떤 부분보다 "제자가 되어" 자신을 따르라는 뜻이 되어 다른 차원의 읽기가 요구된다. 요한의 첫 독자들이 마가복음

이야기를 알았을 가능성은 매우 높은데, 마가복음에서 예수는 "나를 따르라!"고 거듭 말하면서 사람들에게 자신의 제자가 되라고 초청한다(1:17; 2:14).[36] 이런 마가복음 이야기에서 예수를 따르는 신체적 행위는 자신의 집과 재산을 버리고 예수에게 온전히 헌신하는 것을 수반한다. 뿐만 아니라 요한복음에서 그 다섯 명의 사람들이 예수를 만나 그에게 신앙 고백을 했다는 사실은 그들이 분명하게 예수의 제자가 되었음을 뜻한다. 세례 요한의 제자단에 속했던 그들이 예수를 가까이서 모시는 핵심 제자단을 형성한 것이다. 요한은 그들을 2:2과 11-12절에서 "제자들"이라고 부르고, 이후 요한복음에서 줄곧 그렇게 부른다.

"따르다"라는 동사는 1:37-43에서 4회 나타난다. 첫 3회는 단순히 안드레와 그 무명의 동료가 예수를 따른 행위를 가리킨다. 이 단어를 이처럼 두드러지게 반복하여 강조하는 까닭은 따른다는 행위가 문자적 차원을 넘어 제자도를 뜻한다는 사실을 알리기 위함일 것이다. 예수가 빌립을 초청하는 장면에서 "따르다"라는 동사가 네 번째로 나타나는데, 빌립은 문자적 차원에서 보아도 제자가 되라는 초청을 의도적으로 받은 것이 분명하므로, 이 맥락에서는 문자적 의미와 그 이상의 의미가 어우러져 있다고 볼 수 있다. 이 대목에서 우리는 왜 요한복음은 예수가 처음 세 사람(무명의 사람, 안드레, 그리고 시몬)을 만나는 장면에서 그들을 제자도로 초청하는 장면을 넣지 않았을까 하는 의문을 가질 수 있다. 왜 첫 두 사람에 대해서는 제자도를 구성하는 따라옴을 직접 문자로 표현하지 않고 그 이상의 차원에서 암시하는 방식

---

36) 1:17에서 "나를 따르라"는 그리스어 표현은 *deute opisō mou*이지만, 2:14에서는 *akolouthei moi*로서 요 1:43과 일치한다.

으로만 표현하며, 시몬에 대해서는 그렇게 하지 않았을까?

내 생각에는 서로 양립하지 못할 이유가 없는, 두 개의 답이 있는 것 같다. 만약에 요한이 마가복음을 알았고 자신의 독자들도 그것을 안다고 생각했다면, 마가복음 1:16-18에서 안드레와 시몬 베드로를 부르는 마가복음 이야기와 전혀 다른 이야기를 하려고 하지는 않았을 것이다. 요한은 예수가 그들과 만나는 장면의 첫 부분만 기록한다. 그들은 예수의 제자단에 가입하지만, 친척들과 집과 재산을 버리라는 급진적 단계를 수용하라는 요청을 받지는 않는다. 사실 마가의 이야기에서 예수가 시몬과 안드레를 그때 처음 만난 것일 수는 없으며, 예수는 그들이 누구인가를 벌써 알고 있었고(아니라면 어떻게 그들을 "사람 낚는 어부"로 만들어주려고 택할 수가 있겠는가?), 그들도 예수를 알고 있었다고 해야 한다(아니라면 어떻게 그들이 예수의 청에 순종하기를 택할 수 있었겠는가?).[37] 요한은 마가의 이야기를 전제하는 암시적 공간을 남겨놓은 채, 예수가 그의 어머니, 형제들, 그리고 제자들과 함께 가나를 떠나 가버나움에 갔고, 거기서 잠시 머물다가 유월절을 지키러 예루살렘에 갔다고 기록한다(2:12). 자신의 이야기 속에 마가의 이야기들을 위한 공간을 남겨 놓는 일을 요한은 다른 곳에서도 한다(7:1; 18:24, 28).

두 번째 이유를 알아보기 위하여 요한이 그의 복음서 전체에서 "따르다"(akoluthein)라는 동사를 어떻게 사용하는지 조심스럽게 관찰해 보면, 요한에게 진정으로 예수를 따르는 일은 예수의 죽음과 부활 이후에야 가능한 일로서 제자들조차 예외가 아니라는 인상을 강하게 받게 된다. 왜냐하면 제자도는 필연적으로 예수가 걸어간 십자가 길

---

37) 이렇게 해석하는 주석가들 중에 다음도 포함된다: Rudolf Schnackenburg, *The Gospel according to St. John*, trans. Kevin Smyth (London: Burns & Oates, 1968), 1:306.

을 따르는 것을 수반하기 때문이다(이런 견해는 일찍이 막 8:34에서 발견된다). 최후의 만찬에서 예수와 시몬 베드로가 나눈 다음 대화는 많은 뜻을 담고 있다.

시몬 베드로가 이르되 "주여! 어디로 가시나이까?" 예수께서 대답하시되 "내가 가는 곳에 네가 지금은 따라 올 수 없으나 후에는 따라 오리라." 베드로가 이르되 "주여! 내가 지금은 어찌하여 따를 수 없나이까? 주를 위하여 내 목숨을 버리겠나이다." 예수께서 대답하시되 "네가 나를 위하여 네 목숨을 버리겠느냐? 내가 진실로 진실로 네게 이르노니 닭 울기 전에 네가 세 번 나를 부인하리라"(요 13:36-38).

요한복음에서 사용된 동사 *akolouthein*의 다른 용례들도 예수를 진정으로 따르는 일은 예수의 죽음과 부활 이후에야 비로소 가능함을 알려준다. 몇 가지 경우에 그 의미는 단순하게 문자적인 것이다(6:2; 11:31; 18:15; 20:6). 다른 경우에 그 단어는 비유적 말씀들에 등장하여 우화적 기능을 하는데, 비유 이야기 차원에서 문자적 의미가 나타나고, 암시적 차원에서 제자도를 나타낸다(8:12; 10:4, 5, 27). 이런 사례들에서 그 말은 부활절 이후의 제자도를 가리킬 수 있다.

12:26a에서 예수는 "사람이 나를 섬기려면 나를 따르라. 나 있는 곳에 나를 섬기는 자도 거기 있으리니"라고 말씀한다. 이 맥락(12:23-25)은 그것이 부활절 이후의 이야기임을 시사한다. 요한은 예수의 짧은 말씀들 여럿을 함께 놓는다. 한 알의 밀에 대한 비유(12:24)에서 예수는 자신의 죽음과 그 결과로 얻을 "열매"를 언급한다. 그런 다음에 공관복음에 여러 차례 나오는 말씀이 이어지는데(마 10:39; 16:25; 막 8:35; 눅 9:24; 17:33), 그것은 목숨을 잃는 것과 지키는 것에 대한 말씀

이다. 예수 자신이 자신의 죽음과 부활을 통하여 그 말씀의 의미를 구체적으로 보여주지만, 그 경구적 형태는 그 말씀이 그를 따르는 이들에게도 적용됨을 암시한다. 그러므로 12:26이 제자들에게 주는 교훈은 분명하다. 그것은 예수의 제자들도 그를 따라 십자가의 길을 가야 한다는 것이다. (이와 평행을 이루는 막 8:34도 목숨을 잃는 것과 지키는 것에 대한 말씀과 연결되는데[8:35], 요한복음에서 제자도에 대한 말씀들도 그러하다.) 그 길을 따를 때에 비로소 제자들은 그 아버지의 하늘 집에 있는 예수께 다다를 수 있다(참조. 14:3; 17:24). 여기서 분명한 것은 "따르다"는 말이 예수의 길을 따라 십자가를 지나 영광에 다다름을 의미한다는 것이다.

동사 *akolouthein*은 쓰인 곳 못지않게 쓰이지 않은 곳에 주목해야 하는 경우가 적어도 한 군데 있다. 그것은 6:66의 "제자 중에 많이 물러가고 다시 그와 함께 다니지(*periepatoun*) 아니하더라"라는 구절이다. 요한은 제자들이 예수를 "따랐다"고 말하기보다 그와 함께 "다녔다"고 말하기를 선호한다(참조. 2:12; 11:16; 예컨대 다음과 대조적이다. 막 10:52; 눅 22:39). 예수의 사역 기간에 그의 제자들은 예수를 믿고 (2:11; 6:64), 그와 동행하고, 틀림없이 그에게 배우기도 했을 것이다(이것이 "제자" *mathētēs*가 의미하는 바이기 때문이다). 그러나 요한이 선택한 어휘를 보면, 제자들이 실제로 그를 따르는 것 같지 않으며, 예외적으로 그 동사가 문자적 차원에서 쓰인 1:37-43에서만 문자적 의미로 따른다고 할 수 있을 것 같다. 그러나 이 사화의 심층적 차원을 살펴보면, 문자적 따름이 먼저 있은 다음에 진정한 따름이 가능한데, 진정한 따름은 수난 주간 이후에야 비로소 가능해짐을 알 수 있다. 중요한 두 주간 중 첫 주간에 제자들은 예수의 제자가 되지만, 수난 주간이 되어서야 비로소 제자들은 예수의 수난을 목격하고 그 길을 따라 십자가를 지나 영광에 이른다는 것이 진정으로 무엇을 의미하는가를 배우게 된다(예컨대 14:18-25).

1:37-43에서 예고된 것은 에필로그에 이르러 문자적 차원에서 성취되는데, 예수는 1:43에서 빌립에게 했던 말을 에필로그에서는 베드로에게 한다. "나를 따르라!"(21:19, 22). 이것은 예수가 베드로에게 십자가 이전에는 할 수 없으나 그 이후에는 할 수 있게 된다고 예고한 말씀이다(13:36). 주목할 것은 그 명령이 베드로의 순교에 대한 예수의 예고, 다시 말해 베드로의 죽음이 예수의 죽음과 마찬가지로 "하나님을 영화롭게" 하는 것이라고 예고한 직후에 주어졌다는 점이다. 예수를 따르는 일은 그의 십자가의 길을 따르는 일이기 때문이다. (요한은 진정한 제자라면 누구나 순교해야 한다고 말하지는 않으나, 진정한 제자가 예수를 따른다는 것의 성격은 그 또는 그녀가 죽을 각오를 하고 있어야 하며, 그럴 필요가 있는 상황이 벌어지면 그래야 한다는 뜻이다; 참조. 막 8:34).

베드로에게 예수를 따르라고 한 명령은 1:37-47의 메아리에 불과한 것이 아니다. 베드로에게 "나를 따르라!"고 한 예수의 첫째와 둘째 말씀들 사이에 삽입된 작은 사건 역시 그러하다.

> 베드로가 돌이켜 예수께서 사랑하시는 그 제자가 따르는 것을 보니[38] (*Epistrapheis ho Petros blepei ton mathētēn hon ēgapa ho Iēsous akolouthounta*)…이에 베드로가 그를 보고 예수께 여쭤오되 "주님! 이

---

38) 대부분의 영역본들처럼 NRSV는 여기에 "그들을"(them)을 첨가하지만(참조. KJV), 그리스어 본문에 "그들을"에 상응하는 말이 없다는 사실은 중요하다. 이는, 1:37에서처럼, 그 사랑받는 제자가 따른 대상이 실제로는 예수였음을 의미할 수 있다.

사람은 어떻게 되겠사옵나이까?"(21:20a, 21)

우리는 다음을 상기해야 한다.

> 두 제자가 그(세례 요한)의 말을 듣고 예수를 따르거늘 예수께서 돌이켜 그 따르는 것을 보시고(*strapheis de ho Iēsous kai theasamenos autous akolouthountas*), 물어 이르시되 "무엇을 구하느냐?"(1:37-38a)

(비슷한 말을 도입하여 다양하게 사용하는 요한의 습관을 따라) 여기서도 어휘가 좀 다양하지만, 행동만은 엄밀히 일치한다. 한 사람이 뒤돌아 서서 자신을 따라오는 다른 사람[들]을 보고 질문을 던지는 것이다. 누가 돌아서고, 누가 따라오며, 누가 질문하는가는 경우에 따라 다르 다. 그러나 예수가 해변에 마련한 숯불이[21:9] 독자들로 하여금 대제 사장의 집 뜰에서 타던 숯불[18:18]과 베드로가 예수를 부인한 장면 들을 떠올리게 하는 것처럼, 뒤돌아서서 따라오는 누군가를 보는 행 동은 독자로 하여금 요한복음 사화에 처음으로 제자들이 등장한 장면 을 떠올리게 한다.[39] 1:37-38에서 두 제자들의 따름이 문자적이지만 그 이상의 의미를 암시하고 있는 것처럼, 21:20에서 그 사랑받는 제자 의 따름 역시 그러하다. 다음 장에서 나는 1:35-40에 등장하는 무명의 제자가 사실은 그 사랑받는 제자라고 주장할 것이다. 그렇게 하면 요 한복음에서 그 제자가 처음과 마지막에 등장하는 두 장면이 서로 평행 을 이루게 되어 처음부터 끝까지 일관되게 예수를 따르는 그 제자의

---

39) 이것과 1:35-50 및 21:15-23 사이의 문학적 연관성에 관하여는 다음을 보라: M. Franzmann and M. Klinger, "The Call Stories of John 1 and John 21," *SVTQ* 36 (1992): 7-15.

모습이 부각된다. 그는 베드로와 다른 방식으로 예수를 따른다. 베드로는 예수의 양떼를 치다가 순교하지만, 그 사랑받는 제자는 "남아서" 예수에 대한 최고의 증인이 되고 복음서를 쓰게 된다.

"따르다"(*akolouthein*)는 동사는 1:37-46에서 반복되는 핵심어들 중 하나일 뿐, 유일한 핵심어는 아니다(표 7.2를 보라). 다른 말들도 문자적 차원에서는 일반적인 의미를 나타내고, 문자를 초월하는 의미 차원에서는 진정한 제자도에 관한 의미를 예시한다. "와 보라"(1:39)는 예수의 초대를[40] 빌립이 반복함으로써(1:46), 제자도란 예수에게 "오는 것"에서 시작하여(3:21; 5:40; 6:35, 37, 44, 65; 7:37) 마침내 예수를 "보

	akolouthein	*menein*	*erchesthai kai idein*	*heuriskein*
		표 7.2 반복되는 핵심어들(1:37-46)		
1:37	따르다			
1:39	따르다	머물다		
			와서 보다	
			와서 보다	
		머물다		
		머물다		
1:40	따르다			
1:41				발견하다
1:43				발견하다
	따르다			
1:45				발견하다
				발견하다
1:46			와서 보다	

40) 이 어구가 예수를 신적 지혜로 묘사한다는 주장에 대하여 나는 아무런 확신도 없다. 예컨대 다음을 보라: McHugh, *John 1-4*, 151-52.

는 것"(6:40; 14:9; 참조. 12:21)이라고 제안한다.

메시아를 "우리가 보았다"고 하는 안드레와 빌립의 주장(1:41, 45)은[41] (그 단어들이 번역될 수 있는 바와 같이) "무엇을 구하느냐?"라고 물은 예수의 질문에 대한 호응이다. 처음에 그들은 자신들이 진정으로 무엇을 찾고 있는지 알지 못했지만, 예수를 알게 되면서 자신들이 찾는 대상이 메시아임을 알게 된다. 성공적인 찾음과 발견은 이후에 예수가 유대 지도자들에게 한 말과 대조를 이룬다. "너희가 나를 찾아도 만나지 못할 터이요"(7:34, 36; 참조. 8:21; 13:33). 동사 zētein은 "찾다"라는 뜻으로서 요한이 좋아하는 단어지만,[42] 요한복음에서 사람들이 예수를 찾는 까닭은 대부분 나쁘거나 부적절한 이유 때문이다(6:23, 26; 7:1, 11, 19, 20, 25, 30, 34, 36; 8:21, 37, 40; 10:39; 11:8, 56; 18:4, 7, 8; 19:12).[43] 그 동사의 마지막 등장은 1:38의 첫 등장과 호응한다. 처음에도 예수는 "무엇을 찾느냐?"(ti zēteite)라고 묻고,[44] 20:15에서도 예수는 막달라 마리아에게 "누구를 찾느냐?"(tina zēteis)라고 묻는다. 그 첫 주간의 사흘째에 그 두 명의 "장차 제자가 될 사람들"(disciples-to-be)은 자신들이 무엇을 찾고 있는지 알지 못했으나, 수난 주간 이레째에 마리아는 자신이 예수를 찾고 있음을 분명하게 알면서도 오직 그 시체만을

---

41) 나는, 이 주장이 잘못되었고, 그들이 예수를 발견하는 것이 아니라, 진실로 예수가 사람들을 발견하는 것이라는 입장을 취하는 주석가들에게 동의하지 못한다. 예컨대 다음을 보라: Frnacis J. Moloney, *Belief in the Word: Reading the Fourth Gospel, John 1-4* (Minneapolis: Fortress, 1993), 68-69. 두 관점이 모두 가치 있는 것이어서는 안 될 이유는 없다.

42) 그 동사는 요한복음에서 34회, 마태복음에서 14회, 마가복음에서 10회, 누가복음에서 26회 사용되었다.

43) 이 사례들은 사람들이 예수를 찾거나, 사람들이 예수에게 무언가를 하려고(예컨대 그를 죽이려고) 찾는 경우를 모두 포함한다.

44) 요한복음에서 이 말씀은 예수의 첫 말씀이다.

찾으려 했다. 두 이야기에서 찾던 이들은 모두 자신들이 찾던 것 이상을 발견하게 된다.

1:37-46에서 동사 "발견하다"(*beuriskein*)는 3회 등장하는데, 발견된 것은 예수가 아니라 "장차 제자가 될 사람들"로서, 안드레가 시몬을 발견하고(1:41), 예수가 빌립을 발견하고(1:43), 빌립이 나다나엘을 발견한다(1:45). 이야기 전반부에 나오는 이런 요소들이 요한복음의 에필로그에서도 메아리친다. 요한복음에서 동사 *beuriskein*이 처음 나오는 본문은 안드레가 시몬 베드로를 발견하는 장면이고(1:41), 마지막으로 나오는 본문은 예수가 어선에 나타나 그 제자들에게 그물을 오른편에 던지면 그들이 "발견하리라"고 약속한 장면인데, 여기에 쓰인 동사 "발견하다"는 그리스어 본문에서 목적어가 없지만 그 내포목적어는 물고기라고 할 수 있다(21:6). 21장에서 많은 물고기를 잡은 사건은 세상을 향한 제자들의 선교를 예시하기 때문에, 거기에 등장하는 "발견하다"는 동사는 결코 중요하지 않은 것이 아니다. 물고기는 "저희 말을 인하여 나[예수]를 믿을 사람들"(17:20)이다. 내포배경은 예수가 안드레와 베드로에게 한 약속이라고 할 수 있는데, 마가복음에서 예수는 그들에게 "사람 낚는 어부들"이 되게 한다고 약속했던 것이다(막 1:17). (요한복음은 베드로가 예수의 제자가 되기 전에 어부였다는 말을 독자들에게 하지 않으나, 21:3에서 그 사실을 전제하고 있다.) 그러므로 1:41과 45절은 제자들의 부활절 이후 사역을 예시하는데, 그 사역은 다른 제자들을 예수께 데려오는 것이다.

1:37-46에서 반복되는 마지막 핵심어는 *menein*("체류하다, 거하다, 머물다, 깃들다")이다. 이 말은 요한이 좋아하는 단어로서[45] 다양

---

45) 요한복음에 40회, 마태복음에 3회, 마가복음에 2회, 누가복음에 7회 사용되었다.

한 방식으로 사용된다. 이미 살펴본 바와 같이, 1:38-39에 나오는 *menein*은 상당히 평범해 보이지만(2:12; 4:40; 7:9; 10:40; 11:6, 54에서 처럼), 그 동사가 짧은 두 절에 3회나 반복하여 등장함으로써 문자적 차원을 초월하는 의미를 함축할 가능성을 시사하고, 단순하게 예수가 머물고 그 "장차 제자가 될 사람들"이 그와 함께 시간을 보내는 장소를 문자적으로 가리킬 뿐이라고 보기는 어려운 정황인 것이다. 제자도는 예수와 함께 그가 머무는 곳(아버지의 하늘 집)에 영원히 머물도록 인도한다. 이 약속이 이루어지는 14:1-3에서는 *menein* 대신에 그 동족명사인 *monai*를 사용한다("거하는 장소들" [참조. 14:23; 17:24도 참조하라]). 동사 *menein*을 사용하는 다른 어법들은 1:38-39의 문자적 용법과 상당한 거리가 있다. 제자들은 예수 안에 "머무를" 것이며 그는 그들 안에 머물 것이다(6:56; 15:4-7). 그(예수)가 아버지의 사랑 안에 "머무는" 것 같이 그들도 그의 사랑 안에 "머무를" 것이다(15:9-10).

앞서 살펴본 바와 같이, 제자도는 첫 주간과 수난 주간을 이어주는 주제다. 두 주간 가운데 제자도 주제는 오로지 6:60-71에만 등장한다. 그런데 일반인을 대상으로 한 예수의 공적 사역은 12장에서 끝이 나고, 13:1부터 예수는 오로지 "자신의" 제자들에게만 집중한다. 제자도 주제는 첫 주간에는 개략적으로만 나타나다가, 수난 주간에는 지배적 주제로 부상한다. 두 주간의 관계는 더욱 밀접해진다. 예수가 그의 첫 제자들을 만나 초청한 때는 첫 주간의 나흘째부터 닷새째까지였는데, 예수가 그 제자들에게 자신을 진실로 따르라고 가르치고 준비시킨 날은 수난 주간의 닷새째 날이었고, 예수를 진실로 따르는 일은 수난 주간 이후에야 가능해진다. 두 주간들 사이의 이런 상관관계를 알게 되면, 1:35-39이 "요한식 제자도의 전형을 보여준다"고 말하는 것은 지나침을 알 수 있다.[46] 1:35-39은 요한복음의 나머지 부분, 특히 13-21장의 빛을 통해서만 완전한 의미를 갖는 제자도를 예시할 뿐이다. 끝으로 주목할 것은, 수난 주간과의 관계도 중요하지만, 21장과도 분명하게 연관이 있다는 점이다. 이는 요한복음이 시작한 이야기를 마무리하기 위하여 에필로그를 필요로 한다는 것을 보여주는 사례들 중 하나다.[47]

두 주간의 증인

세례 요한(요한복음은 언제나 "요한"이라고만 한다)은 요한복음에서 예수에 대한 일차 증인이다. 이런 사실을 서문에서부터 분명하게 밝히고 있다. [요한이] "증언하러 왔으니 곧 빛에 대하여 증언하고 모든 사람이 자기로 말미암아 믿게 하려 함이라"(1:7). 요한은 빛 자체가 아니라, 필연적으로 빛에 대한 증인의 역할을 한다고 거듭 강조한다(1:8).[48] 심지어 그가 증거한 내용의 일부가 서문 후반부에 나타나는데(1:15, 1:30에서 반복됨), 그것은 예수의 선재를 알려주는 의미심장한 말들이다. 서문에 삽입된 요한의 말은 "사슬-고리"(chain-link) 구조를 이루

---

46) Raymond F. Collins, *These Things Have Been Written: Studies on the Fourth Gospel*, LTPM 2 (Louvain: Peeters; Grand Rapids: Eerdmans, 1990), 100. 이 본문에 대한 콜린스의 논의(pp. 99-103)는 매우 유익하지만, 그는 제자도가 왜 "요한적 의미 차원에서만 나타나고 "사건 차원"에서는 나타나지 않는지를 설명하지 않는다.

47) 21장이 요한복음 전체 설계에 필수불가결하다는 주장에 대하여는 다음을 보라: Bauckham, *Testimony*, chap. 13.

48) 비록 요한이 그 빛은 아니었으나, 그 빛에 대한 증인으로서 그는 빛을 주었던 "켜서 비취는 등불"이었다(5:35).

면서 요한복음 서문과 그다음에 나오는 사화를 연결하는 역할을 하는
데, 이런 형태는 고대 문학에서 일반적으로 볼 수 있는 문체적 특징들
중 하나다.[49] 그렇다면 요한이 "증언하러 왔고…모든 사람으로 자기
로 말미암아 믿게 하려"(1:7) 한다는 상당히 장황한 서문의 주장은 어
떻게 정당화될 수 있는가? 세례 요한 자신은 자신이 "물로 세례를 주
는 것은 그(예수)를 이스라엘에게 나타내려 함"이라고 말한다(1:31). 유
대교 전통에 따라 메시아는 자신의 메시아 역할과 지위를 스스로 주
장하지 말아야 하고 그가 바로 하나님께서 기름 부으신 메시아임을
증언해 줄 일차 증인을 필요로 하는데, 그 증인의 역할을 요한이 하면
서 성령이 예수 위에 내려오는 것을 보았다고 증언하는 것이다.[50]

이 요한의 증언은 예수의 첫 제자들에게 신앙의 초석이 되고, 이
후에 그 제자들은 예수를 직접 체험함으로써, 특히 예수의 첫 표적(참
조. 2:11)을 체험함으로써, 신앙의 확신을 갖게 된다. 그러나 예수가 바
로 자신이 말한 그 사람이라고 증언하는 요한의 증거(1:35-36)가 아니
었다면 그 첫 제자들 중 두 사람도 결코 예수를 알지 못했을 것이다.[51]
요한의 증언은 요한복음 독자들에게조차 일차 증언이기 때문에 서문

---

49) 다음을 보라: Bruce W. Longenecker, *Art at the Boundaries: The Art and
Theology of New Testament Chain-Link Transitions* (Waco: Baylor University
Press, 2005).

50) 요한의 증언은 요한복음의 첫 주간의 첫째 날에 시작되었는데, 그 때 요한은 예루
살렘 권세가들이 보낸 사자들에게 자신은 종말론적으로 기대되는 세 종류의 인
물들 중 하나로 온 것이 아니며(1:19-21; 참조. 3:28), 더 위대한 오실 분보다 앞
서 오는 사람일 뿐이라고 증언한다(1:23-27). 1:19-21에 대해서는 다음을 보라:
Bauckham, *Testimony*, 209-12. 그것이 필연적으로 예수가 그 세 역할을 성취한
다고 암시하지는 않는다.

51) 요한복음에서 요한의 증거가 중요한 이유에 대하여는 다음을 보라: 5:33-36;
10:40-41.

은 그것을 현재 시제로 기록하고 있다. "요한이 그에 대하여 증언하여 [martyrei] 외쳐 이르되…"(1:15). 요한복음의 행간에서 세례 요한은 여전히 증거하고 있으며, 그 사랑받는 제자도 증거하고 있다(21:24: "이 일을 증언하고[martyrōn] 이 일들을 기록한 제자가 이 사람이라"). 세례 요한의 증언을 포함할 뿐 아니라 그로 하여금 여전히 증거하게 하는 것은 사랑받는 제자의 증언이며, 사랑받는 제자의 증언은 그것을 요한복음에 기록함으로써 요한복음이 보도하는 예수에 대한 모든 증언을 포함하는 것이다.[52]

사랑받는 제자의 증언과 요한의 증언을 이어주는 것은 여기에 머물지 않는다. 요한의 증언이 두드러지는 까닭은 그것이 일차적인 데다가 그 내용이 원대하기 때문이기도 하다. 요한이 드러낸 것이 예수가 메시아라는 것뿐만은 아니지만, 그것이야말로 처음 다섯 제자들이 예수 안에서 확인했을 모든 것이기는 하다. 요한은 예수가 성령으로 세례를 주는 분임을 알아보는데, 성령세례는 예수가 영광을 받기 이전에는 베풀지 않는 것이며(7:39; 20:22), 그 이야기 속의 다른 이들은 도무지 예견할 수 없는 것이다. 또한 요한은 예수가 "세상 죄를 지고 가는 하나님의 어린 양"(1:29 [참조. 1:36])임을 알아보는데, 이것 역시 그 이야기 속의 다른 이들은 예견할 수 없는 것이다. 다시 말해서 요한복음의 첫 주간의 첫 사흘 동안에 요한이 예수에 대하여 한 증언은 수난 주간의 마지막 사흘 동안에 성취될 것들이다. 그날들은 사랑받는 제자가 처음으로 요한복음 이야기에 증인으로 등장하는 날들과 정확히 일치한다(13:23-30; 19:31-37; 20:3-10). 그날들에 사랑받는 제자

---

52) 이 다양한 증인들에 대해서는 다음을 보라: Andrew T. Lincoln, *Truth on Trial: The Lawsuit Motif in the Fourth Gospel* (Peabody, MA: Hendrickson, 2000), 23 (그는 그 사화 안에 일곱 증인들이 있다고 한다).

는 요한의 증거가 성취될 것을 증언한다(표 7.1을 보라). 이것의 중요성은 요한복음 이야기에서 오로지 이 경우들과 21장에서만 사랑받는 제자의 존재가 증인으로 부각된다는 데에 있다.

아직 우리는 요한의 증거와 사랑받는 제자의 증거가 어느 정도 연관이 있는지 그 전모를 완전하게 파악하지 못하였다. 내 생각에는 1:35-49에 등장하는 안드레의 무명의 동료가 바로 사랑받는 제자인 것 같다. 무엇보다 그 인물은 2:2과 11-12절에 등장하는 예수의 첫 제자들 중 하나였을 가능성이 있음에도 무명으로 등장한다는 사실이 예사롭지 않다. 다른 네 명은 이름이 있고, 이후에 요한복음에서 이름으로 서로 구분 된다(나다나엘은 21:2에만 나옴). 요한복음 1:35-2:13에서 그 무명의 제자는 너무 야단스럽지 않기 때문에, 그 본문을 처음 읽는 독자의 시선을 사로잡지 못할 수도 있다. 1:40에서 이야기가 전개될 때는 그 제자가 기억에서 사라질 것 같기도 하다. 그러나 읽은 것을 회상해 보면―요한복음은 한 번만 읽을 뿐 아니라 읽은 것을 회상하기도 하라고 쓴 것이 틀림없다―예수를 알게 된 두 명의 첫 제자들 중 하나가 무명이라는 사실이 호기심을 자극한다. 우리가 또 주목해야 할 것은, 15:27에서 예수가 그 제자들에게 자신이 영광을 받은 후에는 그들도 "처음부터 나(예수)와 함께 있었으므로 증언하리라"고 말한다는 사실이다.[53] 요한복음은 사랑받는 제자를 예수에 대한 그 증인이자 "남겨진" 제자로 제시하는데(21:22-23), 그렇게 함으로써 그 제자는 예수를 증거하고 또 그 증거를 요한복음 안에 남아서 구체화하기를

---

53) 증인이 되기 위한 이런 자격 조건에 관하여는 다음을 보라: Richard Bauckham, *Jesus and the Eyewitnesses: The Gospels as Eyewitness Testimony* (Grand Rapids: Eerdmans, 2006), chap. 6.

계속할 수 있는 것이다(21:24).[54] 예수가 말하는 증인이 되기 위한 자격 조건—처음부터 나와 함께 있었다—이 사랑받는 제자에게 적용되는 것이다. 역으로 독자들은 그가 "처음부터" 거기에 있었음을 알아차리게 되는데, 그는 예수를 알고 그를 메시아로 인정할 기회를 얻은 두 명의 첫 제자들 중 하나로서 처음부터 거기에 있었던 것이다. 사실상 시몬 베드로에게 "우리가 메시아를 발견했다"라고 말하는 이들은 바로 사랑받는 제자와 안드레다(1:41). 이와 유사하게 에필로그에서 베드로에게 "주님이시다!"라고 말하는 사람은 바로 그 사랑받는 제자다(21:7).

물론 사랑받는 제자가 예수를 처음 보았을 때부터 곧장 "예수가 사랑한 그 제자"가 된 것은 아니지만, 다른 암시들과 더불어 그의 무명성은 이야기 후반부에 여러 차례 등장하는 사랑받는 제자와 그를 연결시키기에 충분하다. 나는 이미 그날의 그 시간(1:39)에 대한 언급을 지적한 바 있는데, 그것은 다른 이야기로서의 기능을 하지 않기 때문에 목격자의 증언임을 암암리에 알려주고 있다고 보아도 좋을 것이다. 그 제자가 처음에 예수를 만나 그와 함께 시간을 보낼 기회를 가졌다는 것은 증인으로서 그의 역할에 매우 중요하며, 그 증언은 요한복음 전체로 기록되어 구체화되었다. 이런 정도의 섬세한 관찰은 빈 무덤에서 수의(壽衣)들의 위치가 뒤바뀐 것(20:7)을 발견한 것만큼이나 섬세한 관찰이다. 나는 1:38-39의 내용과 21:20-21의 내용이 평행함을 이미 지적하였다. 이 두 본문에는 각각 예수를 따르다가 발견된 제자가 나오는데, 각 본문에 등장하는 그 제자가 같은 사람이라고 해

---

54) "이상적인 증인"으로서의 사랑받는 제자에 관하여는 다음을 보라: Bauckham, *Testimony*, chap. 3.

야 이해하기가 쉽다. 그 평행 본문들은 미묘한 수미상관기법(*inclusio*)을 사용하여 사랑받는 제자가 요한복음 이야기에 처음 등장했을 때와 마지막으로 등장했을 때를 나타낸다.[55] 사랑받는 제자는 이상적 증인으로서 처음에도 거기에 있었고, 마지막에도 거기에 있다. 그는 요한복음에서 베드로가 등장하기 직전에 등장하고 베드로가 떠난 이후에 잠깐 머무른다. 요한복음에서 예수의 마지막 말씀들은 베드로에게 한 것이지만(21:22), 이어지는 절에서 그들의 말을 인용한 말씀은 "내가 올 때까지 그를 머물게 하고자 할지라도"인데,[56] 이 말씀은 사랑받는 제자에 대한 것이다.[57]

어쩌면 가장 중요한 관계는 요한의 증거와 사랑받는 제자의 증거와의 관계일 텐데, 이제 그것을 살펴보자. 사랑받는 제자는 요한복음 첫 주간의 사흘째 되는 날에 예수가 "하나님의 어린 양"(1:36)이라는 요한의 말을 듣고 예수를 알아보는 두 제자들 중 하나인데, 그날에 요

---

55) 주목할 것은 "제자들 중 둘"(*ek tōn mathētōn autou dyo*)이라는 표현이 1:35에도 나오고 21:2에도 나온다는 것이다. 후자의 경우에서 사랑받는 제자는 그 둘 중 하나(참조, 21:7)이다. 이런 평행은 21:2에 나오는 다른 무명의 제자가 안드레일 가능성을 시사하는데, 그렇지 않다면 좀 의아스럽게도 물고기 잡으러 간 일곱 명의 제자단에 안드레가 포함될 수 없게 된다. 아마도 복음서 저자는 21:2에서 1:35을 연상시키는 그 어구를 사용하기 위하여 안드레를 무명으로 처리한 것 같다.

56) 21:23의 독법에 관하여는 *ti pros se*("당신과 무슨 상관이냐?")가 없다고 보는 편인데, 왜냐하면 그것이 더 어려운 독법이기 때문이다. 그 말이 없으면 문장이 불완전해지기 때문에 서기관들은 21:22과 일치시키기 위하여 그 말을 넣었을 것이다. 확신컨대, 저자는 문장이 불완전하더라도 그 말을 넣지 않았을 텐데, 그래야 요한복음에서 예수의 마지막 말씀이 "내가 올 때까지"가 되기 때문이다.

57) 요한복음은 그 사랑받는 제자를 베드로보다 한 수 앞서도록 묘사하는 경향이 있다. 나는 그것이 베드로를 폄하하기 위해서가 아니라 요한복음의 예수 증거가 마가복음으로 구체화된 베드로의 예수 증거보다 더 깊고 발전된 것임을 주장하기 위해서라고 본다.

한은 그 전날보다 더 완전하게 예수가 "세상 죄를 지고 가는 하나님의 어린 양"(1:29)이라고 증거한 바 있다. 요한의 증언은 유월절 어린 양들이 도살되던 때에 성취되었으니, 군인 하나가 예수의 옆구리를 창으로 찌르자 거기서 "피와 물이 동시에 쏟아져 나왔"던 것이다(19:34). 이것은 적어도 예수의 죽음이 희생제사에 해당한다는 뜻이다.[58] 희생제사가 유효하려면 피가 흘러나와야 한다. 피 흘림에 관한 본문 직후에 사랑받는 제자가 진술하는 목격자 증언이 유력하게 제시되는데, 그 증언은 20:31과 21:24의 요약적 진술들에 대한 예고편이다. "이를 본 자가 증거하였으니,[59] 그 증언이 참이라. 그가 자기의 말하는 것이 참인 줄 알고 너희로 믿게 하려 함이니라"(19:35).

요한은 "모든 사람들이 자기를 통하여 믿게 하려고"(1:9) 증인으로 왔다. 사랑받는 제자는 요한으로부터 예수가 하나님의 어린 양이라는 증언을 들었다(1:35-36). 사랑받는 제자는 그 증언의 성취를 목도하였고, "너희도 믿게 하려고"(19:35) 그 사건을 증언한 것이다. 그러므로 "그를 통하여 모든 사람들이 믿게" 하려던 세례 요한의 증거는, 당시에 살아서 그 모든 사건들을 목격한 사랑받는 제자의 증거를 통하여 요한복음에 여전히 남아 있다.

요한의 증언에 관한 성경 자료들

지금까지 우리는 요한복음의 첫 주간 이야기를 요한복음의 다른 부분

---

58) 그밖의 다른 의미를 위하여는 5장, "성례전들"을 참조하라.
59) 세례 요한의 다음 말과 평행한 것에 주목하라: "내가 보고 증언하였노라"(1:34).

표 7.3 요한의 증언을 위한 성경 자료들(1:29-34)

세상 죄를 지고 가는(ho airōn) 하나님의 어린 양

창 22:8: 아브라함이 이르되, "번제할 어린 양(haśśeh)은 하나님이…친히 준비하시리라(yir'eh)."

출 12:3: 너희는 이스라엘 모든 회중에게 말하여 이르라. 이달 열흘에 너희 각자가 어린 양(śeh)을 잡을지니 각 가족대로 그 식구를 위하여 어린 양(śeh)을 취하되

사 53:7b, 11b, 12c:
마치 도수장으로 끌려가는 어린 양(śeh)과
털 깎는 자 앞에 잠잠한 양 같이
그 입을 열지 아니하였도다.…
나의 의로운 종('abdî)이 많은 사람을 의롭게 하며
또 그들의 죄악을 친히 담당하리라(yisbōl).…
그가 많은 사람의 죄(ḥēṭĕ')를 담당하며(nāśā')
범죄자를 위하여 기도하였느니라.

내가 보매 성령이 비둘기 같이 하늘로부터 내려와부터 그의 위에 머물렀더라(emeinen).…성령이 내려서 누구 위에든지 머무는(menon) 것을 보거든

사 11:1-2a
이새의 줄기에서 한 싹이 나며
그 뿌리에서 한 가지가 나서 결실할 것이요,
그의 위에 여호와의 영…이 강림하시리니(nāḥâ 'ālāyw rûaḥ YHWH)

내가 보고 그가 하나님의 아들이심을 증언하였노라

사 42:1
내가 붙드는 나의 종('abdî), 내 마음에 기뻐하는 자 곧 내가 택한(bĕḥîrî)
사람을 보라.
내가 나의 영을 그에게(rûḥî 'ālāyw) 주었은즉
그가 이방에 공의를 베풀리라.

연결어들

창 22:8─출 12:3─ 사 53:7: 어린 양(*śeh*)

사 11:2─ 사 42:1: 나의 영을 그에게(*'ālāyw rûaḥ/rûḥî 'ālāyw*)

사 53:11─ 사 42:1: 나의 종(*'abdî*)

들과 연결시켜 읽을 때, 특히 첫 주간과 수난 주간에 공통적으로 나오는 부분들을 비교하며 읽을 때, 그 의미가 점차 다른 차원에까지 확장되고 깊어지는 것을 살펴보았다. 요한복음 본문은 종종 유대교 경전들이나 히브리어 성경과도 상호텍스트성을 보이는데, 70인역과도 상호텍스트성을 보이기는 하지만, 히브리어 성경과 비교하며 읽을 때 요한복음의 인유들이 더 잘 해석되는 경우가 많다.

세례 요한이 예수를 증언하는 1:29-34 본문은 히브리어 성경에 대한 주해가 요한복음의 배후에 있는 좋은 사례로서, 관련 히브리어 성경 인유들 전체를 인식하며 읽을 때 그 의미가 더 깊고 넓게 다가온다 (표 7.3를 보라.). 이 본문의 성경 주해를 이해하는 데 필요한 중요한 열쇠들 중 하나는 후에 랍비들이 "게제라 샤바"(*gezerah shavah*는 "동일한 범주"라고 번역할 수 있다)라고 부른 성경 주해 원칙을 이해하는 것이다. 그 원칙은 대부분의 신약성경 저자들이 사용한 것으로서, 같은 단어들이나 어구들을 사용하는 성경의 서로 다른 본문들은 서로 연결시켜 함께 해석할 수 있다는 원칙이다.

예수가 "세상 죄를 지고 가는[60] 하나님의 어린 양"(1:29)이라는 요한의 말은 특별히 그 성경적 또는 유대적 배경과 관련하여 많은 논의

---

60) 맥휴(McHugh, *John 1-4*, 130)는 그 현재분사(*airōn*)는 "미래적 현재로 이해하는 것이 가장 좋다"고 바르게 지적한다.

를 불러 일으켰다. 최근의 주석가들 다수는 그 본문이 유월절 양(특히 19:31-36에서 예수의 죽음을 희생되는 유월절 양에 비유하는 점)과[61] 이사야 53장의 고난 받는 종에 관한 인유를 모두 포함한다고 보는 것에 동의하는 것 같은데, 이사야 53장은 고난 받는 종을 양(53:7)에 비교하면서[62] "그가 많은 사람들의 죄를 담당했다"고 한다(53:12; 표 7.3을 보라).[63] 후자의 인유를 사용할 때 요한복음은 이사야서의 히브리 본문에 의존하는 것이 분명한데, 왜냐하면 그리스어 70인역은 "많은 사람들의 죄들을"이라고 하여 죄를 복수로 사용하기 때문이다.[64] 히브리어 성경의 관련 절에 나오는 단수 "죄"가 요한복음의 "세상 죄"라는 단수 표현과 공명하는 것이다. 아마도 요한은 히브리어 성경 본문에 있는 "많은 사람들"을 가장 많은 사람들(세상)로 이해하여 "세상 죄"에 적

---

61) 그 주석가들은 대체로 인정하지 않으나, 19:36 자체 내의 성경 인용은 게제라 샤바의 전형적인 예이며, 시 34:20과 민 9:2에 공통적으로 나오는 단어들에 의존하고 있다(출 12:46도 참조하라). 그 본문은 예수를 그 다윗의 시편들에 등장하는 고난받는 의인 및 유월절 양과 동일시한다. 인유의 대상을 한 본문에만 제한하려는 일반적 시도는 잘못된 것이다.

62) 나는 계 5:6에서 도살된 양도 유월절 양과 사 53:7 모두에 의존한다고 본다.

63) 예를 들면 다음과 같다: Lindars, John, 109; Andrew T. Lincoln, The Gospel according to Saint John, BNTC (Peabody, MA: Hendrickson; London: Continuum, 2005), 113; Craig S. Keener, The Gospel of John: A Commentary (Peabody, MA: Hendrickson, 2003), 452-54. 전통적으로 에녹1서 90:38에 기초하여 군대 지도자로 여겨지는 "묵시적 양"의 개념은 지지받기를 상실했는데, 왜냐하면 에녹1서의 맥락은 모든 종류의 동물들이 다양한 역사적 인물들을 대표하는 장황한 역사이기 때문이다.『요셉의 유언』(T. Jos.) 19.8 역시 기독교 이전 유대 문서라고 보기 어렵기 때문에 더 이상 인용하지 않는다. 요한계시록의 어린 양(그리스도를 뜻함)은 유월절 양과 사 53:7에서 유래했고 메시아 전쟁에 대한 확장된 은유에 통합되면서 그 역할이 정착되었다. 그렇다고 해서 묵시 전통에 이미 존재하는 군대 지도자로서의 어린 양의 모습에 의존할 필요는 없다.

64) 그리스어 본문은 사 53:4과 11절의 복수형과 일치시킨 것이리라.

용한 것 같다.[65] 주석가들은 요한복음의 "하나님의 어린 양"이 이사야 53장에서만 유래했다고 보기를 어려워하는데, 이사야 53장에서 그 어린 양에 관한 부분은 직유에 불과하기 때문이다. 즉 이사야는 하나님의 종을 어린 양에 비유한다. 한편 유월절 양은 유대교에서 죄를 대속하는 희생물로 이해되지 않았으므로 하나님의 어린 양이 "세상 죄를 지고 간다"는 요한의 주장을 해명하지 못한다. 그러나 만약에 출애굽기 12장(유월절 양에 대한)과 이사야 53장이 "양"(śeh)(유월절 어린 양에 대한)이라는 말을 공유하며 "게제라 샤바" 원칙에 따라 서로 연결된다는 것을 알게 되면, 그 두 본문을 합한 것이 요한의 배후에 있을 뿐 아니라 이사야 53장의 미미한 특징처럼 보이는 것(그 종을 어린 양에 비유하는 것)까지 요한이 강조한다는 사실도 이해할 수 있을 것이다. 단어 śeh를 연결고리로 하여 해석하면, 예수는 새로운 출애굽을 위한 유월절 양이자 고난 받는 종으로서, 이사야가 그의 죽음을 죄에 대한 희생이라고 묘사한 분이 되는 것이다.

전술한 바와 같이 "하나님의 어린 양"이라는 어구는 이사야서에서 "주님의 종"이라는 직함과 유사하게 사용되었던 것 같다.[66] 그런데 어쩌면 요한은 śeh라는 말로 희생 제물을 가리키는 다른 본문을 반향시키는지도 모른다. 예컨대 아브라함은 이삭을 희생시키러 가는 도중에 제물로 드릴 어린 양은 어디 있느냐는 아들의 질문을 받았을 때, "하나님 자신이 번제로 드릴 어린 양(śeh)을 준비하시리라"라고 아들에게 대답한다(창 22:8; 표 7.3을 보라). 이후 그 이야기는 아브라함이 이삭 대

---

65) McHugh, *John 1-4*, 131-32. 주목할 것은 사 42:1과 4절에서 그 종의 사역 범위가 우주적이라는 것인데, 특히 사 42:1을 상기시키는 요 1:34의 관점에서 그러하다. 이에 관하여는 후술하겠다.

66) 예컨대 다음을 보라: Schnackenburg, *John*, 1:300.

신에 희생시키는 동물을 다른 단어를 사용하여 *'ayil*(숫양)이라고 표현하는데, *śeh*를 사용하는 22:8이 실제로 말하는 강조점은 하나님이 그 동물을 마련하시리라는 것이다. 하나님께서 희생제물을 몸소 마련하신다는 내용은 이어서 아브라함이 그 장소를 "여호와께서 준비하시리"라고(YHWH *yir'eh*; 22:14은 22:8의 메아리) 이름 붙임으로써 더욱 강조된다. 이것이 바로 요한이 예수를 "하나님의 어린 양"이라고 부른 뜻이고, 그 어린 양은 하나님께서 마련하신 것이다. 예수는 이스라엘 사람들이 희생제사를 치르려고 가져오는 양떼들 가운데 취한 어린 양이 아니라 하나님께로부터 온 어린 양으로서, 하나님께서 세상을 구원하시고자 주시는 어린 양인 것이다(참조. 3:16). 히브리어 성경에서는 오로지 한 마리의 어린 양만을 하나님이 마련하신다고 말하며, 그 어린 양은 창세기 22:8에서 언급한 어린 양이다. 아브라함이 이삭을 제물로 바치려는 이야기와 관련하여 분명한 의미는(당시에 그것이 엄밀하게 어떤 의미를 가지고 있었든)[67] 요한복음 1:29이 그것을 인유할 뿐 아니라 그 유월절 양과 그 고난 받는 종도 인유하고 있을 가능성이 있다는 것이다. 거기에 담긴 사상은 예수가 궁극적으로는 제단에 바쳐질 이삭을 대체한다는 것이다.

요한은 이사야 53:12에 나오는 히브리어 동사 *nāśā'*를 그리스어로 번역하면서 동사 *airein*을 택하였는데, 70인역은 그 히브리어 동사를 *anapherein*으로 번역한다. 동사 *airein*과 *nāśā'*는 서로 잘 맞는데, 두 동사 모두 "지고 가다" 또는 "없이하다"라는 뜻이다. 요한은 두 의미 모두를 의도했을 가능성이 있다. 가장 분명한 의미는 하나님의 어린 양이 세상 죄를 지고 간다는(없이한다는) 것이다. 이런 용례

---

67) 요 3:16의 가능한 인유를 참조하라.

는 요한1서 3:5에서도 발견된다. "그가 우리 죄들을 없이하려고(*arei*) 나타내신 바 된 것을…." (이 절은 "나타내신 바 되었다"[*ephanerōthē*; 참조. 요 1:31: *phanerōthē*]라는 단어와 "죄들을 없이하다"는 단어를 사용하므로 요한복음 1:29-31과 공명하고 있을 가능성이 있다.) 그런데 요한은 이사야 52:13도 동사 *nāśā'*를 사용한다는 사실을 알았을 것이다. "내 종이 형통하리니 받들어 높이 들려서(*niśśā'*) 지극히 존귀하게 되리라." 고난받는 종에 대한 이 서문은 예수가 장차 "들릴"(3:14; 8:28; 12:32-34; 그리스어 동사 *hypsoun*이 사용되었다) 것이라고 예언한 은밀한 말씀들의 기초가 되기 때문에 요한복음에서 매우 중요하다.[68] 들린다는 말은 문자적으로 십자가 위에 달려서 들린다는 뜻과 하늘의 영광까지 높임을 받는다는 뜻을 포함한다. 요한은 히브리어 *nāśā'*를 그리스어 *airein*으로 번역함으로써 두 동사 모두의 함의를 활용하고, 하나님의 어린 양이 십자가에 달려 높이 들릴 때 그가 세상 죄를 자신과 함께 높이 걷어 올려 제거할 것이라고 제안한다. 그의 들림은 하늘로 승귀한다는 뜻이고, 세상 죄를 들어 올린다는 것은 그것을 세상에서 제거한다는 뜻이다.

놀랍게도 많은 주석가들은 요한복음 1:32-33에서 이사야 11:2의 인유를 발견하지 못하는데("성령이…그 위에 머물렀더라.…성령이…누구에게든지 머무는 것을 보거든"), 이는 요한이 70인역을 사용하지 않았다는 또 다른 사례다. 여기서 요한은 좋아하는 동사 *menein*을 사용하는데, 그는 이 동사를 다양한 의미로 자주 사용한다(총 40회). 그가 히브리어 성경 이사야 11:2에 등장하는 동사 *nûaḥ*의 함의를 여기에 적용하여 세례 요한이 본 환상이라는 맥락에 재배치한 것은 참으로 적절하

---

68) 3장 "영광"을 참조하라.

다.[69] 동사 *nûaḥ*는 "어디 위에 머물다" 또는 "어디 위에 머물기 위해 오다"라는 뜻인데, 새들에게 적용되기도 하고(삼하 21:10), 성령에게 적용되기도 한다(민 11:25-26; 왕하 2:15; 사 11:2). 이사야가 "여호와의 신/영이…그 위에 강림"하신다(11:2)고 표현한 환상적 심상을 요한은 육안으로 목격할 수 있었으니, 그것은 성령이 하늘에서 내려와 예수 위에 머무는 환상이었다. 이사야 11:1-5은 다윗 가문에서 나오는 왕적 메시아에 대한 예언들 중 가장 자주 인용되는 본문이다. 그 본문을 기발하게 처음으로 예수에게 적용한 사람은 일반적으로 세례 요한이라고 보는데, 그는 예수가 세례 시에 성령으로 기름부음을 받는다는 예언을 이사야 11장 2절에서 발견한 것 같다.

　요한의 증거에 관한 본문에 나타나는 성경 인유들 가운데 마지막 인유는 이본들이 있으므로 잠깐 논의할 필요가 있다. 요한복음 1:34 끝부분에 대하여 대부분의 그리스어 사본들은 *ho huios tou theou* ("그 하나님의 아들")를 지지하며, 근래에 나온 모든 그리스어 성경들도 그 독법을 선호한다. 다른 독법을 지지하는 사본들은 그 수가 많지 않으며, *ho eklektos tou theou*("하나님의 선택받은 자")가 한 예이다. 그러나 많은 학자들은 "하나님의 선택받은 자"가 원본과 같을 것이라고 본다.[70] 왜냐하면 필경사가 *eklektos*를 *huios*로 바꾼 이유는 쉽게 설명할 수 있으나, 그 반대의 경우는 설명하기 어렵기 때문이다. "하나님의 아들"은 신약성경에서 예수에 대한 친숙한 호칭으로서 예수의 세례와

---

69) 70인역은 히브리어 동사 *nûaḥ*를 그리스어 동사 *menein*이라고 번역한 적이 없기 때문에 요한이 동사 *menein*을 사용하는 것은 그가 그 동사를 특별히 선호한다는 뜻이리라.

70) 어떤 학자들이 그러한가를 보려면 다음을 보라: Schnackenburg, *John*, 1:306n72; McHugh, *John 1-4*, 141.

연관이 있었다고 보는 것이 가장 자연스럽다(마 3:17; 막 1:11; 눅 3:22). 반면에 "하나님의 선택받은 자"라는 호칭은 누가복음 23:35에만 등장하며, 그것을 메시아 호칭으로 응용한 사람들은 유대인 지도자들이다.

만일 요한이 "하나님의 선택받은 자"라고 썼다면, 그는 이사야 42:1을 선행 본문으로 삼았을 것이다. (70인역 그리스어 본문은 히브리어 *bĕḥîrî*를 *ho eklektos mou*라고 번역하면서 그 인물을 이스라엘과 동일시하지만, 히브리어 본문은 이스라엘을 언급하지 않는다.) 이 절은 성령을 언급한다는 점에서 이사야 11:2과 연관이 있고("내가 내 영을 그 위에 두었다"), 이사야 53장과도 연관이 있다(그 인물을 "내 종"이라고도 칭하므로). 또한 이사야 42장은 일찍이(보컴은 마가복음이 요한복음보다 먼저 쓰였다고 본다—역자 주) 마가복음에서 예수가 세례 받을 때 본 환상과 연결되어 있으며, 하늘에서 다음과 같은 소리가 났다고 기록한다. "너는 내 사랑하는 아들이라. 내가 너를 기뻐하노라"(막 1:11). "너는 내 아들이라"는 시편 2:7을 인유하지만, "내가 너를 기뻐하노라"는 이사야 42:1을 인유한다. ("사랑하는"[*ho agapētos*]이라는 표현은 사 42:1의 *bĕḥîrî*를 번역한 것으로 이해되곤 했으나, "내 아들"과 더 깊은 연관이 있으며 창 22:2의 메아리 같다.) 요한복음 1:34에서 "선택받은 자"를 지지하는 또 다른 이유는, 그 호칭이 그 첫 제자들의 고백(요 1:41-49)에 등장하지 않는 반면에, "그 하나님의 아들"이라는 호칭은 "이스라엘의 왕"이라는 호칭과 더불어 나다나엘이 발설하기 때문이다(요 1:49). 예수의 정체를 알아보는 혜안에 관한 한, 여러 면에서 세례 요한이 제자들보다 더 탁월하고 통찰력이 넘치는데, 제자들은 고작 흔하디흔한 다윗 계열의 메시아 호칭들을 예수에게 적용했을 뿐이다. 그러므로 이런 정황들을 감안할 때 "선택받은 자"가 "하나님의 아들"보다 더욱 적절해 보인다.

요한은 "게제라 샤바"를 활용하여 서로 고리어로 연결되는 일련의 성경 본문들을 수집하였다. 그 결과 흥미롭게도 요한은 다윗 계열의 메시아(사 11)를 논하는 맥락에서 그 왕적 메시아를 이사야 42장과 53장의 종 및 새 출애굽의 유월절 양과 동일시하고, 하나님 자신이 이삭 대신에 제공하신다는 제물과도 동일시할 수 있게 되었다. 이것은 예수가 메시아-왕이라는 의미가 구체적으로 무엇을 뜻하는가에 대한 일종의 급진적 해석으로서, 보다 완전하게 발전된 형태는 요한의 수난 사화에서 볼 수 있다. 수난 사화에서 예수는 이사야가 언급한 종이면서(12:32, 34, 38), 유월절 어린 양이고(19:36), 시편의 제왕시에 등장하는 고난 받는 왕이며(13:18; 19:24, 28, 31), 스가랴서에 등장하는 겸손한 평화의 왕이고(12:15), 스가랴가 묘사하는 십자가형에 처해지는 메시아다(19:37).

첫 제자들이 예수에 관하여 처음으로 믿은 것

세례 요한의 증언 내용은 당시에 일반적으로 기대한 것과 사뭇 다른 메시아상이요, 독특하게 연구된 성경 주석이다. 그것은 1:41-49에서 예수의 첫 제자들이 표현한 신앙고백과도 같지 않다. 그 제자들은 기껏해야 관습처럼 기대했던 다윗 계열의 메시아상을 피력했다.

안드레: "우리가 메시아를 발견했다"(1:41).
빌립: "우리는 모세가 율법에 쓰고 예언자들도 기록한 그를 발견했다"(1:45).
나다나엘: "랍비여! 당신은 하나님의 아들입니다! 당신은 이스라엘의 왕입니다!"(1:49)

빌립은 오로지 다윗 계열의 메시아를 언급할 수 있었고,[71] 그런 메시아는 창세기 49:8-12과 민수기 24:17-19, 이사야 11:1-5, 예레미야 23:5-6 등 여러 예언서 본문에서 광범위하게 예언한 개념이다.[72] "하나님의 아들"(특히 나다나엘이 "이스라엘의 왕"과 연관시키는 하나님의 아들)은 다윗 같은 인간 메시아에 대한 호칭에 불과하며, 그 개념은 사무엘하 7:14, 시편 2:7, 시편 89:26-27에 기초하고 있다. 제2성전기 후반의 유대교에서 이 호칭이 사용된 증거는 많지 않으나, 자주는 아닐지라도 가끔 그것이 사용되었다는 것을 지적하는 것만으로도 충분할 것이다.[73] "이스라엘의 왕"이라는 호칭도 유대인들이 기대하던 새로운 다윗을 묘사하는 방식들 중 하나였다.[74]

주목할 것은 이 호칭이 이후 요한복음에 나오는 "유대인들의 왕"이라는 호칭과 의미상 차이가 없다는 것이다(표 7.4를 보라). 어휘상의 차이는 팔레스타인 유대인들과 이방인들 사이의 기본 어법상의 차이를 벗어나지 않는다.[75] 이방인들은 유대 팔레스타인에 거주하는 사람들을 "유대인들"이라 불렀고(요한복음에서 빌라도가 부르듯이), 팔레스타인 유대인들은 자신들끼리 "이스라엘인들"이라 불렀으며(요 1:47에서처럼), 그 민족은 (요 1:31; 3:10; 12:13에서처럼) "이스라엘"이라고 부르거나 기록했다. 그러나 비유대인들에게 말하거나 그들을 위한 기록을 남길 때는 유대인들도 이방인들의 관행을 따라 자신들을 "유대인들"이라고

---

71) 요한복음에서 사용하는 "메시아"("그리스도")라는 용어에 관하여는 다음을 보라: Bauckham, *Testimony*, 225-28.
72) 빌립은 신 18:18-19의 모세와 같은 선지자를 언급할 수 없었을 텐데, 왜냐하면 이 인물은 예언자들의 예언들에는 나오지 않기 때문이다.
73) Bauckham, *Testimony*, 229.
74) Bauckham, *Testimony*, 230.
75) 다음에 언급된 문헌들을 참조하라: Bauckham, *Testimony*, 230-31.

불렀다(복음서 저자가 요한복음에서 그러하듯이).[76] 그러므로 "유대인들의 왕"은 "이스라엘의 왕"에 대한 이방인적인 또는 이방인 친화적인 말일 뿐, 두 호칭 사이에 분별해야 할 신학적 차이는 없다.

이 본문에서 "랍비"(안드레와 무명의 제자가 38절에서 쓰고 나다나엘이 49절에서 쓰는 호칭)를 다른 것들과 유사한 호칭으로 보는 것은 잘못이다. 비록 제자들이 매우 "낮은 기독론"으로 시작하여(예수를 선생이라고만 부른다거나) 점차 승화된 용어들로 예수를 바라보았을지라도 말이다. 제자들은 11:8까지 계속해서 예수를 "랍비"라고 부르고, 막달라 마리아는 20:16에서 그 변형인 "랍오니"라고[77] 부른다(표 7.4를 보라). 제자들은 다른 형태의 호칭인 "주여"(kyrie)를 더 자주 사용하며, 그 용어는 6:68에 나오기 시작하여 요한복음 끝까지 사용되는 것으로서(21:21은 요한복음에서 제자들이 예수를 그렇게 부른 마지막 말씀), 대단히 고양된 용어가 아니라 "선생님"(Sir) 정도의 의미이므로 예수가 누구인지 제대로 알지 못하는 사람들조차 얼마든지 사용할 수 있는 공손한 표현에 불과하며(4:11; 5:7), 그리스인들이 빌립을 부를 때도 사용한 용어다(12:21). 그 이상의 의미를 나타낼 때는(13:13-14에서처럼 "선생님"[즉 랍비]과[78] "주님"이 함께 쓰인 경우에) "랍비"라는 용어와 대동소이하며, "스승"과 "제자들" 사이의 관계를 가리킨다. 도마가 부활하신 예수께 한 말에서만 "나의

---

76) 유사하게, 예수와 사마리아 여인은 모두 자신들을 이스라엘인이라 부르곤 했을 텐데, 서로를 "유대인"(즉 유다의)과 "사마리아인"이라고 불러 구별하고 있다(요 4:9, 22).

77) 모로(Jean-Claude Moreau)에 따르면, "명칭 Rabbî는 선생의 권위를 인정하는 것이며, Rabbûnî는 통솔하는 어떤 사람을 부르는 것으로서 둘은 서로 다르다 ("Rabbouni" RB 199[2012]: 403-20, 403). 이는 요한복음에서 그것이 그리스어 kyrios(참조. 20:13)에 상응하는 아람어일 가능성을 시사한다.

78) 요한은 "랍비"를 오로지 예수에게만 사용한다; 다른 경우에 그는 그것을 "선생님"(the Teacher, 11:28)이라고 번역한다.

표 7.4 예수의 명칭들

기독론적 호칭들

말씀	1:1(2), 14
하나님	1:1, 18; 20:28("나의 주시며 나의 하나님")
독생자(*monogenēs*)	1:14, 18; 3:16, 18
그리스도(*Christos*)	1:17; (1:20, 25); 1:41; (3:28);[a] 4:25, 29; 7:26, 27, 31, 41(2), 42; 9:22; 10:24; 11:27; 12:34; 17:3; 20:31
메시아(*Messias*)	1:41; 4:25
주(신성을 내포함)	1:23; 20:28("나의 주시며 나의 하나님")
하나님의 어린 양	1:29, 36
하나님의 선택받은 자	1:34
하나님의 아들	1:49; 5:25; 10:36;11:4, 27; 19:7; 20:31
아들	3:17, 35, 36(2); 5:19(2), 20, 21, 22, 23(2), 26; 6:40; 8:36; 14:13; 17:1
당신의 아들	17:1
이스라엘의 왕	1:49; 12:13
유대인들의 왕[b]	18:33, 39; 19:3, 19, 21(2)
너의(시온의) 왕	12:15
너희(유대인들의) 왕	19:14, 15
세상의 구주	4:42
그 예언자[c]	(1:21, 25);[d] 6:14; 7:40
하나님의 거룩하신 자	6:69

> a. 괄호 안의 절들에서 요한은 자신이 그리스도가 아니라고 한다.
> b. 이것은 "이스라엘의 왕"에 해당하는 이방인식 호칭일 뿐이다.
> c. 예수를 그냥 "선지자"라고 언급한 것은 포함시키지 않았다.
> d. 괄호 안의 절들에서 요한은 자신이 그 예언자가 아니라고 한다.

주"가 "나의 하나님"과 나란히 사용되어 그에 상응하는 의미를 갖는다 (20:28). 실제로 요한은 제자들이 기독론적인 통찰을 부활 이전에는 갖지 못했다가 부활 이후에 갖게 되었다고 일관되게 기술한다.

비메시아적 명칭들	
랍비	1:38; 3:2; 4:31; 6:25; 9:2; 11:8
랍오니	20:16
선생	1:38; 11:28;13:13, 14; 20:16
주(신성을 내포하지 않음)	4:11, 15; 19, 49; 5:7; 6:23, 34, 68; 9:36, 38; 11:2, 3, 12, 21, 27, 32, 34, 39; 13:6, 9, 13, 25, 36, 37; 14:5, 8, 22; 20:2, 13, 15, 18, 20, 25; 21:7(2), 15, 16, 17, 20, 21
스스로 일컫는 명칭	
인자(사람의 아들)	1:51; 3:13, 14; 5:27;e 6:27, 53, 62; 8:28; 9:35; 12:23, 34(2회); 13:31

    e. 이 절에만 관사가 없다.

그뿐 아니라 제자들은 "메시아"를 "하나님의 아들"과 "이스라엘의
왕"으로 이해하는 데서 더 나아가지 못했다. "제자들은 매일매일 점차
로 자신들이 따르는 대상에 대한 통찰과 이해를 심화시켰다"는 브라
운(Raymond Brown)의 주장은 잘못된 것이다.[79] 제자들은 하나같이
유대인들이 관습적으로 이해하던 다윗 계열의 메시아 이해에서 조금
도 나아가지 못했다. 이런 메시아 이해야말로 제자들이 세례 요한의
말, 즉 그가 말해온 대상이 바로 예수라고 한 말을 이해한 전부였던
것이 분명하다. 그들은 세례 요한의 증거가 담고 있는 심오하고 미묘
한 말뜻을 도무지 이해하지 못한 것이다.

주석가들은 1:29-51이 하나님의 어린 양, 하나님의 선택받은 자(이
런 읽기가 채택된다면), 랍비, 메시아, 하나님의 아들, 이스라엘의 왕, 사
람의 아들 등 7개의 기독론 호칭들을 소개한다고 자주 지적한다. 그러

---

79) Raymond E. Brwon, *The Gospel according to John (I-XII): Introduction, Translation, and Notes*, AB 29 (New York: Doubleday, 1966), 77.

나 그런 방식으로는 그 "호칭들"을 분명하게 구분하기가 어렵다. 내가 지적한 바와 같이 "랍비"는 다른 대부분의 호칭들과 같은 의미의 호칭이 아니다. 그것은 종교적 스승을 가리키는 존칭인 것이다(참조. 3:2). 마찬가지로 요한복음에서 "사람의 아들"도 호칭이기보다는 예수가 장차 자신에게 닥칠 운명을 말할 때 자기 자신을 가리키던 모호한 자기 지시어다(이에 관하여는 후술함). 더불어 우리는 예수의 정체와 사역의 속성에 관하여 세례 요한이 보여준 폭넓은 통찰을, 관습에 따라 예수를 왕적 메시아라고 본 제자들의 단편적 이해와 구분할 필요가 있다.

세례 요한이 사용한 예수에 대한 호칭들은 이후 요한복음에서 다시는 사용되지 않는다. 그 호칭들은 세례 요한의 독특한 증언을 함축한다. 그러나 제자들이 1:41-49에서 사용한 호칭들은 이후 요한복음에서 재차 등장한다(표 7.4를 보라). 예수가 아버지 하나님의 아들이라는 주제는 요한복음 전체에서 자주 반복되며, 대개는 예수 자신의 입을 통하여 발설된다(20:31 이전에서 유일한 예외는 11:27에 등장하는 마리아의 고백이다). 예수가 이스라엘의 왕이라는 주제는 1:49 이후부터 수난주간까지 나타나지 않는데, 수난주간은 예수가 예루살렘에 입성하는 것으로 시작하여(12:12-16) 예수가 가는 십자가의 길에 대한 세례 요한의 이해를 담고 있는 주요한 부분이다. "유대인들의 왕"이라는 호칭은 다른 복음서들보다 요한복음에서 훨씬 더 강조된다. 독자들은 요한복음의 두 단계 결론의 첫 번째 부분에서 표적들 이야기가 기록된 까닭을 알게 된다. "오직 이것을 기록함은 너희로 예수께서 하나님의 아들 그리스도이심을 믿게 하려 함이요 또 너희로 믿고 그 이름을 힘입어 생명을 얻게 하려 함이니라"(20:31). 분명한 것은 요한복음에서 "메시아", "하나님의 아들", 그리고 "이스라엘의 왕"이라는 세 개의 호칭들이 매우 중요하다는 것이다. 그렇다고 해서 1장에서 벌써 제자들이 20:31에서 의도된 의미대로 "믿고…그 이름을 힘입어 생명을 얻는 다"는 뜻은 아니다. 1장에서는 메시아 대망에 대한 일반적 표현들을 넘어서지 않는 정도로 호칭들이 소개되고 있다. 그런 일반적인 호칭 들이 색다른 의미를 갖기 시작하여 마침내 요한복음이 궁극적으로 표현하고자 하는 충분한 의미를 갖게 되기까지 요한복음의 나머지 부분이 쓰인 것이다.

그러므로 1장을 읽는 독자들이 알아차릴 수 있는 것은, 예수의 첫 제자들도 처음에는 그 이야기 단계에서 그들에게 쉽게 기대할 수 있는 수준 이상으로 예수를 믿지 못한다는 것이다. 그러나 그 이야기를 거듭해서 읽는 독자들은 그 평범해 보이던 메시아 호칭들이 요한복음의 나머지 부분들에서 독특한 의미로 채워지게 된다는 것을 알아차리게 된다. 더불어 그들은 첫 주간의 마지막 날에 "그를 믿었을" 때(2:11), 제자들 자신들이 보다 완전한 의미를 향하여 작은 발걸음을 내딛은 것임을 알아차리게 된다.

나사렛에서 무슨 선한 것이 날 수 있느냐?

나다나엘은 "나사렛 출신 요셉의 아들 예수"가 메시아라는 빌립의 주장에 대하여 "나사렛에서 무슨 선한 것이 날 수 있느냐?" 하면서 회의적으로 반박한다. 이 대목은 요한복음을 처음 읽는 독자에게는 틀림없이 단지 나사렛이 중요하지 않은 장소임을 알리려는 것처럼 읽힐 것이다. 많은 주석가들도 그런 견해를 취한다. 그렇게 읽는 것이 적절한 것일 수 있고, 나사렛은 갈릴리의 다른 많은 마을들처럼 중요하지 않았던 것이 사실이기 때문이다. 나사렛 거주자는 아마도 200에서

400명 정도밖에 되지 않았을 것이다.[80] 히브리어 성경은 나사렛을 언급하지 않고(아마도 정착한 지 얼마 되지 않은 마을로서 하스몬 가문이 갈릴리를 정복한 이후에 발견되었기 때문에), 요세푸스나 초기 랍비 문헌도 언급하지 않는다.[81] 그러나 요한복음이 21:2에서만 나다나엘의 고향이 가나라고 알려주는 점을 감안하면,[82] 요한복음의 지리적 정보가 자주 그렇듯이, 나사렛에 대한 나다나엘의 언급도 사정에 정통한 독자에게는 보다 상세한 지리적·역사적 상황을 전달할 것이다. 가나는 의심할여지없이 오늘날의 키르벳 카나(Khirbet Qana)일 텐데, 그곳은 나사렛 북쪽으로 9마일 밖이며, 발굴 결과 오늘날 알려진 바에 따르면 나사렛보다 더 크고(약 1000명 가량의 거주자들이 있었다), 더 번화한 장소였다.[83] 나다나엘의 나사렛에 대한 언급은 번화한 공동체에 속한 사람이 더 작고 더 가난한 이웃을 업신여기는 표현이다. 그 어조는 아마도

80) John Dominic Crossan and Jonathan L. Reed, *Excavating Jesus: Beneath the Stones, behind the Texts* (London: SPCK 2001), 34; Jonathan L. Reed, *Archaeology and the Galilean Jesus: A Re-examination of the Evidence* (Harrisburg, PA: Trinity, 2000), 131.

81) 나사렛이 1세기에 아예 존재하지 않았었다는 터무니없는 주장에 대한 반박을 보려면 다음을 참조하라: Maurice Casey, *Jesus of Nazareth: An Independent Historian's Account of His Life and Teaching* (London: T&T Clark, 2010), 128-31.

82) 가나라는 지명이 다른 복음서에 전혀 나오지 않는 점을 감안하면 요한복음에서 가나는 분명히 중요한 장소일 것이다. 마가가 보도하는 갈릴리 사역에 대한 전승들에 요한이 덧붙인 유일한 부분은 가나를 배경으로 한다(2:1-11; 4:46-54).

83) C. Thomas McCollough, "City and Village in Lower Galilee: The Import of the Archeological Excavations at Sepphoris and Khirbet Qana (Cana) for Framing the Economic Context of Jesus, " in *The Galilean Economy in the Time of Jesus*, ed. DAvid A Fiensy and Ralph K. Hawkins, SBLECL 11 (Atlanta: Society of Biblical Literature, 2013), 49-74, 57-74.

표 7.5 예수는 어디서 나셨는가?

나사렛에서 무슨 선한 것이 날 수 있느냐?(1:46)

자기가 하늘에서(*ek*) 내려온 떡이라 하시므로 유대인들이 예수께 대하여 수군거려 이르되 "이는 요셉의 아들 예수가 아니냐? 그 부모를 우리가 아는데 자기가 지금 어찌하여 하늘에서(*ek*) 내려왔다 하느냐?"(6:41-42)

[사람들이 말하기를] "당국자들은 이 사람을 참으로 그리스도인 줄 알았는가? 그러나 우리는 이 사람이 어디서 왔는지(*pothen estin*) 아노라. 그리스도께서 오실 때에는 어디서 오시는지(*pothen estin*) 아는 자가 없으리라" 하는지라. 예수께서 성전에서 가르치시며 외쳐 이르시되 "너희가 나를 알고 내가 어디서 온 것도 알거니와 내가 스스로 온 것이 아니니라. 나를 보내신 이는 참되시니 너희는 그를 알지 못하나 나는 아노니 이는 내가 그에게서(*par' autou*) 났고 그가 나를 보내셨음이니라" 하시니…(7:26b-29).

어떤 사람은 그리스도라 하며 어떤이들은 "그리스도가 어찌 갈릴리에서(*ek*) 나오겠느냐? 성경에 이르기를 그리스도는 다윗의(*ek*) 씨로 또 다윗이 살던 마을 베들레헴에서(*apo*) 나오리라 하지 아니하였느냐?" 하며…(7:41-42).

그들[유대 지도자들]이 [니고데모에게] 대답하여 이르되 "너도 갈릴리에서[*ek*] 왔느냐? 찾아 보라! 갈릴리에서는(*ek*) 선지자가 나지 못하느니라" 하였더라(7:52).

예수께서 [그들(바리새인들)에게] 대답하여 이르시되 "내가 나를 위하여 증언하여도 내 증언이 참되니 나는 내가 어디서 오며(*pothen ēlthon*) 어디로 가는 것을 알거니와, 너희는 내가 어디서 오며(*pothen erchomai*) 어디로 가는 것을 알지 못하느니라"(8:14).

예수께서 [유대 지도자들에게] 이르시되 "너희는 아래에서(*ek*) 났고 나는 위에서(*ek*) 났으며 너희는 이 세상에(*ek*) 속하였고 나는 이 세상에(*ek*) 속하지 아니하였느니라"(8:23).

[바리새인들이 소경되었던 사람에게 말하기를] "하나님이 모세에게는 말씀하신 줄을 우리가 알거니와 이 사람은 어디서(*pothen estin*) 왔는지 알지 못하노라." 그 사람이 [그들에게] 대답하여 이르되, "이상하다! 이 사람이 내 눈을 뜨게 하였으되 당신들이 그가 어디서(*pothen estin*) 왔는지 알지 못하는도다. 이 사람이 하나님께로부터(*para theou*) 오지 아니하였으면 아무 일도 할 수 없으리이다"(9:29-30, 33).

[그(빌라도)가] 다시 관정에 들어가서 예수께 말하되 "너는 어디로부터냐(*pothen ei sy*)?" 하되, 예수께서 대답하여 주지 아니하시는지라(19:9).

비교하라

[예수께서 이르시되] "바람이 임의로 불매 네가 그 소리는 들어도 어디서 와서(*pothen erchetai*) 어디로 가는지 알지 못하나니 성령으로 난 사람도 다 그러하니라"(3:8).

"적대적이라기보다는 좀 건방진" 편이었을 것이다.[84]

　　요한복음 전체 맥락에서 나다나엘의 질문은 그 이야기 속에 나다나엘과 빌립조차 알아차릴 수 없는 다른 차원의 의미를 함축한다. 그것은 요한복음 전편에 흐르는 예수의 기원에 대한 일련의 질문들 중 첫 번째 질문에 관한 것이다(표 7.5를 보라). 그 주제에 대한 진술들도 있는데, 그 가운데는 예수 자신의 진술도 있다. 서문을 통해 독자들은 잘 알고 있겠으나, 이 모든 것들의 배경에 예수가 하나님께로부터 왔다는 요한복음의 주장이 있고, 그 주장은 예수가 하나님과 영원히 함께 있으며 하나님께로부터 세상에 왔다는 뜻이다. 그러므로 사람들이 자신들은 "이 사람이 어디로부터 왔는지를 안다"(7:27)거나 그가 "갈릴리 출신"임을 상정한다고 말할 때(7:41), 역설적이게도 자신들이 세상

---

84) Keener, *John*, 483.

을 초월하는 예수의 진정한 기원(참조. 8:23)에 대해 무지하다는 뜻을 함축하게 된다. 7:41-42과 52절에 또 다른 역설적 차원이 함축되어 있을 가능성은 매우 높다. 만약에 요한이 메시아가 베들레헴에서 태어난다는 성경 내용이 성취되었음을 믿지 않았다면, 그는 그 성경 내용을 언급하지 않았을 것이다(7:42). 요한은 예수가 실제로는 베들레헴에서 태어났으나 나사렛에서 자랐기 때문에 "나사렛 예수"라고 알려지게 된 전통을 알고 있었고, 자신의 독자들 역시 알고 있으리라 기대했던 것 같다. 따라서 예수를 갈릴리 출신으로만 알고 있는 요한복음의 등장인물들은 예수가 인간으로 태어난 장소조차 모르는 셈이니, 하물며 예수의 신적 기원이랴.

나다나엘은 첫 주간의 닷새째 날에 요한복음에서 예수의 기원에 관하여 질문한 첫 번째 사람이다.[85] 수난 주간 닷새째에 예수의 기원에 관하여 마지막으로 질문하는 사람은 빌라도다(19:9). 나다나엘과 빌라도 모두 예수가 나사렛 출신으로 알려진 것을 안다(19:19를 보라). 요한복음의 다른 유대인 질문자들과 달리 나다나엘의 질문은 메시아가 어디서 올 것인지에 관한 유대교의 신앙을 전제하지 않는다. 이는 단순히 나사렛에서 "무언가 선한 것이" 날 수 있는가에 관한 물음이었을 뿐이다. 역설적인 것은 예수가 "선한 어떤 것"을 넘어 최고 선 그 자체라는 것과(참조. 요 7:12; 막 10:17-18),[86] 그가 실제로는 나사렛 출신이 아니라는 것이다. 나다나엘이 미처 알아차리지 못하는 차원에서 그는 나사렛에서―또는 인간적 장소에서―진실로 선한 어떤 것이 날

---

85) 1:15과 30절에서 세례 요한이 수수께끼처럼 예수의 선재성을 암시하기는 하지만, 질문을 하지는 않는다.

86) 막 10:17-18에 등장하는 부자와 같이, 예수에게 "그가 선하다"라고 말하는 사람들은 자신들이 이해하는 것보다 실제로는 더 많은 이야기를 하고 있다(요 7:12).

수 있는가에 대한 물음에 제대로 답한 셈이다. 진짜 선한 것은 하나님 께로부터 온다. 그러므로 나사렛을 무시하는 자신의 태도가 예수에게 자신의 인물됨에 대한 평가를 높게 받는 일에 지장을 주지 않으리라 고 본 나다나엘의 판단은 옳았다(1:47).

예수의 기원에 관하여 마지막 질문을 던진 빌라도만은 예수에게 직접 "너는 어디로서냐?" 하고 묻는다(19:9). 이것은 예수의 인간적 기 원에 관한 질문이 아니다. 빌라도는 예수가 왕이라고 주장했을 뿐 아 니라 "하나님의 아들이라고 주장했다"는 정보를 직전에 입수하고 그 것을 알아보려는 것이다(19:7). 나다나엘이 묻기 시작한 예수의 기원에 관한 질문들은 이 대목에서 마침내 예수의 "인간 이상의" 기원에 관해 알 수 있는 질문으로 바뀌는데, 물론 빌라도는 그것을 이방인의 방식 으로 생각했을 것이다. 예수는 빌라도가 들어야 하는 모든 것을 이미 언급했기 때문에 그의 마지막 질문에는 답하지 않는다(18:37). 그러나 독자들은 예수가 십자가형을 선고받고 넘겨지기 직전에 그가 바로 하 나님께로부터 세상에 온 하나님의 아들임을 상기하게 된다. 이 부분은, 마가복음에서 백부장의 고백(15:39)에 해당하는 요한복음 본문이다.

나다나엘: 회복되는 이스라엘의 대표(1:45-51)

첫 주간에 관한 다른 묘사가 그렇듯이 나다나엘이 예수를 만나는 이 야기는 문자적 차원에서도 충분히 이해할 수 있는 것이다. 예수는 나 다나엘의 인격에 대한 초자연적 통찰을 선보이며 나다나엘을 맞이 하고(1:47, 요한복음의 다른 부분에서도 예수의 초자연적 통찰이 엿보인다: 2:23-25; 6:70-71), 나다나엘은 당연히 놀란다. "어떻게 나를 아시나이까?"(1:48) 예수는 "빌립이 너를 부르기 전에 네가 무화과나무 아래 있을 때에 보았노라" 하고 답하는데, 이 대답은 나다나엘로 하여금 비록 예수가 나사렛 출신일지라도 빌립의 주장대로 진짜 메시아가 틀림없다고 결론짓게 하는 계기가 된다(1:48-49). 그런데 나다나엘이 그처럼 사소한 초자연적인 지식 같은 것에 놀라 신앙고백을 했을 가능성은 희박하기 때문에, "네가 무화과나무 아래 있을 때에 보았노라"고 한 예수의 말씀이 보기보다 더 중요한 의미를 함축하는 것이 틀림없다고 주장되기도 한다. 그러나 유사하게 사마리아 여인 역시 자신에게 다섯 명의 남편이 있었음을 예수가 안다는 사실 때문에 그를 선지자라고 판단하고(4:17-19), "그가 메시아가 아니냐?"라는 생각에 이르렀다(4:29, 참조 16:30). 여기서 우리는 린다스(Barnabas Lindars)의 다음 지적에 주목해야 한다.

[나다나엘의] 신앙은 예수의 통찰 때문에 유발되었으나 그 신앙의 내용은 통찰의 내용과 별개로 빌립의 선포에 근거한다. 겉보기에는 오로지 두 가지 가능성만이 그에게 열려 있다. 그것은 예수가 메시아임을 믿거나 믿지 않는 것이다. 예수는 거룩한 사람이거나 선지자일 것이므로 중도적 입장이란 없다.[87]

"내가 너를 무화과나무 아래서 보았다 하므로 믿느냐?" 하는 예수의 말씀은 나다나엘의 신앙이 빈약한 것임을 시사한다. 그러므로 이 야기의 문자적 차원에서 나다나엘이 무화과나무 아래 앉아 있다는 사

---

87) Lindars, *John*, 119. 요한의 이야기가 사 11:4에 대한 유대적 해석을 전제하고 있을 가능성도 있는데, 그에 따르면, 메시아는 천리안 능력들을 가질 것이 기대되었고, 이런 기대가 다음 본문들의 배후에 있는 것 같다: 막 14:65; 눅 22:64; 마 26:68.

실은 실상 자체를 보는 것보다 중요하지 않다. 나다나엘이 예수의 통찰을 보고 알게 된 사실은, 예수가 초자연적인 수단으로써만 알 수 있을 법한 자신에 관한 어떤 것을 알고 있다는 것이다.

사람들이 무화과나무 또는 다른 나무들 아래 앉아서 토라를 공부한다는 내용을 담고 있는 후기 랍비 문헌은[88] 나다나엘이 무화과나무 아래 앉아서 무엇을 했는지를 밝혀주는 근거가 되지는 못한다. 의심할 여지없이 팔레스타인의 기후 조건에서 사람들은 무화과나무 그늘 아래서 쉬거나 말하거나 자거나 독서할 수 있었으리라. 문자적 차원에서 굳이 무화과나무가 나온 까닭은 아마도 예수가 언급하는 어떤 장면을 특정해야 했기 때문이리라.

나는 무화과나무에 다른 차원의 함의가 있다고 제안한다. 그러려면 무화과나무 부분이 47절과 51절에서도 발견되는 부차적 의미를 일관되게 공유하는 부분이어야 하고, 예수와 나다나엘이 만나는 이야기 전체를 문자적 주제 이상의 차원에서 연결하는 것이어야 하는데, 이는 마치 37-45절이 제자도란 주제로 통일되는 것과 같다. 이 경우에 그 주제는 마지막 날에 회복되는 이스라엘일 텐데, 나다나엘은 그 회복되는 이스라엘을 대표하는 것으로 여겨진다. "무화과나무 아래"와 가장 분명하게 공명하는 성경 본문은 히브리어 성경에 여러 차례 등장하는 다음 구절이다. "모든 사람이 자기의 포도나무와 무화과나무 아래." 어떤 주석가들은 이것이 평화와 안전을 묘사하는 것이라고 바르게 관찰하면서도(솔로몬이 통치하던 황금기의 이상적인 이스라엘에 대한 묘사할 때와 같이[왕상 4:25]), 같은 표현이 미가 4:4에서 메시아 시대를 가리킨다는 사실을 간과한다(약간 변형된 형태가

---

88) 다음에 언급되어 있다: Keener, *John*, 486.

표 7.6 무화과나무 아래…간사함이 없다

내가 곤고하고 가난한 백성을 네 가운데에 남겨 두리니
그들이 여호와의 이름을 의탁하여 보호를 받을지라.
이스라엘의 남은 자는 악을 행하지 아니하며 거짓을 말하지 아니하며
입에 **거짓된 혀**(*lĕšôn tarmît*)가 없으며
먹고 누울지라도
그들을 두렵게 할 자가 없으리라(*'ên maḥărîd*).…
이스라엘 왕 여호와가 네 가운데 계시니
네가 다시는 화를 당할까 두려워하지 아니할 것이라(습 3:12-13, 15b).

각 사람이 자기 포도나무 아래와 자기 무화과나무 아래 앉을 것이라.
그들을 두렵게 할 자가 없으리니(*'ên maḥărîd*)
이는 만군의 여호와의 입이 이같이 말씀하셨음이라(미 4:4).

이삭이 [에서에게] 이르되 "네 아우가 와서 속여(*bĕmirmâ*)
네 복을 빼앗았도다"(창 27:35).

비교하라

솔로몬이 사는 동안에 유다와 이스라엘이 단에서부터 브엘세바에 이르기까
지 각기 포도나무 아래와 무화과나무 아래에서 평안히 살았더라(문자적으로
는, 앉았더라)(왕상 4:25).

만군의 여호와가 말하노라. 그날에 너희가 각각 포도나무와 무화과나무 아
래서 서로 초대하리라 하셨느니라 (슥 3:10).

그(시므온 마카비)는 그 땅에 평화를 정착시켰고
이스라엘은 큰 기쁨으로 기뻐하였다.
그리고 각자가 자기의 포도나무와 자기의 무화과나무 아래 앉았으니
그곳에서 그들을 두렵게 할 자가 없었다
(마카베오1서 4:11-12).

> 여호와의 말씀이니라. 그러므로 나의 종 야곱아 너는 두려워하지 말라.
> 이스라엘아 놀라지 말라.
> 내가 너를 먼 곳으로부터 구원하고
> 네 자손을 잡혀가 있는 땅에서 구원하리니
> 야곱이 돌아와서 태평과 안락을 누릴 것이며
> 두렵게 할 자가 없으리라(렘 30:10 = 46:27).

슥 3:10에도 나오는데, 이에 관하여는 표 7.6을 보라).[89] 그 표현은 메시아 시대에 이스라엘이 평화와 안정을 누릴 것이라는 평범한 기대를 표현하는 일반적인 방식들 중 하나였다(예. 사 65:21-22; 렘 30:10; 46:27; 겔 34:27-28; 습 3:13).

이 본문들 가운데 요한복음 1:47-50을 이해하는 데 결정적 단서를 제공하는 두 본문은 스바냐 3:12-13과 미가 4:4이다(표 7.6을 보라). 이 두 본문들은 메시아 시대의 평화와 안녕이라는 공통주제로 연결될 뿐 아니라, "아무도 그들을 두렵게 하지 않을 것"이라는 공통주제로도 연결되며, 게제라 샤바의 주석 원칙을 사용하고 있다. 이 두 예언서들은 나다나엘에 대한 예수의 묘사("진실로 이스라엘 사람이니 그 속에 간사한 것이 없다")와 무화과나무 아래 있는 나다나엘을 예수가 본 것 모두를 설명한다. 후자는 미가 4:4("각 사람이 자기 포도나무 아래와 자기 무화과나무 아래 앉을 것이라")에 상응하고, 전자는 스바냐 3:13("입에 거짓된 혀가 없으며")에 상응하는데, 이 본문은 요한계시록 14:5에서 메시아를 따르는 자들을 묘사하기 위하여 메아리치기도 한다.[90]

예수가 나다나엘을 이스라엘 사람이라고 부른 특별한 이유는 없

---

89) 마카베오1서 14:11-12에서 시므온 마카비는 미 4:4을 성취하는 메시아적 인물로 묘사된다.
90) 여기서는 게제라 샤바가 습 3:13과 사 53:9을 연결하기 위하여 사용된다.

다(대부분의 주석가들의 주장들에도 불구하고). 팔레스타인 유대인은 다른 유대인을 언급할 때 결코 "유대인"이라는 용어를 사용하지 않는다. 이 것은 우리가 이미 살펴본 바와 같이 공관복음 저자들과 더불어 요한 이 한결같이 지키는 언어학 규칙이다. 물론 예수가 나다나엘을 가리 켜 "진실로 이스라엘 사람이다"라고 부른 것은 중요하다. 여기서 사용 된 *alēthōs*라는 부사는 나다나엘에 대한 묘사를 다른 곳에 나오는 예 수 자신에 대한 다음 묘사들과 연결시키는 역할을 한다. "진실로 세상 의 구주"(4:42), "진실로 세상에 오시는 그 선지자"(6:14), "진실로 그 선 지자"(7:40).[91] 즉 나다나엘에게 "이스라엘 사람"이라는 이름은 진실로 합당하다는 뜻이다. 나다나엘은 예언서에 기록된 이스라엘의 신실한 남은 자를 대표하기 때문이다. "이스라엘의 남은 자는 악을 행하지 아 니하며 거짓을 말하지 아니하며 입에 거짓된 혀가 없으며 먹고 누울 지라도 그들을 놀라게 할 자가 없으리라"(습 3:13).

요한복음의 첫 주간 전체를 특정하는 데 사용할 수 있는 주제는 아마도 메시아적 성취라는 주제일 것이다. 세례 요한의 증언 결과, 처음으로 메시아가 이스라엘에 계시된다(1:31). 더 살펴보겠으나, 첫 주간의 마지막 날에 벌어지는 큰 사건은 예수의 첫 표적으로서, 이 사야 25:6에 따라 모든 백성들을 위해 주께서 만드는 오래된 포도주 향연을 인유하고 메시아 시대가 도래했음을 암시한다. 이는 메시아 시대의 풍요로운 삶이 벌써 시작되었다는 뜻은 아니고, 메시아 예수 와 함께 가까이 왔음을 예견하는 것이다. 무화과나무 아래 있는 나 다나엘의 심상은 메시아적 성취에 대한 또 다른 심상으로서 미가의 예언을 인유한다. 이스라엘 사람이 간사하지 않듯이 그는 메시아 시

---

91) 요 8:31("진실로 내 제자들")에도 주목하라.

대에 하나님의 백성으로서 평화와 안정을 즐긴다. 물론 상징적으로만 말이다(그가 무화과나무 아래 실제로 머문 기간은 지극히 평범한 삶에서 단지 짧은 순간이었을 뿐이다). 이는 무화과나무를 나다나엘이 문자적 차원에서 이해했을 법한 방식대로가 아니라(물론 상징이 아닌 문자적 차원 그 자체로도 고결한 의미가 있겠으나) 오로지 부가적 차원의 의미로 이해해야 함을 의미한다.

이 본문에서 스바냐 3:13의 중요성을 간과하는 주석가들은 종종 그 안에 간사한 것이 없는 이스라엘 사람인 나다나엘이 그 백성의 조상 야곱과 대조를 이룬다고 주장하기도 하는데, 야곱은 자기 형제 에서에게 주어야 할 아버지의 축복을 간사하게 가로챈 것으로 유명하다.[92] 이런 대조를 암시할 가능성은 상당히 높은데, 장차 살펴보겠지만 요한복음 1:51은 야곱이 벧엘에서 본 환상을 인유하고, 창세기에서 그 이야기는 그의 간사한 행동 직후에 등장하기 때문이다.[93] 주석의 원칙인 "게제라 샤바"가 스바냐 3:13과 야곱의 간사함을 언급하는 창세기 27:35을 연결하기 위하여 사용되었을 수 있다(표 7.6을 보라). 두 본문에서 "간사함"을 뜻하는 히브리어는 서로 같지 않으나, 두 단어들은 모두 같은 히브리어 어근에서 유래했으므로 서로 동족어 관계인

---

92) 야곱이 자기 형제의 장자권을 가져간 방식(창 25:29-34)은 간사한 것이라고 불릴 수 없다. 야곱은 에서가 매우 배고픈 상황을 이용하였으나 그를 간사하게 속이지는 않는다. 그 이야기는 야곱이 에서의 장자권을 산 것보다 에서가 자신의 장자권을 판 것을 더 비난한다.

93) 세례 요한이 "나도 그를 알지 못하였다"고 말하는 1:31과 33절에서 이미 이 야곱 이야기의 일부를 인유하고 있을 가능성이 있다. 비교할 본문은 창 28:16로서, 여기서 야곱은 다음과 같이 말한다: "진실로 주께서 이곳에 계시거늘 내가 그것을(또는 그분을) 알지 못하였다!" 이런 내용을 보려면 다음을 참조하라: Anthony Tyrrell Hanson, *The Prophetic Gospel: A Study of John and the Old Testament* (Edinburgh: T&T Clark, 1991), 36-37.

것을 쉽게 알 수 있다. 그러므로 그 본문은 간사한 사람인 야곱과 그 안에 간사함이 없는 신실한 이스라엘의 남은 자를 대조시키는 것으로 이해될 수 있었으리라. 물론 야곱은 그가 여전히 야곱("대신하는 자")일 때 자기 아버지를 속였고, 그다음에 "이스라엘"이라는 이름을 얻었다. 신실한 이스라엘의 진정한 조상은 간사한 야곱이 아니라 이스라엘이며, 이름이 바뀐 뒤에야 이스라엘을 위하여 후손들과 땅에 관한 계약이 갱신되었다(창 35:9-12).

우리는 요한이 나다나엘을 새로운 야곱으로 묘사한다고 결론지어서는 안 될 것이다. 나다나엘은 "야곱이었다가 이스라엘이 된 자"(Jacob-become-Israel)의 진정한 후손이라고 할 수 있다. 배교의 날

표 7.7 이스라엘의 메시아와 메시아의 이스라엘

요 1:29	요 1:47
이튿날 요한이 예수께서 자기에게 나아오심을 보고 이르되 "보라! 세상 죄를 지고 가는 하나님의 어린 양이로다!"	예수께서 나다나엘이 자기에게 오는 것을 보시고 그를 가리켜 이르시되 "보라! 이는 참으로 이스라엘 사람이라. 그 속에 간사한 것이 없도다!"
Tēi epaurion *blepei ton Iēsoun* *erchomenon pros auton* *kai legei* *Ide ho amnos tou theou* *ho airōn* *tēn hamartian tou kosmou.*	*Eiden ho Iēsous ton Nathanaēl* *erchomenon pros auton* *kai legei* *Ide alēthōs Israēlitēs* *en hō* *dolos ouk estin.*
요 1:32	**요 1:48**
내가 보매 성령이 비둘기 같이 하늘로부터 내려와…	빌립이 너를 부르기 전에 네가 무화과나무 아래에 있을 때에 보았노라

들에 죄를 지은 이스라엘은 야곱과 비교할 수 있고, 메시아적 약속을 받은 신실한 이스라엘은 "야곱이었다가 이스라엘이 된 자"에 상응한다(참조. 호 12:2-6). 나다나엘은 그런 이스라엘 백성(야곱이 아님)을 대표한다. 예수가 그에게 야곱의 벧엘에 상응하는 환상을 약속할 때, 나다나엘에게만 한 것이 아니라 모든 제자들에게 한 것이다(51절의 "너희"는 복수다). 나다나엘은 그들 중 하나로서 그다지 독보적인 인물은 아니다. 요한은 한 제자인 나다나엘의 이야기를 통하여, 그에 앞서 예수를 따르는 자들로 묘사된 예수의 제자들이 메시아 시대에 하나님 백성의 핵심을 구성하리라고 제시하는 것이다. 그러나 진정한 제자도는 예수의 "죽음과 승귀" 이후에야 가능한 것처럼, 제자들 역시 그의 "죽음과 승귀" 이후에야 비로소 진정한 메시아의 백성이 될 수 있다.

이제 우리는 1:29 및 32절과 1:47-48 본문들이 서로 평행함을 알아야 한다(표 7.7을 보라).[94] 앞서 논의한 1:37-38과 21:20-21의 경우처럼, 복음서 저자는 의미 관계를 나타내기 위하여 평행한 어순을 사용한다. 전자의 본문에서 요한은 예수가 바로 그분이라고 선포함으로써 메시아를 이스라엘에 드러내는 자신의 사명을 성취하는데(1:31), 그는 예수가 성령으로 기름 부음 받는 장면을 상징하는 환상을 되뇜으로써 자신의 증언을 증명한다. 후자의 본문에서 예수는 나다나엘이야말로 메시아가 자신을 드러낼 이스라엘을 대표한다고 선포하며, 이스라엘은 메시아의 계시로 재구성되기 시작한다. 요한은 그 선포를 증명하기 위하여 나다나엘이 메시아 백성의 일원임을 상징하는 환상을 되뇌는 것이다. 두 환상은 모두 예언서를 인용한다. 요한의 환상은 이사야 11:2을, 예수의 환상은 미가 4:4을 인용한다. 이것은 각각 겉보기에는

---

94) 다음을 보라: Boismard, *Du baptême*, 97-98.

명확하지 않던 본문도 요한이 그 본문들끼리 서로 상응하도록 만든 방식을 따라 읽으면 얼마나 명확해지는가를 보여주는 좋은 사례다. 이는 하나의 본문에 다른 차원들이 더해지는 방식으로서, 첫 주간과 수난 주간이 서로 상응하며 의미 차원을 더하는 방식과 매우 유사하다.

야곱의 사다리로서의 예수

1:50-51에서 예수의 말씀은 나다나엘에게서(50절의 "너"는 단수) 제자단에게("너희"는 복수) 옮겨간다. 1:48에서 나다나엘은 천리안을 가진 예수가 제공하는 사소한 예보다 훨씬 더 적절한 신앙의 기반을 약속받고, 1:51에서는 그 약속의 내용이 모든 제자들을 향하게 된다. 이것은 요한복음에서 예수가 처음 가르친 것이다. 그 본문은 "진실로 진실로 내가 네게 이르노니"라는 공식으로 시작하기 때문에 특히 주의해야 할 25가지 말씀들 중 첫 번째 말씀으로서, 예수가 자신의 운명에 대하여 모호한 수수께끼로 말한 그 "인자" 말씀들 중 첫 번째 말씀이다. 그것은 간혹 문제가 있다고 보기도 하는데, 그 약속은 요한복음 이야기의 나머지 부분에서 성취되지 않기 때문이다. 그러나 실제로 그것은 예수의 다가올 죽음과 승귀에 대하여 예수가 한 일련의 예언들 중 첫 번째 예언이다. 제자들 중 오로지 한 사람, 그 사랑받는 제자만이 사실상 예수의 죽음과 십자가형을 목격하지만, 제자들 전부가 죽음에서 부활하신 예수를 만나고, 예수의 죽음이 곧 그의 승귀였음을 증거한다. 1:51의 말씀은 환상("하늘이 열림") 언어를 사용하므로, 그것은 예수의 죽음과 부활을 육안으로 본 것만을 뜻하기보다 하나님께서 부여하신 죽음과 부활의 의미를 인식하는 것을 뜻하리라.

표 7.8 야곱의 사다리로서의 예수

진실로 진실로 너희에게 이르노니 "하늘이 열리고 하나님의 사자들이 인자 위에 오르락내리락 하는 것을 보리라"(요 1:51).

그리고 그(야곱)는 꿈을 꾸었고 거기에 한 사다리(*sullām*)가 땅에(*'arşâ*) 세워진(*muşşab*) 것을 보았는데, 그 꼭대기는 하늘까지 닿았고; 그리고 보라! 하나님의 사자들이 그 위에(*bō*) 오르락내리락하는 것을 보았다. 그리고 보라! 주께서 그 위에(또는 "그 옆에")(*'ālāyw*) 서 계셨고 말씀하시기를 "나는 주, 너희 조상 아브라함의 하나님이요 이삭의 하나님이라.…"(창 28:12-13a, NRSV에 대한 보컴의 수정을 따름)

이어서 야곱은 자신의 잠에서 깨었고 말하기를 "진실로 주께서 여기 계시도 다—그리고 내가 그것을 알지 못하였다!" 그리고 그는 두려워했고 말하기를 "이곳은 얼마나 놀라운가! 이것이 바로 하나님의 집이며, 이것은 하늘의 문이로다."(창 28:16-17, NRSV에 대한 보컴의 수정을 따름)

그리고 그[야곱]가 꿈을 꾸었고, 보라! 한 사다리(*klimax*)가 땅에 곧게 세워졌고, 그 윗부분이 하늘까지 닿았고, 하나님의 사자들이 그 위에(*ep' autēs*) 오르락내리락했다. 그리고 주께서 그 위에 머무셨고(*epestērikto ep' autēs*) 말씀하셨다.…(창 28:12-13a LXX[보컴의 번역])

그리고 그[야곱]는 그 밤에 꿈을 꾸었고 사다리가 땅 위에 놓였고 그 윗부분은 하늘에 닿은 것을 보았다. 그리고 보라! 주의 사자들이 그 위로 올라갔다가 내려왔다. 그리고 보라! 주께서 그 위에 서 계셨다. 그리고 그분께서 야곱과 함께 대화하셨다.…(희년서 27.21-22a; O. S. Wintermute 옮김, OPT 2:109)

비교하라

　　보라! 내 종이 형통하리니
　　그가 받들어 높이 들려서(*yārûm wĕniśśā'*) 지극히 존귀하게 되리라
　　(사 52:13).

모세가 광야에서 뱀을 든 것 같이 인자도 들려야 하리니 이는 그를 믿는 자마다 영생을 얻게 하려 하심이니라(요 3:14-15).

너희가 인자를 든 후에 내가 그인 줄을 알고…(요 8:28)

[예수께서 대답하되] "내가 땅에서 들리면 모든 사람을 내게로 이끌겠노라.…"이에 무리가 대답하되 "우리는 율법에서 그리스도가 영원히 계신다 함을 들었거늘 너는 어찌하여 그 인자가 들려야 하리라 하느냐?"(요 12:32, 34)

공관복음 평행본문

내가 진실로 너희에게 이르노니 여기 서 있는 사람 중에 죽기 전에 하나님 나라가 권능으로 임하는 것을 볼 자들도 있느니라(막 9:1).

진실로 너희에게 이르노니 여기 서 있는 사람 중에 죽기 전에 그 인자가 그 왕권을 가지고 오는 것을 볼 자들도 있느니라(마 16:28).

내가 그니라. 인자가 권능자의 우편에 앉은 것과 하늘 구름을 타고 오는 것을 너희가 보리라(막 14:62).

"대로"에 관한 이사야 예언들

그의 남아 있는 백성 곧 앗수르에서 남은 자들을 위하여 큰 길(mĕsillâ)이 있게 하시되…(사 11:16a)

거기 대로(maslûl)가 있어 그 길을 거룩한 길이라 일컫는 바 되리니 깨끗하지 못한 자는 지나지 못하겠고 오직 구속함을 입은 자들을 위하여 있게 될 것이라(사 35:8).

광야에서 여호와의 길을 예비하라,
사막에서 우리 하나님의 대로(mĕsillâ)를 평탄하게 하라(사 40:3).

그리고 내가 나의 모든 산을 길로 삼고,

나의 대로(*mĕsillōtay*)를 [돌아오는 포로들을 위하여] 돋우리니
(사 49:11)

성문으로 나아가라, 나아가라.
백성이 올 길을 닦으라.
큰 길(*mĕsillâ*)을 수축하고, 수축하라.
돌을 제하라.
만민을 위하여 기치를 들라(사 62:10).

1:51이 창세기 28:12에 나오는 야곱의 꿈을 인유하는 것은 분명하다(표 7.8을 보라). ("내가 너희에게 말하노니" 이후에 등장하는) 그 말씀을 구성하는 17개의 단어들 중에서 8개의 단어는 그 창세기 본문과 정확히 일치한다("하나님의 사자들이…위에 오르락내리락하는 것"). 아우구스티누스 이전의 교부들은 그 인유를 간과했으나,[95] 근현대 주석가들 대부분은 그 인유를 알아보았고, 몇몇 주석가들만 그것이 요한의 본문에 결정적 의미를 부여한다고 보기를 거부한다.[96] 성경 본문에서 그 8개의 단어들을 정확히 사용한다는 것은 요한의 그 말씀이 그 창세기 본문에 대한 해석이라는 뜻이다. 그러나 요한의 말씀이 창세기 28:12-13 본문과 정확히 어떻게 연결되는지에 대하여는 의견이 분분하고 많은 논의가 있었다. 내 생각에 그 관계는 매우 직접적이다. 야곱은 천사들이 땅에서 하늘까지 닿는 그 사다리 위를 오르락내리락 하는 것을 보았다. 예수는 제자들에게 천사들이 그 인자 위를 오르락내리락하는 것을 볼 것이라고 약속한다. 창세기 본문의 "그 사다리"는 그 "인자"를

---

95) Bernard, *St. John*, 1:70-72.

96) 예컨대 다음을 보라: Bernard, *St. John*, 1:67-69; . Ramsey Michaels, *The Gospel of John*, NICNT (Grand Rapids: Eerdmans, 2010), 136-38.

상징하는 것으로 해석되는 것이다.[97] 해석가들 중에는 히브리 본문에 나오는 단어 *bō*의 의미가 모호하다고 지적하는 이들도 있다. 그것은 "그것(그 사다리) 위에" 또는 "그(야곱) 위에"를 뜻할 수 있다. 후자의 해석은 *Genesis Rabbah* 68.12에 기록된 랍비들의 견해라고 한다.[98] 요한복음 1:51을 그렇게 해석하는 사람들은 요한복음 본문에 나오는 그 "인자"가 창세기 본문에 나오는 야곱에 상응한다고 한다.[99] 제자들 또한 야곱에 해당하는 이들이겠다. 창세기 28:12의 야곱처럼 제자들도 천사들이 오르락내리락 하는 것을 보게 된다. 예수("그 인자")와 제자들이 야곱에 해당한다는 주장—예수는 그 위에 천사들이 오르락내리락 하는 분이고, 제자들은 그 위에 천사들이 오르락내리락 하는 분을 보는 자들이라는—은 창세기 28:12의 상정된 주석을 불필요하게 혼란시킨다. 또한 언급해야 할 것은 창세기 28:12에 대한 가장 이른 현존 해석이 *bō*를 "그 위에"라고 읽기를 지지하지 않는다는 것이다. 70인역과 희년서 모두 "그것(그 사다리) 위에"라는 뜻을 채택한다(표 7.8을 보라). 다른 읽기는 기원후 1세기가 한참 지난 후에야 (*Genesis Rabbah*에) 등

---

97) 이런 견해를 취하는 주석가들의 예는 다음과 같다: Herman N. Ridderbos, *The Gospel according to John: A Theological Commentary*, trans. John Vriend (Grand Rapids: Eerdmans, 1997), 93-94; Linclon, *Saint John*, 122; Keener, *John*, 489-91.

98) Hugo Odeberg, *The Fourth Gospel: Interpreted in Its Relation to Contemporary Religious Currents in Palestine and the Hellenistic-Oriental World* (Amsterdam: Grüner, 1968), 33-34.

99) 예컨대 카슨(Donald A. Carson)은, "야곱 위에"는 "창 28:12을 요한이 이해한 방식"이라고 주장한다(*John*, 163). 특이하게도 그는 창 28:12에 대한 이런 독해가 옳다고(즉 그 본문의 원래 의미라고) 생각하는 것 같다. 또한 그는 요 1:51이 "야곱과 제자들을 평행하게 보게 한다"는 주장을 거부하지만, 1:47에서는 나다나엘과 야곱이 대비된다고 주장한다(pp. 160-61).

장하는데, 그것은 요한이 이미 그런 방식으로 창세기를 읽었다는 주장을 결정적으로 반박할 근거가 되지는 못한다.

다른 문제들은 요한복음 1:51이 창세기 28:12-13과 어떤 연관이 있는가에 관한 다른 제안—요한복음에서 "그 인자"가 창세기 28:13의 야웨에 상응한다는 제안—을 수반한다. 해당 히브리어 본문에는 문법상의 모호함이 있다. 그 본문은 야웨가 그 사다리 위에 서 있었다거나 아니면 그가 야곱 곁에 서 있었다는 뜻으로 읽힐 수 있다. 그러나 첫 번째 방식으로 읽으면, "그 인자"와 야웨를 동일하게 보기가 쉽지 않다. 그 히브리어 본문을 어떻게 읽어도 천사들이 야웨 위를 오르락내리락 한다는 뜻이 될 수는 없다.

네이레이(Jerome Neyrey)는 이런 해석을 지지하는데, 그 까닭은 제자들에게 약속한 환상 속에서 하늘이 열리자 제자들이 하늘을 바라보았고, 거기서 "그 인자"라는 영광스러운 인물을 보았을 가능성이 있기 때문이다. 그러나 요한복음 1:51에서 "하늘이 열림"의 기능은 다른 데 있다. 하늘이 열려야 천사들이 하늘로 올라갔다가 다시 내려올 수 있는데, 유사하게 마가복음 1:10에서도 하늘이 열려야 성령이 하늘에서 내려올 수 있고, 사도행전 10:11에서도 하늘이 열려야 거기서 보자기가 내려올 수 있고, 요한계시록 4:1에서도 하늘이 열려야 요한이 하늘로 올라갈 수 있고, 요한계시록 19:11에서도 하늘이 열려야 하나님의 말씀이 하늘에서 땅으로 말을 타고 내려올 수 있다.[100] 창세기 28:13은 (야웨께서 그 사다리 위에 서 계시다면) 야웨께서 하늘에서 현현하신 사건이라고 해석할 수 있으나, 요한복음 1:51은 그러한 꿈 요소를 채택하지 않는다. 그 본문은 창세기 28:12에 대한 해석임을 자처

---

100) 행 7:55-56에서 하늘이 열려야 스데반이 하늘을 바라볼 수 있다.

한다. 네이레이는 "그 인자 위로 오르락내리락 한다"는 말을 천사들이 "하늘의 조신들로서 하나님의 보좌를 향하여 줄 지어 나아가는 것"이라고 해석하는 것처럼 보이지만, 이런 해석은 "위아래로"라고 분명히 묘사된 천사들의 움직임을 제대로 설명하지 못한다. 네이레이는 다음과 같이 덧붙인다. "1:51은 사다리를 언급하지 않기 때문에 그들(천사들)이 하늘과 땅 사이를 오르락내리락 한다는 뜻은 아니다."[101] 이 해석은 핵심을 완전히 빗나간 것이다. 요한복음 1:51에서 사다리가 언급되지 않는 이유는 "그 인자"가 야곱의 꿈에서 사다리에 해당하기 때문이다.

야곱의 꿈에서 천사들은 사다리를 통해 하늘로 올라가고 땅으로 내려오지만, 요한복음 1:51에서는 그 인자가 그 사다리를 상징한다고 보는 것이 그 본문을 관련 성경 본문(창 28:12)에 비추어 해석하는 단순하고도 명백한 방식인데, 왜 학자들은 야곱과 그 꿈에 대한 이후의 유대교 전통들의 복잡한 논의들에 빠져서 다른 해석들을 내놓는지 이해하기 어렵다.[102] 이후의 유대교 전통들은 신중하게 사용해야 신약

---

101) Jerome Neyrey, "The Jacob Allusions in John 1:51," *CBQ* 44 (1982): 586-605, 605. 네이레이는 다음과 같이 쓴다: "그러나 야곱의 꿈에서 그토록 두드러지게 나타나는 사다리가 요 1:51에서는 언급되지 않는다. 제자들은 하늘을 직접 바라보았으므로 하늘과 땅을 매개할 사다리가 필요하지 않은 것이다." (p. 589).

102) 나는 그런 해석들이 요 1:51과 상당한 거리가 있다고 생각하기 때문에, 베델에서 야곱이 본 환상에 관하여 타르굼에서 언급하는 영광의 보좌에 앉은 야곱의 심상에 대한 전승들을 여기서 논하지 않았다. 다음을 보라: Christopher Rowland, "John 1,51, Jewish Apocalyptic and Targumic Tradition," *NTS* 30 (1984): 498-507; Martin McNamara, *Targum and Testament: Aramaic Paraphrases of the Hebrew Bible; A Light on the New Testament* (Shannon: Irish University Press, 1968), 146-147; Michèle Morgen, "La promesse de Jésus àNathana ë1l (Jn 1,51) éclairée par la haggadah de Jacob-Israël," *RevScRel* 67 (1993): 3-21, 13-15; Neyrey, "Jacob Allusions," 598, 601-4.

성경 이해에 도움이 될 수 있다. 가령 그 전통들은 유대인 주석가가 한 본문을 어떻게 해석할 수 있는가를 알려줄 때도 있으므로 신약성경 저자가 그런 해석을 도입하였을지 하지 않았을지, 또는 보다 이른 주석 전통이 그런 해석 방식을 이미 채택했을지 채택하지 않았을지를 고려할 수 있게 한다. 그러나 요한복음 1:51은 타르굼과 랍비 문헌에 나타나는 야곱의 꿈에 대한 해석이 신약성경 본문과 맞지 않는 경우다. 그러나 나는 요한복음 1:51이 창세기 28:12에 대한 해석이 틀림없다고 보는데, 실제로 그렇게 이해하고 그 본문을 관찰하면 그 본문이 다른 요한복음 본문들과 얼마나 일관성 있게 잘 어우러지는가를 알게 되고, 그것을 간과한 사람들조차 확신하게 될 것이다.

창세기 28:12에서 "사다리"에 해당하는 히브리어 단어 *sullām*은[103] 히브리어 성경에서 오로지 한 번 등장하며(*hapax legomenon*), "들어 올리다"(예컨대 욥 19:12; 사 57:14) 또는 "높이다"(예컨대 시 68:5; 4Q177 3.10)는 뜻을 가진 어근 *sll*에서 유래한 것이다. 이 동사는 그리스어 동사 *hypsoun*("들어 올리다, 높이다")과는 같은 뜻이라고 할 수 있다. 요한은 그 동사를 예수의 죽음을 언급하는 세 개의 수수께끼 본문에 사용하는데(3:14; 8:28; 12:32-34), 그 본문들은 모두 "그 인자"가 "들어 올려"질 것이라고 한다. 요한은 그 그리스어 동사의 모호한 뜻을 활용하여 예수의 육체적 죽음(십자가에 "들어 올려짐")과 동시에 그가 하늘의 영광까지 승귀하게 됨을 묘사함으로써 그 두 사건을 적어도 신학적으로는 동시에 일어나는 사건으로 다룬다. 이 본문들에서 *hypsoun*은 이사야 52:13에 사용된 히브리어 동사 *rwm*("높아지다, 승귀되다")과 *ns'*("들어

---

103) 근현대 개념으로 그것은 본래 사다리보다는 계단을 가리키는 말일 것이다. 그러나 CD 11.17에서 그 말은 사다리를 가리킬 것이다. 창 28:12의 가능한 의미들을 위해서는 *DCH* 6:163을 보라.

올리다")의 용법을 반영한다. 그러나 요한은 그 동사들을 창세기 28:12의 *sullām*과 쉽게 연결시킴으로써 그 본문을 "그 인자"에 대한 다른 말씀의 기초로 삼는다. 요한은 야곱의 꿈에 나오는 사다리를 십자가에 들리는 예수로 해석한 것이다. 땅에 세워져 하늘까지 닿는 사다리 개념은 예수를 땅에서 들어 올려(12:32) 하늘로 승귀시키는 십자가에 대한 요한의 이해와 잘 맞아떨어진다.

요한복음 1:51의 천사들은 주로 창세기 28:12에 대한 이유일 테지만, 십자가에-달려서-승귀하는 예수야말로 땅과 하늘을 이어 소통하게 하는 방식임을 가리킨다고 해도 좋을 것이다. 또한 *sullām*("사다리")은 "두드러진 대로"라는 뜻을 가진 *mĕsillâ*와 밀접한 연관이 있다고 볼 수 있는데, 이 단어는 이사야 40:3에서 야웨의 대로를 가리키고, 복음서들(요 1:23)에서 세례 요한이 준비했던 길이며, 이사야의 다른 본문들(사 11:16; 49:11; 62:10; 참조. 35:8, *maslûl*)에서 포로들이 시온으로 귀환하는 길이다(표 7.8을 보라). 이런 본문들은 예수가 스스로를 "그 길"이라고 주장한(요 14:6) 배경일 텐데, 그 길은 아버지의 집으로 가는 길이요, "십자가에 처형당하고 승귀한" 예수 자신이기도 하다. 요한은 야곱의 꿈에 등장하는 *sullām*을 이사야의 회복 예언 본문에 등장하는 *mĕsillâ*와 연결시킨 것 같다.

요한복음 1:51의 해석들 중에서 "그 인자"를 야곱의 사다리로 보는 것보다 더 인기 있는 해석은 그 인자를 야곱의 꿈에 등장하는 "그 장소"(창 28:17-17)로 보는 것이다. 야곱은 그 장소를 "하나님의 집"이요 "하늘 문"(28:17)이라고 부른다. 이는 예수가 계시의 장소 내지 하나님께서 임재하시는 장소라는 뜻이다.[104] 요한복음은 그 인자가 하나

---

104) 예컨대 다음을 보라: Ben Witherington, *John's Wisdom: A Commentary on*

님께서 현존하시는 장소이자 성전의 의미를 성취하는 하나님의 집이라는 주제를 사용하고는 있지만(참조. 2:19-22; 4:23),[105] 그 인자를 사다리와 동일시하는 것에 더하여 그 주제가 1:51에도 나타난다고 보는 것은 불필요할 뿐 아니라 혼란을 야기할 수 있다. 요한복음 1:51은 창세기 28:12에 대한 해석일 뿐, 그 해석을 위하여 굳이 야곱의 꿈까지 언급할 필요는 없다고 본다.

그러므로 요한복음 1:51은 자신에게 다가올 죽음과 승귀에 대한 예수의 많은 언급들 가운데서 특별히 자신을 "그 인자"라고 칭한 것들(3:13-15; 8:28; 12:32-34; 13:31) 중 첫 번째 언급이라고 할 수 있다. 1장 51절에 대한 많은 논의들은 요한복음에서 "그 인자"가 특별한 신학적 함의를 담고 있는 주제라는 가정 때문에 흐려지곤 했다. 이런 가정은 공관복음의 "그 인자"에 해당하는 것일 뿐, 요한복음의 "그 인자"와는 무관하다. 그런 가정은 제2성전기 유대교에서 "그 인자"가 메시아 호칭이었다는 더 이상 지지받지 못하는 견해와, 요한복음에서 그 인자에 대하여 말하는 내용은 그 인자라는 "호칭"이 의미하는 바와 같다는 언어학적 오류에 기초하고 있다. 요한복음에서 "그 인자"는 공관복음에서와 같이 예수가 자신에게 다가올 운명에 대하여 말할 때 채택하는 특별한 자기명칭(단순히 "그 사람"이라는 뜻임)이라고 보아야 한다.[106]

---

the Fourth Gospel (Louisville: Westminster John Knox, 1995), 72-73; D. Moody Smith, John, ANTC (Nashville: Abingdon, 1999), 77-78.

105) 다음을 보라: Mary L. Coloe, God Dwells with Us: Temple Symbolism in the Fourth Gospel (Collegeville, MN: Liturgical Press, 2001). 그녀는 1:51을 최소한으로만 언급한다(pp. 73, 215).

106) 나는 공관복음의 "그 인자" 용법에 관한 허타도(Larry W. Hurtado)의 견해에 대체로 동의하고, 그 견해가 요한복음의 경우에도 맞는다고 생각한다. "Summing Up and Concluding Observations," in Who Is This Son of Man? Latest Scholarship on a Puzzling Expression of the Historical Jesus, ed. Larry W.

특별히 요한은 그 인자가 인정받는 호칭이 아니었음을 분명히 한다 (9:35-37; 12:34). 그 인자가 엄숙한 자기지칭이라는 것을 알아차리지 않으면, 그 표현은 그 사화의 예수 청자들과 요한복음 독자들에게 수수께끼 같은 표현이 된다. 다니엘 7:13에 대한 인유는 요한복음에 오로지 한 번만 등장하고, 그 본문(5:27)에서 요한은 무관사 형태로 인자를 표현하는데(huios anthrōpou), 그 용법은 요한복음에 12회 나타나는 "그 인자"와 달리, 다니엘 7:13과 문자적으로 일치한다.

또한 1:51에서 요한이 "그 인자"를 야곱의 꿈에 나오는 사다리와 동일시했다는 결론을 확인해주는 다른 주장이 있다. "게제라 샤바" 외에도 유대 주석가들이 사용하는 방법 중에 게마트리아(gematria)가 있다. 히브리어 글자들은 수를 표시하므로 그 글자들을 수로 환산하여 더하면 그 단어의 수적 가치를 계산할 수 있다. 주석에서 게마트리아 사용을 허용하면, 주석가는 한 본문의 단어와 어구를 합산한 총수가 같은 다른 수나 어구로 바꿀 수 있는 것이다. 나는 일찍이 요한이 에스겔 47장을 주석할 때 이 기법을 사용하였고, 그 주석 기법이 요한복음 21장의 배후에 있다고 주장한 바 있다.[107] 같은 기법이 요한복음 1:51에도 사용되었다고 나는 제안한다. 히브리어 어구 "땅에 세워진 한 사다리"(sullām muṣṣāb 'arṣâ)는 창세기 28:12에 나오는데, 그 합산 총수는 558이다.[108] 이것은 아람어로 "그 인자"를 합산한 총수이기도 한데, 예수는 그 표현을 아람어로 썼을 것이다.[109] 이는 어떻게 요한

Hurdado and paul L. Owen, LNTS 390 (London: T&T Clark International, 2011), 159-77.

107) Bauckham, *Testimony*, 278-80.

108) ס=60 + ל=30 + ם=40 + מ=40 + צ=90 + ב=2 + א=1 + ר=200 + צ=90 + ה=5.

109) 이 계산이 맞으려면 אנשה בר라는 어구를 사용해야 하는데, 이 어구는 가능한 철자로서 관사가 있는 강조 형태다(이 당시에 아람어 단어가 א로 끝날 경우에 ה로

이 그 성경 본문을 예수의 죽음과 승귀에 대한 예언으로 해석했을지 가늠하게 한다.

예수에 대한 세례 요한의 증언이 예수의 죽음과 중요성을 가리키는 것처럼, 요한복음에서 예수 자신의 첫 "말씀"은 자신의 죽음과 승귀를 가리킨다. 이어지는 요한복음 이야기는 그 방향으로 거세게 휩쓸려 정점을 향하는데, 독자들은 그 말씀에 기초하여 예수의 다가올 죽음과 승귀에 관한 많은 모호한 말들을 이해하게 된다. 정점 이전에 벌어지는 일들은 모두 선행적으로 일어나야 하는 것들로서 다가오는 사건에 비추어 의미를 갖게 된다.

그러므로 1:51에서 나다나엘은 다른 제자들과 함께 그 조상 야곱이 보았던 환상과 견줄 만한 환상을 약속받는데, 그 환상은 이스라엘에 관한 상징이다. 실로 그 환상은 야곱의 꿈과 야곱과 하셨던 하나님의 약속들이 궁극적으로 성취되는 환상이다. 나다나엘이 볼 것은—물론 현재의 맥락 속에서 나다나엘은 예수가 의미하는 그 어떤 것도 제대로 이해하지 못하도록 설정되어 있으나—"십자가형을 당하고 승귀하는" 예수로서 자신의 메시아 사역을 완성하는 예수다. 그 환상이 이루어질 때 비로소 나다나엘과 다른 제자들은 예수가 어떤 의미에서 진정한 메시아인가를 알게 될 것이다. 그때가 되면 그들이 현재 이해하는 예수의 호칭들, 즉 메시아, 하나님의 아들, 이스라엘의 왕 등의 호칭들의 의미도 명확해질 것이다. 그때에 비로소 회복된 이스라엘이라는 말이 무슨 뜻인지도 분명해진다. 이스라엘의 회복에 관한 성경적 예언들의 성취는 예수의 죽음과 승귀를 통해서만 이루어지기 때문이다. 대표성을 갖는 나다나엘의 지위도 그제야 비로소 인정받게 된다. 이런

쓸 수 있었다). 따라서 ב=2 + ר=200 + א=1 + נ=50 + ש=300 + ה=5.

이유 때문에 나다나엘은 그 이전에 모습을 드러내지 않다가 21:2에 다시 등장하여 엄청난 물고기 잡이에 참여하는 것이리라.

요한복음 1:51의 예언은 요한복음의 다른 본문들에서 예수가 영광 받는다고 표현한 것인데, 그 사건에서 드러나는 예수의 영광은 "아버지의 독생자로서 받는 영광"으로서 서문(1:14)에서 잠깐 소개한 것이다. 뒤이어 예수의 첫 표적이 등장하는데, 가나에서 베푼 그 기적을 통하여 예수는 "자신의 영광을 드러내고, 그의 제자들은 그를 믿게 된다"(2:11). 예수의 다른 모든 표적들과 마찬가지로 가나에서의 이 기적은 그 자체로 1:51에서 예수가 한 약속에 대한 일종의 예비적 성취로서, 예수가 자신의 죽음과 승귀를 통하여 최고치로 드러낼 그 영광을 가리키고 있다는 의미에서 예비적 성취라고 할 수 있다.

요한의 이야기에서 1:51과 2:1-11의 관계는, 마가의 이야기에서 예수가 그 제자들에게 한 약속(9:1)과 그 직후에 나타나는 예수의 변형 사화(9:2-8)와의 관계와 매우 유사하다. 요한복음 1:51에서와 유사하게 마가복음 9:1에서 예수는 "진실로 내가 너희에게 이르노니"로 말씀을 시작하고,[110] 요한복음 1:51에서와 같이 마가복음도 그 제자들 중 일부가 "볼" 것이라고 약속한다. "진실로 내가 너희에게 이르노니 여기 선 이들 중에 하나님 나라가 권능으로 임하는 것을 볼 때까지 죽음을 맛보지 않을 자들도 있느니라"(NRSV에 대한 보컴의 수정을 따름).[111] 이것은 재림(parousia)에 대한 예언이지만, 마가복음에서 그

---

110) 공관복음에서 하나의 "아멘(진실로)"으로 시작하는 이 공식은 요한복음에서 언제나 두 개의 아멘으로 시작하는데, 이는 아마도 예수가 말씀하시는 진리와 진리이신 예수와의 연관성을 강조하기 위한 것이리라.

111) 이 말씀에 해당하는 마태의 본문은 제자들이 "인자를 볼" 것이라고 약속한다는 점에서 요 1:51과 유사한데, 요한이 마태복음을 알았을 것 같지는 않다.

사화가 놓인 위치를 보면, 마가는 자신의 독자들이 예수의 변형 사건을 장차 예수가 재림할 때 받을 영광을 미리 맛보는 예비적 성취로 이해하도록 의도한 것 같다. 유사하게 가나에서의 기적은 1:51에서 예언한 것에 대한 예비적 성취로서 미래적 영광을 미리 맛보게 하는 것이다. 이 사화에서 요한은 마가의 이야기 순서를 참고한 것 같다. 마가복음 14:62과 평행절들에 나타나는 대제사장에 대한 예수의 반응이 요한복음 1:51에 대한 공관복음의 평행절이라는 제안이 자주 있었다. 그러나 마가복음 14:62에서 예수는 제자들이 아니라 대제사장들에게 말하고 있다. 마가복음 9:1은 요한복음 1:51에 더 가까우나, 요한복음 1:51이 마가복음 9:1에 대한 평행절이 아닌 것은 분명하다. 요한복음 1:51은 전혀 다른 말씀으로서 창세기 28:12에 대한 해석이지만, 그 이야기 기능은 마가복음 9:1과 흡사한 것이다. 또 다른 차이점은 당연히 마가복음 9:1에서 진정한 성취가 재림 때 이루어지는 반면에, 요한복음 1:51에서 진정한 성취는 예수의 죽음과 승귀 때 이루어진다는 점이다. 그렇다고 요한이 재림에 대한 기대를 저버렸다거나 재림에 신학적 중요성을 부여하지 않는다는 뜻은 아니다(요 21:23에서 예수의 마지막 말씀은 "내가 오기까지"다). 다만 요한의 초점은 "십자가-부활-승귀" 사건에 집중되어 있으며, 그 이야기의 정점이 요한의 이야기 전체에 시종일관 드러나도록 요한복음이 구성되어 있다는 뜻이다.

표적들의 시작(2:1-11)

가나 혼인잔치 이야기를 여기서 완전하게 논할 수는 없으나, 그 표적의 중요성에 관하여 일반적으로 잘못 알려진 부분에 대하여는 수정할 필요가 있다. 그 이야기는 양식비평적 용어를 사용하자면 "선포 이야기" 형태인데, 공관복음의 선포 이야기들과 유사하게 이야기가 전개되다가 예수의 의미심장한 말씀으로 끝이 난다(예컨대 막 2:1-12; 3:31-35). 요한의 이 이야기는 전형적인 선포 이야기에서 약간 벗어나며, 마지막에 "선포"하는 이는 예수가 아니라 연회장이다(2:10). 이 이야기는 예수가 아직 공적 인물이 아니고 연회장을 포함한 대부분의 연회 참석자들은 기적이 일어난 사실을 알지 못했다는 맥락을 고수한다. 연회장이 신랑에게 했던 익살스러운 말은 요한복음에 일반적으로 나타나는 역설의 방식을 취한다. 연회장은 자신의 의도와는 달리 진실이 아닌 것을 말하지만(그 신랑이 마지막까지 가장 질 좋은 포도주를 보관해두었다는 것), 실제로 그 말은 더 숭고한 진실을 담고 있다. 그것은 "지금까지 그 좋은(즉 최고의) 포도주를 간직한" 분이 하나님이시라는 진실이다. 메시아적 성취의 때가 도래했으며, 하나님께서 그 백성에게 지금까지 주셨던 선물들과 비교할 수 없이 좋은 영생이라는 선물을 주신다는 것이다.

연회장의 말은 독자들에게 그 표적의 의미를 파악할 기회를 제공한다. 그 이야기의 강조점은 물이 포도주로 변한 데 있지 않다. 그 변함은 기적의 기제(mechanism)일 뿐이다. 강조점은 예수가 제공하는 포도주가 이미 주어진 포도주보다 탁월하다는 데 있다.[112] 이후의 이야기는 하나님께서 자기 백성의 필요를 채우신다는 "유대교" 내지는

---

112) 이런 견해는 류(Judith M. Lieu)의 견해와 다른 것으로서 류는 그 이야기에서 "죽음이나 결여가 풍요로움"과 대조된다고 본다. "The Mother of the Son in the Fourth Gospel," *JBL* 117 (1998): 61-77, 70-71. 물론 포도주가 떨어진 것이 기적의 계기가 되었으나, 그때까지 포도주는 풍부했었다. 연회장의 강조점은 포도주의 품질에 있다. 그러나 류는 "정결 예식"이 그 이야기가 전하려고 하는 것과 무슨 상관이 있다는 견해를 바르게 거부한다.

모세 전통(물과 대조되는 포도주)을 부당하게 희생시키지 않으면서도, 메시야 시대가 되면 이스라엘 역사상 그 어떤 것과도 비교할 수 없는 축복이 주어진다는, 메시아 시대에 관한 유대인들의 믿음을 자연스럽게 활용하고 있다. 그 내용의 골자는 유대인들이 기대한 메시아 시대가 예수와 더불어 동튼다는 것이다.

가나 혼인잔치 이야기에 대한 오해는 상징주의를 엉뚱한 곳에 적용할 때 발생한다. 요한의 이야기가 상징으로 가득하다고 여기는 학자들은 "유대인의 결례에 따라 두 세 통 드는 돌 항아리 여섯"(2:6)에 있던 물을 포도주로 바꾼 일을, 예수가 외형적 의식들(물)만 강조하는 종교를 전혀 다른 차원의 것(포도주)으로 바꾸었다고 해석한다. 그러나 요한복음의 다른 기적 이야기들과 비교해 보면(표 3.3을 보라), 2:6도 요한의 이야기에 표준적으로 등장하는 요소들을 동원한 예에 불과함을 알 수 있다. 항아리의 중요성은 그 수와 양에 있는데, 그것은 자연스럽게 예수가 필요한 양 이상으로 분에 넘치게 풍성한 양의 포도주(약 120갤런)를 만들게 하는 계기가 된다. 이처럼 행동의 놀라운 속성을 강조하는 일은 다소 차이가 있을지언정 요한복음의 표적 사화들에 공통적으로 나타나는 특징으로서, 메시아 시대에는 하나님께서 분에 넘치도록 풍성하게 공급하신다는 주제를 담고 있다(참조. 10:10). 그 항아리들이 "유대인의 결례에 따른" 것이라는 말은 왜 그곳에 그렇게 큰 항아리들이 있었는지를 실감나게 설명하는 계기를 마련한다. 유사하게 다른 곳에서도 요한은 사실성 확보를 위한 정보를 주는데, "신 포도주로 가득 찬 항아리 하나가 거기 놓여 있었다"는 본문에서다 (19:29a). 이 말은 어떤 사람이 예수에게 신 포도주를 줄 수 있었던 정황을 생생하게 설명한다. 이런 정보 자체는 사실적 정황을 설정하는 기능 외에 다른 상징적 의미를 함축하지 않는다. 유사하게 "유대인의 결례에 따라" 항아리들이 있었다는 말은 어떻게 예수가 그토록 쉽게 많은 물을 구해다가 포도주를 만들었는지 사실적으로 설명하는 기능을 할 뿐이다. (사실성 확보를 위해 정황을 설명하는 다른 사례들은 다음 본문들에서도 볼 수 있다. 1:44; 3:23; 4:8, 9b; 13:29; 18:2; 19:23b.)

유대교 전통에서 혼인식과 포도주는 메시아 시대의 축복과 기쁨을 나타내는 전형적인 상징이라고 주석가들은 바르게 지적한다. 나는 특히 이사야 25:6-8a에 주목하고자 한다.

> 만군의 여호와께서 이 산에서 만민을 위하여 기름진 것과 오래 저장하였던 포도주로 연회를 베푸시리니 곧 골수가 가득한 기름진 것과 오래 저장하였던 맑은 포도주로 하실 것이며 또 이 산에서 모든 민족의 얼굴을 가린 가리개와 열방 위에 덮인 덮개를 제하시며 사망을 영원히 멸하실 것이라.[113]

여기서 가장 좋은 포도주의 공급은 사망을 멸하는 것과 연관이 있다. 이 본문은 예수의 첫째 표적인 가나의 기적을 예수가 죽음에서 일어나 부활하는 일곱 번째 표적과 연결시키는 성경적 근거다.

두 사건은 요한복음의 중요한 두 주간을 평행시키는 여러 요소들 중 하나로서 각각 첫 주간 마지막과 수난 주간 마지막에 있었던 사건들이다. 그런 정황을 가나 기적 사화는 "사흘 되던 날에"(2:1)라는 말로 암시한다. 요한복음은 그 공식을 예수가 부활한 날에 적용하지는 않았으나(참조. 2:20의 "사흘 동안에"), 그 공식을 예수가 부활한 날에도

---

113) 이 본문은 70인역과 매우 다르다. 주목할 것은 사 25:8에서 이어지는 눈물을 씻어 준다는 내용이 계 7:17과 21:4에서 새 창조에 대한 언급과 함께 인용된다는 것이다.

적용할 수 있다는 것은 다른 신약성경 본문들(특히 고전 15:4; 참조. 마 16:21; 17:23; 20:19; 눅 9:22; 18:33; 24:7, 46)이 입증하는 바와 같이 당시 그리스도인들 사이에 널리 알려졌을 것이므로, 요한의 독자들 역시 그 공식을 접하는 순간에 예수의 부활을 떠올렸으리라.

또한 2:11과 20:30-31 사이에도 중요한 평행이 있다.

예수께서 표적들 가운데 이 처음을 행하셨으니(*tautēn epoiēsen archēn*), 갈릴리 가나에서였고, 그 영광을 나타내시매 제자들이 그를 믿었다(2:11, 보컴의 번역을 따름).

예수께서 제자들 앞에서 다른 많은 표적들을 행하셨으나 이 책에 기록하지 않았다. 오로지 이것들을 기록함은 예수가 메시아이자 하나님의 아들이심을 너희로 믿게 하려 함이요, 너희로 믿고 그 이름을 통하여 생명을 얻게 하려 함이라(20:30-31, NRSV에 대한 보컴의 수정을 따름).

예수가 도마에게 나타나는 장면 직후에 나오는 두 번째 본문은 예수의 부활이 마지막 표적임을 전제하는 것 같다. 그렇다면 이 본문은 2:11에서 "시작"한 일련의 표적들 중 마지막 표적을 다루고 있는 것이다. 이 본문은 가나 사화처럼 제자들을 언급하고, "우리가 그의 영광을 보았다"(1:14)는 서문의 주장을 상기시킨다. 서문에서 "우리"의 정체는 예수가 표적을 행하는 현장에 있던 이들로서 예수가 영광을 드러내 자신을 믿게 한 바로 그 제자들이다. 요한복음에 소개된 일련의 표적들은[114] 요한이 선택할 수 있었던 그 많은 표적 자료들 가운데 엄선

---

114) 첫 표적 이후에 오로지 두 번째 표적만이 그것이 몇 번째 표적인가를 알려준다는

한 것들로서, 그 제자들처럼 요한복음 독자들도 그것들을 통해 예수를 믿게 하기 위하여 엄선한 것들이다.

"표적들 가운데 처음"이라는 말은 15:27을 읽을 때도 상기된다. "너희도 처음부터(ap' archēs) 나와 함께 있었으므로 너희도 증언한다." 가나의 기적은 제자들이 증언할 수 있었던 사건들 중 첫 사건이며, 예수가 처음으로 자기 영광을 드러낸 사건이다.

마지막으로 주목할 것은 예수가 공적 사역을 시작하기 전에 첫 기적을 행했다는 것이다. 그 제자들 외에 다른 이들은 대부분 그 기적이 있었다는 사실조차 알지 못했다. 첫 기적이 있은 지 얼마 되지 않아 예수는 예루살렘으로 올라가 이스라엘의 심장부인 예루살렘과 성전에서 이스라엘에 대한 공적 사역을 시작한다(2:13-24). 이후로 예수는 공개적으로 표적을 행하기 시작했고, 그로 인해 "많은 사람들은 그가 행하는 표적을 보고 그 이름을 믿게 되었다"(2:23). 이후에 나사로를 일으키기까지 요한이 서술한 표적들 가운데 어떤 것도 "그 제자들이 보는 데서"만 행한 것은 없다(20:30). 그러나 표적들의 정점인 일곱 번째 표적, 곧 예수의 부활 사건은 첫 표적의 경우처럼 제자들만 지켜보는 가운데서 이루어졌다. 예수의 공적 사역은 2:13부터 12:50까지인 것이다. 제자들의 증거는 그 공적 사역 기간과 그 전후의 기간까지를 포함한 것이다. 첫 표적은 공적 사역 전에, 일곱 번째 표적은 공적 사역 후에 있었다.

사실은(4:54) "표적 자료"가 존재한다는 근거가 되지 못한다. 그것은 독자들이 표적을 세어볼 수 있도록 하는 것만으로 충분하다. 두 번째 이후부터 독자들은 스스로 표적을 세면 된다.

결론

요한복음의 첫 주간 이야기(1:19-2:11)는 다음 사례들과 같이 처음 것들로 가득하다.

예수에 대한 첫 증인인 세례 요한

예수의 첫 제자들

요한복음의 주요 기독론적 호칭이 처음 나타남

예수의 기원에 관한 첫 질문

역설의 첫 사례

예수의 첫 말씀들

"진실로 진실로 내가 너희에게 이르노니"가 나오는 첫 말씀

"인자"가 나오는 첫 말씀

예수의 죽음과 승귀에 관한 첫 예언들

표적들 중 첫 표적

예수의 영광에 관한 첫 계시

예수의 "때"에 관한 첫 언급

성령에 관한 첫 언급

예수 어머니의 첫 등장

그렇다고 첫 주간 이야기가 처음만을 위한 것은 아니다. 저자는 그 속에 문자 이상의 의미들을 여러 다양한 방식으로 심어 두었기 때문에 첫 주간 이야기의 처음은 끝을 예견하고 또 끝과 잇닿아 있다.

8장

요한복음의 예수와
공관복음의 예수

GOSPEL OF GLORY

네 편의 복음서들과 "진짜" 예수

서로 다른 네 편의 복음서가 "진짜 예수"를 어떻게 말하고 있는가?[1] 복음서들을 함께 읽기 시작할 무렵부터 그 수가 여럿이라는 사실이 실제로 문제가 되었던 것 같다. 그것이 문제가 된 것은 일찍이 2세기 초엽이었고, 히에라폴리스의 파피아스가 반응을 보이자 2세기 말엽에는 문제로 인식되었다. 그 해법들 가운데 근현대까지 인기를 누린 한 가지 방법은 2세기에 기원한 것으로서 합본 복음서(Gospel harmony)를 만드는 것이었다. 타티아노스의 디아테사론은 네 복음서들을 직조하여 하나의 이야기로 연결했다. 신약성경이 형성될 무렵에 디아테사론이 다른 복음서들을 대체하지 못했다는 사실은, 누가복음이라는 하나의 복음서만을 정경화하려 했던 마르키온의 시도가 교회의 정경화 과정에서 채택되지 않았던 사실에 견줄 만하다. 사도성의 범주—정경을 하나의 사도의 증언으로 축소시키려 한 마르키온의 시도를 배격하고 가짜 사도성을 주장하며 급부상한 영지주의 복음서들을 배격하기 위하여 적용한 기준—는 정경이 사도 시대부터 신뢰할 만한 다양한 증언들로 구성된 것임을 보증한다. 복음서를 네 편으로 정한 것은 사도적 증언에 따른 결과이므로, 이 네 편 외에 이차적으로 편집된 다른 복음은 비록 네 복음서의 내용 모두를 포함한다 할지라도 네 편의

---

1) 내가 여기서 사용하는 말은 다음에 따른 것이다. Luke Timothy Johnson, *The Real Jesus: The Misguided Quest for the Historical Jesus and the Truth of the Traditional Gospels* (San Francisco: Harper-SanFrancisco, 1996).

복음서를 절대로 대체할 수 없다. 그러나 복음서들의 다양성이 유익하게 보이기보다는 문제처럼 보이기도 한 것 같다. 타티아노스의 해법을 뒤따른 사람들이 많았으며, 특히 근대 초기에 많았는데, 비록 타티아노스의 합본 복음서(harmonies)가 정경 복음서들을 대체할 만한 권위를 확보하지 못하였더라도, 그것을 사용한 사람들에게는 사실상 복음서들을 대체하는 기능을 했던 것 같다. 이런 문제들이 가장 극명하게 드러난 까닭은 공관복음과 요한복음의 차이점들 때문인 것 같다. 복음서들에 그려진 예수의 모습의 다양성이 더 큰 문제로 발전하여 주요 논제로 부상한 것은 19세기였는데, 당시 자유주의 학자들은 반교리적 입장에서 복음서들 중 요한복음에 그려진 예수상이 가장 믿을 수 없는 것이라고 폄하했다. 19세기 자유주의자들로부터 캐제만(Ernst Käsemann)과 예수 세미나(The Jesus Seminar)에 이르기까지 요한복음은 진짜 예수와 동떨어진, 이질적인 예수 해석을 담은 역사적 허구(fiction)로 인식되었다. 20세기 후반기에는 복음서 연구가 발전하여 복음서들마다 다른 예수상이 부각되었고, 신약성경 신학의 일관성보다 다양성을 강조하는 연구 결과들이 연달아 나왔다. 연구가 진전될수록 복음서마다 특이한 독특성이 더 강조되었으나, 공관복음과 요한복음 사이에 놓인 어마어마한 크기의 구렁은 여전했다. 요한복음을 긍정적으로 평가하는 학자들조차 그런 경향을 당연시했다.

"조화시키기"—한 때는 바람직하거나 필연적으로 여기기까지 했던—는 교리적 보수주의 내지 근본주의 성향을 나타내므로 비평학계에서는 피해야 할 작업으로 여겨졌다. 최근 신약학계는 신약성경의 신학적 다양성을 과장한 나머지 차이점에 불과한 것을 양립 불가능한 것으로 보거나, 심지어 서로 논박하기 위해 반대 입장에 있는 것들로 보는 경향이 강하다. 그 결과 복음서들은 서로 경쟁 관계에 있는 공동체들이나 이해집단들이 상대방과 다른 자신들의 정체성에 더 큰 가치를 부여하기 위하여 서로 다른 이야기들을 경쟁적으로 펼쳐 보이는 선전 도구로 비쳐지게 되었다. 게다가 최근 학계는 과도한 전문화를 지향함으로써(예컨대 요한복음 연구들은 공관복음 연구들을, 공관복음 연구들은 요한복음 연구들을 철저히 무시하며 진행하곤 한다), 통일성과 다양성을 적절하게 배합한 경쟁력 있는 비교 연구를 가로막고 지연시키는 경향이 있다. 조화를 이루지 못하는 다양성은 적절한 증거에 바탕을 둔 연구 결과가 아니라, 언제나 과도하게 주장된 비평적 공리에 불과했다.

그럼에도 최근에는 다양성에 대한 학문적 강조가 너무 지나쳐서 타티아노스처럼 조화를 탐색하는 일에 만족할 사람은 거의 없을 것이다. 네 복음서를 합하여 하나로 만들면 각 복음서가 독특하게 그려내는 예수상의 존엄성을 해치게 된다. 조화를 찾는 일에 급급하면 다양성이 있다는 사실조차 간과하고 만다. 그러므로 당면한 문제는 이렇다. 네 복음서들은 어떻게 저마다 고유한 특성을 유지하면서 "진짜 예수"를 그려내고 있는가? 이 질문을 대체할 만한 것은 어떤 형태든 역사적 예수에 대한 물음일 것이다. 곧 네 편의 (혹은 그 이상의) 복음서가 전하는 예수 이야기 배후에 있는 역사적 사실들 속에서 진짜 예수를 찾겠다는 시도다. 이것은 대체로 각 복음서를 독특하게 만드는 것이 무엇이든 (대개는 그것과 함께 다른 많은 것도) 그것을 벗겨내야 함을 뜻한다. 그런 과정은 불가피하게 타티아노스의 경우처럼 네 복음서들의 내용을 줄이거나 대체할 수밖에 없는 상황을 초래한다. 조화를 향한 시도가 다양한 복음서를 인위적인 조합본으로 대체하게 되면 역사적 탐구는 다양한 복음서를 역사적 재구성으로 대체한다. 이런 재구성이 어떤 신학적 이해관계에서 출발하게 되면 그런 예수 해석은 복음서 자체의 예수상과 평행하거나 경쟁하게 될 것이다. (이것은 모든 역사적 재구성을 불허하자는 뜻이 아니다. 복음서들이 어떤 식으로든 일종의 역사기록[historiography]이라는 사실은 복음서들에 대한 역사적 연구를 정당화한다. 그러나 복음서들이 갖는 정경으로서의 기능은 역사 자료 기능만으로 축소할 수는 없는 것이다.)

　"진짜 예수"에 대한 역사적 재구성이 더 순수하게 역사적일수록 더욱더 분명해지는 것은, 역사적 연구 결과로 드러난 예수는 어떤 특정 복음서가 그리는 예수보다 덜할 수밖에 없다는 것이다. 그러나 만일 "진짜 예수"가 복음서들이 우리를 위하여 또 우리가 알 수 있도록 매우 다양하면서도 공통적인 방식으로 묘사한 분이라면, 진짜 예수는 어떤 복음서가 그리는 예수보다 더할 수밖에 없다. 복음서들이 여럿이라는 사실의 주요 기능은 우리로 하여금 언제나 그 사실을 인지하도록 하는 것이다. 만일 네 편의 복음서가 각각 타당하게 예수를 그리고 있다면, 어떤 복음서도 한 편만으로는 완전하지 않으며, 각 복음서의 관점은 여러 관점들 중 하나일 뿐이라는 사실을 피할 수 없을 것이다. "진짜 예수"는 텍스트들 안이 아니라 텍스트들을 초월하여 존재한다. 텍스트들은 다양한 관점들로 예수를 가리키지만, 텍스트들이 예수를 통째로 가두어둘 수는 없다. 어떤 인격도 그에 대한 문학적 묘사에 국한될 수 없는 법이다. 인격이란 그에 대한 상호보완적 묘사가 아무리 많더라도 문학적 묘사를 교묘히 초월하고 탈출하기 마련이다. 이런 이치는 예수의 경우에도 예외가 아니며, 비록 복음서가 하나만 있었더라도 예수는 그 복음에 갇힐 수 없었으리라. 그러나 복음서들은 여럿이고, 독자들은 그 사실에 주목해야 한다. 그 텍스트들은 서로 일치하지 않는 네 편의 그림을 우리에게 보여주면서 우리더러 예수를 찾으라고 하는데, 네 그림 모두 믿을 만하지만 모든 것을 망라하지는 않는 방식으로 예수를 묘사하고 있으며, 거기서 예수를 찾아보라고 하는 것이다. 우리는 네 편의 복음서 모두가 가리키는 "진짜 예수"를 찾되, 어떤 특정 텍스트에 갇힌 문학적 등장인물에 만족하지 않고 그 것을 초월하는 살아 계신 예수를 찾아야 한다.

정경 관계성으로 복음서 읽기

예수에 대한 네 편의 서로 다른 묘사들이 양립 불가능한 것이 아니라 상호보완적이라는 것은 원리적으로 완전히 가능한 일이다. 그러나 정 말로 네 복음서의 특성과 내용은 상호보완적일까? 이 논제에 관하여 나는 몇 가지 접근 방법을 제안하고 요한복음과 공관복음 사이의 차 이점들에 주목하고자 하는데, 그 까닭은 네 편의 복음서들 가운데 요 한복음이 의심할 여지없이 가장 독특할 뿐 아니라, 공관복음끼리 비 교할 때 발생하지 않는 문제들이 공관복음과 요한복음을 비교할 때는 발생하기 때문이다.[2]

1. 요한복음의 노골적인 미완성성

요한이 자신의 복음서에 기록으로 담지 않고 단지 (독자들이 이미 알고 있는 것으로) 전제하는 예수 전승 자료의 범위가 어느 정도인지에 관해

---

2) 요한복음에 대한 정경적 읽기들을 위해서는 다음을 보라: D. Moody Smith, *Johannine Christianity: Essays on Its Setting, Sources, and Theology* (Edinburgh: T&T Clark, 1984), chap. 8; Smith, *The Fourth Gospel in Four Dimensions: Judaism and Jesus, the Gospels and Scripture* (Columbia: University of South Carolina Press, 2008), cahps. 15-16.

서는 거의 논의되지 않았다. 요한복음 저자가 하나 이상의 공관복음을 어느 정도 보완하려고 의도했는지 결정하는 일은 이 책의 논의 범위를 벗어나지만, 요한은 자신의 독자들이 마가복음을 안다고 전제했을 가능성이 상당히 높은 것 같다.[3] 주목할 것은 네 편의 정경 복음서들 가운데 공관복음이 다루는 부분들에 대하여는 요한복음이 노골적으로 미완성 상태로 남겨두는 경향이 있다는 것이다. 근현대 요한(신학) 학자들 대부분이 상정하는 바와는 반대로, 요한복음은 그 자체로서 예수 전승들에 관한 유일하고도 충분한 해석 내지 저장소라고 스스로를 내세우지 않는다. 요한복음의 마지막 절(21:25)은 예수 행적 자료들이 반드시 그만큼 실제로 존재했다는 뜻은 아닐 수도 있기 때문에 그것에 호소하여 예수 사역에 대한 다른 엄청난 양의 기록들이 요한에게 있었기를 바랄 수는 없는 일이다. 요한복음은 노골적인 미완성성(incompleteness)과 상보성(complementarity)을 암시하는 특징이 있다.

A. 다른 표적들: 예수께서 요한복음에 기록한 것보다 더 많은 기적들을 행하셨다는 것은 명시적으로 주장된 것이다(2:23: 3:2: 4:45: 20:30). 요한이 서술하는 적은 수의 기적들(물 위를 걸음과 기적적인 어획을 포함하여 여덟 가지인데, 요한복음은 다른 여섯 기적들과는 달리 그 두 기적은 "표적들"이라고 명시하지 않는다)은 공관복음에 기록된 수많은 기적들과 대조적이다. 그것들은 전승들을 통해 알려진 것들 중에서 신중하게 선택한 것들이리라. 요한복음의 기적들은 종류 면에서도(엄청난 양의 포도주, 원격 치료와 죽음 직후의 치료, 38년 된 만성 중풍병, 태생적 소경, 5천 명을

---

3) Richard Bauckham, "John for Readers of Mark," in *The Gospels for All Christians: Rethinking the Gospel Audiences*, ed. Richard Bauckham (Grand Rapids: Eerdmans; Edinburgh: T&T Clark, 1997), 147-71.

먹인 음식, 죽은 지 사흘이나 지남), 다양한 의미의 상징성이라는 면에서
도(포도주, 안식일에 치료, 소경됨과 시력, 빵, 죽은 이들을 위한 생명[표 3.3을
보라]) 복음서들 가운데 가장 인상적이다. 또한 요한복음의 기적들은
대표성을 띤다. 축귀를 제외한[4] 대부분의 공관복음 기적들은 그 종류
별로 요한복음의 하나 또는 그 이상의 "표적들"로 쉽게 구분될 수 있
다. 요한은 표적들을 엄선하여 각 표적을 대부분의 공관복음 기적 이
야기들보다 길게 서술할 뿐 아니라, 표적 사화에 이어지는 담론들과
대화들 속에서 표적들의 의미를 심층적으로 논의하고 설명하는 여유
를 마련하는데, 이는 독자들이 알고 있는 다른 기적 이야기들을 의도
적으로 배제한 결과라기보다는 요한의 표적들은 공관복음의 기적들
을 대표하는 방식으로 기술되었기 때문이리라. 요한복음에서 요한의
방식을 따라 예수의 기적들을 이해한 독자라면, 다른 기적 사화들을
요한의 방식대로 읽는 일이 어렵지 않을 것이다.

B. 무리를 가르침: 공관복음(특히 마태복음과 누가복음)의 예수와 달리 요
한의 예수는 선생이 아니라는 사실은 가끔 언급된다. 예수는 고별 담

---

4) 요한복음에 축귀 사화가 없는 타당한 이유들 중 하나는 아마도 모든 표적들이
육체적 차원에서 벌어지고 영적 차원의 구원을 상징하는 사건들이라고 이해되
기 때문이리라. 축귀는 이런 양식에 잘 맞지 않을 것이다. 요한은 축귀 언어를 유
보한 채 예수가 죽음과 승귀 때 최종적으로 마귀를 물리치고 승리하도록 한다
(12:31; 14:30; 16:11). 다음을 보라: Ronald A. Piper, "Satan, Demons and the
Absence of Exorcisms in the Fourth Gospel," in *Christology, Controversy,
and Community: New Testament Essays in Honour of David R. Catchpole*,
ed. David G. Horrell and Christopher M. Tuckett, NovTSup 99 (Leiden:
Brill, 2000), 253-78; Graham H. Twelftree, "Exorcisms in the Fourth Gospel
and the Synoptics," in *Jesus in Johannine Tradition*, ed. Robert T. Fortna
and Tom Thatcher (Louisville: Westminster John Knox, 2001), 135-43; Tom
Thatcher, *Greater than Caesar: Christology and Empire in the Fourth Gospel*
(Minneapolis: Fortress, 2009), 116-22.

론에서 오랜 시간을 할애하여 그 제자들을 가르치지만, 공적 사역을 기술하는 장들에서 예수의 말씀들은 교육적이기보다는 대개 논쟁적이다. 예수는 곧잘 유대 권력자들이나 무리들과 논쟁하고,[5] 드물게 그의 사역이나 정체성에 관한 질문이나 비판에 대응하기보다는 자신이 대화를 주도하며 논쟁한다(예. 7:37-38; 8:12; 10:1-18).[6] 공관복음에서 예수가 무리나 제자들을 가르치는 방식은 요한복음과 거리가 있다. 그러나 요한복음에서 예수는 "랍비"(그 의미가 "선생"이라고 요한이 설명하는[1:38]) 또는 "선생"(1:38; 3:2; 6:25; 9:2; 11:28; 20:16)이라 불리고, 성전이나 회당들에서 대중을 가르치므로(7:14; 18:19-21), 요한복음은 선생으로서의 예수의 신분을 전제한다고 볼 수 있다. 7:14에서 예수가 가르침을 베풀자 유대 권력자들은 놀라고(7:15), 예수는 그것이 하나님께로부터 온 가르침이라고 변론하는데, 그 가르침의 내용이 요한복음에서 예수가 관여했다는 담론들과 대화들 자체의 내용과 일치할 것 같지는 않다. 그 담론들과 대화들은 예수가 실제로 가르친 내용이기보다는 예수 사역의 단면을 함축한 기독론의 집약으로서, 요한이 요한복음의 목적에 따라 독자의 이목을 집중시켜 설명하고자 선별한 것이다(20:31). 이런 요한의 의도는 다른 복음서들을 거부하거나 폄하하려는 뜻이 아니라, 다른 다양한 목적들에 따라 예수 가르침의 전승들을 설명하는 복음서들이 요한복음과 공존할 수 있는 공간을 마련하기 위한 배려이리라.

C. **갈릴리 사역**: 요한복음과 공관복음 사이에 가장 두드러진 차이점들

---

5) 6:32-58의 "담론"은 성경 본문을 해석하는 설교의 특성들을 가지고 있으나, 반박하는 대화의 형태를 취하는 편이다. 예수께서 설명하시는 주요 본문을 제안하는 이들은 무리다(6:31).

6) 이 말은 9:40에 등장하는 바리새인들에게 한 것 같다.

중 하나는 요한복음에서 예수의 공적 사역 대부분이 예루살렘에 배치되고, 갈릴리에 배치되는 경우는 상대적으로 적다는 것이다(4:43-54; 6:1-7:1).[7] 그러나 요한 자신의 연대기(6:4과 7:2을 보라)가 알려주는 바에 따르면, "이 일 후에 예수께서 갈릴리에서 다니시고"(7:1a)라는 다소 모호한 말이 함축하는 기간은 약 6개월 정도다.[8] 이 기간은 7:2부터 요한복음 끝부분까지 서술된 모든 사건들이 벌어진 기간에 해당한다. 요한의 이야기는 독자들이 다른 자료들을 통해 알고 있는 예수의 갈릴리 사역에 관한 풍부한 전승들을 대체하지 않으며, 오히려 그 사건들이 벌어진 정확한 장소가 어디인지를 알려주는 것이다. (요한 자신이 예루살렘에 집중하는 까닭은 의심할 여지없이 부분적으로는 예루살렘에서 예수가 유대 권력자들과 벌인 논쟁 및 그들과의 고조된 갈등에 집중하기 위함이다.) 역으로, 자주 언급하듯이, 마태와 누가는 예수의 예루살렘 방문을 한 번만 기록하고 있으면서도 그에 앞서 여러 번 방문했을 가능성을 암시한다(마 23:37; 눅 13:34).

D. 요한의 다른 생략들: 공관복음이 매우 중요하게 다루는 예수 전승들 가운데 요한복음에 나오지 않는 사건들이 있는데, 그중에 적어도 세 가지 사건은 요한복음에 우연히 나오지 않게 된 것이 아니라 나오지 않아서 더 의미심장한 것들이다. 무엇보다 예수의 세례는 요한복음이 직접 기술하지는 않으나, 세례 요한이 본 것을 언급함으로써 요한의 이야기가 시작되기 이전에 있었던 사건으로 전제된다(1:32). 둘째, 요한복음 6:67에 처음 등장하는 그 열둘에 대하여 요한은 그들을 예수가 열두 제자단으로 지명했다는 설명을 전혀 하지 않는다. 셋째, 예수

---

7) 요 2:1-12은 공적 사역이 시작하기 이전에 놓여 있다.
8) 의심할 여지없이 갈릴리에서 사역한 얼마 동안의 기간은 4:54과 5:1 사이에 있으나, 그것이 정확이 얼마 동안이었는지는 알 수 없다.

가 가야바 앞에서 재판 받는 장면이 요한의 이야기에는 나오지 않는데, 가야바에게 보내진 이후와 가야바에게서 빌라도에게 이송된 이후에(18:24, 28) 예수에게 무슨 일이 있었는지 요한은 한마디도 설명하지 않는다.

E. 윤리적 가르침: 14:15과 15:10에서 예수는 제자들이 지켜야 할 그의 "계명들"(복수)을 말한다. 고별 담론의 다른 곳에서(13:34; 15:12; 참조. 15:17) 예수가 그 제자들에게 준 "새 계명"(단수)은 그가 그들을 사랑한 것 같이 그들도 서로 사랑하라는 것이다. 복수의 "계명들"이 무엇을 뜻하는지는 불분명하다. 요한복음에서 예수가 서로 사랑하라는 "새" 계명과 더불어 제자들에게 준 유일한 계명은 서로의 발을 씻어주라는 것인데(13:14-15), 그것은 예수가 그들을 사랑한 것처럼 그들 역시 서로 사랑하라는 말이 무슨 뜻인지 그 실례를 보여준 것이리라. 그러나 다른 복음서들이나 복음 전승들을 알고 있는 요한의 독자들은 예수의 계명들(14:15; 15:10)을 읽을 때 틀림없이 마태의 산상수훈이나 누가의 평지수훈 같은 예수의 윤리적 가르침을 떠올렸을 것이다. 그런 가르침을 통틀어서 요한의 예수는 자신이 그 소유를 사랑한 것 같이 그들도 서로 사랑하라는 한 계명으로 요약했으니, 그것은 공관복음의 예수가 이웃을 자신처럼 사랑하라고 명령한 것과도 같다. 요한이 요약한 "새 계명"은 예수의 윤리적 가르침에 대한 특별한—기독론적이고 교회론적인—해석을 제공하면서도 공관복음의 유사한 말씀들을 무용한 것으로 만들지 않는다. 요한의 지시문은 "계명들"을 언급하는데(14:15; 15:10), 그 말 속에는 요한이 기록하지 않은 예수의 말씀들도 포함되어 있으리라. (단언컨대 계명들에 대한 요한복음의 언급들은 공관복음의 예수가 요구하는 우주적 사랑과 요한복음의 예수가 요구하는 공동체 사랑 사이의 대립을 조장하지 않는다.)

2. 요한복음이 엄선한 주제들에 대한 설명

전술했듯이 요한복음은 공관복음에 비하여 예수의 사역을 설명하는 사건들을 극히 선별한다. 요한복음에서 예수가 가르친 주제들에 대해서도 같은 말을 할 수 있다. 요한의 예수가 말하는 내용이 공관복음의 예수가 말하는 내용과 완전히 다르지 않은 것만은 분명하다. 요한복음은 공관복음이 짧게 설명하거나 충분히 발전시키지 않은 특정 주제들을 선택하여 충분히 설명하기도 한다. 기독론적 의미를 함축한 주제들이 특히 그러하지만 다음의 주제들도 마찬가지다.

A. 기도: 공관복음의 "구하라, 그러면 얻을 것이요"(마 7:7a; 눅 11:9a)라는 말씀은 요한복음에서 기도에 대한 예수의 가르침으로 해석된다(14:13-14; 15:7, 16; 16:23-24).

B. 보혜사: 요한복음에서 보혜사에 관한 말씀들은(14:16-17, 25; 15:26-27; 16:7-14) 공관복음에서 예수가 한 약속을 박해의 맥락(15:18-16:14)에서 발전시킨 것으로, 제자들이 박해받고 재판을 받기 위해 끌려가면 성령께서 그들로 증거가 되게 하신다는 내용이다(마 10:17-20; 막 13:9-11; 눅 21:12-15).[9] 후반부는 공관복음의 예수가 자신의 부활 이후에 성령께서 제자들과 함께 할 역할에 관하여 사역 기간 중에 한 말씀이다. 이 공관복음의 가르침은 법정의 맥락에서 등장하는데, "보혜사"라는 말 자체가 법정의 맥락을 반영하는 것은 분명하므로, 요한복음의 보혜사 본문들과 공관복음의 관련 본문들을 상호텍스트적으로 읽으면 성령을 가리키는 보혜사라는 용어가 요한복음 14-16장에 국한

---

9) Gary M. Burge, *The Anointed Community: The Holy Spirit in the Johannine Tradition* (Grand Rapids: Eerdmans, 1987), 205-8.

되는 이유를 이해할 수 있게 된다.

C. 영생: "하나님 나라"가 공관복음에서는 예수가 전한 소식의 중심 주제로서 두드러지는 반면에 요한복음에는 거의 나오지 않는 점(3:3과 5절에만 나옴)이 자주 지적되는데, 이는 요한복음에서 "영생"이나 "생명"이 공관복음의 하나님 나라를 대체하는 개념이기 때문이라고 설명할 수 있다. 이 사실은 니고데모와 예수가 주고받은 대화의 앞부분을 보면 알 수 있다. "위로부터 태어나지 않은 자는 그 누구도 하나님 나라를 볼 수 없다"는 말씀을 기점으로(3:3; 5절은 3절의 변주) 요한의 예수는 "하나님 나라"에서 "영생"으로의 전환을 시도한다(3:15-16). 그 나라로 들어가려면 위로부터 또는 성령으로 태어나야 하지만, 태어나는 목적과 결과는 생명이다. 따라서 그 나라―적어도 요한이 특별히 주목하는 그 나라의 단면―를 보는 것 자체가 영생이다. 요한복음은 이를 3장 앞부분에 명시함으로써 이후부터 "하나님 나라"라는 주제가 예수가 주는 "생명"이나 "영생"이라는 측면에서 전개될 것임을 독자들에게 예고한다. 이런 용어 전환의 사례가 공관복음 전승들 자체 안에 없는 것은 아니다. 예컨대 마가복음 9:43-48에서 "생명으로 들어가는"(막 9:43, 45)이라는 말이 "하나님 나라에 들어가는"(47절)이라는 말과 나란히 쓰였다. 다시 말해 요한복음은 하나님 나라라는 주제를 선택하여 발전시키고 있는 것이다. 따라서 요한복음에서 예수가 행하는 모든 기적들은 예수가 줄 영생을 가리키는 다른 방식들이며, 이는 공관복음의 기적들이 예수를 통해 다가오는 하나님 나라를 가리키는 것에 상응한다. 그러므로 자주 주장되는 바와는 달리, 다가올 하나님 나라를 위한 기적들을 다루는 공관복음의 의미가 기독론적인 기적들을 다루는 요한복음의 의미와 대립한다고는 볼 수 없다. 공관복음의 기적들이 예수 자신이 누구인가를 묻기 시작했다면(마 11:3-6; 막 2:6-10;

4:41), 요한복음은 그것을 더 선명하게 부각시키고 있을 뿐이다. 공관복음과 요한복음의 진정한 차이는, 공관복음에서 기적들이 하나님 나라와 그 나라를 여는 예수에 관한 것이라면, 요한복음에서 기적들은 영생과 영생을 주는 예수에 관한 것이라는 점이다.

D. **기독론 용어들과 호칭들:** 자주 주목받듯이 요한복음의 예수는 공관복음의 예수보다 자신에 대하여 더 많은 이야기를 한다. 그런데 요한의 예수가 사용하는 용어들과 호칭들이 공관복음의 예수가 사용하는 것들과 매우 밀접한 연관이 있다는 사실은 덜 주목받아왔다. 공관복음의 예수처럼 요한복음의 예수도 결코 자신을 "메시아"라고 부르지 않고(유일한 예외는 17:3인데, 이는 공관복음의 다음 예외들과 비교된다. 마 23:10; 막 9:41), 다른 사람들이나 해설자(narrator)들만 예수를 그렇게 부르는데, 이는 공관복음도 마찬가지다. 공관복음의 예수처럼 요한복음의 예수는 "인자"라는 수수께끼 같은 말로 스스로를 가리키고, 자신에게 다가올 죽음과 부활을 거의 언제나 모호하게 언급하는데, 이것도 공관복음 용례의 한 범주에 해당한다. 요한의 예수는 스스로를 칭할 때 드물게 "인자"라 하고(5:25; 10:36; 11:4; 참조. 3:16), 대개는 "아들"이라고 하여 "아버지"와의 관계를 나타낸다. 후자와 유사한 사례가 공관복음에도 나오지만, 두 본문에만 나온다(마 11:27; 24:36; 막 13:32; 눅 10:22; 참조. 마 28:19). 다시 말해 요한의 예수는 아버지와의 독보적 관계를 자주 언급하고, 공관복음의 예수가 사용한 용어는 드물게 사용한다. 공관복음처럼 요한의 예수도 하나님을 언제나 "아버지"라고 부른다.

E. **그의 아버지가 보내신 그 아들:** 요한의 "대리인(agency) 기독론"은 예수가 그의 아버지의 아들이라는 사상과, 그가 아버지를 대표하고 그 아버지의 일을 수행하도록 아버지에 의해 위임받아 파송된 그 아버지

의 대리인으로서 세상에 오셨다는 사상을 결합한다. 두 사상―그 아버지의 아들이고, 하나님의 대리인으로서 파송 받은 아버지의 아들이라는―은 공관복음에 등장하고, 후자는 전자보다 더 자주 등장한다(다음을 보라. 마 10:40[실제로 요 13:20에 등장하는 말씀]; 15:24; 막 9:37; 눅 4:18, 43; 9:48; 10:16).[10] 공관복음에서 아들이자 대리인이라는 두 사상의 결합 형태는 포도원 비유에서 비유로만 나온다(마 21:37; 막 12:6; 눅 20:13). 그러나 요한복음에서 예수가 아버지의 아들이라는 뜻을 길게 설명하는 부분들은 대부분 공관복음의 관련 본문들에 대한 설명임을 쉽게 알아차릴 수 있는데, 그 본문들은 아버지와 아들에 관한 말씀(마 11:27; 눅 10:22)과, 아버지가 포도원 품꾼들에게 보낸 아들에 관한 말씀(마 21:37; 막 12:6; 눅 20:13)이다. 여기서 다시 확인되듯이, 요한은 한 가지 주제를 선택하여 집중적으로 설명할 뿐, 그 주제 자체가 요한에게만 특유한 것은 아니다.

F. "나는 왔다"는 말씀들: 요한의 예수가 하나님께 받은 자신의 사역을 특징적으로 표현하는 다른 방식은, 그가 하나님께로부터 "왔다"(8:42; 16:28), 아버지의 이름으로 왔다(5:43), "세상으로" 왔다(9:39; 12:46; 16:28; 참조. 3:19), 그리고 특별한 목적들을 가지고 왔다(9:39; 10:10; 12:27, 46; 18:37)는 등의 뜻을 나타내는 말씀들이다. 이처럼 자신의 사역에 대하여 말하는 방식은 공관복음에서 예수의 특징이기도 한다(막 1:38; 막 2:17//마 9:13//눅 5:32; 막 10:45//마 20:28; 마 5:17; 마 10:34//

---

10) 주목할 것은 눅 14:17의 비유에서 그 사자(messenger)가 예수를 뜻하는 것으로 볼 수 있다는 것이다. 보내심 받은 예수에 대한 공관복음 말씀들에 관하여는 다음을 보라: Simon J. Gathercole, *The Preexistent Son: Recovering the Christologies of Matthew, Mark, and Luke* (Grand Rapids: Eerdmans, 2006), 177-89.

눅 12:51; 마 10:35; 눅 12:49; 19:10).[11] 이 공관복음 본문들은 모두 예수가 오신 목적을 설명하는 부분들이다. 이 본문들은 하나님께서 예수를 보내셨음을 달리 표현한 것들로서, 예수가 하나님 아버지께로부터 왔다는 요한복음의 해석을 부자연스럽게 하지 않는다. 공관복음의 말씀들 중에는 예수의 선재성을 암시하는 것도 있는데,[12] 그럴 때 요한은 "내가 왔다"를 "내가 세상에 왔다"로 확장하여 설명함으로써, 공관복음 말씀들에서 불분명한 것을 요한복음이 분명하게 하고 있음을 공공연하게 암시한다. 어떤 경우든 요한은 공관복음의 주제를 발전시키고 있다.

G. "나는" 말씀들: 요한복음의 예수가 표현하는 가장 두드러지는 기독론은 두 차례에 걸쳐 나타나는 "나는"으로 시작하는 일곱 개의 말씀들이다(표 8.1을 보라).[13] 이들은 술부(보어)가 붙은 "나는" 말씀들과 술부 없이 절대적으로 등장하는 "나는" 말씀들인데, 이런 말씀들은 신명기 32장과 이사야 40-55장의 신적 자기선언("나는 그다")에 대한 덜 모호한 인유이거나 이중의미어(double entendre)다.[14] (가끔 주장되는 바와 같이 그들이 신적 이름 자체를 뜻하지는 않는다). 절대적 "나는" 말씀들은 예수의 신적 정체성을 선언하고, 술부가 붙은 "나는" 말씀들은 영생을 주는 자로서 예수의 구원 사역을 선포한다. 절대적 "나는" 말씀들은 마가복음 6:50(//마 14:27)의 "나는" 말씀에 대한 요한의 해석을 제공하는 말씀

---

11) 다음 본문에 나오는 귀신들의 말에도 주목하라: 마 8:29//막 1:24//눅 4:34.

12) Gathercole, *Preexistent Son*, 148-70.

13) 이에 관한 논의는 다음을 보라: Richard Bauckham, *The Testimony of the Beloved Disciple: Narrative, History, and Theology in the Gospel of John* (Grand Rapids: Baker Academic, 2007), 243-50.

14) 확정적인 연구는 다음과 같다: Catrin H. Williams, *I Am He: The Interpretation of 'Anîhû' in Jewish and Early Christian Literature*, WUNT 2/113 (Tübingen: Mohr Siebeck, 2000).

표 8.1 "나는…이다"말씀들

요한복음에서 술부를 갖는 7개의 "나는…이다" 말씀들

　나는 생명의 빵이다(6:35, 41,48).

　나는 세상의 빛이다(8:12; 참조. 9:5).

　나는 양의 문이다(10:7, 9).

　나는 선한 목자다(10:11, 14).

　나는 부활이요 생명이다(11:25).

　나는 길이요 진리요 생명이다(14:6).

　나는 참 포도나무다(15:1).

7개의 절대적인 "나는" 말씀들

　4:26

　6:20

　8:24

　8:28

　13:19

　18:5(6절과 8절에서 반복됨)

히브리어 성경과 그리스어 70인역에서 "나는 그다"

　　히브리어 성경(MT)

　'ănî 'ănî hû'(신 32:39)

　'ănî hû'(사 41:4; 43:10, 13; 46:4; 48:12; 52:6)

　'ānōkî 'ānōkî hû'(사 43:25; 51:12)

　　그리스어 70인역

　egō eimi(신 32:39; 사 41:4; 43:10; 45:18)

　egō eimi egō eimi(사 43:25; 46:4; 51:12)

마가복음에서 "나는…이다" 말씀들

　6:50 (=요 6:20)

　14:62

들인데, 그것은 요한복음 6:20에 등장하는 말씀으로서 요한의 일곱 말씀들 중 하나다. 쟁점이 될 만한 것은 마가복음 6:50과 14:62에서(참조. 13:6) 마가 자신이 예수의 모호한 "나는" 말씀들을 신명기와 이사야의 신적 자기선언들의 불분명한 메아리로 제시한다는 것이다. 요한은 그런 범주를 확장하여 어떤 경우에는 모호함을 제거한다.

술부가 붙은 "나는" 말씀들 모두는 비유적 행동들에 대한 기독론적 해석들이거나(6:48; 11:25) 예수의 비유 말씀들인데(8:12; 10:7, 11; 14:6; 15:1), 그것들 대부분은 공관복음에도 나타난다(비유 말씀들: 막 4:21; 마 5:14-16; 마 18:12-13//눅 15:3-6; 마 7:13-14//눅 13:23-24). 이 대목에서 요한복음을 참조하지 않고 공관복음만 연구하는 사람들은 그 예수 전승들에 대한 요한의 기독론적 해석이 정당한지를 물을 것이다. 그러나 그것은 어쩌면 요한복음 전체에 일반적으로 나타나는 가장 현저한 기독론적 결집일 수도 있다(이 주제는 전술한 범주 1에도 나타난다). 요한복음을 경전으로 보면, 공관복음에서 선명하게 표현되지 않은 기독론이 분명하게—또는 충분히 설명된 방식으로—읽힌다. 예수가 주는 구원을 예수 자신과 그의 신적 정체성으로부터 분리할 수 없다는 주제는, 각 공관복음이 말씀 전체를 활용하여 그려내고 있는 예수 상에 담겨 있다.

H. 죽음에 직면한 비통함: 겟세마네 이야기 자체는 요한의 수난 사화에 나오지 않기 때문에, 겟세마네에서 예수가 당면한 영적 고투라는 주제가 공관복음에서 요한이 선택하여 확대한 주제들 중 하나라고 하면 의아해 할지 모른다.[15] 요한은 다가오는 수난을 바라보며 깊이 절

---

15) 따라서 스미스(Smith)는 다음과 같이 주장할 수 있었다: "예수의 죽음, 죽음에 직면한 그 자신의 비통과 고통의 비극적 차원들은 요한복음에 대체로 부재한다"(*Johannine Christianity*, 179).

망한 예수를 세 가지 측면에서 묘사한다. 나사로를 일으키는 이야기에서(11:33, 35, 38), 그의 공적 사역의 끝에서(12:27), 그리고 최후의 만찬에서 배신을 예고하기 직전에(13:21). 11장에서 예수의 극심한 감정적 동요는 나사로를 죽음에서 일으킬 경우에 그 자신을 죽음으로 내모는 사건들이 빠르게 진행될 것을 그가 알고 있을 가능성을 시사한다. 나사로의 유족들에 대한 예수의 연민이 자기 자신을 위한 비통함과 혼합된다. 그들의 형제를 회복시키고 그가 사랑한 가족을 돕기 위하여 예수는 자기 자신을 고통과 죽음으로 몰아가는 과정을 직접 주도해야 한다. (이와 같이 요한은 예수가 나사로를 일으킨 일을 예수가 사랑하는 사람들을 위하여 스스로 죽기를 자처한 사건으로 묘사한다; 참조. 10:11-18; 13:1-3) 12:27을 해석할 때, 공관복음의 예수는 아버지께 자신을 구해달라고 간청했으나 요한복음의 예수는 그러기를 거부하기 위해 기도했을 가능성을 제기하면서, 공관복음과 요한복음의 차이를 주장하는 것은 정당하지 않다. 후자의 질문, 곧 "내 마음이 괴로우니 무슨 말을 하리요, '아버지여! 나를 구원하여 이때를 면하게 하여 주옵소서'라고?"(12:27-역자 주) 하는 질문은 엄청난 고통 중에 나온 것으로서 그것이 제기하는 가능성(면하게 할-역자 주)을 실제로 묻고 있다고 보아야 한다. 예수가 고통 없이 자신을 위한 신의 목적이라고 알고 있는 것에 순종하기만 했다면 이 질문 속에 담긴 고통의 실재를 간과하는 것이다. 역으로, 공관복음에서 예수의 겟세마네 기도 역시 예수가 아버지의 뜻에 순응하기("나의 원대로 마옵시고 아버지의 원대로")를 거부한 것이 아니라, 순응하는 과정 중의 일부였다. 공관복음의 예수는 아버지의 뜻을 따르는 일을 오래오래 힘들어 했으나, 요한복음의 예수는 때가 다가오자 저항 없이 곧장 순종했다는 인상은 공관복음의 겟세마네에 상응하는 요한복음 12:27을 떼어낸 채 요한의 예수가 수난을 전망하고 비통해 하는 사실을 간과한 결과다. 수난은 11장에서 시작하여 13:21로 이어지는데, 비통해 하는 예수는 해야 할 것을 하라며 유다를 내보냄으로써 자신을 향한 하나님의 뜻을 적극 수용하는 국면에 이른다.

I. **자발적 죽음**: 요한의 수난 사화에서 예수는 상황을 주체적으로 통제하고 자발적이고 주도면밀하게 자신의 목숨을 내려놓는 것으로 묘사되어 공관복음과 대조를 이루는 것처럼 이야기되곤 했다.[16] 그러나 이러한 요한복음의 특징은 사실 공관복음의 수난 사화들에서 유래한 것으로서 요한복음이 특별히 강조하고 있을 뿐이다. 마가복음에서도 예수는 자신이 가야 할 길을 분명히 알고서 예루살렘을 향해 간다 (2:20; 8:31; 9:31; 10:33-34; 12:6-8; 14:8, 18-21, 24, 27). 예수가 자발적으로 하나님께서 주신 운명을 껴안는다는 사실은, 마가복음에서는 특히 겟세마네에서 하나님의 뜻을 애써 받아들인 직후에 그 제자들을 깨우며 "일어나라, 함께 가자, 보라! 나를 파는 자가 가까이 왔느니라" 하고 선언하는 장면에서 잘 드러난다(14:41-42; 참조. 마 26:45-46). 예수는 도망치는 대신에 주도면밀하게 배신자를 만나러 간다. "일어나 함께 가자"라는 중요해 보이지 않는 말이 요한복음 14:31에 글자 그대로 나온다는 사실은 우연한 사고가 아니다. 이 말씀 직전에 예수는 마귀의 힘에 굴복하지 않고 오로지 아버지의 명령에 순종하기 위하여 죽으러 가노라고 주장한 바 있다. 요한은 그 전승에서 유래한 말들을 인용하여 예수가 자발적으로 자신의 죽음을 향해 갔다고 기록한다. 마가복음과 비교해 보면, 마태복음과 누가복음 모두에서 그 주제는 서로 다르게 강조된다. 마태의 예수는 그가 체포되는 것을 막으려는 베드로

---

16) 예컨대 다음을 보라: Smith, *Johannine Christianity*, 179.

의 시도에 직면하는데, 베드로가 예수의 성경적 운명에 반항하자, 예수는 자신이 아버지께 구하기만 하면 천군천사들을 보내어 도와주실 것이라고 응수한다(26:53-54). 누가의 예수는 자신이 알고 있는 운명을 주도면밀하게 성취하기 위하여(13:32-33) 예루살렘을 향해 간다(9:51). 요한은 이 주제를 더욱 발전시키고 강조하기 위하여 특별히 다른 이들을 위하여 자기 목숨을 내려놓음으로써 아버지께 순종하겠다는 예수의 결연한 선언을 수난 사화 직전에 배치한다(10:11-18). 그의 죽음이 자발적이라는 의미는, 자신을 적대시하는 권력자들이 이제 할 수만 있다면 그를 죽게 할 정도로 공고히 결탁했음에도 불구하고 예수가 굳이 예루살렘에 가기를 선택하여 눈을 뜬 채 죽음의 위험이 도사리고 있는 곳을 향해 걸어갔다는 뜻이다. 이전에 예수는 체포되지 않으려고 피했었으나, 이제 체포되려고 가는 것이다(13:31; 18:1).

요컨대 앞의 두 단원, 즉 "요한복음의 노골적인 불완전성"과 "요한복음이 엄선한 주제들에 대한 설명"은 각각 어떻게 요한복음이 공관복음의 빛으로 읽힐 수 있는가와 어떻게 공관복음이 요한복음의 빛으로 읽힐 수 있는가를 다룬 것이다. 둘 중 어떤 것도 각 복음서의 각기 다른 고결성을 침해하지 않는다. 각 복음서의 상호텍스트적 읽기에 상호텍스트적 읽기들이 덧붙여진다.

3. 요한복음의 성육신적–계시적 기독론

앞 단원들에서 우리는 공관복음과 요한복음 사이의 많은 차이점에 주목하고 그것들 각자가 예수를 어떻게 묘사하는가를 살펴보았다. 그럼에도 요한복음이 주는 예수에 대한 전체적 인상은 공관복음의 그것과 양립 불가능한 것은 아닐까? 예수에 관한 요한복음의 성육신 해석은 그에게서 공관복음이 가지고 있는 인간적 실재성을 앗아가는 것은 아닐까? 요한복음은 예수를 "하나님"이라고 한 번 분명하게 언급함으로써 그의 인성을 밀어낸 채 신성만을 허용하려는 것은 아닌가? 공관복음과 대조적으로 요한의 예수는, 캐제만(Ernst Käsemann)이 자주 언급했듯이 "땅을 걷고 있는 하나님"으로서[17] 그 인간적 특성들이란 목적을 달성하기 위해 잠깐 입었던 겉옷에 불과한 것은 아닐까?

이에 대한 대답은 요한복음이 예수의 인간적 신체성(4:6-7; 19:28)과 인간적 감성들(11:33, 35, 38; 12:27; 13:21) 모두를 실제로 강조했다고 말하는 것으로 충분하다. 요한복음의 예수는 친구들에게 특별한 인간적 애착을 표현하고(11:5; 13:23), 제자들에게 행한 고별 설교에서는 그들 앞에 놓인 고통을 걱정하고 위로하면서 일관되게 동정심을 표현한다. 이런 관점에서 볼 때 납득하기 어려운 점은 어떻게 그 "감정 반응들"이 "다른 복음서들의 것과는 현저하게 달라 보이고" "거리감과 무관심이라는 느낌"마저 전달할까, 하는 것이다.[18] 요한복음의 예수가 권위를 가지고 말하고 행동한다면, 공관복음의 예수도 그러하다. 란트(Jan du Rand)는 다음과 같이 주장했다. "그의 감정들과 행위를 움직이는 동력은 그의 선교적"—내지는 그도 말하듯이 "전문적"—"확신이다."[19] 모든 복음서들이 예수에 대하여 한결같이 보도하는 특이 사항은, 그의 전 인생이 아버지께 받은 사명을 완수하는 일로 점철되었다는 것이다. 공관복음에서 예수가 무리들과 병자들에게 보여준 "연민"은 요한복음에서 예수가 제자들에게 보여준 "사랑"과 다르지 않다. 두

---

17) Ernst Käsemann, *The Testament of Jesus: A Study of the Gospel of John in the Light of Chapter 17*, trans. Gerhard Krodel (London: SCM, 1968), 7.
18) Jan A. du Rand, "The Characterization of Jesus as Depicted in the narrative of the Fourth Gospel," *Neot* 19 (1985): 18-36, 29.
19) Du Rand, "Characterization," 29.

경우 모두에서 예수의 감정은 아버지에 대한 관계에서 유래했고, 세상을 향한 하나님의 사랑을 실연하려는 그 사역의 과정에서 나왔다. 예수 사역을 이처럼 큰 그림 안에서 보면(참조. 1:14, 17; 3:16), 나사로를 일으키기 전에 예수가 행한 치유와 공급의 다섯 가지 기적들 가운데 연민이 동기가 되어 행한 기적은 아무것도 없다고 요한이 말한다 해도, 예수의 감정적 실재를 부인하지는 못할 것이다. 연민이 동기라는 말은 그 기적들의 궁극적인 목적이 하나님과 예수의 영광을 드러내는 것(2:11; 11:4, 40)이라는 시각과 모순되지 않을 텐데, 이는 하나님의 영광이 "은혜와 진리가 충만하도록" 예수로 성육신하였기 때문이다(1:14). 요한복음에서조차도 예수는 자신의 신성을 증명하기 위하여 마술 같은 기술만을 쓴 것은 아니며, 그 기적들은 하나님의 능력뿐 아니라 하나님의 사랑 역시 드러내기 위하여 인간의 필요를 채운다.

요한복음의 예수가 공관복음의 예수상과 어떤 면에서 충돌한다고 주장하는 이들이 있는데, 그런 주장의 주요 원인은 요한이 예수의 "영광"이라는 독특한 사상을 발전시켜 그것을 수난 사화와 연결시킨 데서 비롯되었다. 이 쟁점이 중요한 까닭은 요한의 기독론에서 의심할 여지없이 가장 두드러지는 부분을 우리가 이해하는 방식에 그 쟁점이 영향을 끼칠 수 있기 때문인데, 그 기독론은 바로 예수가 성육신한 하나님의 계시로서 그를 통하여 우리가 하나님의 영광을 볼 수 있다는 기독론이다. 캐제만은 요한복음의 영광이 고통과 치욕으로 점철된 공관복음의 수난 특징과는 정반대라는 입장을 취했다.[20] 요한은 예수

---

20) 아마도 "영광의 신학"과 "십자가의 신학"을 대조시킨 루터(Martin Luther)의 영향이 있었을 것이다. 마가복음은 자주, 옳게, 십자가 신학을 구체화한 것이라고 보는 반면에, 요한복음에서 지배적인 주제는 '영광'이 분명하다. "십자가의 신학"과 "영광의 신학"을 대조시키면, 이런 용어들로 마가복음과 요한복음을 쉽사리 양극화시

이야기를 처음부터(부활에서만이 아니라) 찬연한 예수의 영광으로 가득 채우기 위하여 문제가 되는 수난을 영광으로 바꾸어 표현한 것 같다. 요한의 예수에게 십자가는 치욕이 아니라 승리다. 요한복음을 주의 깊게 읽으면,[21] 캐제만의 관점을 뒤집어야만 요한의 수난 사화가 정당해짐을 알게 된다. 요한은 수난을 영광으로 희석시킨 것이 아니라, 십자가의 고통과 치욕을 계시라는 높은 관점에서 바라봄으로써 하나님의 영광을 재정립한 것이다.[22] 주목할 것은 수난 사화가 "그 이전까지는 몇 마디만 나오다가" 요한복음 끝부분에 대거 등장하여 그 부분이 마치 "후기에 불과한" 것처럼 보인다는 캐제만의 주장이다.[23] 그러나 사실 예수가 십자가에 대해 언급한 수수께끼들을 간파할 수 있는 사람들을 위하여 복음서 전체에서 십자가 이야기를 그렇게 많이 하는 복음서는 오로지 요한복음뿐이다(1:29, 36, 51; 2:17-22; 3:14; 6:51, 62; 7:33, 39; 8:21, 28; 10:11, 15, 17-18; 11:51; 12:7-8, 23-24, 32-33). 예수의 영광이 요한복음 서두부터 찬란해지기 시작하는 것처럼, 십자가의 그늘 역시 처음부터 이야기를 관통하는 핵심 주제다. 이처럼 영광과 십자가는 처음부터 끝까지 역설적으로 동시에 발생한다.

요한의 수난 사화가 첫 독자들의 눈에는 비참하게 치욕당한 이야기가 아니라 승리한 이야기로만 읽혔으리라는 것은 본질적으로 틀린 말이다. 고대 세계에서는 누구나 십자가형이 처참하고 고통스럽게 죽이는 형벌로서―당시 사회적 가치로는 더욱 중요한데―노예들과 나

키게 된다.

21) 3장 "영광"을 보라.

22) "영광(doxa)은 정확히 십자가를 통해 분명해진다"라는 불트만의 말을 참조하라: Rudolf Bultmann, *The Gospel of John: A Commentary*, trans. G. R. Beasley-Murray, ed. R. W. N. Hoare and J. K. Riches (Oxford: Blackwell, 1971), 524.

23) Käsemann, *Testament*, 7.

라의 적들을 비롯하여, 비인간적이고 인간 이하의 취급을 받아 마땅한 사람들을 가장 치욕스럽게 죽이는 형벌이라는 사실을 알고 있었다. 그렇기 때문에 어떤 복음서도 예수가 신체적으로 얼마나 극심한 고통을 겪었으며 그 죽음이 얼마나 치욕스러웠는가를 적나라하게 기록할 필요가 없었던 것이다. 십자가 죽음에 수반하는 익숙한 풍경들을 이야기하는 것만으로도―관찰을 통해 사람들에게 익숙해진 풍경들조차도 고대 문헌은 거의 보도하지 않는다―그 고통과 수치를 전달하기에 충분했을 것이다. 공관복음처럼 요한복음도 예수에게 얼마나 가혹한 신체적 폭력이 가해졌는가를 많이 언급한다. (거의 주목받지 못하는 사실은[24] 요한복음과 공관복음이 서로 다르다고 보는 편견이 얼마나 쉽게 독자들을 소경으로 만들어 본문 자체가 뜻하는 바를 못 보게 만드는가 하는 점이다.) 요한은 십자가 앞에서 예수를 조롱하는 사람들을 그리고 있으나, 그들은 공관복음에 나오는 십자가 앞에서 예수를 조롱하는 사람들이 아니다. 요한은 보다 강력한 방법으로 십자가의 치욕을 강조한다. 요한의 수난 사화는 예수가 제자들의 발을 씻기는 것으로 시작한다. 어떤 행동도 노예의 행동보다 특이하고 배타적이지 않다. 예수는 노예로서의 역할을 택하여 노예들에게나 맞는 사형 방식으로 죽은 것이다. 세족식은 십자가라는 극단적인 치욕으로 예수를 몰고 가는 자발적 자기 비하를 상징한다. 역설적이게도 요한은 십자가상의 죄패에서 예수를 왕이라고 선포하는데, 예수는 노예처럼 죽는 한편, 죽음 이후에는 왕에게나 합당한 방식으로 매장된다. 그러나 이런 역설은 영광으로 수치를 대신한다는 뜻이 아니다. 빌라도나 대제사장들이 생각

---

24) 나는 다음에서 증거를 얻었다. Helen C. Orchard, *Courting Betrayal: Jesus as Victim in the Gospel of John*, JSNTSup 161 (Sheffield: Sheffield Academic Press, 1998), 192-94.

한 왕과는 다른 왕 개념으로 가치를 뒤집을 때에야 비로소 역설적 상황은 해소되고 이해된다. 하나님의 영광과 그리스도의 왕 되심은 십자가의 고통과 수치를 포함하므로 그 진정한 속성은 자신을 주는 사랑─내지는 "은혜와 진리"(1:14)─으로써만 계시되는데, 이것이 바로 하나님의 속성("인자와 진실이 풍성하신")에 관한 구약성경의 고전적 계시를 요한이 해석한 방식이다.

존슨(Luke Timothy Johnson)은 요한의 예수와 공관복음의 예수의 차이를 다음과 같이 요약했다. 예수는 "요한복음에서 문자적 인물이 아닌 상징적 인물로 등장한다. 그는 세상에서 하나님을 드러내야 하는 서술적 부담을 안고 있다."[25] 존슨에 따르면, 인성을 가진 요한의 예수는 세상에서 하나님을 상징하며, 그 사실을 요한의 예수가 보다 분명하게 주장한다는 점에서 공관복음의 예수와는 다르다고 한다. 그러나 하나님의 계시라는 예수의 "상징적" 기능은 예수가 "문자적" 인물이지 않으면 아무런 의미가 없다. 상징적인 것이 문자적인 것을 대체하면 자멸한다. 요한복음에서는 상징적인 것이 문자적인 것을 몰아낸다고 생각하는 사람들을 위하여, 요한의 예수는 자신을 하나님의 계시자라고만 계시한다.[26] 그 이상의 계시는 없으며, 공허한 동어반복일 뿐이다. 예수 자신이 인간적 개별성과 이야기를 가질 때에만─오로지 그의 인간적 감정들과 관계들, 죽음의 고통과 치욕, 부활 등과 같은 그 기적들을 통하여서만, 즉 요한이 공관복음과 공유하는 이야기를 통하여서만─예수는 하나님을 계시할 수 있다. 영광이 살(육체)

---

25) Luke Timothy Johnson, *Living Jesus: Learning the Heat of the Gospel* (San Francisco: HarperSanFrancisco, 1999), 183.
26) Rudolf Bultmann, *Theology of the New Testament*, trans. Kendrick Grobel (London: SCM, 1955), 2:66.

로 드러난 사건은 영광이 살(육체)를 압도하거나 단지 살(육체)로 가장하기만 해서는 불가능했을 일이다. 요한이 그린 예수라는 인간의 특성과 이야기의 고결함이야말로 그가 기획한 기독론의 본질이므로, 그것을 면밀하게 읽으면 요한이 상징으로 문자를 희석시키지 않는다는 사실이 밝혀질 것이다. 요한 이야기의 "메타역사적"(metahistorical) 측면은 실제 사건의 역사성을 제거하지 않은 채 그 의미를 해석하는 것이다.

그러나 내가 거듭 강조한 바와 같이, 요한은 (자료를) 까다롭게 고른 편이다. 그는 "문자적" 차원의 이야기에서 중요한 순간들을 추려내어 필요불가결한 순서에 따라 압축시킴으로써—그러면서도 상대적으로 풍성하게 세부 설명을 곁들여—그 모든 일에 "상징적" 의미를 부여할 여지를 마련했다. 요한의 기독론을 그 모든 일에 "상징적" 의미를 담아 설명한 것이라고 조심스럽게 받아들이면, 공관복음이 그 "모든 일"을 통해 이야기하는 보다 풍성한 이야기들을 수용하지 못할 이유가 없다. 이 방식은 과거에 교회가 복음서들을 읽을 때 주로 채택한 것인데, 이 방식을 따라 읽으면 우리도 공관복음과 요한복음의 상호보완성을 상호연관성으로 발전시켜 이해할 수 있을 것이다. 공관복음은 인간의 개별성을 "문자적"으로 풍성하게 기술함으로써 요한의 "상징주의"를 가현설(전통적으로 알려지지 않은 것이 아닌 위험)로 읽지 않도록 막아주며, 요한의 "성육신 계시적" 기독론은 모든 복음서 안의 예수 이야기를 폭넓은 시각으로 파악하도록 하여 하나님께서 우리와 함께 하신 이야기로 읽을 수 있는 신학적 기틀을 제공한다. 그리하여 칼뱅은 자신의 요한복음 주석 서문에 다음과 같이 덧붙였다. "나는 이 복음서가 다른 복음서들을 이해하는 문을 열고 들어가는 열쇠라고 말하는 일에 익숙하다. 여기에 도식적으로 진열된 그리스도의 능력을 파악할 수 있는 사람이라면, 누구나 볼 수 있게 임하신 구세주에 대하여 다른 복음서들이 쓴 것까지 읽어내는 유익도 누리리라."[27]

---

27) John Calvin, *The Gospel according to John 1-10*, trans. Thomas H. L. Parker (Grand Rapids: Eerdmans; Carlisle: Paternoster, 1995), 6.

Anderson, Paul N. *The Christology of the Fourth Gospel: Its Unity and Diversity in the Light of John 6*. WUNT 2/78. Tübingen: Mohr Siebeck, 1996. Repr., Valley Forge, PA: Trinity, 1997.

Applebaum, Shimon. *Judaea in Hellenistic and Roman Times: Historical and Archaeological Essays*. SJLA 40. Leiden: Brill, 1989.

Appold, Mark L. *The Oneness Motif in the Fourth Gospel: Motif Analysis and Exegetical Probe into the Theology of John*. WUNT 2/1. Tübingen: Mohr Siebeck, 1976.

Ashby, Godfrey W. "Body and Blood in John 6:41-65." *Neot* 36 (2002): 57-61.

Ashton, John. *Understanding the Fourth Gospel*. Oxford: Clarendon, 1991.

Aune, David E. "Dualism in the Fourth Gospel and the Dead Sea Scrolls: A Reassessment of the Problem." Pages 281-303 in *Neotestamentica et Philonica: Studies in Honor of Peder Borgen*. Edited by David E. Aune, Torrey Seland, and Jarl Henning Ulrichsen. NovTSup 106. Leiden: Brill, 2003.

Barnard, Leslie William. *St. Justin Martyr: The First and Second Apologies*. ACW 56. New York: Paulist Press, 1997.

Barnes, Julian. *Levels of Life*. 2nd ed. London: Vintage, 2014.

Barrett, C. Kingsley. *Essays on John*. London: SPCK, 1982.

_____. *The Gospel according to St. John: An Introduction with Commentary and Notes on the Greek Text*. 2nd ed. Philadelphia: Westminster, 1978.

Barton, Stephen C. "The Unity of Humankind as a Theme in Biblical Theology." Pages 233–58 in *Out of Egypt: Biblical Theology and Biblical Interpretation*. Edited by Craig Bartholomew et al. SHS 5. Milton Keynes: Paternoster; Grand Rapids: Zondervan, 2004.

Bauckham, Richard, ed. *The Gospels for All Christians: Rethinking the Gospel Audiences*. Grand Rapids: Eerdmans; Edinburgh: T&T Clark, 1997.

_____. *Jesus and the Eyewitnesses: The Gospels as Eyewitness Testimony*. Grand Rapids: Eerdmans, 2006.

_____. *Jesus and the God of Israel: God Crucified and Other Studies on the New Testament's Christology of Divine Identity*. Grand Rapids: Eerdmans, 2008.

_____. "Qumran and the Gospel of John: Is There a Connection?" Pages 267–79 in *The Scrolls and the Scriptures: Qumran Fifty Years After*. Edited by Stanley E. Porter and Craig E. Evans. JSPSup 26. Sheffield: Sheffield Academic Press, 1997.

_____. "The Qumran Community and the Gospel of John." Pages 105–15 in *The Dead Sea Scrolls Fifty Years after Their Discovery: Proceedings of the Jerusalem Congress*, July 20–25, 1997. Edited by Lawrence H. Schiffman, Emmanuel Tov, and James C. VanderKam. Jerusalem: Israel Exploration Society, 2000.

_____. *The Testimony of the Beloved Disciple: Narrative, History, and Theology in the Gospel of John*. Grand Rapids: Baker Academic, 2007.

Bauckham, Richard, and Carl Mosser, eds. *The Gospel of John and Christian Theology*. Grand Rapids: Eerdmans, 2008.

Beasley-Murray, George R. *John*. WBC 36. Waco: Word, 1987.

Belleville, Linda. "'Born of Water and Spirit': John 3:5." *TJ* 1 (1980): 125–41.

Bennema, Cornelis. *Encountering Jesus: Character Studies in the Gospel of John*. Milton Keynes: Paternoster, 2009.

_____. "A Theory of Character in the Fourth Gospel with Reference to Ancient and Modern Literature." *BibInt* 17 (2009): 375-421.

Bernard, John Henry. *A Critical and Exegetical Commentary on the Gospel according to St. John*. ICC. Edinburgh: T&T Clark, 1928.

Boismard, Marie-Émile. *Du baptême à Cana* (Jean, 1,19—2,11). LD 18. Paris: Cerf, 1956.

Borgen, Peder. *Bread from Heaven: An Exegetical Study of the Concept of Manna in the Gospel of John and the Writings of Philo*. NovTSup 10. Leiden: Brill, 1965.

Brodie, Thomas L. *The Gospel according to John: A Literary and Theological Commentary*. New York: Oxford University Press, 1993.

Broer, Ingo. "Knowledge of Palestine in the Fourth Gospel?" Pages 83-90 in *Jesus in Johannine Tradition*. Edited by Robert T. Fortna and Tom Thatcher. Louisville: Westminster John Knox, 2001.

Brown, Raymond E. *The Churches the Apostles Left Behind*. London: Chapman, 1984.

_____. *The Epistles of John*. AB 30. Garden City, NY: Doubleday, 1982.

_____. *The Gospel according to John*. 2 vols. AB 29, 29A. New York: Doubleday, 1966.

_____. *An Introduction to the Gospel of John*. Edited by Francis J. Moloney. New York: Doubleday, 2003.

_____. "John, Gospel and Letters of." Pages 414-17 in vol. 1 of *Encyclopedia of the Dead Sea Scrolls*. Edited by Lawrence H. Schiffman and James C. VanderKam. Oxford: Oxford University Press, 2000.

_____. *New Testament Essays*. New York: Paulist Press, 1965.

_____. "The Qumran Scrolls and the Johannine Gospel and Epistles." *CBQ* 17

(1955): 403-19, 559-74.

Bultmann, Rudolf. *The Gospel of John*. Translated by George R. Beasley-Murray. Oxford: Blackwell, 1971.

_____. *Theology of the New Testament*. 2 vols. Translated by Kendrick Grobel. London: SCM, 1955.

Burge, Gary M. *The Anointed Community: The Holy Spirit in the Johannine Tradition*. Grand Rapids: Eerdmans, 1987.

Burnett, Gary W. *Paul and the Salvation of the Individual*. BIS 57. Leiden: Brill, 2001.

Caird, George B. *New Testament Theology*. Edited by L. D. Hurst. Oxford: Clarendon, 1994.

Calvin, John. *The Gospel according to St. John 1-10*. Translated by Thomas H. L. Parker. Grand Rapids: Eerdmans, 1961.

Carson, Donald A. *The Gospel according to John*. Leicester: Inter-Varsity; Grand Rapids: Eerdmans, 1991.

Casey, Maurice. *Is John's Gospel True?* London: Routledge, 1996.

Charlesworth, James H. (ed.). *John and Qumran*. London: Geoffrey Chapman, 1972.

Cohen, Anthony P. *Self Consciousness: An Alternative Anthropology of Identity*. London: Routledge, 1994.

Collins, Raymond F. *These Things Have Been Written: Studies on the Fourth Gospel*. LTPM 2. Louvain: Peeters; Grand Rapids: Eerdmans, 1990.

Coloe, Mary L. *God Dwells with Us: Temple Symbolism in the Fourth Gospel*. Collegeville, MN: Liturgical Press, 2001.

Coloe, Mary L., and Tom Thatcher, eds. *John, Qumran, and the Dead Sea Scrolls: Sixty Years of Discovery and Debate*. SBLEJL 32. Atlanta: Society of Biblical Literature, 2011.

Crossan, John Dominic, and Jonathan L. Reed. *Excavating Jesus: Beneath the*

Stones, behind the Texts. London: SPCK 2001.

Cullmann, Oscar. *Early Christian Worship*. Translated by A. Stewart Todd and James B. Torrance. SBT 10. London: SCM, 1953.

Culpepper, R. Alan. *Anatomy of the Fourth Gospel: A Study in Literary Design*. Philadelphia: Fortress, 1983.

Dennis, John A. *Jesus' Death and the Gathering of True Israel: The Johannine Appropriation of Restoration Theology in the Light of John* 11.47–52. WUNT 2/217. Tübingen: Mohr Siebeck, 2006.

Dodd, Charles H. *The Interpretation of the Fourth Gospel*. Cambridge: Cambridge University Press, 1953.

Downing, F. Gerald. *Making Sense in (and of) the First Christian Century*. JSNTSup 197. Sheffield: Sheffield Academic Press, 2000.

Duke, Paul D. *Irony in the Fourth Gospel*. Atlanta: John Knox, 1985.

Dunn, James D. G. *Baptism in the Holy Spirit: A Re-examination of the New Testament Teaching on the Gift of the Spirit in Relation to Pentecostalism Today*. SBT 2/15. London: SCM, 1970.

_____. *Jesus and the Spirit: A Study of the Religious and Charismatic Experience of the First Christians as Reflected in the New Testament*. London: SCM, 1975.

_____. "John VI—A Eucharistic Discourse?" *NTS* 17 (1970–71): 328–38.

Du Rand, Jan A. "The Characterization of Jesus as Depicted in the Narrative of the Fourth Gospel." *Neot* 19 (1985): 18–36.

Earl, Douglas S. "'(Bethany) beyond the Jordan': The Significance of a Johannine Motif." *NTS* 55 (2009): 279–94.

Edwards, Ruth. *Discovering John*. London: SPCK, 1993.

Elliott, Mark Adam. *The Survivors of Israel: A Reconsideration of the Theology of Pre-Christian Judaism*. Grand Rapids: Eerdmans, 2000.

Elowsky, Joel C., ed. *John 1-10*. ACCS 4a. Downers Grove, IL: InterVarsity, 2007.

Ferguson, Everett. *Baptism in the Early Church: History, Theology, and Liturgy in the First Five Centuries*. Grand Rapids: Eerdmans, 2009.

Ferreira, Johan. *Johannine Ecclesiology*. JSNTSup 160. Sheffield: Sheffield Academic Press, 1998.

Feuillet, André. *Johannine Studies*. Translated by Thomas E. Crane. Staten Island, NY: Alba House, 1964.

Fitzmyer, Joseph A. "Qumran Literature and the Johannine Writings." Pages 117-33 in *Life in Abundance: Studies in Tribute to Raymond E. Brown*. Edited by John R. Donahue. Collegeville, MN: Liturgical Press, 2005.

Forestell, J. Terence. *The Word of the Cross: Salvation as Revelation in the Fourth Gospel*. AnBib 57. Rome: Biblical Institute Press, 1974.

Fowler, Russell. "Born of Water and the Spirit (John 3:5)." *ExpTim 82* (1971): 159.

Franzmann, M., and M. Klinger. "The Call Stories of John 1 and John 21." *SVTQ* 36 (1992): 7-15.

Frey, Jörg. "Different Patterns of Dualistic Thought in the Qumran Library: Reflections on Their Background and History." Pages 275-335 in *Legal Texts and Legal Issues: Proceedings of the Second Meeting of the International Organization for Qumran Studies, Cambridge, 1995; Published in Honour of Joseph M. Baumgarten*. Edited by Moshe Bernstein, Florentino Garcia Martinez, and John Kampen. STDJ 23. Leiden: Brill, 1997.

_____. "Recent Perspectives on Johannine Dualism and Its Background." Pages 127-57 in *Text, Thought, and Practice in Qumran and Early Christianity: Proceedings of the Ninth International Symposium of the Orion Center for the Study of the Dead Sea Scrolls and Associated Literature*. Edited by Ruth A. Clements and Daniel R. Schwartz. STDJ 84. Leiden: Brill, 2009.

Frey, Jörg, and Udo Schnelle, eds. *Kontexte des Johannesevangeliums: Das vierte Evangelium in religions- und traditionsgeschichtlicher Perspektive*. WUNT 175. Tübingen: Mohr Siebeck, 2004.

Gammie, John G. "Spatial and Ethical Dualism in Jewish Wisdom and Apocalyptic Literature." *JBL* 93 (1974): 356-85.

Gathercole, Simon J. *The Preexistent Son: Recovering the Christologies of Matthew, Mark, and Luke*. Grand Rapids: Eerdmans, 2006.

Gergen, Kenneth J. *Relational Being: Beyond Self and Community*. Oxford: Oxford University Press, 2009.

Grenz, Stanley J. *The Social God and the Relational Self: A Trinitarian Theology of the Imago Dei*. Louisville: Westminster John Knox, 2001.

Grundmann, Walter. "The Decision of the Supreme Court to Put Jesus to Death (John 11:47-57) in Its Context: Tradition and Redaction in the Gospel Bibliography of John." Pages 295-318 in *Jesus and the Politics of His Day*. Edited by Ernst Bammel and Charles F. D. Moule. Cambridge: Cambridge University Press, 1984.

Guilding, Aileen. *The Fourth Gospel and Jewish Worship: A Study of the Relations of St. John's Gospel to the Ancient Jewish Lectionary System*. Oxford: Clarendon, 1960.

Hanson, Anthony Tyrrell. *The Prophetic Gospel: A Study of John and the Old Testament*. Edinburgh: T&T Clark, 1991.

Hill, Charles E. *The Johannine Corpus in the Early Church*. Oxford: Oxford University Press, 2004.

Hill, David. *Greek Words and Hebrew Meanings: Studies in the Semantics of Soteriological Terms*. SNTSMS 5. Cambridge: Cambridge University Press, 1967.

Hoek, Annewies van den, and Claude Mondesert. *Clément d'Alexandrie: Les Stromates; Stromate IV*. SC 463. Paris: Cerf, 2001.

Holmes, Stephen R. *The Quest for the Trinity: The Doctrine of God in Scripture, History, and Modernity*. Downers Grove, IL: IVP Academic, 2012.

Hoskyns, Edwyn Clement. *The Fourth Gospel*. Edited by Francis Noel Davy. London: Faber & Faber, 1947.

Hurtado, Larry W. "Summing Up and Concluding Observations." Pages 159–77 in *Who Is This Son of Man? Latest Scholarship on a Puzzling Expression of the Historical Jesus*. Edited by Larry W. Hurtado and Paul L. Owen. LNTS 390. London: T&T Clark, 2011.

Instone-Brewer, David. *Prayer and Agriculture*. Vol. 1 of *Traditions of the Rabbis from the Era of the New Testament*. Grand Rapids: Eerdmans, 2004.

Jensen, Matthew D. *Affirming the Resurrection of the Incarnate Christ: A Reading of 1 John*. SNTSMS 153. Cambridge: Cambridge University Press, 2012.

Jeremias, Joachim. *The Eucharistic Words of Jesus*. Translated by Norman Perrin. NTL. London: SCM, 1966.

Johnson, Luke Timothy. *Living Jesus: Learning the Heart of the Gospel*. San Francisco: HarperSanFrancisco, 1999.

_____. *The Real Jesus: The Misguided Quest for the Historical Jesus and the Truth of the Traditional Gospels*. San Francisco: HarperSanFrancisco, 1996.

Jones, Larry Paul. *The Symbol of Water in the Gospel of John*. JSNTSup 145. Sheffield: Sheffield Academic Press, 1997.

Kasemann, Ernst. *The Testament of Jesus: A Study of the Gospel of John in the Light of Chapter 17*. Translated by Gerhard Krodel. London: SCM, 1968.

Keener, Craig S. *The Gospel of John: A Commentary*. 2 vols. Peabody, MA: Hendrickson, 2003.

Kilby, Karen. "Perichoresis and Projection: Problems with Social Doctrines of the Trinity." *NBf* 81 (2000): 432-45.

Klink, Edward W. *The Sheep of the Fold: The Audience and Origin of the Gospel of John.* SNTSMS 141. Cambridge: Cambridge University Press, 2007.

Knight, George W. *The Pastoral Epistles: A Commentary on the Greek Text.* NIGTC. Grand Rapids: Eerdmans, 1992.

Koch, Klaus. "History as a Battlefield of Two Antagonistic Powers in the Apocalypse of Weeks and in the Rule of the Community." Pages 185-99 in *Enoch and Qumran Origins: New Light on a Forgotten Connection.* Edited by Gabriele Boccaccini. Grand Rapids: Eerdmans, 2005.

Koester, Craig R. "John Six and the Lord's Supper." *LQ* 40 (1990): 418-37.

_____. *Symbolism in the Fourth Gospel: Meaning, Mystery, Community.* Minneapolis: Fortress, 1995.

_____. "Topography and Theology in the Gospel of John." Pages 436-45 in *Fortunate the Eyes That See: Essays in Honor of David Noel Freedman in Celebration of His Seventieth Birthday.* Edited by Astrid B. Beck et al. Grand Rapids: Eerdmans, 1995.

Kooij, Arie van der. "The Yaḥad—What's in a Name?" *DSD* 18 (2011): 109-28.

Köstenberger, Andreas J. *John.* BECNT. Grand Rapids: Baker Academic, 2004.

Köstenberger, Andreas J., and Scott R. Swain. *Father, Son, and Spirit: The Trinity and John's Gospel.* NSBT 24. Nottingham: Apollos; Downers Grove, IL: InterVarsity, 2008.

Kruse, Colin G. *The Gospel according to John.* TNTC. Leicester: Inter-Varsity, 2003.

Kysar, Robert. *John, the Maverick Gospel.* Atlanta: John Knox, 1976.

La Potterie, Ignace de, and Stanislaus Lyonnet. *The Christian Lives by the Spirit.* Translated by John Morriss. New York: Alba House, 1971.

Larsson, Tord. *God in the Fourth Gospel: A Hermeneutical Study of the History of Interpretations.* ConBNT 35. Stockholm: Almqvist & Wiksell, 2001.

Lee, Dorothy A. *Flesh and Glory: Symbol, Gender, and Theology in the Gospel of John*. New York: Crossroad, 2002.

_____. *The Symbolic Narratives of the Fourth Gospel: The Interplay of Form and Meaning*. JSNTSup 95. Sheffield: Sheffield Academic Press, 1994.

Léon-Dufour, Xavier. "Le mystère du pain de vie (Jean VI)." *RSR* 46 (1958): 481–523.

_____. *Sharing the Eucharistic Bread: The Witness of the New Testament*. Translated by Matthew J. O'Connell. New York: Paulist Press, 1987.

_____. "Towards a Symbolic Reading of the Fourth Gospel." *NTS* 27 (1981): 439–56.

Lieu, Judith M. "The Mother of the Son in the Fourth Gospel." *JBL* 117 (1998): 61–77.

_____. "Scripture and the Feminine in John." Pages 225–40 in *A Feminist Companion to the Hebrew Bible in the New Testament*. Edited by Athalya Brenner. FCB 10. Sheffield: Sheffield Academic Press, 1996.

Lincoln, Andrew T. *The Gospel according to Saint John*. BNTC. Peabody, MA: Hendrickson; London: Continuum, 2005.

_____. *Truth on Trial: The Lawsuit Motif in the Fourth Gospel*. Peabody, MA: Hendrickson, 2000.

Lindars, Barnabas. *Essays on John. Edited by Christopher M. Tuckett*. SNTA 17. Louvain: Leuven University Press; Peeters, 1992.

_____. *The Gospel of John*. NCB. London: Marshall, Morgan & Scott, 1972.

Longenecker, Bruce W. *Art at the Boundaries: The Art and Theology of New Testament Chain-Link Transitions*. Waco: Baylor University Press, 2005.

Malina, Bruce J. *The New Testament World: Insights from Cultural Anthropology*. 2nd ed. Louisville: Westminster John Knox, 1993.

_____. *The Social World of Jesus and the Gospels*. London: Routledge, 1996.

Malina, Bruce J., and Richard L. Rohrbaugh. *Social-Science Commentary on the*

Gospel of John. Minneapolis: Fortress, 1998.

Manns, Frédéric. *L'Évangile de Jean à la lumiére du Judaïsme*. ASBF 33. Jerusalem: Franciscan Printing Press, 1991.

_____. "Les mots à double entente: Antécédents et fonction herméneutique d'un procédé johannique." *Liber Annuus* 38 (1988): 39-57.

Marshall, I. Howard, and Philip H. Towner. *A Critical and Exegetical Commentary on the Pastoral Epistles*. ICC. Edinburgh: T&T Clark, 1999.

Martyn, J. Louis. *History and Theology in the Fourth Gospel*. Rev. ed. Nashville: Abingdon, 1979.

McCollough, C. Thomas. "City and Village in Lower Galilee: The Import of the Archeological Excavations at Sepphoris and Khirbet Qana (Cana) for Framing the Economic Context of Jesus." Pages 49-74 in *The Galilean Economy in the Time of Jesus*. Edited by David A. Fiensy and Ralph K. Hawkins. SBLECL 11. Atlanta: Society of Biblical Literature, 2013.

McHugh, John F. *A Critical and Exegetical Commentary on John 1-4*. ICC. London: T&T Clark, 2009.

McNamara, Martin. *Targum and Testament: Aramaic Paraphrases of the Hebrew Bible: A Light on the New Testament*. Shannon: Irish University Press, 1968.

Mealand, David L. "The Language of Mystical Union in the Johannine Writings." *DRev* 95 (1977): 19-34.

Menken, Maarten J. J. "John 6,51c-58: Eucharist or Christology?" *Bib* 74 (1993): 1-26.

_____. "The Translation of Psalm 41:10 in John 13:18." *JSNT* 40 (1990): 61-79.

Meyers, Eric M. "From Myth to Apocalyptic: Dualism in the Hebrew Bible." Pages 92-106 in *Light against Darkness: Dualism in Ancient Mediterranean Religion and the Contemporary World*. Edited by Armin Lange et al. JAJS 2. Göttingen: Vandenhoeck & Ruprecht, 2011.

Michaels, J. Ramsey. *The Gospel of John*. NICNT. Grand Rapids: Eerdmans, 2010.

Moloney, Francis J. *Belief in the Word: Reading the Fourth Gospel, John 1-4*. Minneapolis: Fortress, 1993.

_____. *The Gospel of John*. SP 4. Collegeville, MN: Liturgical Press, 1998.

_____. *"A Hard Saying": The Gospel and Culture*. Collegeville, MN: Liturgical Press, 2001.

_____. "A Sacramental Reading of John 13:1-38." *CBQ* 53 (1991): 237-56.

_____. *Signs and Shadows: Reading John 5-12*. Minneapolis: Fortress, 1996.

Moltmann, Jürgen. *The Trinity and the Kingdom of God: The Doctrine of God*. Translated by Margaret Kohl. London: SCM, 1981.

Moreau, Jean-Claude. "Rabbouni." *RB* 199 (2012): 403-20.

Morgen, Michèle. "La promesse de Jésus à Nathanael (Jn 1,51) éclairée par la haggadah de Jacob-Israël." *RevScRel* 67 (1993): 3-21.

Morris, Leon. *The Gospel according to John*. NICNT. Grand Rapids: Eerdmans, 1971.

Moule, Charles F. D. "The Individualism of the Fourth Gospel." *NovT* 5 (1962): 171-90. Reprinted in Charles F. D. Moule, *Essays in New Testament Interpretation* (Cambridge: Cambridge University Press, 1982), 91-109; and in *The Composition of John's Gospel: Selected Studies from Novum Testamentum*, ed. David E. Orton, BRBS 2 (Leiden: Brill, 1999), 21-40.

_____. "A Neglected Factor in the Interpretation of Johannine Eschatology." Pages 155-60 in *Studies in John: Presented to Professor Dr. J. N. Sevenster on the Occasion of His Seventieth Birthday*. Edited by M. C. Rientsma. NovTSup 24. Leiden: Brill, 1970.

Murphy-O'Connor, Jerome. "Place-Names in the Fourth Gospel (II): Bethany (John 1:28; 11:18) and Ephraim (John 11:54)." *RB* 120 (2013): 85-98.

Neyrey, Jerome H. *An Ideology of Revolt: John's Christology in Social-Science Perspective*. Philadelphia: Fortress, 1988.

_____. "The Jacob Allusions in John 1:51." *CBQ* 44 (1982): 586-605.

Niewalda, Paul. *Sakramentssymbolik im Johannesevangelium? Eine exegetisch-historische Studie*. Limburg: Lahn-Verlag, 1958.

O'Day, Gail R. *Revelation in the Fourth Gospel: Narrative Mode and Theological Claim*. Philadelphia: Fortress, 1986.

Odeberg, Hugo. *The Fourth Gospel Interpreted in Its Relation to Contemporaneous Religious Currents in Palestine and the Hellenistic-Oriental World*. Amsterdam: Grüner, 1968.

O'Grady, John F. "Individualism and the Johannine Ecclesiology." *BTB* 5 (1975): 235-45.

Orchard, Helen C. *Courting Betrayal: Jesus as Victim in the Gospel of John*. JSNTSup 161. Sheffield: Sheffield Academic Press, 1998.

Pamment, Margaret. "John 3:5: 'Unless One Is Born of Water and the Spirit, He Cannot Enter the Kingdom of God.'" *NovT* 25 (1983): 189-90.

Paschal, R. Wade. "Sacramental Symbolism and Physical Imagery in the Gospel of John." *TynBul* 32 (1981): 151-76.

Petochowski, Jakob J., and Michael Brocke, eds. *The Lord's Prayer and Jewish Liturgy*. London: Burns & Oates, 1978.

Piper, Ronald A. "Satan, Demons and the Absence of Exorcisms in the Fourth Gospel." Pages 253-78 in *Christology, Controversy, and Community: New Testament Essays in Honour of David R. Catchpole*. Edited by David G. Horrell and Christopher M. Tuckett. NovTSup 99. Leiden: Brill, 2000.

Pollard, T. E. *Johannine Christology and the Early Church*. SNTSMS 13. Cambridge: Cambridge University Press, 1970.

Quinn, Jerome D. *The Letter to Titus*. AB 35. New York: Doubleday, 1990.

Rapport, Nigel. *Transcendent Individual: Towards a Literary and Liberal Anthropology*. London: Routledge, 1997.

Reed, Jonathan L. *Archaeology and the Galilean Jesus: A Re-examination of the*

Evidence. Harrisburg, PA: Trinity, 2000.

Rensberger, David. *Overcoming the World: Politics and Community in the Gospel of John*. London: SPCK, 1989.

Ridderbos, Herman N. *The Gospel according to John: A Theological Commentary*. Translated by John Vriend. Grand Rapids: Eerdmans, 1997.

Riesner, Rainer. *Bethanien jenseits des Jordan: Topographie und Theologie in Johannes-Evangelium*. SBAZ 12. Giessen: Brunnen, 2002.

_____. "Bethany beyond the Jordan (John 1:28): Topography, Theology and History in the Fourth Gospel." *TynBul* 38 (1987): 29-64.

Roberge, Michel. "Le discours sur le pain de vie (Jean 6,22-59): Problemes d'interpretation." *LTP* 38 (1982): 265-99.

Rowland, Christopher. "John 1.51, Jewish Apocalyptic and Targumic Tradition." *NTS* 30 (1984): 498-507.

Schnackenburg, Rudolf. *The Gospel according to St. John*. Vol. 1. Translated by Kevin Smyth. London: Burns & Oates, 1968.

Schneiders, Sandra M. "Born Anew." *ThTo* 44 (1987): 189-96.

Schnelle, Udo. *Antidocetic Christology in the Gospel of John: An Investigation of the Place of the Fourth Gospel in the Johannine School*. Translated by Linda M. Maloney. Minneapolis: Fortress, 1992.

Schuchard, Bruce G. *1-3 John*. ConC. Saint Louis: Concordia, 2012.

Segovia, Fernando F. "Inclusion and Exclusion in John 17: An Intercultural Reading." Pages 183-209 in *Literary and Social Readings of the Fourth Gospel*, vol. 2 of *What Is John?* Edited by Fernando F. Segovia. SBLSymS 7. Atlanta: Scholars Press, 1998.

Shanahan, Daniel. *Toward a Genealogy of Individualism. Amherst: University of Massachusetts Press*, 1992.

Smith, D. Moody. *The Fourth Gospel in Four Dimensions: Judaism and Jesus, the Gospels and Scripture*. Columbia: University of South Carolina Press,

2008.

_____. *Johannine Christianity: Essays on Its Setting, Sources, and Theology.* Edinburgh: T&T Clark, 1984.

_____. *John.* ANTC. Nashville: Abingdon, 1999.

_____. *The Theology of the Gospel of John.* NTT. Cambridge: Cambridge University Press, 1995.

Snodgrass, Klyne R. "That Which Is Born from ΠΝΕΥΜΑ Is ΠΝΕΥΜΑ: Rebirth and Spirit in John 3:5-6." Pages 181-205 in *Perspectives on John: Method and Interpretation in the Fourth Gospel.* Edited by Robert B. Sloan and Mikeal C. Parsons. Lewiston, NY: Edwin Mellen, 1993.

Spicq, Ceslas. "ΤΡΩΓΕΙΝ: Est-il synonyme de ΦΑΓΕΙΝ et d'ΕΣΘΙΕΙΝ dans le Nouveau Testament?" *NTS* 26 (1979-80): 414-19.

Spriggs, D. G. "Meaning of 'Water' in John 3:5." *ExpTim* 85 (1974): 149-50.

Stuckenbruck, Loren T. "The Interiorization of Dualism within the Human Being in Second Temple Judaism: The Treatise of the Two Spirits (1QS III:13-IV:26) in Its Tradition-Historical Context." Pages 145-68 in *Light against Darkness: Dualism in Ancient Mediterranean Religion and the Contemporary World.* Edited by Armin Lange et al. JAJS 2. Göttingen: Vandenhoeck & Ruprecht, 2011.

Talbert, Charles H. *Reading John: A Literary and Theological Commentary on the Fourth Gospel and the Johannine Epistles.* London: SPCK, 1992.

Teeple, Howard M. "Qumran and the Origin of the Fourth Gospel." *NovT* 4 (1960-61): 6-25. Reprinted in *The Composition of John's Gospel: Selected Studies from Novum Testamentum*, ed. David E. Orton, BRBS 2 (Leiden: Brill, 1999), 1-20.

Thatcher, Tom. *Greater than Caesar: Christology and Empire in the Fourth Gospel.* Minneapolis: Fortress, 2009.

_____. *The Riddles of Jesus in John: A Study in Tradition and Folklore.* SBLMS

53. Atlanta: Society of Biblical Literature, 2000.

Thompson, Marianne Meye. *The Humanity of Jesus in the Fourth Gospel*. Philadelphia: Fortress, 1988.

Tilborg, Sjef van. *Imaginative Love in John*. BIS 2. Leiden: Brill, 1993.

Tsutserov, Alexander. *Glory, Grace, and Truth: Ratification of the Sinaitic Covenant according to the Gospel of John*. Eugene, OR: Pickwick, 2009.

Twelftree, Graham H. "Exorcisms in the Fourth Gospel and the Synoptics." Pages 135–43 in *Jesus in Johannine Tradition*. Edited by Robert T. Fortna and Tom Thatcher. Louisville: Westminster John Knox, 2001.

Van der Watt, Jan G. "Knowledge of Earthly Things? The Use of ἐπίγειος in John 3:12." *Neot* 43 (2009): 289–310.

Vawter, Bruce. "The Johannine Sacramentary." *TS* 17 (1956): 151–66.

Volf, Miroslav. *After Our Likeness: The Church as the Image of the Trinity*. Grand Rapids: Eerdmans, 1998.

Von Wahlde, Urban C. *The Gospel and Letters of John*. ECC. Grand Rapids: Eerdmans, 2010.

Waaler, Erik. *The Shema and The First Commandment in First Corinthians: An Intertextual Approach to Paul's Re-reading of Deuteronomy*. WUNT 2/253. Tübingen: Mohr Siebeck, 2008.

Webster, Jane S. *Ingesting Jesus: Eating and Drinking in the Gospel of John*. SBLAB 6. Atlanta: Society of Biblical Literature, 2003.

Westcott, Brooke Foss. *The Gospel according to St. John*. London: John Murray, 1889.

Wiles, Maurice. *The Spiritual Gospel: The Interpretation of the Fourth Gospel in the Early Church*. Cambridge: Cambridge University Press, 1960.

Williams, Catrin H. *I Am He: The Interpretation of 'Anî Hû' in Jewish and Early Christian Literature*. WUNT 2/113. Tübingen: Mohr Siebeck, 2000.

Witherington, Ben, III. *John's Wisdom: A Commentary on the Fourth Gospel*.

Louisville: Westminster John Knox, 1995.

_____. *A Socio-Rhetorical Commentary on Titus, 1-2 Timothy and 1-3 John*. Vol. 1 of *Letters and Homilies for Hellenized Christians*. Downers Grove, IL: InterVarsity, 2006.

_____. "The Waters of Birth: John 3:5 and 1 John 5:6-8." *NTS* 35 (1989): 155-60.

Xeravits, Géza G., ed. *Dualism in Qumran*. LSTS 76. London: T&T Clark, 2010.

A

Anderson, Paul N. (앤더슨, 폴 N.) 184, 186n.83, 197n.112

Applebaum, Shimon (애플바움, 시몬) 256n.19

Appold, Mark L. (아폴드, 마크 L.) 68n.7, 89

Ashby, Godfrey W. (애쉬비, 고드프리 W.) 183n.74, 192n.100, 195n.104

Ashton, John (애슈턴, 존) 220n.26

Aune, David E. (오니, 데이비드 E.) 220n.27

B

Barnard, Leslie William (바나드, 레슬리 윌리엄) 179n.64

Barnes, Julian (반즈, 줄리언) 243n.1

Barrett, C. Kingsley (바레트, C. 킹슬리) 158n.19, 182n.71, 191n.98, 195n.109, 200n.115, 202n.120, 235

Barton, Stephen C. (바튼, 스티븐 C.) 75n.16, 91n.45

Bauckham, Richard (보컴, 리처드) 28n.5, 68n.8, 77nn.19,20, 107nn.2,3, 112n.5, 135n.7, 147n.16, 199n.114, 218n.22, 221n.28, 223n.33, 236n.39, 249n.4, 252n.10, 274n.47, 275n.50, 277n.53, 278n.54, 288, 290nn.71,73,74,75, 319n.107, 336n.3, 345n.13

Beasley-Murray, George R. (비슬리-머리, 조지 R.) 166n.36, 167n.37, 183n.75, 353n.22

Belleville, Linda (벨레빌, 린다) 173n.56, 174n.57

Bennema, Cornelis (베네마, 코넬리스) 49, 50n.30, 51

Bernard, John Henry (버나드, 존 헨리) 245n.2, 246n.3, 258n.25, 312nn.95,96

Boismard, Marie-Emile (부아스마, 마리-에밀) 183n.73, 245n.2, 246n.3,

Johnson, Luke Timothy (존슨, 루크 티모시) 331n.1, 355

Jones, Larry Paul (존스, 래리 폴) 156n.14, 172n.52

K

Käsemann, Ernst (캐제만, 에른스트) 332, 351-353

Keener, Craig S. (키너, 크레이그 S.) 154n.4, 156n.13, 165, 166nn.35,36, 167n.38, 172n.52, 173nn.55,56, 183n.74, 186n.85, 283n.63, 298n.84, 302n.88, 313n.97

Kilby, Karen (킬비, 캐런) 84n.27

Klinger, M. (클링거, M.) 269n.39

Klink, Edward W. (클링크, 에드워드 W.) 262n.35

Knight, George W. (나이트, 조지 W.) 178nn.60,62,63

Koch, Klaus (코흐, 클라우스) 222n.30

Koester, Craig R. (쾨스터, 크레이그 R.) 156n.14, 166n.36, 182n.69, 183n.74, 199n.113, 200n.116, 255n.18

Kooij, Arie van der (코이, 아리 판 데어) 67n.5

Köstenberger, Andreas (쾨스텐버거, 안드레아스) 76n.18, 83n.25, 156n.14, 167n.38, 172n.52, 183n.74, 188n.87, 245n.2, 260n.29

Kruse, Colin G. (크루즈, 콜린) 156n.13, 172n.52, 183n.74, 202n.118

Kysar, Robert (카이저, 로버트) 207n.1

L

LaCugna, Catherine (라쿠냐, 캐서린) 83

La Potterie, Ignace de (라 포트리, 이냐스 드) 166n.33

Larsson, Tord (라르손, 토드) 82n.24

Lee, Dorothy A. (리, 도로시 A.) 40n.18, 169n.44, 171n.51, 183n.75, 218n.22

Leon-Dufour, Xavier (레옹-뒤푸르, 자비에르) 163n.25, 168n.41, 184n.77, 195n.105

Lincoln, Andrew T. (링컨, 앤드루 T.) 148n.17, 156n.13, 172nn.52,53, 183n.75, 186n.82, 196, 218n.22, 276n.52, 283n.63

Lindars, Barnabas (린다스, 바나바스) 43, 160, 166n.32, 183n.75, 185n.80, 186nn.83,85, 196n.111, 259n.28, 283n.63, 301

Longenecker, Bruce W. (롱네커, 브루스 W.) 19, 275n.49

Luther, Martin (루터, 마르틴) 198, 214, 352

Lyonnet, Stanislaus (리요네, 스타니슬라스) 166n.33

M

Malina, Bruce J. (말리나, 브루스 J.) 30, 31n.11, 32, 38, 40n.17

Manns, Frédéric (망, 프레데릭) 184n.77,

260n.30

Marshall, I. Howard (마셜, I. 하워드) 178nn.60,63

Martyn, J. Louis (마틴, J. 루이스) 261

McCollough, C. Thomas (매컬로, C. 토머스) 296n.83

McHugh, John F. (맥휴, 존 F.) 252n.8, 270n.40, 282n.60, 284n.65, 287n.70

McNamara, Martin (맥나마라, 마틴) 315n.102

Mealand, David L. (밀랜드, 데이비드 L.) 44n.23, 45n.24

Menken, Maarten J. J. (멘켄, 마르텐 J. J.) 184n.76, 191n.98, 195n.107, 196n.111

Meyers, Eric M. (마이어스, 에릭 M.) 224n.34

Michaels, J. Ramsey (마이클스, J. 램지) 154n.5, 156n.13, 172n.52, 183n.74, 192n.100, 312n.96

Moloney, Francis J. (몰로니, 프랜시스 J.) 156n.13, 157n.15, 163n.27, 166n.32, 183n.75 191n.99, 195n.106, 196n.111, 200, 271n.41

Moltmann, Jürgen (몰트만, 위르겐) 83, 85-87

Moreau, Jean-Claude (모로, 장-클로드) 291n.77

Morgen, Michele (모르강, 미셸) 315n.102

Morris, Leon (모리스, 레온) 168n.41

Mosser, Carl (모저, 칼) 85n.30, 218n.22

Moule, Charles F. D. (모울, 찰스 F. D.) 17, 27, 28, 74n.15

Murphy-O'Connor, Jerome (머피-오코너, 제롬) 252n.8

N

Neyrey, Jerome H. (네이레이, 제롬 H.) 28n.4, 314, 315nn.101,102

Niewalda, Paul (니왈다, 폴) 155, 156

O

O'Day, Gail R. (오데이, 게일 R.) 260n.32

Odeberg, Hugo (오드버그, 휴고) 168nn.41,42, 313n.98

O'Grady, John F. (오그래디, 존 F.) 27n.2, 28n.4

Orchard, Helen C. (오차드, 헬렌 C.) 354n.24

P

Pamment, Margaret (패먼트, 마가레트) 169n.45, 170n.46

Pannenberg, Wolfhart (판넨베르크, 볼프하르트) 83

Paschal, R. Wade (파스칼, R. 웨이드) 153n.1, 154n.6, 156n.14, 184n.76

Petuchowski, Jakob J. (페투코프스키, 자콥 J.) 65

Piper, Ronald A. (파이퍼, 로널드 A.) 337n.4

Pollard, T. E. (폴라드, T. E.) 82n.24

Q

Quinn, Jerome D. (퀸, 제롬 D.) 178nn.60,61

R

Rapport, Nigel (래포트, 나이젤) 29n.7

Reed, Jonathan L. (리드, 조너선 L.) 296n.80

Rensberger, David (렌스버거, 데이비드) 53n.32

Ridderbos, Herman N. (리델보스, 헤르만 N.) 154n.4, 156nn.13,14, 183n.74, 202n.118, 313n.97

Riesner, Rainer (리즈너, 라이너) 251n.7, 253, 254n.16, 256, 257

Roberge, Michel (로베르주, 미셸) 182nn.70,71,72, 183nn.73,74,75, 184nn.76,77

Rohrbaugh, Richard L. (로보, 리처드 L.) 40n.17

Rowland, Christopher (로올랜드, 크리스토퍼) 315n.102

S

Schnackenburg, Rudolf (슈낙켄부르크, 루돌프) 182n.71, 265n.37, 284n.66, 287n.70

Schneiders, Sandra (슈나이더스, 산드라) 169n.45, 170, 171n.49

Schnelle, Udo (슈넬레, 우도) 158, 163, 183n.73, 195n.106, 200n.115, 202n.121

Schuchard, Bruce G. (슈사드, 브루스 G.) 201n.117

Segovia, Fernando F. (세고비아, 페르난도 F.) 218n.23

Shanahan, Daniel (샤나한, 다니엘) 29

Smith, D. Moody (스미스, D. 무디) 28n.4, 156n.13, 166n.32, 196n.111, 200n.115, 202n.121, 317n.104, 335n.2, 347n.15, 349n.16

Snodgrass, Klyde R. (스노드그라스, 클라이드 R.) 154n.4, 172n.52

Spicq, Ceslas (스피크, 체슬라스) 191n.99

Spriggs, D. G. (스프릭스, D. G.) 169n.45

Stuckenbruck, Loren T. (스투켄브룩, 로렌 T.) 222n.30

Sturdevant, Jason (스터드밴트, 제이슨) 50n.31

Swain, Scott R. (스웨인, 스코트 R.) 76n.18, 83n.25

T

Talbert, Charles H. (톨버트, 찰스 H.) 43n.21, 182n.71

Teeple, Howard M. (티플, 하워드 M.) 220n.27

Thatcher, Tom (태처, 톰) 175n.58, 194n.102, 219n.24, 220n.26, 337n.4

Thompson, Marianne Meye (톰슨, 마리안 마이어) 183n.74

Tilborg, Sjef van (틸보르흐, 시에프 판) 55n.33, 56n.35, 130n.5, 136n.9, 168n.41, 168n.43

Towner, Philip H. (타우너, 필립 H.) 178nn.60,63

Triandis, Harry C. (트리안디스, 해리 C.) 31n.11

Tsutserov, Alexander (추체로프, 알렉산더) 108n.4

Twelftree, Graham H. (트웰프트리, 그레이엄 H.) 337n.4

V

Van der Watt, Jan G. (판 데어 바트, 얀 G.) 175n.58

Vawter, Bruce (바터, 브루스) 155

Volf, Miroslav (볼프, 미로슬라브) 81n.23, 83, 86-88

Von Wahlde, Urban C. (폰 발데, 우르반 C.) 154n.3

W

Waaler, Erik (발러, 에릭) 62n.1, 70n.11, 71n.12, 76n.17, 77n.20

Webster, Jane S. (웹스터, 제인 S.) 188n.87

Westcott, Brooke Foss (웨스트코트, 브룩 포스) 167n.37, 202n.119

Wiles, Maurice 36n24 (와일스, 모리스)

82n.24

Williams, Catrin H. (윌리엄스, 카트린 H.) 345n.14

Witherington, Ben, III (위더링턴, 벤, 3세) 154n.4, 156n.13, 168n.43, 169n.45, 170nn.46,48, 171n.50, 178n.63, 183n.74, 317n.104

X

Xeravits, Geza G. (제라비츠, 게자 G.) 222n.30

Z

Zizioulas, John (지지울라스, 존) 83

요한복음 새롭게 보기

요한복음의 주요 주제들에 대한 심층 분석

Copyright ⓒ 새물결플러스 2016

1쇄 발행 2016년 9월 11일
4쇄 발행 2025년 4월 2일

지은이 리처드 보컴
옮긴이 문우일
펴낸이 김요한
펴낸곳 새물결플러스

편 집 왕희광 정인철 노재현 이형일 나유영 노동래
디자인 황진주 김은경
마케팅 박성민
총 무 김명화 이성순
영 상 최정호
아카데미 차상희

홈페이지 www.holywaveplus.com
이메일 hwpbooks@hwpbooks.com
출판등록 2008년 8월 21일 제2008-24호
주 소 (우) 04114 서울시 마포구 신촌로28가길 29
전 화 02) 2652-3161
팩 스 02) 2652-3191

ISBN 979-11-86409-74-9 93230